寻剑

无名英雄蔡威传奇

蔡威研究会★编著

華藝出版社
HUA YI PUBLISHING HOUSE

图书在版编目（CIP）数据

寻剑：无名英雄蔡威传奇 / 蔡威研究会编著.–北京:华艺出版社，2019.1
ISBN 978 – 7 – 80252 – 624 – 2

Ⅰ.①寻… Ⅱ.①蔡… Ⅲ.①蔡威（1907—1936）—传记 Ⅳ.①K828.9

中国版本图书馆CIP数据核字（2019）第 013640 号

寻剑：无名英雄蔡威传奇

作　　者：蔡威研究会
总 策 划：金丽红　黎　波
图书策划：刘燕红
统　　筹：刘　泰
责任编辑：郑再帅
助理编辑：汪宝明
装帧设计：郭　璐
出　　版：华艺出版社
社　　址：北京市海淀区北四环中路229号海泰大厦10层
邮　　编：100083
电　　话：010–82885151
发　　行：北京长江新世纪文化传媒有限公司
地　　址：北京市朝阳区曙光西里甲六号时间国际大厦A座1905
电　　话：010–58678881
印　　刷：三河百盛印装有限公司
开　　本：710 × 1000　1/16
字　　数：360千字
印　　张：24.25
印　　数：1—30000
版　　次：2019 年 1 月第一版
印　　次：2019 年 1 月第一次印刷
书　　号：ISBN 978 – 7 – 80252 – 624 – 2
定　　价：50.00 元

序

徐小岩

福建省宁德蔡威研究会邀我为《寻剑——无名英雄蔡威传奇》作序。拿到文稿后，我连读了数遍，夜不能寐。

读过中国革命史的一定都知道，20世纪30年代，从大别山、大巴山中走出了一大批战将，他们叱咤战场，百战成钢，在战争舞台上演出了一幕又一幕辉煌的胜利，为共和国的诞生立下了不朽的功勋。但是很少有人知道，这些辉煌还包含着蔡威前辈等“无名英雄”的智慧、辛劳和贡献。

20世纪80年代，我的父亲徐向前得知红四方面军老战友们通过不懈努力终于找到了蔡威烈士的后人和故居，非常高兴，并在蔡威烈士牺牲50周年之际，题写了“无名英雄蔡威”，这是对蔡威烈士为中国革命事业作出独特建树的赞誉和对英年早逝烈士的思念。

我一直从事军队信息化的研究、开发和组织工作，因而对我军无线电通信和无线电侦察的创建者蔡威前辈就更多了一份敬意和崇拜。

剑是“百兵之君”。蔡威研究会以“寻剑”为书名意境深远——蔡威是人民军队历史上一位功绩卓著的无名英雄，是一把刺向敌人心脏的隐形利剑，是一部充满革命英雄主义的浪漫传奇。

蔡威原名蔡泽镛，福建省宁德市蕉城区人，1926年加入中国共产党，先后在宁德、上海等地从事地下革命活动。1931年，蔡威受中共中央派遣赴鄂豫皖苏区筹建无线电台。他与宋侃夫、王子纲等同志创建了红四方面军的无线电通信系统。而后,他主要致力于研究国民党军密码的工作,在极其艰苦的条件下,以惊人的毅力和天才的智慧掌握了敌人的多种密码,截获了敌军大量电报,为粉碎反动军阀对苏区的多次"围剿"和"围攻"提供了有力的保障,在决战时刻发挥了关键作用。同时,为长征途中的中央红军提供了敌军具体部署的情报,为红军取得长征的胜利作出重大贡献,被称为"军中千里眼",得到了毛泽东主席的高度赞扬。1935年,他被任命为红军总司令部二局局长。1936年9月22日,他因积劳成疾,患了伤寒,牺牲于三过草地后、行至甘肃岷县途中,牺牲时年仅29岁。朱德、徐向前、陈昌浩、王树声、周纯全、李卓然、傅钟、程世才、李先念、许世友、傅连暲等红军总司令部领导和红四方面军主要领导都参加了追悼会。我的父亲在追悼会上说:"……蔡威同志的逝世,是我们红四方面军无线电通信和侦察工作的巨大损失!……他的功业永远记载在中国工农红军的光荣史册上!……"

蔡威与叱咤战场的军事指挥员有很大不同,颇具神秘色彩。他在上海就学时加入了中央"特科",在严酷的"白色恐怖"下开展地下工作。到苏区后,他和战友开创了红四方面军无线电通信和无线电侦察工作,而这项工作具有高度的隐秘性,只限于红四方面军主要领导人和同他一道工作的战友知道,致使在他牺牲后,他对中国革命的独特贡献和他的身世以及经历都鲜为人知。

在我的父亲和李先念等老一辈革命家的推动下,在蔡威烈士的老战友宋侃夫、王子纲、徐深吉、马文波、肖全夫、陈福初、李永悌、胡正先、徐明德等领导和将军们多年的奔走呼吁下,20世纪80年代,蔡威烈士的真实身份得以确认,并找到了他的亲属的下落。

1985年,蔡威再次被授予"革命烈士"称号。1986年,在蔡威烈士的家乡隆重举行了"纪念红军长征胜利暨蔡威烈士牺牲50周年大会"。2008年,中央军委原副主席迟浩田上将为蔡威事迹展陈馆题写了馆名,并由原总参谋部某部在蔡威故居为其雕铸铜像,供人们纪念、缅怀和瞻仰。之后,蔡威事迹展陈馆由中宣部授予"全国爱国主义教育示范基地”称号。

蔡威同志是红色情报战线的奇才，是人民军队早期技术情报工作的创建人，集“听风者”“看风者”和“捕风者”于一身，能听懂“天外之音”，可解读“无字之书”，是与“风”打交道的人。我的父亲说：“蔡威烈士在研究密码方面显示了出众的才华，被红四方面军指挥员誉为‘军中活菩萨’，这是指挥员们发自内心的赞美。”在艰苦的战争环境里，蔡威面对设备十分短缺的问题，搞了很多发明，解决了难以想象的困难，堪称奇迹。他牺牲前已掌握了多路国民党军电报的密钥，在红军会师的日子里，他非常兴奋地与中央红军电台的战友们交流与共享了这些成果。

今天，在社会存在信仰缺失的危机下，宣传蔡威烈士有着更加重要的现实意义。蔡威是富足人家的子弟，为了追求真理，追求光明，信仰了马列主义，毅然决然地抛弃了富实生活，与家庭断绝了一切联系。从上海到达苏区后，他由城市知识分子迅速转变为坚强的革命战士，与战友在炮火连天的战场上和艰苦卓绝的长征中磨砺意志，隐忍前行，负重创业，屡建奇功。“为了明天，我们要干啊！”是他在军队史册上留下的最铿锵有力的声音。

信仰的产生发自于真心。正是蔡威同志心中拥有了崇高而坚定的信仰，才表现了强大的革命自觉性，以生命书写了辉煌，以“无声”谱写了军魂。我想，中国共产党之所以领导中华民族取得新民主主义革命的伟大胜利，继而完成社会主义革命与改造，又带领全国人民走上民族复兴的伟大征程，原因在于信仰，在于精神，在于党的先进性与号召力。

对蔡威烈士的大力宣传还有一个更深层次的意义，那就是要让更多的国民懂得中国共产党和人民军队富有极其强大的感召力，从诞生之日起，就和文化同行，在其身边凝聚了一大批受过高等教育、为追求信仰而抛弃荣华富贵甚至舍弃宝贵生命的文化精英。

2016 年，习近平同志在中国作家协会第九届全国代表大会上发表重要讲话，指出："对中华民族的英雄，要心怀崇敬，浓墨重彩记录英雄、塑造英雄，让英雄在文艺作品中得到传扬，引导人民树立正确的历史观、民族观、国家观、文化观，绝不做亵渎祖先、亵渎经典、亵渎英雄的事情。"习近平同志的这一论述，号召全社会重新认识我们的英雄、崇拜我们的英雄，让英雄主义融进我们的灵魂。任何民族都需要自己的英雄，称颂自己的英雄，因为英雄是民族的脊梁。

最后，感谢蔡威烈士的家乡——福建省宁德市市委市政府、蕉城区委区政府以及蔡威研究会30余载孜孜不倦地遍寻烈士的足迹，收集烈士的生平业绩，传扬烈士"为了明天，我们要干啊！"的孺子牛精神，并隆重推出这部进行爱国主义和革命英雄主义教育的生动教科书。

向蔡威烈士致敬！

向所有为共产主义事业牺牲的无名英雄致敬！

2018年6月18日

目 录

CONTENTS

看见群山环抱中的“东方第一良港”，他想起 19 世纪末美国一位海军将领到三都澳考察后说过的一句话：“谁控制了这个港湾，谁就可以控制整个西太平洋！美国如取得三都澳，太平洋就将成为美国的一个湖！”

将军转身西望，只见群峰连绵，逶迤如浪，云雾升腾，亦幻亦真。这奇幻的山水美景似乎把将军陶醉了。他兀立山崖一动不动，任凭呼啸的山风吹拂他刚刚病愈的身躯。

“过了这飞鸾岭，就到宁德县境了。”黄参谋说。

“飞鸾岭？”将军听到这地名似有感触，唐朝大文学家韩愈的《送桂州严大夫》的诗句便脱口而出，“远胜登仙去，飞鸾不假骖。”

“西北面就是霍童山群峰，‘闽境之山，西则武夷，东则霍童’。”黄参谋似乎也来了兴致，侃侃而谈，“霍童山上的华严寺，也称‘支提寺’，据说是天冠菩萨的道场，素有‘仙巢’之誉。佛教僧人有一说：‘不到支提枉为僧’……”

“明朝建文帝逃出南京城后，是否曾经归隐支提寺？”

“郑和下西洋意在寻找建文帝的踪迹。据史书记载，郑和曾经三次来过三都澳，奉明成祖仁孝皇太后之命，登支提寺送去千尊铁佛和一件绣有‘九五之尊’的云锦紫衣袈裟。建文帝是否最终出亡支提山华严寺，至今还是一个谜。”

将军轻“哦”一声，久久不语，陷入沉思。

是啊，将军面前的这一片土地，隐秘神奇，引人遐想：

500 多年前，建文帝何以出亡支提山华严寺？他最终魂归何处？

400 多年前，倭寇犯境，侵扰民生。戚继光率部南下，在闽东沿海凭什么方略扫除倭患，以靖一方？据说，横屿一战，阵前斩子，让他“含泪思儿”，抱憾终生。

120 多年前，太平天国翼王石达开兵败大渡河，就擒后在成都被凌迟处死。他的一把佩剑何以遗落到闽东？

100 年前，列强瓜分中国，意大利、德意志、美利坚等国为何都想“租借”三都澳？英国海军上将为何专程访问三都澳？

……

数百年来，闽东这一方土地似乎隐藏着太多的密码，总是不断地给人们提出一道道历史谜题！

马文波将军此番闽东之行，就是为了解开其中的谜题：翼王石达开的佩剑为什么会遗落在闽东？他的战友蔡威烈士的故乡“福宁府”究竟在什么地方？

带着思念的情怀，带着战友的嘱托，带着历史的谜团，带着寻找烈士遗孤的急切心情，马文波将军一行六人驱车从飞鸾岭盘旋而下，日暮时分抵达宁德军分区招待所。

早已等候在迎客大厅里的中共宁德地委党史资料征集编写委员会（以下各级相同机构统称“党史办”）副主任黄垂超、宁德县委党史办主任吴斌和青年干部陈国秋等立即迎上前来，与将军及其随行人员一一握手。

安顿甫定，将军便立即提出要求：“明天上午，先与蔡作柯老人见面。”

蔡作柯何许人？将军为何提出先与他见面？宁德蔡氏家族与石达开佩剑到底有何干系？年逾古稀的马文波将军为何不远千里从北京到福建寻找一把遗落在闽东的石达开佩剑？

这是一道道新的历史谜题！破解这一道道历史谜题，将有什么重大发现呢？

第一辑

第一章　将军问剑

马文波将军不是一个沉迷文物的考古爱好者。他的闽东之行，千里寻剑，追踪的不仅仅是一件珍贵的稀世之宝，而是解开了100多年前的一道历史谜题；更重要的是，他承载着战友们的深情嘱托，追寻一位在中共隐蔽战线上埋名了50年的密电研究奇才，一个被誉为红军"军中活菩萨"的功勋卓著的无名英雄，一把将帅们赖以克敌制胜的隐形利剑！

将军问剑，使闽东人民的好儿子、闽东革命的先驱者、无名英雄蔡威的身世之谜被发现、被揭秘、被确认！

老战友的心愿

3年前，即1982年春节，北京城里虽然还是寒气砭骨，但春寒料峭中，杨柳枝头萌动着新春的气息。

这一年春节，在香山附近的一处寓所里，迎春鞭炮声中传出几位老军人豪爽的谈笑声。寓所的主人是北京军区原副司令员徐深吉将军。这位已过古稀之年的老者满头银丝，双眸明亮，面色红润，精神矍铄，多年的战火烽烟留给他的是豪爽的性格和健壮的体魄。

徐深吉将军是湖北省红安县徐家河人。1927年，年仅17岁的他参加了黄麻起义，1930年加入中国工农红军，翌年加入中国共产党。在鄂豫皖苏区一至四次反"围剿"斗争中，他从一个交通员一步步成长为红二十五军七十三师二一八团团长，跟随徐向前、陈昌浩、王树声等将领转战鄂豫皖，开辟川陕革命根据地，参加反"三路围攻"、反"六路围攻"和红四方面军长征，后来升任红三十一军九十一师师长……新中国成立后，他在华北军区副参谋长、空军副司令员、北京军区副司令员的领导岗位上任职。荣获"一级八一勋章”“一级独立自由勋章”“一级解放勋章”。1955 年被授予中将军衔。

进入 20 世纪 80 年代，尽管战火硝烟已经散去，但无数先烈用鲜血写就的火红的历史并没有褪色，依然深深地烙印在这位将军的记忆中！

20世纪60年代开始，徐深吉将军就参与了红四方面军战史的起草工作，成为徐向前元帅家里的常客。那部收编了红四方面军 80 多位老同志回忆录的战史资料长卷《艰难的历程》以及《中国工农红军第四方面军战史》《中国工农红军第四方面军人物志》等多部著作，倾注了这位老将军 10 多年的心血。78 岁那一年，徐向前元帅亲手把一枚“一级红星功勋荣誉章”佩戴在他的胸前。

徐深吉将军即将从北京军区副司令员的岗位上退下来，徐向前元帅及党和国家领导人李先念就交给他一项任务：“尽早把红四方面军战史修改定稿！”于是，这位文武兼备的老将军又把手中的一支笔当作驰骋疆场的一支钢枪！

这一年春节，他把两位老战友——中华全国总工会副主席宋侃夫和已经离休的国家邮电部原部长王子纲请到了家里。

春节嘛，“邀来老友共相聚，开怀畅饮话当年”，当是人生晚年之乐呀！更重要的是，他们担负着徐向前、李先念两位老首长交办的任务，必须对红四方面军的战史资料做深入的调查研究，把史料搞得详实准确，把相关的人和事核实清楚。

春节聚谈，轻松欢快，又不失为一次战史拾遗的好机会。

宋侃夫和王子纲两位老战友都是红四方面军无线电台的创始人，跟随徐帅南征北战，在他们的脑子中珍藏着一部活的历史。

这一年，宋侃夫还没有从中华全国总工会副主席的岗位上退下来。他比徐深吉将军大一岁，乐得接受这位老战友的邀请，一大早就拄着拐杖来到老将军的家里。

宋侃夫是江西萍乡人，1926 年加入中国共产党。大革命时期，他曾经担任中共中央宣传部干事、杭州支部工作指导委员会书记。蒋介石发动“四一二”反革命政变时，他在杭州被捕入狱，后经营救出狱，到上海继续坚持地下斗争，担任中共上海法南区委秘书长、组织部长。1931 年冬进入鄂豫皖苏区，参与创建红四方面军无线电台，担任红四方面军总指挥部电务处处长，长征中出任红军总司令部三局局长……新中国成立后，他一直在湖北省工作，担任中共湖北省委书记处书记兼武汉市委第一书记。1978 年 10 月，在中华全国总工会第九次代表大会上当选为中华全国总工会副主席。

已经离休的国家邮电部原部长王子纲与宋侃夫同龄，身体似乎更加硬朗些。他是河北省定县人，原名“杨炳玉”，19 岁时在北平香山慈幼院加入中国共产党。他曾在天津译报馆当译电员，后被中央“特科”调到上海参加无线电技术培训。1931 年，奉命进入鄂豫皖苏区，参与创建无线电台，担任红四方面军总指挥部无线电台第三台台长。他一辈子都没有离开“电信”二字。他生命中最艰险的阶段是在工农红军西路军喋血大漠的时期，在茫茫戈壁中与数倍于己的国民党军几番恶战，血染祁连山的悲剧令他刻骨铭心……

从枪林弹雨中走过来的三位老战友平时难得见面，此时新春佳节，他们欢聚在徐深吉将军家里纵情叙旧，几乎无话不谈。

他们谈亲身经历的商（城）潢（川）战役、苏家埠大捷、血战漫川关、决胜空山坝，也谈兵败鄂豫皖、黄柴畈大突围、二越秦岭、三战关中、翻越大巴山、保卫万源城；谈红四方面军总指挥徐向前的果敢机智，也谈张国焘的刚愎自用……

他们沉浸在往事的回忆里，多少征战事，尽在笑谈中！

说着说着，话题便集中到鄂豫皖苏区无线电台的创建上。

一谈起电台，他们显得格外兴奋。

“鄂豫皖苏区的第一部电台就是在你们手上创建起来的！”徐深吉将军称赞，“侃夫、子纲，还有蔡威，你们是红四方面军无线电情报侦察工作的‘三杰’啊！”

宋侃夫说：“蔡威，二局局长蔡威功不可没！”

“二局专门负责侦察工作，在国民党军密电研究方面，蔡威的贡献最大，成绩最突出！”王子纲说。

谈到蔡威，三位老战友话语滔滔，交口称赞。这位操着一口“福建官话”的战友留给他们的印象太深刻了！几十年来，他们魂牵梦萦，谁也没有把蔡威忘却！

在蔡威离开的日子里，在工农红军西路军中的一段经历，令宋侃夫、王子纲两人刻骨铭心：

那是在蔡威牺牲后，1936 年 10 月下旬，红四方面军奉中革军委命令，西渡黄河，准备执行党中央部署的宁夏战役。宋侃夫、王子纲率领电台随部队一起渡过了黄河，二局的电台却被国民党军胡宗南部挡在了河东。已经过河的部队改称“西路军”。后来因敌情发生变化，宁夏战役取消，西路军沿着河西走廊继续西进。

中共中央要求西路军在永昌建立甘北根据地，并向新疆方向前进，打通国际路线。西路军远离党中央，远离主力红军，孤军西征，遇到了难以想象的困难。最大的困难是对青海国民党军马步芳部的密电研究工作跟不上，对敌情所知甚少。马步芳的骑兵在荒漠戈壁上机动性强，飘忽不定，横行无忌，经常突袭西路军，而大漠深处的西路军对马家军的行踪却难以把握，常常吃亏。以往侦察敌情主要靠蔡威领导的二局电台，对马家军的密码，蔡威了如指掌。蔡威牺牲后，对马家军的密码侦察工作一时未能跟上。西路军总指挥徐向前、总政委陈昌浩焦急万分：不能掌握敌情，这仗怎么打呀？

显然，此时的情报工作关系到西路军的生死存亡！

陈昌浩说：“如果蔡威在身边，如果蔡威这尊‘军中活菩萨’还能洞察马家军的行踪，我们何至于如此被动……”

军情紧急，徐向前、陈昌浩找来宋侃夫、王子纲二人，下达了一道命令：“你们马上把马家军的密电侦察工作抓起来！”

命令必须坚决执行，但掌握马家军密码非一日之功！宋侃夫、王子纲提出了条件：“给我们 3 个月时间。”

“3 个月？不行！”急性子的陈昌浩几乎吼起来，“时间就是生命！必须……越快越好！”

“是！越快越好！”宋侃夫、王子纲深刻理解这“快”字包含的分量！

于是，他们立即架起收报机，不分昼夜地侦听、搜索……没过几天，终于从国民党兰州行署副主任朱绍良的电台中顺藤摸瓜，掌握了马家军的密电码。

……

宋侃夫、王子纲二人的这一段回忆，让坐在一旁的徐深吉真切地感受到研究敌军密电码的艰辛和蔡威曾经作出的特殊贡献，他称赞说：“蔡威同志是我们无线电侦察战线的光辉榜样！”

"蔡威对无线电侦察工作的贡献是独特的！特别是他对四川军阀的密电研究，在我们红四方面军可以说数量最多，贡献最大！"王子纲怀着深深的敬意反复说这两个"最"字。

"蔡威，还有子纲同志，那时我们三人亲如兄弟，一块儿吃饭，一块儿工作。我们是兄弟之情加革命情谊，情深谊长啊！"宋侃夫动情地说，"蔡威这样的一位好同志，这样的一位好兄弟，离开我们快46年了。想到他，想到那些往事，我就心里难受，总觉得有一块石头压在心头。"

"是呀，想到蔡威，我总觉得我们应该为他做点儿什么。"王子纲也说。

徐深吉表示赞同："我们有责任宣传他的特殊功绩。"

"我们这些活着的老同志、老战友，有生之年，无论如何要把蔡威的籍贯和后代查清楚，找到他的亲属，通知他的亲属，否则，我们无法向蔡威烈士、向历史交代啊！"宋侃夫这一席话，说出了王子纲、徐深吉的心声。

可是，蔡威的亲属又在哪里呢？他们仅仅知道蔡威是福建人，至于家住福建什么地方，在哪个地区、哪个县市、哪个乡村，他们一点儿也不知情。

三人紧锁双眉，静静地思考着，沉默着……

"这样吧，"宋侃夫打破了沉默，"我提议，由深吉同志写一篇纪念文章，送给《福建日报》发表，把蔡威的事迹好好宣扬一下，说不定会引起他的亲属和知情者的注意，这样，也就可能找到他的家乡和他的亲属了。"

"好主意！"王子纲兴奋地说，"我赞成！"

"这是个好办法！"徐深吉这些年都在搜集整理军史资料，执笔撰文不成问题，便欣然接受了这个建议，"好，我会很快把稿子写出来！"

宋侃夫又说："我再找一下马文波和陈福初同志，他们和蔡威在一起的时间也很长，而且朝夕相处，感情很深，说不定对蔡威的具体情况知道得更多。"

"如果需要我做点儿什么，侃夫同志，你说一声，我一定尽力去办！"王子纲十分恳切地说。

春节相聚，三位老战友就这样完成了追寻蔡威烈士故乡和亲人的第一次筹划。

投石问路

接受嘱托后，徐深吉将军立即与总参谋部某部的马文波、陈福初、李永悌、胡正先等几位老战友作了沟通，从他们的记忆中补充搜集了许多珍贵的资料。

春节期间，他几乎没有休息，叫来助手一起查阅军史档案。查阅中发现一张“花名册”记录着“蔡威，福建福鼎人”，他兴奋异常，文思泉涌，立即挥笔疾书，很快写成一篇缅怀蔡威的文章。

1982 年 2 月 24 日，徐深吉将军的署名文章在《福建日报》上发表了，题目是《怀念一位“无名英雄”——回忆红军长征中的蔡威烈士》。

文章的开头这样写道：

> 在回顾我党我军光辉业绩时，人们总是把今日的胜利和昔日驰骋疆场、壮烈牺牲的英雄联系起来。但对许多我们所熟悉的、为党勤勤恳恳、鞠躬尽瘁、死后默默无闻的无名英雄，作为一个经过艰苦岁月而幸存下来的老战士，我更是心潮难平，他们的形象经常浮现在我的脑海里。蔡威同志就是其中的一位。

这是一篇寄托着老战友们一片深情的文章，也是寻找蔡威祖籍及其亲属的投石问路的一枚小石子。

文章中，老将军简要介绍了蔡威的生平：

> 蔡威同志 1906 年出生于福建省福鼎县的一个小康家庭，在上海大学读书后，又在亚美无线电学校进修过无线电。上海大学是在 1922 年创办的，瞿秋白、蔡和森、肖楚女、恽代英、邓中夏、张太雷等均在那里任过教。蔡威同志就是在那里接受党的影响，1928 年加入中国共产党，在党的领导下从事地下工作的。

徐深吉将军的回忆文章全文 3000 多字，发表在《福建日报》文艺副刊“武夷山下”头条位置，标题十分醒目。

无独有偶,此后不久,远在西北边陲的乌鲁木齐军区司令员肖全夫将军在《战胜报》上发表了一篇题为《无名英雄,英名永在——怀念蔡威同志》的回忆文章。在这篇6000多字的长文里,将军深情回忆了蔡威1931年至1935年的光辉战斗历程,表达了对这位英烈无限的崇敬之情。文章最后说:

> 革命胜利几十年了,也未曾听说有谁打听过蔡威的下落。据此,我怀疑蔡威同志是否还有另一个姓名。这是可能的,在那残酷的斗争岁月里,参加革命的人为了不牵连家属亲友,大多是要更名改姓的,来自白区的知识分子尤多如此。可惜战争年代无档案可查……据讲,蔡威同志对战友亲自说过:他的祖父是清末翰林,他在学校搞革命活动时,曾被国民党抓捕,经他母亲花了很多钱才保释出狱。这些情况,都有助于查证烈士的祖籍及其亲属。因此,我希望同时代的战友,能有更多的回忆,为这位无名英雄谱写传记。我也希望地方民政部门,继续进行查找,以慰烈士英灵。

肖全夫将军的文章后来被王子纲部长推荐给《人民邮电报》全文转载。《人民邮电报》向全国发行,王子纲部长希望在更大的范围内宣传蔡威、学习蔡威,并借以寻找蔡威。

两位将军,两篇文章,是不灭的记忆,是深情的缅怀,是对战友的追寻,更是对弘扬红色精神的强烈的社会呼唤!

张白弟是蔡威吗?

好消息首先从闽浙交界的福鼎县传来。

当时,福建各地党史资料征集工作机构刚刚恢复重建,地处闽东北的福鼎县委党史资料征集编写委员会(简称"福鼎县委党史办")建立不足半年。徐深吉将军的回忆文章在《福建日报》发表的当天下午,福鼎县委党史办干部庄友柱一上班就看到了。

"啊!蔡威是福鼎人?"庄友柱感到意外。

庄友柱毕业于福建师范大学外语系,曾在福鼎县教育局工作过几年,利用业余时间进修了法学。他知识面广，查证推理能力强，像所有法律工作者一样，遇到问题总爱多问几个“为什么”。他读着徐深吉将军的回忆文章，被蔡威的事迹深深地感动了。他虽然调入县委党史办工作刚几个月，研读过不少地方革命史、党史资料，但从未听说有“蔡威”这个人。徐深吉将军回忆中的蔡威，无疑是福鼎县最早入党、最早参加革命的一名红军干部。这是福鼎地方党史资料征集研究工作中的一个重要发现！

蔡威究竟是福鼎何区、何乡人？他的亲属还在不在？有没有后代，情况如何？庄友柱和他的几个同事都一无所知。

寻找、查证蔡威烈士，意义特殊，刻不容缓！

为此，庄友柱专程跑去福州拜访时任中共福建省委纪委副书记的福鼎籍老红军王烈评，告知这一情况和自己的想法。

王烈评听了，也很感动：“小庄，寻找蔡威亲属是一件大事，你要尽快着手调查。蔡威是不是福鼎人，首先要查清楚。”

在王烈评的支持下，庄友柱立即给福建日报社发去一封公函，请求报社提供《怀念一位“无名英雄”——回忆红军长征中的蔡威烈士》作者徐深吉将军的通讯处。

福建日报社很快让他与徐深吉将军取得了联系。

徐深吉将军得知此事，喜出望外，没有想到他这篇投石问路的文章竟如此迅速地有了反响。他马上给庄友柱写了回信：“我之所以在《福建日报》上发表这篇纪念文章，就是想在蔡威烈士的故乡寻找到烈士的后代。希望福鼎县委党史办大力支持、配合。”并且提供了蔡威生前战友宋侃夫、王子纲、马文波、陈福初、肖全夫、徐明德等人的通讯地址。

据此，庄友柱立即给这几位老首长一一发了函，请求他们提供更多有关蔡威烈士的资料。

几位老将军、老部长接到福鼎县委党史办的来函，喜不自禁：“我们有望找到蔡威的亲人了！”他们立即复函，从不同角度提供了许多蔡威烈士的相关资料，也提供了一些可供查寻的家庭情况。乌鲁木齐军区司令员肖全夫将军还寄去了载有他的纪念文章的《战胜报》。

一封封的复函、一声声的嘱托，都满怀老将军、老部长们对蔡威烈士的缅怀之情、眷念之心！

蔡威是福鼎人？他的家乡在哪个区、哪个乡、哪个村呢？“蔡威”是真名还是化名？庄友柱的脑海里天天盘旋着这些问题。

就在函调的那段日子里，庄友柱也查阅了福鼎县好几家蔡姓家族的族谱，同时走访了曾在上海求学的几位老人和长期在本县工作的老同志。

一天，他走访了福鼎县政协副主席李海。李海当年是隐蔽战线的一名共产党员，曾在国民党福鼎县政府当过议员，交往认识的人多。据李海介绍，福鼎县管阳镇西山里有个名叫“张绍桀”的失踪者很有调查价值。李海说：“张绍桀读过高中，其家庭确系‘小康’之家，有可能外出念大学。在20世纪二三十年代，福鼎外出读书的人不多，张绍桀便是其中之一。而且张绍桀至今下落不明，其妻姓蔡，有可能更名蔡姓参加革命，而亲属认为他失踪了。”

于是，福鼎县委党史办决定对张绍桀展开调查。

张绍桀确有其人，因为皮肤长得白，乡间人都叫他“白弟”。张家兄弟姐妹共五人，白弟排行第四。大哥张绍周还健在，住在北京。二哥张绍华和弟张绍毅都在本村。还有一个姐姐张瑶英，已经过世了。相比之下，大哥张绍周对白弟的情况了解更多一些。

庄友柱马上给北京的张绍周发了信。几天后，张绍周复函称：“张白弟（张绍桀别名）的情况，我知道得很简单。他是在四川大学毕业以后，在校被吸收在教务处工作。后因该处中共地下党组织暴露，他随后就失踪了。”

张绍周提供的情况虽然简单，但至少有两点与蔡威相似：一是张绍桀读过大学；二是他可能参加过中共地下党组织，因党组织遭破坏而失踪。庄友柱认为，对这个张白弟有进一步调查的必要。

这一年的12月底，庄友柱和他的同事又一次去了管阳。这一次，他们走访了张绍桀的私塾同窗张芝玉和同宗侄儿张时康，并查阅了管阳《张氏宗谱》。

据张芝玉回忆：“张白弟是我的私塾同学。如果他还活着，岁数与我差不多，也应该是66岁左右。”

张时康也说：“白弟曾在温州念过高中，毕业后出走。如果还活着，今年应是67岁左右。”

《张氏宗谱》上记载：“张绍桀生于民国五年（1916年）十月二十日申时，

后失踪。”

从初步调查的情况看，庄友柱做出了基本判断：出生于1916年的张绍架与徐深吉将军回忆的1906年出生的蔡威年龄相差10岁。张绍架不可能在1926年10岁时在上海读大学，12岁时入党。因此，福鼎县委党史办决定暂时终止对张绍架的调查。

正当此时，张绍架的一个侄儿张时锐（张绍毅的儿子）多次来福鼎县委党史办反映，其伯父张白弟年龄是78岁，而不是68岁，并说《张氏宗谱》是管阳大地主张文山叫他的一个心腹修的，张文山一派的人对张绍架一家有成见，故意将张绍架的年龄写错了，甚至连他的父亲张绍毅的名字都没有写上（经查，《张氏宗谱》上确实没有张绍毅的名字）。

张绍架的其他族亲也给蔡威烈士生前战友写信，并寄去许多证明材料，说明张绍架确是出生于1906年，而不是1916年。

老首长们在回忆中曾提到“蔡威祖辈有人中过举人”，在北京的张绍周及其孙女也给老同志写信反映，他们的先祖中有人当过“审判官”。

福鼎县委党史办的调查与张绍架亲属的反映不一致，这引起老首长们的思考：革命战争年代，许多志士因投身革命而与家庭失去联系，以至于失踪或者牺牲了，他们的亲属和后代都不知晓，还在不断寻查中，希望找到自己的亲人。此情此理，无可非议，可是，这些年张冠李戴认错了人、冒充冒认别有所图的事也屡有发生。

张白弟是否就是蔡威呢？在京的几位老将军、老部长通过电话交换了各自的看法，未能做出明确的判断。

“既然张绍架的大哥张绍周就在北京，我们何不前往拜访一下？”宋侃夫提议。

“对！趁热打铁，明天就去！”总参谋部某部原政委陈福初表示赞同。

第二天上午，宋侃夫、马文波、陈福初约了徐深吉、王子纲一同驱车来到张绍周家。

年已八旬的张绍周是一位搞技术工作的老知识分子，看到这么多老首长来到家中，喜不自禁，热情相迎。

寒暄中，几位老首长心中不禁暗喜：眼前这位老人的外貌多像蔡威啊！

张绍周明白首长们的来意后，便把张白弟的情况又做了一番介绍。他所说的和福鼎亲属反映的情况基本相同。看得出，这位老知识分子说话是严谨的，诚恳的，并无故意造假之嫌。

或许是心情太急切的缘故吧，有两位将军几乎当场就认定张白弟就是蔡威。

马文波将军虽然也想很快找到蔡威的亲人，但他多了一层考虑：外貌相像不应成为主要依据，必须查到“实证”。他突然想起蔡威生前在金川河畔对他说过的一件事——蔡氏家族中藏有一把石达开佩剑。

马文波将军突然问：“你们家中是否有一件传家宝？”

张绍周蹙眉寻思：“传家宝？……”

马文波将军提醒说：“一把石达开佩剑。”

“石达开佩剑？”张绍周又寻思了一阵，便十分肯定地回答，“没有！翼王石达开兵败大渡河，而我们张家地处闽东北小镇，他的佩剑怎么会到我们那里呢？”

“哦？”马文波将军没有再问下去。他的这一声“哦”似乎在提醒老战友：不可操之过急！

走出张绍周家，马文波将军才对大家说：“这件事我不会记错！这是当年蔡威亲口对我说的。他从无戏言，不会瞎说的。”

蔡威温文尔雅，性格内向，平时很少说话，从来不苟言笑，这是熟悉他的战友们都知道的。蔡威说家里藏有这样一件“传家宝”，就绝对不会是空穴来风。

大家也都同意马文波将军的意见：再做进一步调查！

特别工作小组的查证

南国早春，花团锦簇，生机盎然。

1984年2月12日，由中顾委委员、中华全国总工会副主席宋侃夫带领的中共中央整党工作联络员小组抵达福州。

中央本来安排宋侃夫去上海当联络员，领命时，他向中共中央整党工作指导委员会提出：“给我调个地方，让我去福建吧。我们有个战友名叫‘蔡威’，是福建人，牺牲在长征途中，至今还没有查到他的祖籍和亲人。我想借这个机会让福建省委协助查一查。”

中央非常理解从革命战争烽火硝烟中走过来的老同志的这种心愿，同意改派他担任福建整党工作联络员小组组长。

宋侃夫一行下榻在福州西湖宾馆。

新上任的中共福建省委书记项南对宋侃夫的革命经历十分了解：这位曾任武汉市委第一书记、湖北省委书记的老同志为人正直，工作能力强，有着丰富的地方工作经验。中央派他来福建指导整党工作，项南感到由衷的高兴。

同项南一起来看望宋侃夫的还有福建省委副书记伍洪祥，人们都尊称他“伍老”。他是一位身经百战的老红军。

第一次见面，宋侃夫便道出自己的一桩心愿：“中央本来安排我去上海，我向中央请求来福建，是想借此机会办一桩私事。”

“什么事需要我们帮助办的，你就交办，我们尽力而为。”项南说。

“是这样，你们福建有一个红军烈士，名叫‘蔡威’，是福宁府人。当年他跟我们一起受上海党中央派遣进入鄂豫皖苏区，是我们党培养的早期无线电通信专业人才，为革命作出了特殊贡献。他牺牲在长征路上，英年早逝，太可惜了！我们几个老战友都想寻找到他的亲属，了解一下他们的生活情况。现在已经有些眉目了，但还不能确定，必须做进一步调查。这件私事，得请你们帮忙办。”

“哎呀，这哪是私事？分明是一件大事哦！”一说到革命先烈，伍洪祥就动感情了，“我们福建红军、游击队战士在长征中牺牲了一批，在‘皖南事变’中牺牲了一批，在3年游击战争中也牺牲了一批……初步查明全省烈士有50000多人，还有不少同志失踪了，无法查清。这两年，我们都在查访。革命胜利这么多年了，我们始终没有忘记那些英勇牺牲的先烈！”

“伍老兼任福建省委党史资料征集编写委员会主任。”项南说，“这件事就请福建省委党史部门的同志协助查一查。”

“这是我们分内的事，我们一定想办法查清！”伍洪祥向宋侃夫表了态，并很快把这项任务落实下来，交由中共福建省委党史资料征编委和原福宁府所在地——宁德地委党史办开展调查。

伍洪祥十分清楚：与英雄辈出的闽西一样，在血与火的岁月里，闽东同样是英勇不屈、红旗不倒的。闽东红军独立师自 1934 年成立之日起，坚持武装斗争，打击国民党反动势力。红军主力长征后，闽东红军在闽浙两个省 20 个县的广大区域开展了艰苦卓绝的 3 年游击战争。就在蔡威烈士牺牲前后，闽东红军还经历了名闻遐迩的官岭、坂头、百丈岩和亲母岭战斗。“百丈岩九壮士”的事迹更是惊天地、泣鬼神：120 名红军战士被 3 个连的国民党军包围，支队长阮吴润率 20 名红军战士奉命掩护撤退，血战到最后的 9 名勇士毅然登上陡峭的百丈岩，向国民党军射出最后一颗子弹后砸烂枪支，纵身跳崖，全部壮烈牺牲。

亲身经历了南方 3 年游击战争的伍洪祥自然把查访烈士家乡和烈士亲属的下落看作神圣而紧迫的工作。

福建的整党工作全面铺开了。宋侃夫忙着开会、听汇报，根据中央的指示精神指导整党工作，稍有闲暇，便惦念、询问寻查蔡威祖籍地和后代的进展情况。

当时，宁德地委党史办根据省委的要求已经介入了此项工作，但除了福鼎张白弟这条线索外，并无其他进展。

时间过去几个月了，张白弟就是蔡威吗？这个问题还一直悬而未决。

在北京的几位老首长得到宋侃夫的情况通报，感到很焦急，因为宋侃夫在福建帮助整党时间只有一年，他们生怕错过这一难得的寻找机会。这时，马文波、陈福初两位老将军提议“双管齐下”：以总参谋部某部的名义，让福州军区也介入调查，把情况搞清楚，该确认的确认，该否定的否定。

于是，一个“特别工作小组”成立了。

南国 8 月，烈日如火。特别工作小组的刘友燧（宋侃夫的老秘书）、黄仕珍（福州军区某部参谋）和杨的莺（中共福建省委党史资料征编委干部）从福州驱车 8 个多小时奔赴福鼎。他们不想惊扰福鼎县委，当晚只与庄友柱交换了意见，决定第二天就出发去管阳、白琳、点头 3 个乡开展调查。

特别工作小组的行动似乎有点儿神秘，因为寻找蔡威烈士亲属的事在闽东北这个小县城已经传扬开了，他们想尽量避免意外的干扰，让调查工作进行得更顺利些。

然而，这一次查访，让庄友柱感到意外！

在管阳，特别工作小组召集张氏家族部分老人开了一个座谈会。与会者几乎众口一词:“张绍椝是1906年出生的。”

庄友柱询问张芝玉、张时康两位老人:“上一次调查,你们都说张白弟的年龄跟你们差不多,大约六十六七岁,这次却说是1906年出生的,相差10年。为什么前后两次说法不一?”

两位老人支支吾吾,推脱说:“记不清楚了。”

看来,受访者受到了干扰。老人们的心情可以理解:如果张白弟被确认为牺牲在长征途中的一名英烈,这不啻是张氏家族的无上荣光。

座谈会后,特别工作小组又到管阳西山里张家所在的村子,访问了一位名叫“杨月英”的张家媳妇。杨月英回忆:“我8岁来到张家,给白弟近房侄儿当童养媳。第二天,就是我来到张家的第二天,白弟父亲过世了。办丧事时,我还看到张绍周和张白弟两兄弟。”杨月英的记忆很清晰,说的话很坦诚。据推算,杨月英8岁那一年,应是1932年。

得知张绍椝的姐姐张瑶英家住点头乡,特别工作小组又立即前往。

张瑶英已经过世了,只有她的女儿方素琴在家。她显然并不知道来访者的身份和动机,便把自己知道的事如实说了出来:“我外祖父共有5个孩子:大舅张绍周,二舅张绍华,下面是我妈,再下面就是三舅张白弟……我8岁时看到过张白弟舅舅。那时,我们家住在福鼎城关。有一次,他来我家,坐在桌边念英语。当时的情景,我记得很清楚。”

方素琴时年58岁,按年龄推算,那次见到张白弟应是1934年,而张白弟那时正在读中学。

关于张白弟的年龄,管阳张氏家族座谈会上的众口一词与杨月英、方素琴两个人的回忆显然是矛盾的。

当晚,特别工作小组回到福鼎县招待所,讨论分析调查的结果。

学过法律、有过律师查证工作经验的庄友柱提出了自己的看法:

“我认为张绍椝的年龄尚不能肯定,理由有三:一是在座谈会上,张芝玉、张时康为什么推翻原证词?讲不出理由,只说‘记不清楚’;二是根据杨月英、方素琴两人的年龄推算,她们亲眼看见张绍椝的时间是1932年和1934年,这时,张绍椝还在中学念书,推算他的年龄也才十七八岁;三是据张绍椝的二哥张绍华讲,他今年虚龄79岁,出生在1906年农历五月初十,张绍椝怎么可能与二哥同一年出生呢?”

庄友柱的分析有根有据，福州军区黄仕珍表示同意。

在福鼎查访无果，怎么办？宋老的心情焦急！

庄友柱提议："张绍樂在温州一中读过书，老同志回忆他在上海读过大学。我们工作小组可分成两路，一路去上海调查，一路去温州一中调查。"

这个提议得到了大家的赞成。3 天以后，庄友柱和他的另一位同事去了温州。

温州一中即浙江省立第十中学，其校史馆资料非常齐全。庄友柱查到民国二十四年（1935 年）的一本《同学录》记载着"张绍樂·福建福鼎（籍贯）"字样。

这可是一条重要的线索，证明张绍樂确实在温州一中读过书。

庄友柱又到该校教导处，请求提供张绍樂的学籍卡片。

功夫不负有心人。学籍卡片终于找到了，上写："张绍樂，男，19 岁，中华民国二十四年（1935 年）八月入校，家住福建省福鼎管阳西山里。"卡片背后记着张绍樂 1935 年度、1936 年度及 1937 年度上、下学期的学业成绩。卡片上还贴有一张张绍樂半身免冠照片，上面注明："张绍樂，中华民国二十七年（1938 年）八月毕业。"

据此，庄友柱确认：张绍樂出生于 1916 年，19 岁即 1935 年入学浙江省立第十中学（后改名"温州一中"），1938 年在该校高中部毕业。这与《张氏宗谱》的记载及杨月英、方素琴的回忆相符。

张绍樂 1938 年在浙江省立第十中学高中部毕业时，蔡威已牺牲两年了。由此可见，这个张白弟绝不是蔡威！

于是，庄友柱写成了《关于张绍樂是否就是蔡威烈士的问题调查始末》，呈送宋侃夫、徐深吉、马文波等有关老同志及福建省委党史资料征集编写委员会。张白弟这条线索的调查就此结束了。

与此同时，宁德县也展开了调查。

在宁德城关——蕉城，蔡氏家族远近闻名。这个家族中有没有叫蔡威的人呢？似乎没有人知道，但有一个叫蔡景芳、学名蔡泽镛的青年，50 多年前在上海失踪了，其三代嫡亲几十年苦苦追寻，至今杳无音讯。

宋侃夫家的来客

有关张白弟的调查终止之后，在京的几位老将军、老部长思念蔡威之情不但没有冷淡，反而与日俱增。

大约过了半年。一天，一位30多岁的年轻人来到宋侃夫家大院门口按响了门铃。门卫打开小窗口，问："你找谁？"

"我是福建来的，找宋侃夫爷爷！"年轻人说的是福建普通话。

门卫向宋侃夫通报后，便打开大门，指了指不远处的一幢二层小楼，说："喏，宋老就住在那幢楼。"

年轻人按门卫指的方向慢慢走向小楼。他毕竟是生长在小县城的一个小青年，来到北京的感觉只有一个字："大"——大城市、大街道、大宅院、大首长……现在要求见的这位宋爷爷也是个大人物，见了面，将会怎样呢？

小楼的门开了，迎接他的是宋侃夫的家人。

走上二楼，他看见一位老人端坐在桌子后面，神色有点儿冷峻。

"宋爷爷好！"年轻人自报家门，"我叫蔡述波，是从福建省宁德县来的。"他递过一张中共宁德县委党史办出具的介绍信。

宋侃夫点点头，示意年轻人坐下。

年轻人又递上一沓带来的材料。宋侃夫戴上一副老花眼镜，慢慢地翻看材料。

"蔡威是你的什么人？"老人问。

"是我的爷爷！"蔡述波的回答很肯定，"我带来了爷爷的一张照片。"

宋侃夫接过照片，端详着，凝视着，思考着，过了许久，才摘下老花镜，几乎用审视的目光看着蔡述波，又是许久没有说话。

这一刻，蔡述波感觉时间很长很长，好像长达几十年！

"你是坐火车来的？"

"是的，从福州坐火车来的。"

"来北京住哪儿？"

"住在大姑婆家。我大姑婆就是我爷爷的大姐，她还健在。"蔡述波回答。

过了一会儿，宋侃夫说："你先回大姑婆家等几天，把住址留下，有事再通知你。"

蔡述波写下大姑婆家的住址和电话号码,便告辞了。

走出大院,蔡述波的心情并不感到轻松。第一次见到祖父的老战友宋侃夫,他很紧张,也很拘谨。宋爷爷不多问话,神态上还有些疑虑,是不是不相信我?是不是怀疑我假冒蔡威的小孙子上门诓骗他老人家?……回到大姑婆家,他有点儿坐卧不安。

等待是很折磨人的,但等待中隐藏着美好的希望。

一天过去了,两天过去了……

大姑婆对蔡述波说:"不必急,是真的假不了。"

她找出一张蔡述波父亲蔡作祥的照片,说:"这是你爸爸的照片。你爷爷年轻的时候,跟你爸爸一模一样。"

蔡述波拿过照片一看,是他父亲于"文化大革命"前拍的一张免冠照片,年龄大约30岁左右。

"下一次,你把这张照片带去,让宋爷爷他们看看。"大姑婆嘱咐。

好不容易等到第三天,宋侃夫的司机找上门来,告诉蔡述波:"明天上午,宋老在家等你。"

第二天上午9点,蔡述波再次走进宋侃夫家。

这一天,宋老的家里多了三位老首长——王子纲、马文波、胡正先。蔡述波一进门,三位老首长就不住地盯着他看,上上下下打量他,却都不出声,那目光既谨慎,又亲切。

在三位老首长目光的审视下,蔡述波显得手足无措。他不敢问三位老首长的姓名和职务,只感觉他们一定是祖父的老战友。

蔡述波从小提包里掏出一张小照片递了过去,说:"这是我父亲的照片。我大姑婆说,这张照片很像我的祖父。"

照片在几位老首长的手上传看。突然,几位老首长几乎异口同声地说:"像!非常像!"

客厅里的气氛一下子活跃起来。蔡述波看到几位老首长的脸上都绽开了笑容。

于是,问话开始了:"你家在什么地方?"

"福建省宁德县。"蔡述波回答。

"福宁府在什么地方?"

“福宁府？”蔡述波愣了一下，摇摇头，说，“不知道。”

宋侃夫拿出一封信，问：“你哥哥是叫蔡述道吧？”

“是的，是叫蔡述道。”

宋侃夫接着说：“你哥哥刚刚来信，说他做了调查，现在的闽东地区就是过去的福宁府，宁德县隶属于福宁府。”

王子纲接过蔡述道的来信看了一下，说：“不错，是福宁府，不是福鼎县，这就对上了！”

马文波问：“你祖上有谁在外地做过大官吗？”

蔡述波想了想，回答说：“有，听说我的舅公林振翰在宁波当过盐官。”

“还有谁在四川当过官？”

“在四川当官？”蔡述波眨巴着眼睛，“没听说，好像没有。”

马文波进一步追问：“祖上有没有留下什么宝贵东西？”

蔡述波想了很久，回答说：“除了房屋，其他的没听说。”

“你家是否有一把祖传宝剑？”马文波单刀直入地问。

“祖传宝剑？”蔡述波思考了一阵，还是回答，“没听说。”

尽管四位老首长心中有了九分的把握，从年轻人送来的材料中已经得悉他的爷爷就是蔡威，但由于发生过险些把福鼎的张白弟误认为蔡威的事，因此不得不持十分谨慎的态度。

四位老人没有立即表态，没有立即确认，但从他们亲切的谈话中，可以看出对蔡述波的关切和信任，而且他们脸上都洋溢着找到蔡威烈士后代的那种情不自禁的欣喜。

马文波将军确信：蔡威生前对他说过家里藏有石达开佩剑，那肯定是存在的，蔡述波不知其详，情有可原，他年龄还小嘛。蔡家的老人肯定知道这件事。只要做进一步调查，石达开佩剑之谜一定可以解开。

当即，四位老人做出决定：由马文波将军代表他们专程去福建，再做进一步的调查核实。

这一天，蔡述波走出宋侃夫的家，心情显然轻松了许多。他仰望蓝天，感到祖父的在天之灵似乎在护佑着他。

蔡述波离开北京时，宋侃夫请他带一封信给福建省委党史办的杨的莺：

杨的莺同志并转省委党史办：

关于蔡威烈士的生前情况，最近有新变化。蔡的长孙蔡述道前不久给我来过信，最近其弟又来京。昨天，我们邀请了王子纲、马文波、胡正先等同志一起座谈，证实蔡述道及其弟所谈情况和我们记忆的情况大致相同，这就可以肯定蔡述道及其弟蔡述波确系蔡威烈士的后裔。至于以前我们找到的张绍桀，可以否定。还有个别情况需要进一步查实。5 月份拟由马文波同志来福建，届时，我们再写信带来给你们。现在蔡威烈士的孙子蔡述波同志回闽，介绍他来和你们见见面，谈谈情况。至于今后如何处理，待马文波同志来闽调查核实后，将由 ××× 出面，和地方有关部门联系解决。

此信阅后，请转地区党史办。并请将此情况转知黄仕珍同志。

你如来京，请来我家做客。致

敬礼！

宋侃夫

1985 年 3 月 25 日

蔡述波一回福州，就把此信交与了杨的莺。

杨的莺一口气看完信，高兴地对蔡述波说："有希望啦！有希望啦！"她认为没有必要再对蔡述波保密了，就将信复印了一份，让他转交宁德地委党史办副主任黄垂超。

蔡述波回到宁德，听说黄垂超生病住院了，就直奔宁德地区医院，一踏进病房，就喜滋滋地说："黄主任，有希望了！"

黄垂超是个细心人，听完蔡述波对上京情况的讲述，又认真看了宋侃夫的信，对蔡述波交代说："马文波将军 5 月份会到福建来进一步调查核实。现在最要紧的是，把你祖父的有关资料和物证都做充分准备，配合组织上搞好调查。"

蔡述波也到宁德县委党史办汇报了赴京拜访宋老的情况。党史办的同志一致表示："这是一件大事！我们全力配合，做好准备，迎接马文波将军的到来！"

追踪石达开佩剑

马文波将军南下福建之前，是做了充分准备的。

早在 5 年前，马文波将军特地到北京王府井新华书店买了一套《清史》仔细阅读。他想，蔡威祖上如果有人在四川当过大官，那么，蔡家先人就可能在《清史》上留下蛛丝马迹。

一有空闲，他就研读《清史》，特别是有关太平天国的章节。

研读中，他终于发现：蔡氏家族在福建的最早落脚地是泉州。

这一发现，使他感到蔡威踪迹的存在。他不顾身患高血压和冠心病，毅然决定赴福建泉州调查。正当准备启程时，医生来干预了："不宜远行！" 夫人金瑞英也劝阻："听大夫的话，等病情稍好了再去吧！"

这一等，两年过去了，直到 1985 年春，健康状况略微稳定，他带着老战友的重托，决定南下福建。

这一年 6 月，宁德蕉城悄悄传开一条小道消息：北京一位将军要来调查蔡家的事，蔡家又要出贵人啦！

小道消息得到了证实，来的正是马文波将军。

马文波将军中等身材，国字脸，戴一副淡青色墨镜，着一身灰色中山装，虽已 75 岁，但依然英姿勃发，沉稳而潇洒。据说，"文化大革命" 期间，他兼任外交部副部长，常随周恩来总理接待外宾，协助处理国家外交事务。他的记忆力惊人，那么多与中国建交的国家、那么多中国外交使领馆海外驻地、那么多中国外交官的名字，都烙在他的脑子里，随时都能准确说出来。

要寻人，先寻剑。马文波将军抵达宁德，安顿甫定，就提出 "先与蔡作柯老人见面"。

蔡作柯已经 80 多岁了，是蔡氏家族收藏石达开佩剑唯一健在的见证人。此前，宁德县委党史办青年干部陈国秋做过相关调查，并事先向马文波将军作了汇报。

第二天上午，蔡作柯老人在宁德县文化馆陈馆长陪同下，来到马文波将军下榻的宁德军分区招待所。稍事寒暄之后，老将军开门见山地向蔡作柯老人提出："谈谈那把石达开佩剑的情况，好吗？"

"好的。这把宝剑有 3 尺多长，在剑柄的前面刻有 '青钢宝剑' 4 个字，剑身上有‘二龙戏珠’的精细花纹，亮晶晶，光灿灿，非常锋利，的确是件珍品。”蔡作柯老人平静地介绍说，“它原是太平天国翼王石达开的随身佩剑，后来成了我们蔡家的传家宝。小时候，我听蔡家的长辈说，每有祭祀活动，常拿出来舞弄它，日久天长，竟把剑柄上原来的漆带给磨破了。有一次，因为听说真宝剑削铁如泥，他们找来一把砍柴刀，刀锋朝上放在条凳上，举起青钢宝剑，猛力朝砍柴刀砍去。结果，砍柴刀断了，而那把宝剑只留下了一个小小的缺口。”

“这把剑还在吗？”将军问。

“交上去了。”蔡作柯回答，“1956年，我们这里征集历史文物时，我的母亲交上去的。”

“交到哪里了？”马文波将军追问。

“听说是中国历史博物馆。”

老将军停了一下，说：“来福建之前，我们已经查过了，中国历史博物馆从未收藏过石达开的佩剑。”

原来此前，马文波将军曾叫部下丁德润到中国历史博物馆近代史组询问，对方的回答是：“我们从来没有收藏过石达开的佩剑。”近代史组的同志提醒了一句：“请到南京太平天国历史博物馆查一查，如果确实上交了，说不定会收藏在那里。”

太平天国翼王石达开的佩剑保存在太平天国京城南京，这是完全有可能的。马文波将军说：“那就请南京军区的同志帮助查一查吧。”

当天，电话通向南京，说明原委，请求协助。南京军区的同志热情地答应下来。第二天下午，回话说：“我们到太平天国历史博物馆查过了。馆方说，这里不仅没有收藏，甚至从来没听说过世上还留有一把石达开佩剑。”

……

“肯定是交上去了。”蔡作柯的语气也很肯定。

“有谁可以证明呢？”

“我们县的第一任文化馆老馆长可以作证。”

此时，坐在旁边的宁德县文化馆年轻的陈馆长插话了：“我没有见到过这把剑，但听老馆长讲过，是他经手送到当时的福安专署的。新中国成立初期，我们宁德县属福安专区管辖。老馆长现在泉州，他可以证明。”

“石达开兵败川西，他的佩剑为什么会到你们闽东的蔡家呢？”马文波将军的这个问题显然是关键所在。

“是这样的，”蔡作柯回忆，“我祖父的祖父，也就是我们的高祖蔡步钟，在清朝的时候曾任四川雅州（今四川雅安）知府，官署就在今天的雅安。大渡河安顺场一带正是雅州知府的辖区。石达开兵败被俘时，恰在蔡步钟任内，于是石达开的这把佩剑也就到了我高祖的手里。后来，我高祖被封为云南按察使，有一年回乡养病，就把剑带回了宁德。这把剑乃是稀世珍品，我高祖留给长子长孙作为传家宝。我是蔡步钟的长门嫡孙，这把剑也就自然传到了我的手里。”

这时，陈馆长对蔡作柯说：“方才你说石达开是‘兵败被俘’，恐怕错了，他是‘自投清军’，是降清。”

陈馆长也查阅了一些资料：新中国成立前，商务印书馆编印的《中国人名大辞典》中就有记载：石达开“至大渡河，为川军唐友耕所败。至老鸦漩，势穷乞降，送成都斩之”。新中国成立后，由上海辞书出版社编印的《辞海》中也记载：石达开于“1863年在四川紫打地（今安顺场）失败，6月自投清军被杀”。

“不！石达开不是乞降，而是兵败被俘。”蔡作柯老人说话的语气很坚定，“我们家不仅保存了一把石达开的青钢宝剑，还保存了一本石达开的‘口供’。这本‘口供’我看过多遍，那上面写得很清楚，是兵败被俘，而不是投降。”

“这本‘口供’现在哪里？”与马文波将军一起来的丁德润感到这是一个重大发现，急忙插问了一句。

蔡作柯老人不无遗憾地说：“因为我在外地工作，‘口供’放在家里，后来找不到了。”

显然，“投降”和“被俘”是两个不同的概念，是评说历史人物千秋功过的重要依据，也是与石达开荣辱攸关的大节。如果这份“口供”确如蔡作柯所言存在，那么翼王石达开的这段历史就应该重写，我们的历史学家对于这位被“天王”洪秀全封为“五千岁”的“翼王”，应该重新做出历史评价。

虽然这份石达开的“口供”不是马文波将军要寻找的，但它从另一方面证实了石达开佩剑保存在蔡家的真实性。这是马文波将军一行原先完全没有料到的。

马文波将军的调查仍在继续。在宁德三天，他又邀请蔡家几位年长的人来座谈，还找来当年与蔡威同在上海求学的女画家潘玉珂回忆与蔡威的交往……

三天查访，让马文波将军确信：宁德——曾经的福宁府，就是蔡威的故乡！

马文波将军提出，要去蔡威的故居看一看。

第三天晚饭后，蔡述波、黄垂超、陈国秋三人陪同马文波将军和夫人金瑞英走进了蔡氏家庙隔壁的蔡威故居。

这座坐落在蕉城前林路文昌巷的深宅大院是清朝道光二十八年（1848年）兴建的，占地面积约500平方米，6扇砖木结构，穿斗式梁架，纵向多进，四周砌有高大的防火墙，其外观规模宏大，十分气派，具有浓郁的闽东地方特色。

蔡威就是在这座宅院里出生和长大的。

这时，蔡氏家庙连同蔡威故居被一个单位占用，居住着几户人家。

薄暮时分，灯光昏暗。马文波将军走进蔡威童年住过的房间，停住了脚步。

老将军沉默着，慢慢地抬起头，从上到下仔细观看，一句话不说，也不问。

他默默地巡视着房间的每一个角落，似乎在跟他逝去的老战友对话，悄悄地诉说着什么……

他的夫人金瑞英也不说话，陪同的几个人员也大气不出。

时间好像在这一刻凝固了。

过了好一阵，老将军才说出一句话："房子不错，规模很大，是个大户人家的房子。"

离开前，将军留下一句话："地方政府要好好保护啊！"

因为将军的这一句话，于是，几经曲折，便有了今天的"蔡威事迹展陈馆"。

将军问剑，并不到此为止。返回福州后，马文波将军立即派他的两位助手前往福建省博物馆，寻查青钢宝剑的下落。

几天后，在福建省博物馆历史部藏品卡上，查到了这样一份记载：

项别：铁器。

定名：(清)青钢宝剑。

数量：一把。

质地：铁。

尺寸：(公分)长 81.7，腰宽 3.2，把长 21。

完残程度：铁锈、把纱带脱损。

来源：福安专署文化科搜交。

入馆日期：1957 年 12 月。

后来发现，福建省博物馆的这件藏品，有剑没有鞘。为什么呢？据说，日军侵占闽东时，一个日军大佐不知从何处打听到蔡家藏有一件稀世珍宝——石达开佩剑，便上门搜查。蔡家人怎么也不肯交出这件传家宝，谎说"剑已丢了"，只交出剑鞘搪塞了事。

日军投降后，时任宁德县承审员的胡尔瑛(福州人)登门观摩了这把幸存的青钢宝剑，偶发感慨，写下一首"七律"，题为《观石翼王剑口占》。诗曰：

慷慨河山百战中，夔门一溃负初衷。
十年如见横腰壮，三尺犹留杀血红。
成败事还归气数，摩挲我自拜英雄。
而今胡虏猖狂日，匣底伤心莫效忠。

诗末还有一注释："邑人蔡步钟任四川雅州知府，与总兵唐友耕败太平天国翼王石达开于大渡河，乃得其佩剑。"

这是蔡氏家族曾拥有石达开佩剑的又一明证。

至此，蔡威生前在金川河畔对马文波说的话终于得到了证实。

马文波将军追寻石达开佩剑，不仅解开了 100 多年前的一个历史谜团，更重要的是，一位战斗在中共隐蔽战线上的无名英雄，一个隐名了 50 年的密电研究奇才，一名被誉为红军"军中活菩萨"的功勋卓著的无线电侦察战士，闽东人民的好儿子蔡威的身世之谜，被追寻、被发现、被揭秘、被确认！

第二辑

第二章　家庙传剑

太平天国翼王石达开的佩剑——青钢宝剑遗落在闽东,《清史》上没有明确记载,北京的中国历史博物馆和南京的太平天国历史博物馆均无收藏,更不知情,这不能不说是中国近代史学研究中的一大漏洞。

宁德蔡氏家族如何收藏了这把青钢宝剑,并作为一件珍贵的传家宝传承百年四代?欲解其中的奥秘,先读一读有关宁德的一段历史,品味一下蔡氏家族的一段往事。

从柏石曼的一张照片说起

1906年,德国建筑师恩斯特·柏石曼得到德意志帝国政府的批准,第二次来到中国考察。这一次,他花了3年时间,穿越中国12个省,行程数万里,考察了中国古代建筑,拍摄了数千张照片。

1909年春天,柏石曼从广东徒步进入福建,一路考察福建东部沿海城镇。对中国的寺庙建筑极感兴趣的柏石曼来到山水迤逦的福宁府,听说宁德霍童山支提寺有"仙巢"之誉,境内还有众多的佛教丛林,便打算在宁德逗留一段时间,对这里的古代寺庙建筑进行细致考察。

一天,春风艳阳,晴空万里,柏石曼登上宁德城西的白鹤岭,打算拍摄北宋大观二年(1108年)建成的灵溪寺。他爬至半山,转身回望,被身后气势恢宏、美如仙境的山海奇观震惊了。

啊!山在海上,海藏山中,真是太美了!他立即端起相机,拍下了眼前奇妙的景色。

这张题为《福建省三都澳的城市和港湾》的照片,收录在柏石曼14年后出版的《如诗如画的中国建筑和景观》中。

后来，一位中国学者从柏石曼已出版的6册图文集中又遴选出数百张照片，编译成《寻找1906—1909西人眼中的晚清建筑》一书，上面介绍的这张照片便收在其中。

这是一张极其珍贵的历史照片。画面的下半部分是白鹤岭及其山下阡陌纵横的田园，城区的屋宇鳞次栉比，绵延的城墙也依稀可辨。绿树掩映中矗立的几座颇为壮观的建筑是太尉宫、莲峰书院和圣教医院。画面的上半部分山海相依，一湖如镜，波光潋滟，舟楫点点，那是三都澳的洋面。近处3个岛屿——酒屿（今塔山）、金瓯山（今大门山）、猴头山（又称"乌龟山"）漂浮在湛蓝的海水中，若隐若现，宛如蓬莱。水天衔接处则是举世闻名的三都澳海港。

柏石曼拍的数千张照片几乎全是中国皇家宫阙、宗教建筑和代表各地风情的民居，唯独这一张照片拍的是闽东这个海滨小城及其周边的山海奇观。这是为什么？地方史专家的解读是：这一方土地"山光水色皆画本，鸟语蝉声亦吟情"。这位德国摄影家为宁德的独特风光深深地陶醉了！

感谢柏石曼先生为宁德人民留下这一张弥足珍贵的历史照片！

宁德设县始于唐末，距今已有1000余年的历史了。

早在新石器时代，这里已有先民居住。隋朝开皇元年（581年）以前，属于古温麻辖地。到了唐朝，废温麻置"长溪县"。唐开成年间（836年—841年），把长溪县的宁川和古田县的东北隅分割出来，设为"感德场"。所谓"场"，就是当时朝廷征收物产税赋的专门机构。这一带"煮海制盐"有丰厚的收入，设立"感德场"，征收海盐税，这对朝廷自然大有好处。后唐长兴四年（933年），升"场"为"县"，于是，取"宁川"之"宁"与"感德场"之"德"，合而名为"宁德县"。

宁德县先隶属于长乐府，后隶属于福州府。到了元朝，长溪县升为"福宁州"，宁德县属之。清雍正十二年（1734年），福宁州升为"府"，称"福宁府"，一直沿用至民国初年。这便是蔡威称自己是"福宁府人"的缘由。

宁德县城东西窄，南北长，城墙一围，形同一柄芭蕉叶，因而别称"蕉城"。城邑虽小，却山海兼备，人文荟萃。"书成蕉叶文犹绿，霞染层林梦也香"，赞誉的就是历史上的宁德县城。

19世纪中叶前，宁德是一个十分封闭的地域。前人这样描述："自浙东入闽至福宁州，皆羊肠小道，盘纡陡峻，日行高岭云雾中，登天入渊，上下循环，古称蜀道无以过也。”

宁德周围诸县多在崇山峻岭中，百里之内没有一处繁华街市。向北出省界，300 公里外的较大城市是浙江温州府，而两地之间向来只有零星的商旅往来。南边相隔两天路程的是福州城，因不算太遥远，又是省城所在，对宁德影响最大。

与一般山区县不同的是，宁德县城东南城墙外便是一片浅海，人称“东湖塘”，涨潮时一片汪洋，商船与渔船穿梭往来；退潮时滩涂无垠，“讨小海”的撑着滑板穿梭其间，拾贝捉蟹，热闹非凡。出东湖塘则是宽阔的内海三都澳，从三都澳向东过东冲口便是波涛汹涌的台湾海峡了。

三都澳山峦环抱，腹大口小，海域面积 731 平方公里，其中 10 米以上的深水水域达 174 平方公里，是宁波北仑港的 26 倍、荷兰鹿特丹港的近 8 倍，称得上中国自然条件最优越的深水良港。沿岸怪石嶙峋，树木成林，春夏之际，碧水丹荔，相映成趣。诗人郭沫若曾题诗赞曰：“良港三都举世无，水深港阔似天湖。”然而在清末国门洞开之前，三都澳东冲口外“洪涛弥天，渺无涯畔”，风浪险恶的海洋一直是造成闽东封闭环境的一大地理因素。

魏晋之前，荒草蓁蓁的闽东土著居民多为越人。最早进入福建东北隅的外来客是一批军人和贬谪于此的刑余人员以及求仙炼丹的道士。南北朝后期，中原人“衣冠南渡”，闽东逐渐人丁兴旺起来。隋末谏议大夫黄鞠为避祸，举家进入宁德霍童溪流域，修水利，拓荒原，大力发展农耕。唐末，中原人再度大举入闽，从而加快了中原文化对闽东土著同化的步伐。南宋偏安东南，长江以北移民又大批南下，一些有较高教育水准的家族相继到达闽东，宁德县由此开始了“2 状元 60 进士”的科举时代。中国思想史上承前启后的理学巨擘朱熹此时久居福建，并多次进驻闽东创立书院，讲学授徒，一批对理学深有造诣的闽东学者由此涌现。南宋宰相丁大全曾在宁德为官，并修通了宁德通往福州的白鹤岭古官道。宋末元初，福建屡遭兵燹，闽东也未能避免，致土地荒芜，人口剧减。到了明朝，由于地偏一隅，交通闭塞，山林未启，闽东又一次成为避祸移民的迁入地。

宁德虽然地偏一隅，却也英雄辈出。有些历史人物是宁德人世世代代难以忘怀的，其中最为著名的有两人：一是陆游；二是戚继光。

南宋绍兴二十八年（1158 年），著名爱国诗人陆游初入仕途，出任宁德主簿。34 岁的陆游怀着建功立业之志，勤理政事，深得百姓爱戴。

雾色清和日已长，纶巾萧散意差强。
飞飞鸥鹭陂塘绿，郁郁桑麻风露香。
南陌东村初过社，轻装小队似还乡。
哦诗忘却登车去，枉是人言作吏忙。

这首题为《还县》的诗作，把宁德的田园风光和陆游巡视乡间、治理政事的情趣生动地展现给了后人。

在任内，陆游曾登上支提山，与华严寺僧人秉烛共语，并赋“七律”一首，题为《雍熙寺与僧夜话》：

高名每惯习凿齿， 巨眼适逢支遁林。
共话不知红烛短， 对床空叹白云深。
现前钟鼓何曾隐？ 匝地毫光不用寻。
欲识天冠真面目， 鸟啼猿啸总知音。

陆游对宁德有着深厚的感情，81 岁后，依然怀念出仕宁德的一年时光：

白鹤峰前试吏时，尉曹诗酒乐新知。
伤心忽入西窗梦，同在埔村折荔枝。

这位在中国诗坛上留下 9000 余首诗作的杰出诗人，以他“上马击狂胡，下马草军书”的豪情壮志和“零落成泥碾作尘，只有香如故”的可贵操守，深深地影响着一代又一代宁德人。

明朝嘉靖年间，朝廷腐败，海防松弛，福建沿海受倭寇侵扰日甚一日。1561 年，倭寇进攻宁德县，占领了横屿岛。千余倭寇在横屿结巢筑屋，不时四处劫掠，无恶不作。史载当时的宁德“上下三百余里，三年渺绝人烟”。正在浙江平息倭患的名将戚继光率部自温州进抵福宁府，决定先捣毁横屿倭巢，然后乘胜南下，收复福清县的牛田和莆田县的林墩。

横屿是一个四面环水的小岛，岛的西面距离陆地较近，涨潮一片泽国，退潮淤泥成滩，易守而难攻。戚继光率领戚家军8000余人先驻扎城关，后间渡兰田渡口，经五里洋潜入横屿鸳鸯头。在一个午夜，戚继光利用退潮时机下令攻岛。先头部队以“土橇”（滩涂滑板）代步，先行占据横屿岛滩头，后续部队每人背负一捆稻草，边走边扔，用“负草填泥”的办法在海滩上铺成了一条长长的稻草路，为大军开路。戚继光命令队伍摆成“鸳鸯阵”，交替穿插前进，自己擂鼓助威。在鼓声中，戚家军个个奋勇争先，冲上岛屿，与倭寇展开肉搏战，歼敌300余人。倭寇见大势已去，便向海上逃命，又被大海吞没600多人。倭寇盘踞3年多的横屿岛被收复，800多被掳的男女民众获得解救。时值中秋佳节，宁德城乡军民欢呼雀跃，共庆胜利。后来，每逢中秋节，宁德百姓都要举行游“土橇”活动，以纪念戚继光抗倭的丰功伟绩，后人还把当年戚家军扎营的地方取名“继光街”。

民间一直有这样的传说：戚继光率部攻打横屿，令其儿子为先锋，并在阵前传令：“畏缩观望者，斩！”他的儿子领兵到海边，见滩涂险恶，深浅莫测，不免犹豫不决而迟滞了进攻。戚继光不徇私情，立斩爱子，又亲自击鼓，激励将士奋勇杀敌，终于一举赢得了入闽抗倭的首战大捷。事后，戚继光泪洒战袍，在漳湾海边修建了“思儿亭”寄托哀思。

经年风雨，漳湾海边的那个亭子已不复存在，但今天的宁德县城到处可见戚继光的印迹，既有“继光街道”，又有“继光公园”，近年还建有“继光花苑”和“继光幼儿园”。在“继光公园”里不仅建有戚继光的巨型塑像，还重建了一座“思儿亭”，并立碑记其事。亭子正面廊柱刻有一副对联：“回头铸错成千古，含泪歼仇靖一方。”上联惜儿，下联赞父。

戚继光抗击侵略者的民族气节和一往无前的英雄气概，作为一种文化营养，哺育了世世代代的宁德人，也同样哺育了出生在这一片热土上的蔡威。

蔡氏家族的传说

福建蔡姓来自河南固始。蕉城蔡氏家族的先祖是北宋名臣蔡襄。

南宋时期，蔡襄的后裔从闽中仙游分居闽南泉州、漳州二府各县。至元末明初，因闽南、闽中一带战祸连绵，仇杀不断，蔡氏的先祖便避居到相对安定的闽东。

蔡氏家族进入闽东，又与这里的种菁种茶的产业发展有关。闽东虽属于亚热带季风区，但山区“山石嶙峋”，海陬“潮土盐碱”，土壤多酸性，水冷而雾多，不是粮食主产区，却偏偏适宜种植茶叶、大菁。

种菁制靛是一门极其古老的产业。中国人喜穿“蓝袍”，裁制“蓝袍”需要大量蓝色的植物染料，这就吸引了闽南、闽中大批流民来这里开山辟土，种菁制靛。蔡襄的后裔蔡南益就是其中之一。

蔡南益于元朝末年从闽南漳浦县八角井来到宁德四都蔡洋山（今属蕉城区金涵畲族乡）种植菁靛。

蔡洋山地处宁德县城西，距城不远，与罗源县交界，数座山峰绵延数十里，山下是深谷幽涧，山坡陡峻，山顶却有数片小盆地。蔡南益在此搭起草寮，开荒畲田，种植大菁，制作染料菁靛，然后挑到山下换点儿盐巴、粗布、咸鱼之类。日复一日，年复一年，栉风沐雨，胼手胝足，虽说过得辛苦，但一家人的温饱与生存不受太大威胁，也就定居了下来。这蔡洋山也因蔡家人的世代开发而得名。

历经数代人的劳作，蔡氏族人将荒芜的蔡洋山开辟成了茂林修竹、田舍阡陌的沃土，并修造了由城郊通往邻县罗源的石板路，家族中也开始有人读书，走科举之路。

明嘉靖十九年（1540年），蔡南益第七世孙蔡三溪率族人走出蔡洋山，迁居于宁德县北门外，开始了蔡氏家族新的发展阶段。

民间有这样一个有趣的传说：蔡三溪因种菁制靛积攒了一些钱，想做一点儿小生意。他的这点儿积蓄在城里人看来办不成什么大事，算不得做生意的大本钱。刚从山区来到城边落户的蔡三溪并不知晓城里米珠薪桂，生活不易，也不知晓在城里谋生有什么门道。一日，他进城到茶肆中向人讨教，茶肆闲人见这位呆头呆脑的山里人自称“有钱”，心中不禁好笑，便讥诮说：“现在蒙苗又多又便宜，买些存起，来年必赚大钱。”这“蒙苗”就是用一些不入等的杂鱼小虾加盐腌成的又腥又咸的烂货，专门卖给山区穷人下饭的“海味”。这东西来路多，销起来赚不了几个钱。蔡三溪不知被人作弄，听信其言，把全部积蓄都掏出来买了10多个陶瓮，腌制起蒙苗。但是，他住在北门外，有谁愿意跑上几里路去他家买这种到处都有的便宜货呢？

事有凑巧。那一年适逢倭患猖獗，海路禁绝，盐价一月数变，食盐成了抢手货。食盐没了，城里蒙苗也被人抢购一空。当人们得知北门外的蔡三溪家中藏有大量蒙苗时，纷纷涌到蔡三溪家抢购。这一下，让蔡三溪发愁了大半年的又腥又臭的东西居然成了无数人竞相提价抢购的奇货，最贵的时候，一汤匙蒙苗可以卖到一个铜板。蔡三溪凭着憨直和运气，用小钱做成了一笔大生意，淘到了第一桶金。

还有一个更离奇的传说：蔡家一位先人迁居城郊金溪村，以打铁为生。一日，有个山民挑了一块沉甸甸的铁砣砣请求蔡铁匠打制一把锄头，可这块铁砣砣用炭火烧了又烧，费尽气力，怎么也无法打造出一把锄头。蔡铁匠无奈，只好取出自家的好铁为山民打造了一把锄头。山民高兴地取走了。过了一些时日，这山民又陆续挑来好几块同样的铁砣砣，请蔡铁匠为他打制犁、耙、锄等农具。蔡铁匠不敢耽误农时，又用上了自家的好铁打造，而将这些不堪使用的“废铁”丢弃在了墙角。

数年之后，一位路过的客人吃惊地发现这些“废铁”居然是一锭锭黄金！这黄金是怎么来的呢？据说，唐朝末年，黄巢大军过境时在山上埋下了宝藏。蔡铁匠和这位山民一样，从未见过黄金是什么模样，只因他恪守信用，帮山民铸锄，无意中发了一笔大财。此后，蔡铁匠用这黄金置买田产，造屋开店，铺路搭桥，成为一方富户。

家族历史的传说，往往是激励一代代后人的精神力量。

蔡三溪之后，子孙繁衍，瓜瓞绵绵，分支多房。蔡氏家族已不拘泥于从事一种特定的行业，其中有读书致仕的文人，也有富甲一方的商人，更多的是手艺人和务农的平民百姓。

明嘉靖四十一年（1562年），倭寇袭扰闽东沿海，攻陷宁德县城。蔡氏家族中有一个叫蔡景榕的秀才被倭寇掳往日本西海道。船在海上航行了7昼夜，到了萨摩妙鹿岛。蔡景榕被剃光了头，卖给日本商人当仆人。一天，蔡景榕到寺庙烧香，遇见精通汉学和中国诗文的日本和尚俊可。和尚见他举止文雅，问他姓名。他不懂日语，便向和尚索取纸笔，写下“大明秀才蔡景榕”7个字。和尚欲试其才，便指庭前芙蓉花让他写一首诗。蔡景榕睹物思情，立即提笔写了一首“七律”。和尚一看，文采横溢，赞不绝口，便用重金将他从商人家里赎出，留在寺内缮写经文。

蔡景榕身居异国两年之久，无时不思念家乡。一天，他抬头仰望蓝天，见鸿雁南归，顿时思乡心切，当即挥笔画了一幅《归雁图》，并题词表达归心甚切。俊可和尚见状十分同情，允许他乘漳州商船回国蓄发还俗。

蔡景榕回国后，便把在日本的所见所闻写成一部《海国生还集》，记述自己的奇遇。由此，蔡景榕成为宁德蔡氏家族中第一位留下文墨的奇人。

到了 19 世纪上半叶，鸦片战争打开了清朝的国门，福州与厦门成了“五口通商”的两个口岸。历来封闭的闽东与外界经济、文化的交流也更加频繁了。

在这个急速变化的时代，蔡氏家族又出了一位出类拔萃的人物，他就是蔡威高祖蔡志谅。

“蔡百万”与宁德文庙、蔡氏家庙

蔡志谅步入社会，使蕉城蔡氏家族进入了鼎盛时期。

蔡志谅，名“亨”，字“肇弼”，号“直卿”，人称“蔡百万”。他受过良好教育，入仕后曾为清朝户部江西员外郎，初授“中议大夫”，晋赠“通奉大夫”，诰赠“资政大夫”。他恭谨厚道又精明过人，尤善经商，多年经营茶叶、陶瓷生意，积累了万贯家财，成为宁德县首富。

蔡志谅目光远大，一生做成了对其后代产生深远影响的几件大事：

第一件事是重建宁德文庙。旧文庙宋代始建，后五次被毁，五次重修。清道光二十三年（1843 年），蔡志谅独力捐资 26800 余两白银再建文庙。这座占地 4000 平方米的建筑气势宏大，构造精良，为闽东之最，他也因此得到福建巡抚、著名地理学家、山西五台县人徐继畲的褒奖。徐继畲上奏道光皇帝，又使蔡志谅获得了“户部候补员外郎赏加三级，给予其祖父母、父母三品封典”的殊荣。

徐继畲是共和国元帅徐向前的先祖。历史竟有这般巧合，时隔 100 多年的 1986 年，徐向前元帅又亲笔为蔡志谅的后人题词：无名英雄蔡威。

第二件事是蔡志谅投巨资按“三品官员”规制建造了一座蔡氏家庙。

蔡氏族人迁入宁德县城不久，就在县城东关修建了一座祠堂，但这祠堂不足以彰显此时蔡氏家族的财富和荣耀。蔡志谅选择宁德县城中心的前林坪，决心另建一座更加气派的蔡氏家庙。

蔡氏家庙作为宁德蔡氏的一个支祠，是以乾隆年间大学士蔡新（漳浦人）的名义，依照山东衍圣公府和孔庙建筑格式修建起来的，前后历时3年。

建家庙的木材、石料早在修孔庙时就已置办。上等杉木是蔡志谅从闽北购置后，沿霍童溪放排而下，从八都入海运抵县城外码头的；石料则采自城南蚶岐村的汐里溪，由长乐籍石匠精心加工后，用小船运到城里。一批手艺精良的工匠都被集中到了蔡氏家庙工地上。

家庙坐西朝东，砖木结构，主体建筑五间三进，还有照墙、泮池、仪门、文昌阁等附属建筑。其中仪门建成牌楼式样，四角飞檐凌空欲飞，而享堂（大厅）又高出仪门2.5米，设7级台阶。整座建筑主次分明、古朴沉稳、气势非凡，既有明清两代官式建筑风格，又有浓郁的闽东特色。

在修建家庙中的传闻逸事，至今仍为宁德百姓津津乐道。蔡志谅曾为木料入城一事大伤脑筋，因为巨大超长的木料经南门搬运入城，要经过考坪、学前街、竹兜街、衙前街，约有2里路才能到家庙工地，而城内街道狭窄弯曲，房屋矮小，搬运不便，工匠一筹莫展。为此，蔡志谅上书朝廷请求破城墙搬运建筑材料。朝廷考虑到蔡志谅曾有独资建文庙的善举，特下谕旨，准许宁德城墙开一缺口，待木料全部入城后再行修复。蔡志谅又与沿途房屋的户主协商："木料所经路段需拆除部分房屋。愿出让者按市价购买，不愿出让者先行拆除，待木料运完，蔡家负责按民居最高标准重建。"之后，蔡志谅果然信守诺言，为相关住家重建了房屋。

宁德文庙和蔡氏家庙的修建，既说明了蔡氏家族的声望与财力，又突显了蔡志谅的社会责任与道德担当。

蔡志谅做的第三件大事，便是精心培养了4个才智出众的儿子。

长子蔡步钟，宁德县学廪生。当时，中国大地上发生了一场历时十数年的太平天国运动。清廷广开"输饷得官"的门路。蔡步钟贡献巨资，捐得"刑部员外郎"一职，不久被派往四川，在总督骆秉章手下担任谳局提调。这个职位虽然品秩不高，却与当地最高官员关系密切。蔡步钟凭着自己的机敏与干练，得到骆秉章的赏识，没多久就被任命为四川宁远府（今四川凉山彝族自治州）知府，后来又任雅州知府，开始领兵与清朝悍将唐友耕等一同平靖地方。

清同治二年（1863年）春天，太平天国翼王石达开带领近30000精兵进入四川的紫打地，准备抢渡大渡河，因山洪突然暴发，一河怒水，惊涛澎湃，抢渡不成，粮尽援绝，最后全军覆灭，翼王石达开被擒。一代英雄就此黯然谢幕，连他随身佩带的青钢宝剑也被胜利者蔡步钟收藏了。

正是这把青钢宝剑，为马文波将军寻找蔡威的故乡和亲人提供了最为有力的佐证。

蔡志谅的次子蔡步镛和三子蔡步镳也都官至四品，身份显赫。四子蔡步銮虽曾候任知府，但从未当过实差。他一生悬壶济世，救死扶伤，也热衷于公益，常为修桥赈灾慷慨解囊，一掷千金，因此在社会上有较高声望。

蔡志谅一门四俊，堪称望族。

清道光二十八年（1848年），蔡志谅继完成宁德文庙和蔡氏家庙两大建筑，又一鼓作气在家庙旁陆续修建了4座前后连贯、面阔五间的大宅院，从前街到后巷，门楼相望，高墙一体，足有200多米。蔡志谅作古后，4幢大宅由四子蔡步銮一房居住，长子蔡步钟、次子蔡步镛、三子蔡步镳则又分别在宁德城择地另建新宅。后来长子蔡步钟又生8个儿子，所建数幢大宅与家庙一巷之隔，占据了前林坪一条街，其中一幢“廉访第”官厅存留至今。

这些产生于晚清的房屋建筑十分考究，在宁德城里独领风骚。

宁德乡间每年有春节、端午和中元一年三祭的风俗。“中元祭祀”是指每年农历七月十五的“祭祖”，凡大家族对此节日极为重视。据蔡氏族人回忆：每年农历七月十四下半夜，“家庙蔡”的21房族人都会齐聚蔡氏家庙，大厅上悬挂祖先画像，廊前悬挂8对大宫灯，照得天井如同白昼。大厅上摆设八仙桌若干，上列各种祭品，鸡鸭鱼肉、应时瓜果、山珍海味，应有尽有。给后人留下特别印象的是一只烤成金黄色的小乳猪。这个祭品当时少见，为蔡家独有，颇令民间称奇。在族长的主持下，按规定程序，鼓乐齐鸣，燃放鞭炮，焚香烧纸，行跪拜礼。祭祀完毕，各房头面人物齐聚一堂，大开筵席，再颂祖德。

这种举族云集的祭祀典礼，是家族地位的象征。

蔡志谅的后代拥有钱庄、当铺、鱼行、盐场、海埕，还有田产千顷，每年收田租1500多担。整个家族还有茶、麻、粮、纸、酒等商栈，经营范围遍及福宁府的宁德、福安、霞浦和省城福州等地。

家族中前后出过5个举人、20余个贡生，七品以上官员也有20多人。

蔡家虽然成了宁德第一望族，但蔡氏族人深知祖上筚路蓝缕，创业维艰，辉煌来之不易，所以族中定有族规、庭训，要求子孙后代和睦友爱，勤俭持家，礼贤乡里，广布善缘。

“以孝为先，与人为善；诗礼传家，尊贤重才；有难共助，和气致祥。”——这是蔡氏家族高悬家庙的祖训。

在家庙仪门上方还有一块镌有“孝友”二字的金匾，这是道光皇帝题赐蔡氏先人的御笔，其复制品在每一幢蔡家后裔的宅院大厅都能看到，既显示了荣耀，更是对后人的策励。

贤达蔡祖熙

蔡志谅的第四子蔡步銮在当地是个悬壶济世的名医。他生有“思孟”“思端”“思棨”和“思诏”4个儿子。长房思孟家无男丁，二房思端把自己的长子祖熙过嗣给他，这样，蔡祖熙就成了蔡思孟的独子、蔡步銮的长孙。

蔡祖熙生育四女二男：长女名“灼桃”；长子乳名“景芳”，学名“泽镛”，他就是本书所写的传奇人物蔡威；次子名“泽鏣”；次女名“灼华”；三女名“灼芸”；四女名“灼实”。

蔡泽镛的生父蔡祖熙生于清光绪十年，即1884年。蔡祖熙，字“普容”，号“绩夫”，自号“疾呼”。他的少年时代是中国社会进入历史大转折的年代——清王朝迅速走向灭亡，中华民国正在兴起。动荡不安的社会环境，使蔡祖熙立下“匡扶时局”的远大志向。他读史研政，寻觅“有道安治”的真理。他十分崇拜变革图新者林则徐、康有为等人。林则徐捍卫国家主权、维护民族利益的虎门销烟壮举使他“血气升腾”，严复翻译的《天演论》又使他“向往西学”。他研读康有为的《新学伪经考》《孔子改制考》《戊戌奏稿》《大同书》《中庸注》等著作，对康有为屡次上书要求变革的胆略十分敬佩。

20岁那年，蔡祖熙参加了清末科举考试。在答卷中，他撰写的第一篇答策《太宰以九职任万民论》用犀利的文笔抨击数千年封建社会的宰相“位尊而去民远”的积弊，认为朝廷官员应“亲民近民，为百姓谋福祉”。他的另一篇文章《天下有道则见》列举出“无道”与“有道”的种种现象，阐述了“有道”与“安治”的关系，提出了“君明臣良，风云际会”的观点，阐明了顺应时代、变革图新的思维理念。他的文章以鲜明的时代性和很强的说服力征服了考官。考官阅后批道：“扫尽陈言，独标新意。”京都“诏选贤良”的衡监堂作了总批：“独出心裁。”

蔡祖熙以出色的答策力挫群雄，考中了举人。

清光绪三十二年（1906 年），蔡祖熙奉诏进京，任翰林院编修，后任陆军部郎中。

在京城 5 年，蔡祖熙原本怀抱“匡扶时局”和“搏虎报国”的远大志向施展自己的才华，然而，“衣冠日与朝士伍，眼中所见多懦夫”，让他很失望。清宣统三年（1911 年），他被任命为湖南湘潭知府时，看到清廷日益腐败，清王朝即将崩溃，耻于同流合污，便毅然引退，与内兄林振翰回到了福建。

不久，震撼世界的辛亥革命爆发，革命浪潮汹涌澎湃，冲击全国。蔡祖熙便与内兄林振翰一道，投身到光复福建的斗争中。

林振翰在福州创办《群报》，担任主笔。蔡祖熙与林振翰一道积极撰文抨击时弊，揭露社会阴暗，宣传民主，反映民意，开展反封建斗争。此后，他与在福州的宁德乡贤石磊、内兄林振翰等一同加入了孙中山的同盟会。

民国二年（1913 年），福建省临时议会在福州成立，蔡祖熙与宁德霍童士绅黄树荣被选为第一届省议员。省临时议会名义上拥有议决权、监督权，但被一批军阀所操纵，议员们只能在会上“清谈”。蔡祖熙思想进步，力主革新，拘泥其中自然极感苦闷。“二次革命”失败后，国民议会被大总统袁世凯解散，蔡祖熙便返回闾里，在蔡氏家庙开办了新式蒙馆（私塾），致力于培养教育坊间一代新人。

他成了自己的儿子蔡泽镛的第一个启蒙老师。

在清王朝风雨飘摇的年代，许多有识之士郁郁不得志，都选择了归隐故里。蔡祖熙的族兄蔡祖霖于 1906 年也辞去南昌知县的官职，加入同盟会，后来参加李烈钧的反袁起义，失败后回到宁德，精神失常，终日癫狂。蔡祖熙的另一个好友刘廷珍是清光绪二十一年（1895 年）的进士，曾在东北盖平县任知县，此时也辞官回乡，筑庐隐居。这两人与蔡祖熙年龄相近，又是志趣相投的好友，他们的遭际和处世态度，使蔡祖熙对仕途失去信心，便在蕉城西山下“结草庐以自娱”。

不久，他与黄树荣、郑宗霖等人创办了“留云诗社”，得闲时既诗酒相娱，又纵论国事，在坊间一时领风气之先。

蔡祖熙曾在《题耐庐》一诗中这样抒发自己忧国忧民的情怀：

白岩之下路崎岖，新有草庐在其隅。
庐中主人自称耐，诗酒日与白云俱。
半生不负匡时略，十载奉檄官陪都。
强邻犯境势正逼，正冠危坐惊胡雏。
胡雏惊避名远播，忽弃鬓绂寻归途。
归来筑庐西山麓，颜曰耐庐聊自娱。
耐庐未成我已出，齐廷六载徒滥竽。
衣冠日与朝士伍，眼中所见多懦夫。
边警朝朝益威迫，感慨时局谁匡扶。
主人平日对我耐，偏我不耐常疾呼。
疾呼不听转招骂，坐负昂藏七尺躯。
吁嗟乎！
中原睡狮终弗醒，徒手搏虎胡为乎。
何当弃此返闾里，从君耐庐为耐徒。

这首诗既吐露了蔡祖熙对“朝士”“懦夫”的愤懑和官场腐败的痛恨，也抒发了自己“徒手搏虎”和“匡扶时局”的远大抱负，表现出“偏我不耐常疾呼”的豪爽个性。诗中“中原睡狮终弗醒，徒手搏虎胡为乎”两句显然是“五四”先锋的语言，展示了他在“强邻犯境”之时期待社会变革的急切心情。

民国五年（1916年）10月，福建省国民议会恢复，蔡祖熙踌躇满志，重返福州。时任宁德县知事（民国改“知县”为“知事”，后称“县长”）的好友黄式苏（浙江乐清人，早年参加光复会，与蔡元培、章太炎、梁启超、章士钊等多有交往）登门相送，并作“七律”一首执赠。从此诗字里行间可以感到二人的志同道合和忧国忧民的士子之心。诗曰：

三年小隐草堂身，谈笑犹能迂吏亲。
再起何妨聊别我，一鸣遮莫便惊人。
艰难自仗同舟济，疾苦需从前席乘。
未许去兵毋高论，由来止沸待抽薪。

黄式苏对蔡祖熙的人品评价甚高，他在另一首赠诗中有“蔡君诚信人”的美誉。

据《周墩区志》记载：“民国五年（1916年），由省议员蔡祖熙牵头，联合闽东五县议员向省议会呈送《请愿书》，请求周墩区升格为县。民国三十四年（1945年）终于获准设立周宁县。”

周墩区位于宁德县东北部，地域广袤，群山逶迤，交通不便，归宁德县管辖。当时境内民众与士绅一致呼吁设立县治。作为省议员，蔡祖熙倾听呼声，牵头上达民意，深得群众好评。他因号“绩夫”，所以在当时的福宁府与黄砚夫、黄笃夫被誉为“三夫”。

民国十三年（1924年），国民革命运动蓬勃兴起，第一次国共合作正式形成。革命局势的剧变，使蔡祖熙精神更加昂扬。他回到闽东，出任宁德县商会首届会长，潜心在家乡振兴实业，积极筹资支援北伐战争。

不幸的是，正当他年富力强、风华正茂，可以施展才干、造福桑梓的时候，却因常年奔走，积劳成疾，于1924年3月遽然病逝，年仅41岁。

第三章　铸剑三城

蔡泽镛胸怀大志，走出乡关，求学于福州、宁波、上海三城，在导师的指引下追求真知，在动荡的时局中洞察社会，在优渥的生活中感悟苦难，在不断变幻的政治风云中选择人生的方向。

“汝非燕雀，志在蓝天！”作为资深的老同盟会会员兼著名学者的林振翰，不仅深知腐朽的社会需要激浊扬清，更希望引领才华出众的至爱亲人——外甥蔡泽镛，用信仰和智慧铸就一把“拯国家于既倒”的倚天长剑。

少年“剑客”

就在蔡祖熙奉诏进京任翰林院编修的第二年春天，即1907年4月，蔡家添了一个男丁。

弄璋之喜，喜煞了蔡氏家族的上上下下，族人登门祝贺，家中充满了欢声笑语。

孩子的母亲林莺是受过良好教育的名门闺秀，给襁褓中的儿子取了个乳名，叫“景芳”。长女名“灼桃”，长子唤“景芳”，母亲的用意是：“进门有春色，入室共一香。”按当地的习俗，男孩儿取女性的名字，还有点儿“避邪”的意思。

林莺的父亲林理斋是前清举人，曾任罗源县教谕（掌管教育、律令、科考及文庙祭祀的官员），刚满花甲之年便去职回乡，举全族之力，在依山傍海的滩涂上围垦造田3000亩，种植茶叶和茉莉花，兴建茶叶精制厂，办起了实业。

据传，闽东的茉莉花茶便是林理斋创制的。

茉莉花原产地一说是印度，花白如玉，淡雅轻盈而香韵悠远，人们常以它象征贞洁和质朴，我国大江南北多有栽培，闽东一带几乎“家家有茉莉，户户溢清香”。林理斋设想,若把茉莉的花香与茶叶的茶香融合一起,取精用宏,定然相得益彰。经过反复试验,他的茶行终于窨制出暗香袭人的茉莉花茶。这一茗品一上市,便醉倒一帮名流,好评如潮,很快畅销国内外,被推荐参加了巴拿马世界博览会,赢得了高度赞誉。这是宁德林理斋对中国制茶业作出的一大贡献。

而今,闽东地区的茉莉花茶的窨制工艺日臻成熟,以优质的“福鼎白茶”“福安大白”“福云 6 号”等 11 个国家级良种为茶坯,开发出了“茉莉精针王”“茉莉银毫”“茉莉香云”“茉莉大白毫”“一品茶王”“天山银毫”“白雪飘香”等一系列名优茉莉花茶,其中“一品茶王”“天山银毫”荣获国家级金奖。而 100 年前,林理斋创制的茉莉花茶便给后人留下了一缕“芬芳的记忆”。

清光绪三十二年(1906 年),也就是蔡景芳出生的前一年,林理斋按新式教育的方法,在宁德创办了“碧山学校”,分科讲授、培养实用人才。这是宁德县历史上新式教育的发端。

林理斋住在碧山街,筑有一座规模颇大的碧山别墅,又称“聘直花园”。童年的景芳经常由母亲带着去外祖父的碧山别墅玩耍。

母亲林莺温良贤惠、知书达理,街坊邻里口碑甚好。她对儿子十分钟爱,是小景芳的第一个启蒙人。

平时,母亲串门、上街、走亲戚,总是牵着小景芳的手带在身边,母子二人几乎形影不离。母亲能说许多有趣的故事,让小景芳十分着迷。

一次,母子俩出去郊游,途经“思儿亭”,母亲就跟他讲起“戚继光阵前斩子”的故事。小景芳不解,问道:“真的杀了吗?”母亲回答:“戚公爷军纪严明,不徇私情。自己的儿子违反了军令,若不杀,怎能服众?……”戚继光含泪斩爱子的故事在年幼的景芳心中刻下了深深的记忆。

小景芳喜欢宠物,母亲给他买了一只小洋狗,他又养了两只小猫。吃饭时,两只小猫总是缠在他脚边“喵喵”地叫。一次,小景芳顺手从桌上抓起一把配饭的小鱼喂小猫,母亲看到了,便立即制止道:“莫喂莫喂!这小鱼可金贵了!”

小景芳不明白这鱼有多金贵,问道:“这是什么鱼?”

母亲说:“这叫‘寸金鱼’,只产在我们七都溪入海的浅潭里,别的地方都没有。”

小景芳起了好奇心："为什么叫'寸金鱼'？"

母亲边吃饭边给他讲起了"寸金鱼"的故事：明朝宪宗年间(1465年—1488年)，宁德七都乡出了一位刑部尚书，名叫"林聪"。有一年，他回乡探亲，返京时带了家乡的土特产，就是这种晒干的小鱼献给宪宗皇帝。皇帝一看，鱼体长不过寸，色黄，鱼体两侧各有一条金线，品尝后，觉得味道特别鲜美，便问："此鱼一年能产多少？"林聪心想，产量说多了，必定给乡亲们增添税负，一旦成为贡品，也会增加家乡父老乡亲供奉的负担；况且这鱼只生长在淡水与咸水交汇之处，产量不多，若是进了贡，别说乡亲们自己吃不到，还会为此"竭泽而渔"，使鱼灭种。于是，林聪便连哄带蒙，说："此鱼百年只一产，千年才一汐。"皇帝听了，连连称赞："奇鱼！奇鱼！"便给它起名"寸金鱼"，也就免除了百姓进贡之累。

母亲肚子里还装着很多有趣的故事："妃子笑"荔枝、结草绳"光饼"、"滩涂飞兵"打倭寇……小景芳最喜欢听母亲讲故事。

母亲还是个针线能手，少年景芳身上的穿戴多是母亲缝制的。景芳4岁那一年，与母亲拍下了第一张照片。照片上的林莺秀丽端庄，透着大户人家主妇的干练和睿智。而小景芳则满脸稚气，头上戴的那顶酷似红军八角帽的帽子就是出自母亲之手。

在母亲的呵护下，童年的景芳是快乐的。而最让景芳开心的是在蔡氏家庙花园中与小伙伴们玩儿各种游戏。

家庙花园可以说是蔡氏家族孩子们的乐园，虽然不大，但设计精妙，有错落有致的红栏白阶，有放养金鳞银翅的泮池，有弯曲如月的拱桥，有争妍斗艳的奇花异卉……家庙花园的边门与家族中的各家是相通的，孩子们不上街，走边门进入这个乐园，大人是不加约束的。

景芳与小伙伴在这里踢毽子，跳"房子"，滚铁圈，捉蜻蜓，天天都玩儿得很开心。

"打横屿"是他们玩儿得最起劲儿的一种游戏。横屿之战，戚继光"滩涂飞兵"灭倭寇，是家喻户晓的故事，让孩子们神往。玩儿"打横屿"游戏，十几个孩子兵分两路，一路扮"戚家军"，一路扮"倭寇"。小景芳扮的是"戚家军"，还被推为有模有样的"统帅"。

"滩涂飞兵"必须有一种名叫"土橇"的滑板。没有"土橇"怎么办？"统帅"

下令："把板凳翻过来，手扶椅腿，左膝跪板，右脚使劲儿蹬！"果然，板凳就像海滩上的"土橇"一样在石板上滑了起来，冲向"倭寇"盘踞的"横屿岛"——泮池上的拱桥。扮演"倭寇"的孩子做出惊恐之状，于是"戚家军"弃板"登岛"，把"倭寇"全俘虏了。

"戚家军"胜利了，小伙伴们又坐上"土橇"从拱桥最高处滑下来。这一滑蹾得屁股生疼，有的还擦破了一点儿皮，但攻占"横屿"的胜利使得他们笑逐颜开，通通忘记了伤与痛。

有一年，宁德全城举行抵制日货的大游行，阵阵口号声传进蔡家大院。小景芳也让小伙伴们举着小彩旗绕着泮池一圈一圈地"游行"，用稚嫩的声音高喊："各位乡亲，请用国货！"惹得大人们哈哈大笑。

在长辈的言传身教下，景芳从小就表现出同情弱者、平等待人的秉性。他从不对家里的佣人、丫鬟颐指气使。一次，家里照明的灯油少了一些，管家怀疑是小丫鬟偷油卖钱。景芳不忍心看到小丫鬟受委屈，跑去对管家说："油瓶是老鼠打翻的，不可以赖她偷油！"有个老佣人年关时辞工回乡，账房给她结清工钱，让她离开。景芳看见她愁眉苦脸，似有难言之隐，便跑去账房："叔公，阿婆走了，你就多给她一些钱吧！"

蔡氏家庙最热闹的，要数每年农历七月十五的祭祀活动。

这是最隆重的家族盛会。宫灯高挂，彩带飘扬，屋檐下几张八仙大桌上摆满了各家的供品。这一年一度的家族盛会，让大人小孩儿都乐陶陶、美滋滋的。

在这种时候，大人们就会亮出一件传家宝——由先祖蔡步钟从四川带回的石达开佩剑——青钢宝剑。

小景芳觉得这把青钢宝剑来历不凡，剑鞘花纹精致，鞘面嵌有 8 颗宝石，制造工艺十分精湛。听说这把宝剑锋利无比，削铁如泥，被大人们称作"神剑"。出于好奇心，小景芳说："找一把最锋利的砍柴刀，比试比试！"

大人们被说动了，真的找来一把当地铁匠特制的砍柴刀，在磨石上磨了几下，刀刃向上，架在条凳上。一位年长者抽剑出鞘，舞了两下，顿时寒光闪闪，啸鸣有声，然后举剑过顶，使劲儿朝砍柴刀劈下，只听"咚"的一声，砍柴刀断了，而青钢宝剑的锋刃上仅留下了一个小小的缺口。

"好剑！好剑！果然是一把好剑！"围观的人连连惊呼。

"给我看看好吗？"小景芳问。

"好！来舞两下！"

小景芳从年长者手里接过剑，有模有样地挥舞了起来。大人们拍手称赞："好身手！好身手！景芳像是一名少年'剑客'！"

于是，少年"剑客"便成为童年的景芳在蔡氏家族中获得的独有的美誉。

这一次试剑给小景芳留下了极其深刻的印象，以至多年后，在金川河畔，夕阳下，他还对战友马文波回忆起这件事。

马文波将军也凭着他的这段回忆，最终追寻到这位无名英雄的故乡与亲属。

历史往往就是这么巧合，这位少年"剑客"后来成长为红军中的一位密码研究专家、一把刺向敌军心脏的"隐形利剑"！

乱世中的启蒙

在母亲的呵护下，蔡景芳渐渐长大了。

6岁那一年，父亲让他进蔡氏家庙蒙馆读书。按家族辈分排序，也按易理"五行缺金"之说，父亲给他取学名"蔡泽镛"。

蔡氏家庙蒙馆是蔡祖熙亲手创办的。他仿照岳父林理斋的方法，办的是新式教育。课程除了儒家经典如《三字经》《千字文》《幼学琼林》《论语》《左传》等之外，还有算术、音乐、美术和英语。学生多数是本家族的儿童，但也收授异姓少年，有二三十人。

一年之后，蔡祖熙因当选福建省临时议会议员，又兼任宁德商会会长，事务缠身，忙不过来，便先后延聘马清斋、廖伯甘等四位饱学之士来蒙馆执教。

在蒙馆，蔡泽镛勤奋好学，把儒家启蒙读本《三字经》《千字文》《百家姓》《幼学琼林》《增广贤文》等一本一本地背诵下来。他的记忆力超常，诵读的时候从不摇头晃脑，只是小声默读，谁也不知道他究竟背下了多少生涩枯燥的古文。与其他孩子不同的是，他善于思考而不外露，喜欢自己寻找问题的答案。

蔡氏家庙文昌阁里摆有七八个书橱，放着蔡氏家族历代收藏的各种书籍。蔡泽锴对文昌阁的藏书特别感兴趣，常常一个人躲在这里看书。线装本的《水浒传》《西游记》《三国演义》简直让他入了迷。15 岁离开家乡到福州求学时，他已经熟读了《论语》《孟子》，还能背诵许多唐诗宋词。如此博览与强记，无疑为他日后的革命生涯奠定了重要基础。

蔡氏家庙蒙馆原是不收女生的，蔡泽锴觉得没道理，便问父亲："男孩儿可以上学，女孩儿为什么不可以上学？男女应该平等呀！"

父亲本是开明之士，立即接受儿子的建议，决定让家族里的女孩儿也进蒙馆读书。这一下乐坏了蔡氏家族中的几个小姐妹和堂姑、表姑们。几十年后，堂姑蔡莹回忆起此事，对蔡泽锴赞赏有加："如果没有他的提议和坚持，我是进不了学堂的。"另两位堂姑——16 岁的蔡琨美和 15 岁的蔡秀琨，也是因为蔡泽锴的提议才走出家门，上了宁德毓秀小学，并剪掉辫子，穿起裙子，成了"洋学生"。

此时，中国正处在"五洲激荡风雷急"的乱世时期：在辛亥革命的枪声中，中国最后一个封建王朝——清王朝退出了历史舞台，建立了中华民国，孙中山就任临时大总统，提出各项新的政策法令，华夏大地树起了"民主共和"的旗帜。然而不久，封建军阀窃取了辛亥革命的胜利成果，袁世凯、黎元洪、冯国璋等粉墨登场，假共和之名，行专政之实。

辛亥革命的成功，为各种社会思潮打开了闸门，党派林立，主义纷呈，中西文化开始激烈碰撞，新文化运动为全民族的觉醒提供了历史契机……

少年蔡泽锴目睹了辛亥革命后的社会动荡和革故鼎新的变化。社会虽乱象不断，新的事物却也层出不穷，发生在宁德的几件事，足以使灵慧的蔡泽锴对社会、对人生有了与过去不同的认知。

1916 年，宁德县赤溪乡发生鼠疫，死亡 400 余人。次年，鼠疫再度爆发，死亡 200 多人。灾民呼天抢地，哀告无门，全县上下关门闭户，路绝人稀。

1917 年，匪帮数百人沿宁德霍童溪侵扰霍童、赤溪、八都等乡镇，绑架富户，劫掠财物，官府无力应对。次年 7 月，又一帮土匪 300 余众攻入霍童溪上游的莒洲村，烧杀奸淫，无恶不作。纵贯全境数百里山道上不时出没拦路抢劫的匪徒，更让城乡百姓谈匪色变。

1919 年，蔡泽锴 12 岁那年，北京爆发了"五四"运动。这场轰轰烈烈的反帝反封建、争民主争自由的斗争，很快波及全国各地。5 月，福州各校学生举行集会和示威游行，响应北京学生的反帝爱国斗争。随后，闽东的福安、霞浦两县学生和群众也举行罢课、游行，开展抵制日货的斗争。消息传到宁德，官僚豪绅十分惊恐。蔡泽镛看到街上闹哄哄的，倍感新奇，常常偷偷走出家门，上街看“热闹”。

第二年，宁德城内又发生了一场大规模抵制日货的事件，而发起这次活动的正是蔡泽镛的父亲。

蔡祖熙当上宁德商会会长，对日货的大量倾销十分愤慨。他组织一批商会小伙计巡查各家商铺，发现日货就予以收缴，然后集中到县城的校场上烧毁。父亲的这一举动，给了儿子蔡泽镛最实际、最生动的爱国教育。

从辛亥革命到“五四”运动，中国社会处在急剧动荡变化之中，新事物与新气象给少年蔡泽镛带来了兴奋与激动，也给他带来了困惑和痛苦：

为什么自己住的是深宅大院，而街上却躺着衣不蔽体的穷人？

为什么与自己年纪相仿的穷人孩子不能上学读书？

为什么那么多穷人要结伙为匪、拦路抢劫？

为什么学生要罢课、商家要罢市？

为什么老百姓要走上街头游行示威、焚烧日货？

……

蔡泽镛在是与非的困惑中思考，在爱和恨的纠结里成长。

可以说，蔡泽镛少年时代所受的教育，有传统的“四书”“五经”，而更多的还是新学，特别是“五四”运动的“德先生”（民主）与“赛先生”（科学）的思想启蒙。

不断旋转变幻、令人眼花缭乱的现实世界是一部活生生的教科书。这本教科书与他的显赫家世和优裕生活形成了鲜明的对比，策励他怀抱“改造世界”的理想而走出乡关。

走进榕城　求学格致中学

“五四”运动爆发后，反封建传统的激进思潮和追求科学与民主的新文化觉醒，使“不耐昏庸”的蔡祖熙看到了一线希望、一缕光明。他感觉自己已经老了，身体又不好，便寄希望于儿子，期望儿子去福州接受更好的新式教育，以冀成为有用之才。

蔡祖熙的老丈人林理斋是康有为的好友，曾参与康梁的“维新变法”运动，然而历史并没有给他提供革故鼎新的机会，“变法”的结果是康梁亡命日本，六君子被送上了断头台，自己只能唏嘘而退。他始终认为“科举功名乃无用之事，学习西方科学、振兴实业才能救国图强”。他崇尚“中体西用”，1897年送儿子林振翰到福州格致书院（后改名“格致中学”）学习外文。后来，林振翰不负所望，以优异成绩被选送京师大学堂译学馆深造，成为中国世界语翻译的第一人。林理斋先后将8个儿子送往福州、上海等地求学，均学有所成。他喜欢小外孙蔡泽镛，也希望小外孙将来出人头地。

蔡泽镛长大了，蔡氏家庙蒙馆已不能满足他的求知欲望。他向父亲提出：“我想去福州读书！”

“好！有出息！”父亲一口答应了。但去哪个学校求学呢？“五四”运动之后，省城各个学校都不安定，各种思潮渗透校园，泽镛年幼，难免不受影响。蔡祖熙心中拿不定主意，想听听老丈人林理斋的意见。

“去格致中学！这所学校治学严谨，蜚声八闽，振翰就是在那里读书的。”当过罗源县教谕的林理斋在教育上是权威。蔡祖熙、林莺夫妇听从了林理斋的意见。

送儿子去福州的时候，蔡祖熙郑重叮嘱：“业精于勤，荒于嬉。你去福州读书，一定要勤学善问，探求真知，万不可虚度时光，学而无成。”

“请父亲放心！”小泽镛频频点头，把父亲的话谨记在心。

从宁德县城到福州，陆路240多里，大约要走3天。让一个15岁的孩子翻山越岭徒步而去，父母自然不放心，正好18岁的小弟蔡祖焘也要去福州继续深造，蔡祖熙便派了男佣把叔侄俩送往省城。

1922年春天，15岁的蔡泽镛带着几分觉悟和几分懵懂，带着几分干大事的志向，与长他3岁的小叔叔蔡祖焘一同走向省城福州接受现代教育，去寻找更新的人生答案，去迎接新时代的激荡风云。

省城福州，别称“三山”。

“三山（于山、乌山、屏山）两塔（白塔、乌塔）一条江（闽江）”是历史文化名城福州的一道特殊风景线。

蔡泽镛、蔡祖焘就读的学校是坐落在福州于山北麓的格致中学。这是一所美国人创办于1846年的教会学校，是福建省最早开办的一所中学，起始叫“福音精舍”，后改为“格致书院”，“五四”运动以后又改为“格致中学”。“格致”二字取自儒学经典《大学》，意思是探索事物的原理而获得真知。“格物致知，明德致知”是格致书院的校训，要求学生不仅有科学的探索精神，还应有高尚品德，树立为社会作贡献的远大志向。

走进校门，蔡泽锵眼前突然一亮：这里环境幽雅，校舍多依山而建，林肯楼、思维讲堂、图书馆、健身馆等尽显西洋风格，远非宁德县城祠堂家庙中的私塾和书斋可比。

学校的课程是按美国中等学校的要求设置的，学制6年。当年的校长是美国人裨益知（W.L.Brerd）。一年级的课程除了国文、算术外，还有英语、地理、格物、图画、歌咏、体育等，这与旧式学堂只埋头背诵“四书”“五经”大不一样。

教会学校对英语和数学特别重视。蔡泽锵的英语教师是薛廷模，福建闽侯人，刚从燕京大学毕业返校任教。据说，薛廷模出身贫寒，几年前还在格致书院美籍教师卫玛黛家中做杂工。卫玛黛发现这个孩子聪颖且勤奋，对他倾心培养。薛廷模不负所望，勤学苦练，英汉兼通，数、理、化各科成绩均达优秀，1917年春在格致书院毕业后即被保送去燕京大学深造，1921年获得学士学位后返回格致中学任英语教师。

蔡泽锵记性极好，对英语很感兴趣。原先在蔡氏家庙发蒙的时候，他也曾学过英语，但发音不标准，说出来的英语是一口“闽东腔”。来到格致中学，薛廷模花了好长时间才将他的发音纠正过来。

蔡泽锵对算术和格物这两门功课尤感兴趣。

对数字，他似乎天生就有过目不忘的本领，加、减、乘、除四则运算往往不需动笔，靠心算就能写出正确答案，令同窗十分羡慕，也让教师感到意外，认定他数学天分极高，大可栽培。

格物课上，老师提出许多有趣的问题，比如：苹果为什么从树上落下来？鸟为什么能在空中飞翔？天上为什么有电闪雷鸣？电是怎么产生的？……这些极其有趣的“为什么”，激起蔡泽锵深入探究自然物理现象的强烈欲望。

比他年长的小叔叔蔡祖焘课余时间喜欢到校外活动。每当周末，他都邀约侄儿一起登上于山、乌山游览，或者寻访神往已久的三坊七巷。

福州民谚“三山藏，三山现，三山看不见”，说的是福州城内本有 9 座山，有的隐于树丛，有的藏于庭院，有的已夷为平地，能见到的只有高耸城内的乌山、于山和屏山。格致中学与美丽的于山为邻，山上的白塔和诸多名胜古迹引得游客络绎不绝。

一天，叔侄二人从学校后门登上于山，走进定光寺观赏白塔。蔡泽镛观看了一会儿，问小叔叔蔡祖焘：“这白塔为什么叫‘报恩定光多宝塔’？”

蔡祖焘回答：“‘报恩’二字好理解，是报答养育之恩的意思。”

蔡泽镛又问：“建塔人要报谁的恩呢？”

蔡祖焘摇摇头，说：“这我就不知道了。”

蔡泽镛说：“王审知为报答父兄的教养之恩，才建了这座塔。”

“王审知是谁？”

“福州开基之祖呀！人称‘闽王’，福州城就是他入闽后开始建筑的。”蔡泽镛回答。

“那‘定光’又是什么意思？”

“据说这塔奠基的时候发现一颗宝珠，闪闪发亮，所以就叫‘定光多宝塔’。”

蔡祖焘惊奇地看着侄儿：“你怎么知道的？”

蔡泽镛笑了，指着一块石碑，说：“这上面记载得明明白白，你看呀！”

蔡泽镛很有心计，游览观光时总要找碑石记载、文字说明之类东西看，不懂就问，事事用心。

从白塔外拾级而上，来到了万象亭。蔡祖焘坐下来小憩，蔡泽镛却围着亭子转来转去，随即仰头吟哦起来：“贪数明朝重九，不知过了中秋。人生能得几多愁，唯有黄花依旧。万象亭中把酒，九仙阁上扶头。城鸦啼罢醉方休，细雨斜风时候。”

蔡泽镛吟诵的是当过福州知州兼福建安抚使的宋朝大词人辛弃疾题写的一首《西江月》。

蔡祖焘问：“你觉得这首词写得怎么样？”

“不怎么样，同样写借酒浇愁，不如李白的‘且乐生前一杯酒，何须身后千载名’写得有气派。”蔡泽镛评论说，“‘万象亭中把酒，九仙阁上扶头。’他也太贪杯了吧！”

这评论让蔡祖焘笑起来："莫贪杯！莫贪杯！"

叔侄二人说说笑笑地转过寿榕岩、补山精舍，来到了戚公祠。这是福州人为了纪念抗倭名将戚继光而建的。祠的正厅有戚继光坐像，两侧墙壁上悬挂 4 幅板书："海疆倭患""率兵援闽""激战三捷""平远庆功"。蔡泽锵仰视这位民族英雄的坐像，观赏字体浑厚的板书，敬仰之情油然而生。

戚公祠的南侧有一块巨石，状如卧榻。戚继光平定倭患后，福州官绅在于山平远台为他庆功饯行。戚继光酒后信步来到这里，见巨石如榻，便倦卧石头上沉沉入睡了。后人于是将这块巨石取名为"醉石"，将醉石前的亭子取名为"醉石亭"。

叔侄俩观赏着石与亭，不约而同想起了清代诗人张亨甫的名句："六军一醉海天月，山中草木皆轩昂。"

蔡泽锵之所以能睹物生情，应景而吟，是他父亲蔡祖熙对他严格教育、长期熏陶的结果。

"五四"运动后，福州各所中学已开始招收女生。入学女生个个短发、天足，男女学生同校同班，可以自由交往，个性得到了解放。更让蔡泽锵兴奋的是，他可以看到很多新潮的报刊，比如《新青年》《星期评论》《福建时报》《求是报》以及福建学生联合会出版的《学术周刊》，等等。那些针砭时弊的文章和烧灼人心的文字，都在蔡泽锵心中引起了强烈震动，启迪了他的思考。

他也观赏过福建学生联合会组织的新民剧社演出的《山河泪》《爱国魂》等学生戏(也称"文明戏")，"打倒卖国贼！""还我河山！""救救福州！救救中国！"等口号一次次让他热血沸腾。

具有"海滨邹鲁"美誉的历史文化名城福州，不仅以"三山两塔一条江"的文化积淀哺育了一代又一代的莘莘学子，而且居住在三坊七巷中的一批名人——林则徐、严复、沈葆桢、林觉民等，更成了福州青年身边的偶像。

在三坊七巷口居住的黄花岗七十二烈士之一林觉民的故事最让蔡祖焘、蔡泽锵叔侄二人动情。

林觉民给妻子陈意映的《与妻书》至真至纯，义薄云天。1912 年在福州于山举行的辛亥革命一周年纪念会上公布这封家书之后，很快就在社会上，特别是知识界广为流传。蔡祖焘和蔡泽锵经常谈到林觉民。

"你最敬佩林觉民什么？"蔡泽锵问小叔叔。

“他 13 岁参加科举，写了‘少年不望万户侯’7 个字就扬长而去。我敬佩他对清廷的反抗，对权贵的藐视。你最敬佩他什么？”

“他 24 岁献身于广州起义，给父亲和妻子写了诀别信之后拿起枪，冲向清政府总督衙门……”蔡泽镛沉默良久，凝神答道，“他以自由之身慷慨赴死的献身精神让我敬佩！”

他们来到三坊七巷，一面走，一面背诵着字字滴血的《与妻书》。两人都把感天动地的《与妻书》奉为圭臬。

林则徐、林觉民成了少年蔡泽镛心中距离最近、冲击力最大的英雄。对于有着旺盛求知欲和好奇心的蔡泽镛来说，没有比这个精英荟萃的环境更能塑造他的人生志向了。

这一年秋天，一件不幸的事情发生了：与他朝夕相处的小叔叔蔡祖焘在福州西湖泛舟时意外落水，没几天竟不治而殁。

蔡祖焘的意外身亡对蔡家是一个很大的打击，对蔡泽镛更是影响极大。他失去的不仅是一位亲人，更是志同道合的亲密伙伴。他痛哭不已，几天不思饮食……

蔡祖焘的遗体必须运回家乡安葬。蔡泽镛按照父亲的安排，中途辍学，随二叔蔡祖煦扶柩回到了宁德。

从此，在格致中学求学不到一年的蔡泽镛就再也没有机会踏进这所学校了。

不做恋巢的燕雀

蔡泽镛自小叔叔蔡祖焘病逝，天天沉浸在思念的悲痛中。

按照宁德当地风俗，丧事活动极为繁多：先办“七祭”，而后设坛超度亡灵，之后下葬。直到小叔叔下葬，蔡泽镛的心情才稍稍平复下来。

一天，蔡家大宅中突然传出流言：蔡祖焘的亡灵回来了！宅子闹鬼了！

流言有鼻子有眼，说西北角的楼上夜夜都有窸窸窣窣的脚步声，像是有人走动；还说半夜听到有人轻声读书，很像是蔡祖焘的声音，但仔细一听，声音又消失了……

“祖焘叔叔回来了？好呀，我正想念他哩！”蔡泽镛听了很高兴。

蔡泽锴的卧室就在西北角。他躺在床上静静地听了几个晚上，也听到楼上有窸窸窣窣的声音。

“真的有鬼魂吗？即使有鬼魂，那也是祖焘叔叔的鬼魂，还用得着怕吗？”蔡泽锴想。

一天夜里，他睡到深夜，偷偷爬起床，不点灯，不穿鞋，悄悄走到后天井，瞪大眼睛往楼上看。这一看，他明白了，原来是一只大老鼠沿着屋檐在爬上爬下。

第二天，有人还在嘀嘀咕咕地议论鬼魅，蔡泽锴便大声斥责说：“你们这些胆小鬼！什么鬼魂，那是一只大老鼠！”他把夜里看到的从头到尾说了一遍，大家才定下神来，称赞他：“泽锴胆子真大！”

借这事，他跟大家讲电灯发亮的道理，讲声音是如何传播的，要大家别迷信什么鬼神。

大宅“闹鬼”过后，母亲林莺想到了一个问题：儿子的婚事。

按当地习俗，近亲过世，家里待娶待嫁的男女必须在百日之内成亲，否则须等到3年后才能嫁娶。

蔡泽锴这时虚龄16岁，作为族内这一支的长房长孙，父母早已给他订下了一门亲事。女方也是本县名门闺秀，比蔡泽锴大两岁，名叫“薛品瑄”。如若3年后结婚，薛品瑄就21岁了，这在外人看来年龄就太大了，所以，蔡祖熙、林莺夫妇与薛家商量后决定，就在百日服丧期内，把儿子的婚事办了。

母亲把这个想法跟儿子说了，让他准备当新郎官儿。蔡泽锴把头摇得像拨浪鼓：“我还小哩！”

“你不小了！”母亲的语气很坚决，“再过3年，品瑄都21岁了，那哪成呀！”

“我还要去福州读书！”

“结了婚，照样可以读书！”父亲说，“读书是一辈子的事。”

蔡泽锴不急于成亲，有他自己的考虑：他到省城求学不到一年，梦想的翅膀刚刚展开。他渴望学习，渴望探索，渴望走向更高的学府，甚至也希望像那些“睁眼看世界”的人那样赴法国勤工俭学。他不愿因家庭的羁绊而使自己止步在这小县城中。他毕竟才16岁，要承担起家庭之责，也缺乏心理准备。况且小叔叔蔡祖焘刚刚去世，他还没有从悲伤的阴影中走出来。

还有一个更重要的原因是，他在福州受科学、民主、自由、平等新思潮的熏染，觉得择偶的标准应是学问的相等和性情的投合。他对向警予和蔡和森经恋爱而结合的“向蔡同盟”十分向往，对风靡一时的“五四夫妻”（指上海有几对青年男女在学生运动中结为伉俪）也很赞赏。他追求个性的自由、思想的自由、婚姻的自由，不喜欢传统礼教对他的束缚。

然而，毕竟父母之命难违。他是长房长孙，姐姐已经出嫁，父母希望他早成家、早立业、早继香火。父母又是劝说，又是施压，无奈之下，他不想让双方长辈过于为难。

于是，1922 年农历十月，蔡氏宅院里张灯结彩，鼓乐喧天，喜气洋洋地为蔡泽镛和薛品瑄举办了隆重的婚礼。

成婚以后，蔡泽镛没有沉溺在新婚的甜蜜中，而是一心想着去格致中学复学。他再一次向父母提出：“我要去福州读书！”

“福州是去不得的！”母亲态度很坚决。

在宁德县城，民间好巫者众多，“风水”之说盛行。蔡祖焘溺水身亡，给蔡家人心理蒙上了一层很大的阴影。在母亲林莺看来，蔡家男人似乎有一种宿命：泽镛的祖父早逝，小叔祖焘更是如此，丈夫祖熙也体弱多病，这让她十分忐忑。她认为，对蔡家而言，福州是不祥之地，须竭力避开。

但是，儿子求学心切，不让他出去读书是不可能的。去哪里读呢？这成了蔡祖熙、林莺夫妇面前的一道难题。

正当蔡祖熙夫妇为儿子求学的事踌躇难决时，林莺的长兄林振翰回宁德家乡省亲了。

蔡祖熙对这位内兄最为敬重。他在京城陆军部郎中任上时，林振翰就在京师大学堂译学馆学习和供职，两人同处一城，相知殊深。

林振翰崇拜康有为、梁启超、魏源、林则徐等人，赞成“中体西用”主张。他接近进步人士，阅读进步书刊，眼界大开，向西方学习科学技术的欲望十分强烈。在译学馆学习时，他知道全世界各民族语言有 2000 多种，庞杂多变的语言，给国际交往带来极大困难，因此憧憬人类语言的统一。他浏览海内外各种资料，在数百种国际共同语方案中，比较出波兰籍犹太人柴门霍夫创造的世界语方案最为简明。他精读了柴门霍夫的《世界语》，又经过两年潜心研究，把柴门霍夫的原著译成了中文，取名《汉译世界语》（1911 年出版的《汉译世界语》孤本现存宁德市蕉城区博物馆。1913年再版的《汉译世界语》仅存两本，分存于宁德市蕉城区图书馆和福建省博物馆)。他希望国人借助世界语实现全世界的文化大交流，博采众长，强我中华。

林振翰的《汉译世界语》在京师大学堂引起轰动，也让京城学子，尤其是同乡好友深感荣耀。礼部郎中林栋(福建寿宁人)欣然为《汉译世界语》作序，称赞说：熟读此书不唯“习各国文字较易，且可把中国文化介绍到国外”。

1911年10月，武昌首义，蔡祖熙与林振翰响应孙中山“驱逐鞑虏，恢复中华”的号召，弃职回闽，同时加入同盟会，一起投身光复福建的斗争。林振翰担任福州法政学校教授，又在蔡祖熙的协助下主办《群报》并担任主笔，针砭时弊，推动革新。

次年，二人同被推为福建省临时议会议员。由于目睹贿选的丑行，林振翰发誓终生不当议员，毅然离开省城回乡。之后，林振翰由宁德霍童人黄树荣推荐，出任北京参议院秘书。而蔡祖熙在家乡办起了学堂，承担家族少儿启蒙教育及店铺钱庄的经营管理之责。

蔡祖熙对这位内兄的人品学识深为佩服。二人既为姻亲，又志趣相近，形同兄弟。这次林振翰去乡10年后首次回宁德省亲，令蔡祖熙和林莺十分高兴，且充满了期待。

春节过后的一天，春日融融，鞭炮声声。林振翰一身节日装扮：深灰色丝绸长衫，外套玄金色马褂，戴着金丝眼镜，手拎礼盒，由五弟林振琮陪同来到前林坪妹夫家。蔡祖熙迎出前庭，与林振翰执手进入内厅，互问安康，久别重逢的手足之情溢于言表。

二人相对而坐，亲切地拉起了家常。林莺亲自给大哥斟茶续水，不时也插上几句话。

交谈中，林振翰告诉妹妹和妹夫：他于1913年在北京参议院任职，第二年就经人举荐到了四川，担任盐务稽核所一等科员。

林振翰目睹中国盐政积弊殊深，财政大权操于外人之手，洋人飞扬跋扈，作威作福，亡国之祸迫在眉睫，于是潜心研究盐政，以求改革，维护国家利益。在四川任内，他以调查川盐为已任，花了两年心血，写成我国首部盐政专著《川盐纪要》。由于林振翰恪尽职守，业绩卓著，很快升任为川南盐务稽核分所会计主任，两年后又升为四川盐务稽核所首席主任、经理。

“听说你在四川被土匪绑架了？”林莺问。

“是啊，被扣了 21 天，险些没命了！”林振翰说起了遭土匪绑架的经历：

3 年前，刚刚担任川南盐务稽核分所会计主任的林振翰到重庆盐区考察后回到自流井（今自贡市）。当时，成渝道上匪患甚炽，经常劫掠过往商旅。林振翰由缉私兵护送，原本不会出问题，可在前往永川县途中，他们被一群匪徒包围了，护送的缉私兵鸣枪抵抗，当场就被匪徒打死几个，其余的或逃或降，林振翰遂被绑架。消息传到自流井，稽核分所立即筹划营救。他们利用“袍哥”关系，往返议价，连同馈赠、旅费等，花了近 30000 块银元，才把林振翰从匪窟赎回来。

林振翰把这次经历写成《永川遇匪始末记》，发表在报刊上，曾轰动一时。著名画家张大千等人以此为题材绘成《虎口余生图》画集，诗人郭沫若又为画集题了诗。

后来，林振翰被提为四川盐务稽核所助理，英人为襄理。他因通晓外语，在与洋人共事中，为国家挽回不少损失。这一年，川滇军阀交战，四川盐运使缺职，总局又委任他为四川盐务稽核所经理兼代盐运使。林振翰依据国家盐政法规，与川中各地军政头目签订各区域盐务管理与利益分配规约，避免了因分配不均导致的明争暗斗而累及百姓，也杜绝了军人对盐务的干扰，从而有效维护了盐务的正常运营。

是年年底，林振翰又被总局调往宁波任盐务稽核所经理。

这次，他从宁波回乡省亲并借此机会完成父亲嘱托的《林氏族谱》的编修。

听了内兄林振翰的一番话，蔡祖熙颇多慨叹，对他的政绩称赞不已。

这时，林莺把儿子和儿媳妇招呼出来，说：“来来来，过来拜见大舅父和五舅！”

蔡泽镛与薛品瑄一对小夫妻羞怯怯地走到大舅父林振翰和五舅林振琮面前，恭恭敬敬地行了大礼。林振翰把年轻英俊的外甥上下打量了一番，连声夸奖：“有出息！有出息！大舅父祝贺你们！”

蔡泽镛对大舅父的学识早有耳闻，几天前听说大舅父回乡省亲，心中暗自欢喜：一来可以见到 10 年未曾见面的大舅父，二来他正愁不能再到福州求学，想请大舅父劝劝母亲，使母亲改变主意，让他去格致中学继续读书。

作为学者，林振翰最关心的也是外甥的学业。听说外甥为蔡祖焘早逝而中途辍学了，不禁连呼：“可惜，可惜！还是要继续上学啊！”

这时，林莺开口了：“哥，让泽锵跟随你去宁波求学吧！”

坐在一旁的蔡祖熙也点点头。林振翰心中明白这是妹妹和妹夫的共同心愿，于是问蔡泽锵：“想不想跟大舅父去宁波读书？”

蔡泽锵不假思索：“想！太想了！”

林振翰又问：“刚刚结婚，舍得离开？”

蔡泽锵不好意思地看了一眼身边的妻子，对她抿嘴笑了笑。薛品瑄明白他的意思，便轻声说：“他跟着大舅父出去读书，学本领、长知识，以后能办大事，这多好呀！”

3个长辈都笑了，对薛品瑄的通情达理表示赞赏。蔡泽锵一心只想读书，便急切地恳求：“大舅父，您带我去吧！我一定好好学，像您一样做学问、长本事！”

“好！汝非燕雀，志在蓝天，有这个决心，我一定带你去读书！”

林振翰亲切地拉过外甥，对妹妹、妹夫说：“你们准备准备吧，我月底就回宁波，到时带他一起走。”

蔡泽锵跟随大舅父林振翰到宁波求学的事就这样定下来了，他心里不知有多高兴。母亲为他准备行装，他则忙着去跟族内的兄弟姐妹以及同窗好友一一道别。

1923年春节过后，林振翰处理完父亲嘱托的事，便准备偕外甥离开故乡，从水路前往宁波。

临别时，蔡泽锵对妻子薛品瑄依依不舍。他拉着妻子的手，柔情地说：“放假了，我就回来看你。”

薛品瑄眼含泪花，同样依恋难舍。她理解丈夫，丈夫像是一只志存高远的雄鹰，她理应放飞。

从水路去宁波，必须在福州马尾港乘前往上海的途中经停宁波的邮轮。蔡泽锵即将远行，蔡祖熙因忙于宁德县商会事务，脱不开身送儿子到福州，只到县城外的码头送行。他对儿子寄予厚望，再三叮嘱：“听从大舅父的话，刻苦读书，早日学成归来。品瑄有我和你妈照顾，你放心去吧！”

蔡泽锵向父亲挥挥手，说：“知道了，您多保重！”

望着神情疲惫的父亲，蔡泽锵心里隐隐有些担忧：父亲承担着家族的生意重担，操持着蔡氏四房各商号的酒业和当铺，10 年来风雨劳顿，又患有气喘病，明显消瘦了。近几年，父亲又带头清查日货，联络大小商号筹建宁德县商会，日夜操劳，身体已明显不如从前。如今自己要远出求学，不能陪伴在父母身边，为父亲分忧代劳，心里不免愧疚，但转而又想，好男儿志在四方，学成之后还可以回来继承家业，侍奉父母……

然而，他万万没想到，这一别，竟成了与父亲的永诀！

船缓缓离岸了，蔡祖熙夫妇和新媳妇薛品瑄站在码头上，目送蔡泽镛的身影渐渐远去，消失在三都澳的薄雾中……

从宁波四中到上海惠灵英专

3 天后，邮轮进入了宁波北仑港。

此时的宁波（别称“甬”）还是浙东沿海一座狭小的城市。那东门外商店的算盘声，学校里的琅琅读书声，加上半边街鱼行伙计的叫卖声，构成了这座中古式城市的交响。

与宁德县城相比，宁波的历史更为悠久，文化积淀更为深厚。林振翰把外甥带到宁波求学，一方面是因为自己在这里供职，可以朝夕相处，教诲这个聪敏的外甥；另一方面，宁波是“五口通商”口岸之一，商业发达，人文荟萃，他想让这座历史文化名城给外甥更良好的环境熏陶。

上哪个学校读书呢？林振翰颇费思量。在宁波诸多学校中，他觉得只有两所学校可供选择，一是上虞春晖中学，一是浙江省立第四中学。

位于上虞的春晖中学由开明绅士陈春澜慷慨赞助、著名教育家经亨颐创办。林振翰对老同盟会会员经亨颐仰慕已久，很赞赏他的教育改革主张，但是甬虞两地相距百余里，终究多有不便。

浙江省立第四中学坐落在宁波南郊奉化江畔，创办于 1898 年，始名“储才学堂”，1904 年改名“宁波府中学堂”，清朝重臣张之洞亲自为它题写了校匾。辛亥革命后，浙江省公立学校按“杭、嘉、湖、宁、绍、台、衢、金、严、处、温”11 府先后次序排列，宁波居第四，所以命名为“浙江省立第四中学”。这所学校的校歌很励志：“泱泱越国古明州，门对大江流。精英继起，德艺兼优，学海任遨游。须猛进，莫回头，时光不我留。同声相应气相求，努力迈前修。”

林振翰认为，志在“精英继起，德艺兼优”的宁波四中必能培养出国家栋梁之材。经过权衡，林振翰选择了宁波四中。

于是，蔡泽镛成了宁波四中二年级的插班生。

踏进校园，蔡泽镛便如饥似渴地投入了学习。他给父母和妻子都写了信，报告这所学校的清新气象，并说，在大舅父的帮助下，数学成绩和英语会话能力大有长进。

他埋头于学业，钻研新知识的乐趣冲淡了对新婚妻子的思念。放暑假的时候，他没有回家，而是跟着大舅父林振翰去了一趟上海。

秋季开学的时候，学校里气氛大不一样了。蔡泽镛惊喜地发现：蜚声全国的教育家经亨颐来宁波四中兼任校长了。

经亨颐致力于教育革新。他提出“人格教育”的思想，强调德、智、体、美、群全面发展的教育原则，提倡“自动、自由、自治、自律”的人格训练，提出教师要以自己的人格影响学生，主张“古为今用，洋为中用，与时俱进”的理念，允许学生阅读新文化运动的各种书刊，兼容各种思潮流派，支持学生参加社会活动。

锐意革新的经亨颐一来就职，宁波四中的校风便焕然一新，校园里充满了勃勃生机。

经亨颐慎选师资，一批新文化运动中素负盛名的学者被诚邀来校执教，其中有朱自清、夏丏尊、沈仲九、刘延陵、丰子恺、王任叔、许杰等，还有恽代英、杨贤江、陈望道、叶圣陶、俞平伯、施存统等各界名流甚或共产党人来校讲学。一时间，宁波四中成了精英荟萃之地。

享誉文坛的作家朱自清受聘来宁波四中执教，让蔡泽镛欣喜异常。

朱自清是蔡泽镛的国文教师。这位北大的高才生具有“五四”的新思维，且教学严谨，博学多才，经常与学生讨论哲学问题，探索人生意义，深受学生喜爱。特别是他不吝金玉、横眉冷对、刚正不阿的人格魅力，让蔡泽镛十分敬佩。

朱自清治教一丝不苟，又没有架子，十分平易近人，学生们都乐于在课后去他的寓所讨教学问。周末，蔡泽镛也经常到朱自清的寓所听小课。他和同学们环桌而坐，听导师指点，长达数小时而毫无倦意。

朱自清在宁波四中不但教书，而且育人。为使学生品行得以端正培养，人品得以完美发展，他撰写了一篇关于做人态度的辛辣的议论文，对社会上某些伪君子进行了无情的鞭挞："可怕的正是这种假名行恶的人。他嘴里唱着正义的名字，手里却满满的（地）握着罪恶，他将这些罪恶送给社会，粘上金碧辉煌的正义的签条送了去……这种人的嘴边，虽更频繁的（地）闪烁着正义的弯曲的影儿，但是深藏在他们心底的正义，只怕早已霉了，烂了，且将毁灭了。"

朱自清喜欢自选课文，他将鲁迅的《阿Q正传》《药》等新小说编入讲义，深受学生欢迎。

在宁波四中，通过名师的指点，蔡泽镛的思想和文化素养都有很大提高。当时，有一个文学团体叫"雪花社"，是宁波影响最大的青年文化团体，会聚了不少精英，骨干成员是宁波四中的进步学生。蔡泽镛学业优异，熟记唐宋诗词，对新文学的写作也深感兴趣，是"雪花社"活动的热心参与者。

这期间，中国共产党青年运动领导人恽代英来到宁波四中作过一次讲演。他说："青年学生的当前任务是，学习马列主义的真理，开辟革命的道路，为被压迫的劳苦大众求解放！"恽代英的话引起了蔡泽镛深深的思考：青年学生除了学习科学知识，还应该关心劳苦大众的疾苦，为劳苦大众谋解放。

当时，宁波正好发生了一场全市罢工斗争，起因是数百名石匠举行集会，要求增加工钱，遭到资本家无理拒绝，引起宁波城乡5000同业工人的强烈不满和抗争。罢工的消息传来，宁波四中的"学生团""救国十人团""雪花社"等进步团体立即开展声援。蔡泽镛与同学裘怀古、陈鸿、陈良义、叶道生等一道参与了声援活动。

这次声援活动，是继蔡泽镛在家乡宁德焚烧日货之后亲身经历的第二次斗争实践。

1924年3月初，蔡泽镛接到母亲林莺发来的电报："父亲病重，速回。"这份电报让他寝食不安。他想起离开家乡时父亲日渐消瘦的身体，心中就有一种不祥的预感……大舅父林振翰理解外甥的心情，便说："你向学校请个假，我同你一起回去。"

约半个月后，蔡泽镛和大舅父林振翰匆匆回到了故乡宁德。走到前林坪路口，蔡泽镛远远就看到自家门庭上挂着两个大大的白灯笼，眼泪立刻夺眶而出，奔进大门，扑倒在父亲的灵柩上号啕痛哭。

父亲蔡祖熙才 41 岁，是蔡氏家族的顶梁柱，家族的公共产业都由他谋划、经营，又肩负宁德县商会会长之责，整日周旋于商贾、官场之间，为公债、军粮、赈灾、助饷诸事日夜操劳，想方设法保护商家和民众的权益，然而多病的身躯没能给他更多践行抱负的机会……

母亲告诉儿子：父亲气喘病缠身，日渐衰弱，还总是抱病出去做事，坚持操持家族和商会的一大摊事务，毫不顾惜自己身体。年初，父亲偶感风寒，竟至一病不起，虽经多方延医救治，总不见好转。家人再三提出叫儿子回来，他却说："让他安心读书吧，我没事。"一直拖到 3 月初，病势垂危，才让人发电报给宁波。但路途迢迢，儿子还在归途中，父亲就撒手西去了。临终，父亲还再三嘱咐："泽镛回来就跟他说，跟着大舅父好好读书，报效国家……"

按照传统风俗，蔡祖熙的丧事办得很隆重。逝者入棺之后便开始"做七"。蔡泽镛到家后，每日早晚给亡灵上茶端饭，表达对父亲生养之恩的感激。

妻子薛品瑄知道丈夫蔡泽镛不会在家等待做完"七七"送父亲下葬再回学校。母亲林莺也不想因此耽误儿子的学业，况且丈夫生前并未建坟，下葬还需一段时日，便决定让儿子做完"头七"后就回校，等出殡时再回来送别父亲。

这样，"头七"一过，林振翰就带着外甥又去了宁波。

一个半月后，蔡泽镛接母亲来信说，亡父"功德醮"必须有长子在场，做完道场就出殡，要他回家送葬。于是，蔡泽镛和林振翰又从宁波回到了宁德。

蔡泽镛竭尽全力帮助母亲料理殡葬事宜。诸事结束，他陪母亲到外祖父的碧山别墅小住了数日。

这期间，一位世界伟人的逝世也让蔡泽镛深感哀痛，他就是列宁。蔡泽镛对这位苏联的缔造者十分敬仰。"列宁是中国人民的好朋友！"他和他的同学们都这样说。第二次回家奔丧前，他的好友裘怀古、陈鸿曾告诉他，学校准备为列宁的逝世举行悼念活动，要他早些回校，所以，在碧山别墅安顿好母亲，蔡泽镛就心急火燎地赶回了学校。

1924 年 5 月 4 日，宁波社会主义青年团地委以学联的名义，召集各校青年学生和各界知识青年500余人在宁波四中礼堂举行列宁追悼会。同学们在追悼会上称颂列宁的伟大功绩，强烈抨击封建专制主义，召唤青年人高举列宁的旗帜，与劳苦大众站在一起，为消灭一切剥削与压迫而战斗。蔡泽镛在参加列宁追悼会活动中，渐渐加深了对马列主义的认识。

不久，宁波四中的社会主义青年团成立，蔡泽镛与同学陈鸿、陈良义、叶道生等加入了青年团。从此，蔡泽镛走上了一条“献身伟业”的革命道路。

这一年9月，江浙战争（又称“甲子兵灾”）爆发，江苏、安徽、福建、江西4省直系军阀向皖系军阀卢永祥驻守的浙江、上海发起进攻。成为战区的宁波一时战云密布，学校不得不停课了。

军阀混战，学子们忧心如焚。好友裘怀古对蔡泽镛说：“且无寸土可立足，何用埋头苦读书。广东正在聚集革命力量，我们何不到广东投笔从军？”蔡泽镛不愿放弃学业，便随大舅父林振翰到上海暂避战乱。

江浙之战历时近两个月，最后以皖系军阀卢永祥出走日本、直系军阀进占上海收编了卢部而结束。12月，学校复课，蔡泽镛又回到宁波。

经历了这一场战乱，又在宁波与上海间奔走，蔡泽镛对于北洋军阀统治下的政局愈加痛心疾首，对民生疾苦有了更深刻的体验。

这年年底，宁波市“非基大同盟”在宁波四中举行成立大会。恽代英在会上发表演讲，号召爱国青年和各界人士团结起来，反对帝国主义的侵略和封建军阀的压迫。会后，各校师生四五百人举行反帝示威游行。蔡泽镛参与了这次游行的组织工作。

1925年1月10日，宁波四中进步学生发起成立“宁波社会科学研究会”，蔡泽镛热心参与了筹建。研究会的成立，为马克思主义学说和社会主义思想在宁波的传播起了积极作用。

此时，宁波国民党党部开始改组，裘怀古加入了改组后的国民党，不久被派往广州黄埔军校学习，实现了“投笔从军”的夙愿。

临别时，蔡泽镛紧紧握着裘怀古的手，说：“我也会离开四中的。殊途同归，各自珍重！”

1925年春节过后，林振翰让五弟林振琮和外甥蔡泽镛一起去上海，就读于创办不久的惠灵英文专科学校。

惠灵英专是一所全日制中等学校，创办人金尤史是韩国人。1896年，金尤史在美国获得博士学位后出任韩国临时政府首任外交总长，并以议和大使身份，用“金仲文”的名字，持中国护照出席了巴黎和会，向和会提交了《号召韩国独立的陈述书》，控诉日寇在韩国的暴行，表达了大韩民族摆脱殖民统治的强烈愿望。当时，他的名气很大，林振翰对他的抗日爱国精神非常敬佩。

惠灵英专的英语教学通用美国中等学校的教材。开始时，学生只招一个班，英文课由金尤史博士亲自讲授，其他课程则另聘教师。

毫无疑问，蔡泽镛所受的英语教育是纯正的美式英语，因此英文水平提高很快。

1925 年 3 月 12 日，中国民主革命先行者孙中山先生在北京病逝，上海执行部设立了治丧事务所接待吊唁者。林振翰是同盟会会员、学界名人，对孙中山的突然逝世深感哀痛，便带着蔡泽镛一同前往吊唁。

4 月 12 日，在上海西门体育场举行了 10 万人的追悼大会，蔡泽镛和他的同学怀着崇敬的心情参加了公祭和游行。

来到上海，蔡泽镛见到了大姐蔡灼桃和大姐夫黄星南。蔡灼桃比他大 3 岁，黄星南比他大 4 岁。此时，黄星南刚从南京来到上海，经熟人推荐在上海市政府谋到一个职位。蔡泽镛还记得，1920 年，蔡氏族人欢送黄星南新婚返还南京时，在家庙的半月桥上的那张合影。一别 5 年，现在与大姐、大姐夫异乡重逢，回忆往昔，言语中洋溢着深深的骨肉情谊！

上海大学　心中的一面旗帜

1925 年爆发的“五卅”运动，揭开了中国大革命的序幕。

处在“五卅”运动爆发地的中心——上海，蔡泽镛看到了日本资本家对中国工人的残酷剥削和迫害，听到了上海工人觉醒的呐喊：“反对东洋人虐待！从前做牛马，以后要做人！”见到了英国捕头下令开枪射杀示威者，数十名工人、学生倒在血泊中，同时也感受到了在“五卅”运动风暴中展现的中国人民反帝爱国斗争的巨大力量……

在“五卅”运动中，上海大学的学生表现非常突出。“五四有北大，五卅有上大。”“文有上大，武有黄埔。”上海大学在蔡泽镛的心目中已成为一面旗帜！

蔡泽镛来到上海，正是上海大学蓬勃发展的时候。

这所创办于1922年秋的大学，前身是设在闸北青云路的私立东南高等专科师范学校，因为学生对校方管理不满，一致要求改组学校。他们派出代表再三恳请同盟会元老于右任出任校长，一些老国民党党员也从旁促驾。于是，于右任提出将校名改为“上海大学”，并亲自书写校牌，于10月23日冒着大雨走马上任了。

上海大学创办伊始，既缺经费，又缺师资，于右任本人也缺乏办学经验。面对这种“百端待举”的困难局面，国共两党都伸出双手鼎力支持。国民党方面：孙中山亲自批准每月拨款万元作为办学经费；捐赠“宋园”（国民党元老宋教仁的墓园）；置土地600亩供建筑校舍之用；派邵力子、叶楚伧、戴季陶、杨杏佛、何世桢、陈德征等人到学校担任行政工作和教学工作。共产党方面：1923年4月，李大钊应于右任之邀南下上海共商校务，于右任对李大钊说：“你来办。你内行，我外行。”但李大钊负责中共北方党务不能脱身，便推荐共产党员邓中夏（邓安石）出任上海大学总务长（后改称“校务长”），负责学校的实际工作；建议上海大学成立社会学系，由瞿秋白担任系主任；中共中央总书记陈独秀也表示，“你们需要什么，共产党会全力帮助解决的”；中共中央还召开专门会议讨论上海大学问题，决定派遣蔡和森、恽代英、肖楚女、张太雷、任弼时、杨贤江、沈雁冰、安体诚、施存统等共产党人到上海大学任教，从而使上海大学形成了实力雄厚、倾向革命的教师阵容。

参与办学的中国共产党人认为“上海大学应当具有革命性和时代性”。许多早期的中共领导人和国共两党的社会活动家应邀来上海大学演讲或举办学术讲座。他们将马克思主义哲学、政治学、经济学、近代历史学等新的理论与思想传播到上海大学，教育培养了一批以“改造中国、改造社会”为己任的革命志士。

上海大学的各类学生社团也十分活跃，光是社会学系就有“社会科学研究会”“中山主义研究会”“中国孤星社”“平民教育委员会”等。社团经常举办各种活动，出版各种刊物，这对提高学生的政治觉悟、培养学生的独立工作能力、促进学生与社会大众的结合是大有裨益的。

蔡泽镛在惠灵英专读书时常去上海大学听演讲，一心想报考上海大学。

当听说自己仰慕已久的恽代英也在上海大学任教，蔡泽锵就更加向往上海大学。他把这个愿望跟大舅父林振翰说了，林振翰表示支持："上海大学是老同盟会会员参与创办的，教师队伍全国一流，倘能考上，必将成才！"

1925 年年底，蔡泽锵终于如愿以偿地考进了上海大学社会学系。

此时，上海大学已迁到公共租界西摩路新址，社会学系的学生人数已达到三四百人。系主任瞿秋白坦言："我们办学的目的，是为了让同学们认识社会，改造社会，担负起时代赋予的革命责任！"

上海大学鼓励学生读"活的书"，让读书和生活打成一片。在课堂上，教师不是照本宣科，而是有重点地启发引导，采用"讨论式"的教学方法。学生不仅要在课堂上和书本上用功，而且每个学生均需担负一项社会活动任务，以便在革命实践中锻炼自己。

这时，"打倒帝国主义""打倒封建军阀"已经成了上海大学师生共同的奋斗目标。在上海市的各种群众组织中都有上海大学师生的身影，各种集会和游行示威都有上海大学师生作为中坚力量。师生们一天忙到晚，"在课堂上是殚精竭虑的讨论，街头巷尾是如火如荼的演讲，舞台上是民族血泪魂灵的活动，刊物传单是成堆地从印刷所的机器中吐出来，成捆地运送出去……显然，上海大学的师生已经作为酵母掺和到广大民众之中，在群众革命斗争的狂澜中隐然执牛耳"。因此，帝国主义和军阀政府视上海大学的师生为"洪水猛兽"。

在这样的氛围中，蔡泽锵更加热血沸腾："我们不能再静坐在书斋里死读书了！要创造世界文明，必须用热的血和冷的铁！"

蔡泽锵一边刻苦读书，一边积极参加如火如荼的工人运动。他参与开办平民学校，动员学校附近的工人和市民晚上免费入学读书。在讲台上，他以一口"闽东国语"向工人宣传革命道理，启发大家的政治觉悟，发动工人们积极投入反帝斗争。

1925 年 1 月，"中国社会主义青年团"更名为"中国共产主义青年团"。在宁波四中加入青年团的蔡泽锵，此时团组织关系也从宁波转到了上海大学。

1926 年，"五卅惨案"一周年前夕，中共上海区委（江浙区委）成立了由罗亦农、赵世炎、汪寿华组成的纪念"五卅"运动一周年行动委员会。5 月 29

日，纪念活动首先由学生拉开序幕，上海各大中学校学生及各界代表 5000 余人举行“五卅”烈士公墓奠基礼，会后举行游行示威。蔡泽镛参加了这一奠基仪式和游行活动。

5 月 30 日，上海 60000 多名工人、学生、市民在南市公共体育场集会，纪念“五卅”运动一周年。各界代表在会上相继发言，抗议帝国主义屠杀中国工人和学生的暴行，号召全国人民团结起来与帝国主义抗争到底。大会通过了《告全国同胞书》和《告全世界被压迫民众书》。

在这次纪念活动中，蔡泽镛受共青团上海大学支部的委派，负责各校游行队伍的联络工作。他早上 5 点起床，组织上海大学学生队伍参加集会和游行，并与伙伴一起印刷了几千份传单。这一天，他一直忙到傍晚游行结束才回到学校。

这一次集会游行，蔡泽镛充分展现了组织能力，也享受到了参与革命活动的愉悦。

1926 年 7 月，中共中央执委会召开党的四届二次扩大会议，提出扩大党员队伍问题，要求“务使本党更加发展，征集更多的革命工人农人与知识分子”。在北伐战争胜利推进的形势下，为了壮大中国共产党的组织力量，中共中央决定，条件已经成熟的共青团员可直接转为共产党员。于是，蔡泽镛和一批共青团员就转为中共江浙区委上海大学独立支部的新成员。

这时，蔡泽镛的大舅父林振翰已由江苏十二圩淮盐总栈经理调任扬州、松江盐务稽核所经理。这几年，他倾力编写了《浙盐纪要》《盐政词典》《中国盐政史》等著作；到十二圩后，又写了《淮盐纪要》《精盐调查录》等盐政专著。他也常回上海看望蔡泽镛和五弟林振琮，询问学业，送些钱款。

第一次国共合作后，革命形势一度高涨，但是内部也出现了尖锐的矛盾冲突。国民党右派反对“联俄、联共、扶助农工”三大政策，在统一战线内部制造分裂，局势立时严峻起来。在国民党召开的二届二中全会上，一部分右派分子提出“弹劾共产党案”，要求“共产党员友好地退出国民党”。

国共两党面临着分裂的危机。中国共产党认为：解决危机的最好办法就是争取北伐战争的胜利。

于是，中共中央决定，在青年学生中挑选一批坚定的共产党员，派往各地，发动更多的群众起来支援北伐战争。

一天，中共江苏省委组织部长兼中共上海大学独立支部书记高尔柏找蔡泽镛谈话。他谈了北伐军进军两湖的战争形势，谈了国共两党当前面临的危机，谈了中共中央的决定，最后说："福建是北伐军必经之地，需要动员民众起来支援北伐战争。"他询问蔡泽镛可否回乡做发动民众的工作。蔡泽镛欣然接受任务："只要是党的需要，我马上动身！"

高尔柏对蔡泽镛的能力和态度非常赞赏。他按照中共江苏省委的统一部署，向蔡泽镛做了具体交代："回乡之后，一要开展社会调查，了解各阶层群众的民情和民意；二要团结左派力量，建立起联合战线，筹建国民党地方党部，并取得领导权；三要广泛动员民众参加北伐战争或支援北伐战争。"

临分手，高尔柏又向蔡泽镛交代了与中共福州地委秘密联络的办法："到福州南街锦巷口的一家书店，找一个名叫'陈应中'的大夏大学学生，由他做具体安排。"

"好！我记住了！"蔡泽镛接受中共上海大学独立支部的派遣，带着组织介绍信于 1926 年 12 月回到了福建。

第四章　闽东火种

他匆匆地回来了，在家乡闽东播撒一簇火种，让闭塞的山城第一次响起了嘹亮的《国际歌》。

他又匆匆地走了，带着铁窗生活的坚贞，带着战友慷慨捐躯的血痕，也带着亲人的牵挂和挚友的思念，重返上海接受更加严酷的考验。

他试剑闽东，从挫折中仰起更加高昂的头颅！

双杭街货栈夜谈

一艘邮轮裹挟着隆冬的寒气，在“呜——呜——”的汽笛声中，载着年轻的共产党员蔡泽镛驶进了福州港。

经过三天两夜的海上颠簸，蔡泽镛没有丝毫倦意。他西装革履，提着一只赭色小皮箱，精神焕发地健步走出船舱，在萧萧寒风中踏上了台江码头。

那一年，他与小叔叔蔡祖焘来福州格致中学读书，第一次登上台江码头时，感觉省垣福州是那样繁华热闹。如今，他从更为繁华的上海回来，相比之下，福州像是一个寂寥的小镇。

夜幕低垂，灯火明灭。一辆黄包车把他拉到了双杭街一家货栈门前。这是蔡氏商号设在台江双杭街的一个货栈，掌管货栈的是他的叔叔蔡祖煦。

蔡祖煦见侄儿远道归来，连忙接进内室安顿。

蔡祖煦从小跟随祖父蔡步銮学做生意。他只读过几年私塾，不像大哥蔡祖熙走南闯北，满腹经纶，但他对为商之道很精进，加之他善待乡党，重义薄利，故颇受大家敬重。4年前，他的小弟蔡祖焘与侄儿蔡泽镛在格致中学读书时，生活上都由他关照；蔡祖焘溺水得病而殁，也是由他亲理后事送回宁德安葬。以后，蔡泽镛赴宁波、上海求学，往返途经福州，都由他悉心照顾。

他希望侄儿蔡泽镛能学成归来，继承祖业，一起把生意做大。

他并不知道，此时的蔡泽镛在上海大学接受瞿秋白、蔡和森、恽代英、施存统等导师的教诲，加入了中国共产党，已经初步确立了新的世界观。

显然，蔡泽镛此时投身革命，革的是北洋军阀的命。他深知："当前的北洋军阀政府不推翻，民权就永无伸张之日！"此时，国共两党已经建立了革命统一战线，实现了第一次国共合作，共同发动的北伐战争正在推进之中。

军阀，中国封建社会分封割据的产物，北洋军阀则是中国近代最臭名昭著的一个封建军事集团。它前后 17 年的黑暗统治，给中国人民带来了深重灾难。福建地处东南一隅，原是北洋军阀与西南地方军阀南北割据的中间地带。辛亥革命后，各派势力在福建争城夺地，战乱频仍，其间曾有过短命的"二次革命""福建独立"，之后一批又一批军阀"你方唱罢我登台"，皖系、直系、海军、粤军在此轮流坐庄。

封建军阀在福建的反动统治，也促使福建人民觉醒。

1925 年 4 月，福州发生了震惊全国的"四七惨案"，130 多名请愿学生血溅福建公署。"四七惨案"发生后，中共中央机关刊物《向导》和共青团中央机关刊物《中国青年》都发表文章，揭露福建军阀勾结帝国主义屠杀爱国学生的罪行，号召全国人民支援福建学生的斗争。《向导》指出："福州学生的爱国斗争是全国学生运动消沉了 6 年后复活的开始。"

1926 年 3 月 18 日，北京又发生段祺瑞政府屠杀请愿者、打死 47 人、打伤 200 余人的"三一八惨案"。

从福州"四七惨案"到北京"三一八惨案"，中国社会各阶层对帝国主义和北洋军阀的憎恨日益强烈，同时也把越来越多的同情和期待转向了南方的广州国民政府。此时的福建，此时的中国，已是"山雨欲来风满楼"了！

此前，中共中央召开特别会议，指出："现在的时局，实在是中国革命的生死存亡的关头……根本的解决，始终在于广州国民政府北伐的胜利。"尽管此时蒋介石已经制造了"中山舰事件"，又提出了"整理党务案"，国共合作已潜伏着很大的危机，但北伐仍是国共两党共同发动的革命战争，因此，中共中央继续义无反顾地动员全党支持北伐战争。

蔡泽镛接受派遣回到福建，主要任务就是贯彻执行中共中央这一决定。

蔡泽镛在货栈住了下来。这一夜，叔侄俩秉烛夜谈。

蔡泽镛很少有这样的机会能与叔叔蔡祖煦倾心长谈。父亲蔡祖熙去世之后，蔡祖煦不仅撑起了蔡家的商铺，还照应着他的母亲和妻子的生活，对此，他一直心存感激。交谈中，他向叔叔表达了这种感情，同时也向叔叔打听一些福州商界和政界的情况，想多了解一些社情民意。

谈到生意，蔡祖煦连声叹气。他说：这几年军阀割据，兵祸连年，军阀政府巧立名目向商家摊派，什么"防务捐""烟灯捐""土药捐""冥楮捐""花（娼妓）捐""赌捐""盐捐""糖捐"……可谓无事不捐，无物不税。再加上洋行越办越多，"洋货"在各地倾销，"洋米""洋面""洋纱""洋油""洋铁""洋布""洋烟"……充斥市场，许多小本商家敌不过洋行，只好关门歇业。

"什么生意好做些？"蔡泽镛问。

"现在除了开烟馆，贩卖鸦片膏，其他都不赚钱。"蔡祖煦说，"福州城里有二三十家烟馆，从官老爷到衙门办事员、警察，从买卖人到挑夫、鱼贩，哪个不往烟馆跑？只有这个钱好赚。"

"这种钱不能赚！"蔡泽镛愤愤地说。

"我们当然不赚这种黑心钱。不过，如今贩卖鸦片不加禁止，军政府已经公开向百姓收'鸦片捐'了。"

蔡泽镛很惊讶："贩卖鸦片也合法了？"

"是呀，从李厚基到周荫人都颁布法令，让农民种罂粟，向农户收罂粟种植税，这不是合法了吗？现在，福州已经成为烟土集散地了。"

"福州可是禁烟英雄林则徐的故乡啊！"

"军阀要打仗，需大笔钱购买军火，没钱，只好出卖海关权。如今福州海关都由外国人代管，洋人就趁这个机会做起了大宗烟土买卖。"

听了叔叔的介绍，蔡泽镛忧愤难禁："封建军阀把中国零敲碎打贱卖给帝国主义了！"

蔡祖煦不知道侄儿已经加入了中国共产党，对侄儿的激烈情绪隐隐有些担忧。他告诉侄儿：3个月前，福州的"赤党分子"翁良毓被军阀周荫人杀害了。报纸上说，他老母亲哭着要去收尸，警察不准，说："要收尸，拿钱来！"他母亲变卖了家产，凑了50块大洋送给警察，才把儿子的遗体赎回来……

"翁良毓？哪一个翁良毓？"蔡泽镛突然惊讶起来。

"是福建学联的头儿，听说他在城里开了两家书店，才21岁啊……"

蔡泽锵愣了——他这次奉命回闽，要找的中共福州地下党组织联络点正是翁良毓开的书店。蔡祖煦也许看出了侄儿心中的难言之隐，便不再说，只叮嘱一句："时局险恶，你要多加小心！"

翁良毓的牺牲，太出乎蔡泽锵的意料了！

1925 年春，翁良毓当选为福建学生联合会副理事长，领导青年学生开展反帝爱国运动。福州"四七惨案"发生后，翁良毓作为福建学生代表赴上海出席全国学联会议。这一年 6 月，共青团福州地委正式成立，翁良毓当选为组织委员兼工农委员。他根据共青团组织的决定，拿出家资 2000 元，在福州鼓楼前"简而文"刻字店旧址开设了一家书店，专售革命书刊，不久又在南街锦巷口增开了一家分店，作为秘密活动的联络站。

福州青年学生的爱国运动沉重打击了帝国主义和封建军阀，翁良毓成为军阀周荫人的眼中钉。一天，周荫人派警察突然搜查他的书店，以销售违禁刊物《中国青年》为借口，拘捕了书店雇员，逼使翁良毓慷慨走进警署。在狱中，反动军阀对他软硬兼施，要他供出"赤化团体"的秘密组织，他坚不吐实，写下了"此身不做资产杰，有日甘为无产奴"的铮铮诗句。1926 年 9 月 23 日，年仅 21 岁的翁良毓被军阀周荫人残忍杀害于福州西门鸡角弄。

翁良毓牺牲了，联络站无疑也遭到破坏。怎样才能找到中共福州地下党组织，接受具体任务回乡开展革命活动呢？这一夜，蔡泽锵辗转难眠，久久沉思……

寻找福州"中校"

北洋军阀统治时期，中国共产党、共青团和国民党都处于秘密活动状态，多使用代称：国民党称"上校"，共产党称"中校"，共青团称"少校"。

国民党福州支部先于共产党的地方组织在福建成立。1923 年初，孙中山领导的"东路讨贼军"许崇智部入闽驱逐皖系军阀李厚基，福建国民党人在福州成立了国民党福州支部，黄展云为支部长。后来直系军阀孙传芳、周荫人率部入闽，福建国民党人星散出逃，国民党福州支部也就名存实亡了。

福州的"少校"成立于 1925 年 4 月 1 日。此前，福州只有几个学生读书团体。

福州的“中校”组织则是由“少校”分化而来的。所谓“分化”，即是根据中共中央的指示，对福州地区的共青团组织进行整顿，吸收一批优秀分子入党，同时将部分团员转为中共党员。1926年5月，“党团分化”工作完成，中共福州地委正式成立。不久，中共福州地委进行改组，由蔡珊任地委书记，方尔灏任宣传部长，陈应中任组织部长。

蔡泽镛要找的“中校”组织就是中共福州地委。

在台江货栈休息了一夜，第二天一早，蔡泽镛便急着进城了。

他先到翁良毓开设在鼓楼前的那家书店看了看，书店已经被查封了；他又转到南街锦巷口，那家书店还在。蔡泽镛装作买书的顾客，一边翻阅书刊，一边打听原来书店老板的情况。店员告诉他：“原来的店主不在，书店易主了。”

蔡泽镛无果而归。

第三天，他从一个正在张贴“欢迎北伐军”标语的学生那儿得知，雅道巷是他们活动的地方。果然，蔡泽镛在雅道巷26号找到了“中校”组织的联络站。接待他的中共福州地委组织部长陈应中看了中共上海大学独立支部的介绍信，紧紧握住他的手：“泽镛同志，欢迎你！我也是从上海回来的。”

蔡泽镛高兴地问：“你是哪个学校的？”

“上海大夏大学，去年考上的。”

“我是去年进上海大学社会学系的。”

两个都是受上海中共地下党组织派遣回到福建的大学生在福州相见，感到格外亲切。一种神圣的使命感充盈在他们的心中。

陈应中，福州人，比蔡泽镛大3岁。蔡泽镛在格致中学求学时，陈应中在福建省立二中读书，曾参加“民导社”，与陈昭礼、方尔灏、翁良毓、陈聚奎、林铮等一同组织“反帝非基”运动，开展抵制日货斗争。1925年，陈应中赴上海大夏大学读书并加入中国共产党。1926年2月，受上海中共地下党组织派遣，陈应中回福州开展建党活动；6月，担任中共福州地委组织部长。

亲切交谈中，陈应中向蔡泽镛介绍了福州的时局：北伐军在“两湖”战场取得节节胜利；何应钦率领的国民革命军东路军正向福州进逼；福州城防司令迫于大势，也与海军将领萨镇冰一起宣布归顺国民政府；周荫人带着残部正逃往闽北；福州城，国民革命运动的浪潮正在高涨，工农群众和青年学生已经发动起来，准备迎接北伐军进城……

陈应中问："你的老家在哪里？"

"宁德。"

"宁德有个郑长璋，你认识吗？"

"认识。他是我的堂姑丈。"

"原来你们还是亲戚呀！"陈应中高兴地说，"郑长璋刚从北京大学回来，也是我们党内同志。北伐军很快就要进入福州了，我们现在的任务就是团结国民党左派力量，尽快把国民党地方党部建立起来，动员民众参加和支援北伐军。"

陈应中又说："目前，国民党中央已经取消设在厦门的国民党福建省临时执行委员会，在福州重新设立国民党福建省党部筹备处，丁超五为主任委员，我党同志马式材也是筹备员。我和马式材同志商量过了，已经委任郑长璋同志为宁德县筹备处主任。你回家乡配合郑长璋筹建国民党宁德县党部。记住，一定要让领导权掌握在左派手里！此外，你的中共党员身份，除了郑长璋，对谁都不要说。"

蔡泽镛认真听着，郑重接受了福州"中校"布置的任务。

陈应中叮嘱蔡泽镛："目前，福州国民党左派力量还很弱，我们党内的同志也不多，国民党'西山会议派'在福州却有很大市场。情况复杂，我们要有思想准备。上海中共中央派蔡珊同志来担任中共福州地委书记，地委机关就设在北大路大营房方尔灏同志家里。他是中共福州地委宣传部长，有什么情况，可以去那里找我们联系。"

"好，我记住了！"蔡泽镛说。

与陈应中握手道别后，蔡泽镛匆匆赶回台江双杭街货栈。第二天准备坐船回宁德，临行之时，遇见了多年未见的郑崇皋。

郑崇皋是蔡祖熙的小姑父，年龄不大，辈分大，蔡泽镛得称他"祖姑父"。他家住宁德城关下井堂，与前林坪蔡家相邻。少年时的郑崇皋与蔡泽镛常在一起玩耍，二人相处甚洽。后来，蔡泽镛去宁波、上海求学，郑崇皋也来福州私立法政学校读书，二人已有好几年未曾见面了。这一年，郑崇皋从法政学校毕业，谋到闽侯县监狱长及审判员的职位，正在福州工作，偶尔也会来台江蔡氏货栈走走。

贷栈邂逅，令蔡泽镛十分意外。郑崇皋问："回来有事吗？"

蔡泽镛回答："寒假将至，回乡'见习'，希望得到你的指教。"

郑崇皋对当前的政治变局知之甚详，听蔡泽镛说回乡"见习"，觉得此中有文章，便说："我是学法律的，你在这方面如有需要，我可以帮你。但是，我要提醒你，现在局势复杂多变，你回乡参加'见习'活动，凡事要三思而后行，切不可意气用事！"

蔡泽镛笑了笑，伸手相握，说了声："谢谢！"

蔡泽镛与叔叔蔡祖煦、祖姑父郑崇皋一一道别，拎起随身携带的一只赭色小皮箱走向台江码头，登上了一艘升火待发的小汽轮……

回乡"见习"第一课

3天之后，蔡泽镛水陆兼程，辗转回到了家乡宁德。母亲和妻子喜出望外，前林坪蔡家各房亲戚和朋友都登门看望。

那时，宁德县到上海读书的人凤毛麟角。19岁的蔡泽镛一身西装，仪表堂堂，街坊邻里看了无不啧啧称赞，更何况他的父亲蔡祖熙生前在坊间颇有名望，所以许多人议论说："蔡家的人代代有出息！"

母亲的细心呵护，妻子的温柔体贴，族人的交口称赞，让蔡泽镛沉浸在浓浓的亲情中。他没有忘记母亲的嘱咐，带回了一张在上海拍摄的个人照。母亲拿着照片看了又看，爱不释手。

这是蔡泽镛一生中唯一的成年照。照片是他1925年刚到上海时拍的，白净的面庞，一双大而有神的眼睛，眼窝微陷，下颚宽大。这张照片以后就成了蔡泽镛留给家人仅有的礼物。

蔡泽镛回宁德后，遵照陈应中的交代，去企头街找郑长璋。

郑长璋，字"仲珊"，街坊都叫他"东山"——"仲珊"的谐音，"东山"也就成了他的别号。郑长璋比蔡泽镛大6岁，他的父亲是清末优贡，但没有走上仕途，而在城关开设了一家酒铺，家境颇为殷实。蔡泽镛去福州格致中学求学时，郑长璋已考取北京大学政治系预科。

企头街在蕉城南门孔庙附近。蔡泽镛的到来，让郑长璋十分惊喜。蔡泽镛看见在北京读书的表叔林国章也在这里，便迎上前热情握手："国章，你也回来了！”

“跟东山一起回来的。我们都在念叨你！”

宁德小城，蔡、郑、黄、林四姓都是大家族，都有姻亲关系：蔡泽镛的堂姑嫁给郑长璋作妻子，他称郑长璋为“姑丈”；郑长璋的母亲是林国章的堂姑，郑长璋称林国章为“表弟”；林国章的姑妈林文藻是蔡泽镛堂弟的祖母，林国章称蔡泽镛为“表侄”。林国章比蔡泽镛大一岁，但辈分长一辈。

3 个志趣相投的大学生既是亲戚，又是志同道合的战友，肩负使命，不期而遇，这让他们感到格外亲切。他们的谈话很快转到当前的政局上来。

郑长璋是北京大学政治系的学生，他对北伐战争的形势做出了自己的分析：当前，北洋军阀的力量表面上看还很强大，其实已处在四分五裂中，这为北伐军提供了各个击破的机会。

郑长璋说：“福宁府五县是福建陆军第十一混成旅的防地，国民革命军在闽南、闽北的胜利已使第十一旅人心惶惶。现在，我们要发动民众，对驻军开展政治攻心，利用矛盾进行分化瓦解；同时，着手筹建国民党县党部……”

蔡泽镛听了很受鼓舞。他刚从上海回来，对宁德的情况还不十分了解。他提出，要深入民众，摸清民情，争取民心。

郑长璋、林国章都表示同意，决定以回乡“见习”的名义，到各地发动群众，为筹建国民党县党部做准备。

蔡泽镛回乡的第一课，便是开展社会调查。

北洋军阀在福建的统治长达 13 年。虽然闽东沿海几个县属于闽系海军的势力范围，战事不多，但周边军阀混战，为扩充兵源而搜刮钱财，依然为害甚烈。

在调查中，蔡泽镛发现，强迫种鸦片，征收“烟苗捐”，是军阀政府敛财的重要手段。

闽东山区遍植罂粟，宁德县烟区面积约占全县十分之三。种罂粟挤掉了粮食作物，导致米价飙升，人口锐减，民生凋敝。

更让蔡泽镛惊讶的是，地方上的贪官污吏、豪绅捐棍朋比为奸，包办“烟苗捐”，从中渔利：初种则捐，收成也捐，煮膏还要捐。煮了烟膏不准自由贩卖，必须售给“禁烟查缉处”，种烟农民往往入不敷出。若是抗种，则以“有违军令”论处。烟农种烟破产，不种烟也破产，真正走投无路了！

农村的破产，还体现在土地关系上。蔡泽镛在调查中发现，闽东地区的土地关系很特殊，大部分土地是寺庙的“神田”和宗族的“祀田”，只有不到百分之十的“自耕土地”细分碎割地分散在一般农民手中。农民要耕种，多向寺庙租佃。宁德县最大的“神田”属于霍童支提寺，占有的土地横跨福安、宁德、周宁三县，纵横百里，究竟有多少田产，谁也说不清楚。“祀田”则由少数地主豪绅把持，农民佃其田，终年辛劳，只获三分，而地主坐享七成之利。

宁德没有现代工业，只在飞鸾一带有一些陶瓷作坊。这是明代由闽南漳州、泉州移民带来的制瓷工艺，用本地丰富的高岭土烧制器皿，最多的是碗，那村子就叫“碗窑村”。郑长璋与蔡泽镛、林国章一起考察了碗窑，了解到制碗工人遭受厂主、工头盘剥，生活很艰难。工人进厂生产，厂主要先扣他们半年的工钱作为押金，若是半途离开，押金就被没收。工人为追讨工钱而常与厂主争吵。

在城关，他们深入码头、渔港开展调查，听到渔民们积怨最深、咒骂最多的是德顺鱼行。德顺鱼行强占渔场，垄断鱼市，成为宁德一霸。德顺鱼行宣称:“宁德近海的港澳水面，凡是谷壳漂得到的地方，都是本行渔场。凡在本行渔场捕鱼，都得交纳水面费。捕到的鱼必须送德顺鱼行收购，不得私自出售！”

德顺鱼行收购鱼货不但大秤进、小秤出，还要加收“过秤金”。更为恶劣的是，它收购鱼货只付给四成现金，其余六成给“行票”。这“行票”只能到德顺鱼行开设的店铺购物，其他店铺不能用。层层欺压，重重盘剥，渔民的血汗钱全落入鱼行的钱斗里。

半个多月的社会调查，让 3 个大学生看到了社会的黑暗，看到了民生的艰辛，也看到了孕育在民众中的国民运动的力量。这次社会调查，让蔡泽镛受到了一次深刻的阶级教育。

此时，何应钦率领的国民革命军东路军已进入福州，军阀周荫人率残部从闽北退往浙江。12 月下旬，国民革命军东路军攻克福建全省，北洋军阀在福建长达 13 年的统治由此结束。

国民党福建省党部正在加紧筹备中，省党部筹备员、中共党员马式材通知郑长璋，尽快筹建国民党宁德县党部，成立各种民众团体，动员民众支援北伐军经闽东向浙江推进。

于是，筹建国民党宁德县党部成了郑长璋、蔡泽锵、林国章的当务之急。

明伦堂响起《国际歌》

明伦堂——古代各地修建的孔庙大殿，后泛指学堂、讲经堂。

1926年年底，郑长璋、蔡泽锵、林国章在宁德城内的明伦堂挂起了一块牌子——中国国民党宁德县党部筹备处，并邀集一批进步青年和社会贤达前来议论政局，针砭时弊，共商大计，使明伦堂出现了一派新的气象。

来明伦堂聚会的青年才俊中有第一国民小学校长蔡汝梅、第二国民小学校长黄式陵、第四国民小学校长周玉堂等。十几个青年知识分子聚集在明伦堂，就像一堆熊熊燃烧的篝火，把这个闽东小山城“照”得通红透亮。

哲人说：“青春就是一团烈火。只要有青年人相聚的地方，就会喷射出熊熊的火焰。”

“以青春之我，创造青春之家庭，青春之国家，青春之民族，青春之人类，青春之地球，青春之宇宙！”李大钊这一段“青春宣言”，从郑长璋胸腔里流淌出来，引起了大家的共鸣。

郑长璋性格豪放，壮怀激烈，对大家说：“李大钊是北大的良师，也是我们青年人的旗帜！当这学业未竟、国难方殷时刻，我愿追随导师李大钊，投身于国民革命运动，做一名民主自由的斗士！”

作为筹备处主任，郑长璋要求大家本着民主的精神，畅所欲言，直抒胸臆，共同商讨筹建国民党宁德县党部及工、农、学、商、妇各团体的大事。

蔡泽锵文静而深沉，他没有郑长璋那么慷慨激昂，但同样心潮澎湃，一腔热血。他曾直接受教于瞿秋白，在上海大学课堂上，瞿秋白讲授的《列宁主义概说》《现代民族问题》《国民革命与阶级斗争》，都深深地铭记在他的脑海里。回到家乡后，半个多月的社会调查又让他看到了尖锐的阶级矛盾和社会危机。

理论与实践一旦结合，认识上便会产生新的飞跃。

蔡泽锵对当前的社会矛盾和国民革命运动的前途有了新认识，更加相信导师瞿秋白说的话是正确的：“中国的贫弱而沦于危亡的根本原因，在于帝国主义的侵略。”“中国的革命，首先是革帝国主义的命，其次是革帝国主义的走狗和代理人，即军阀、官僚地主、买办阶级的命！”

蔡泽镛把导师瞿秋白、恽代英在课堂上讲的话和在《向导》上读到的文章，言简意赅地说给大家听。他的博闻强记，征服了所有的人。

在明伦堂里，蔡泽镛还教大家唱起了《国际歌》：

起来，受污辱咒骂的！
起来，天下饥寒的奴隶！
满腔热血沸腾，
拼死一战决矣。
旧社会破坏得彻底，
新社会创造得光华。
莫道我们一钱不值，
从今要普有天下。
……

这首由瞿秋白首译的全世界无产阶级的革命战歌，是那样雄壮，那样激昂，那样鼓舞人心！

两年前，上海大学举行马克思诞辰106周年纪念会时，身为社会学系主任的瞿秋白在会上发表演说后，与任弼时一起引吭高唱《国际歌》，会唱这首歌的学生们也一起放声歌唱起来。从此，《国际歌》很快在社会上传唱开来。蔡泽镛在上海大学学会了这首歌，并把它带回家乡宁德，让一批革命青年也学唱起来，更点燃了大家的革命激情。

明伦堂的歌声引来了许多人好奇的目光，也引起了林理斋、林圭甫、郑宗霖等几位耆宿贤达的担忧。几位老人都是反清志士，年轻时都曾有革故鼎新之举。封建军阀统治留下来的社会积弊，也让他们感到这个世界非改造不可。现在北洋军阀刚刚退出闽东，地方国民政府尚未成立，所以，他们对中国国民党宁德县党部筹备处的成立都表示支持，特别是有郑长璋、蔡泽镛这样的青年才俊出面主事，他们更感到鼓舞。但他们毕竟是“阅尽沧桑”的智者，在政权更迭之际，深感时局多变，并且已经看到了这一群青年“热情中的幼稚，慷慨中的幻想”。他们善意劝诫青年人：“反对者大有人在，你们务必谨慎。”

不过，眼下天空一片晴朗，耳边也没有听到不同声音，所以青年人照样兴高采烈地埋头忙活着。经过几天的酝酿，筹备工作就绪了。

1927 年 1 月初，中国国民党宁德县党部筹备处成立大会在文庙对面考坪内的一个小礼堂举行。

礼堂正中悬挂着孙中山遗像，上方是“天下为公”的横幅，下方是《总理遗嘱》全文，左右对联为“革命尚未成功”“同志仍须努力”。

与会者有上百人，其中国民党党员二三十人，其他为来自各界的列席代表。过去小城百姓的聚会多半在宗祠庙堂，难得走进读书人聚集的地方——明伦堂，这一回可不一样，戴斗笠的、顶碗帽的、穿龙裤的、着长衫的，还有缠着小脚的妇女、绾着金冠凤髻的畲族姑娘都来了。他们平等地坐在一起，听一个被称作“主任”的北京大学学生在台上发表演说。这在宁德小县城不能不说是一件新鲜事。

会上宣读了国民党福建省党部筹备处的两项命令：一是宣布正式取消国民党宁德县临时执行委员会；二是委任郑长璋为国民党宁德县党部筹备处主任，蔡泽镛为筹备员。

筹备处下设商人、农民、工人、妇女、宣传、组织六部及秘书处。郑长璋兼组织部主任，林国章为筹备员兼宣传部主任，林印章为筹备员兼商人部主任，张吉城为工人部主任，林亮章为农民部主任，章懿钦（永端）为妇女部主任，蔡汝梅、林昌挺为正、副秘书处主任。

所有筹备员及各部主任在郑长璋的带领下，列队站在孙中山遗像前庄严宣誓。

大会开得很简单，也很成功，没有锣鼓，没有鲜花，没有彩带，更没有酒席，只有欢声笑语混合着一串串噼啪作响的鞭炮声。会后，这一批年轻人便以极大的热情投入各自的工作。

国民党宁德县党部筹备处是临时权力机关，负有行使政权、财务管理和维护社会秩序的责任，军事方面仍然由闽系海军负责。

过了几天，人们突然发现几张小标语糊到了明伦堂的墙上：

“反对解散临时执委会！”

“不许共产党干涉国民党党务！”

"将共产分子清除出国民党！"

明眼人都知道，这是李奋那一伙人干的。

李奋是国民党党员，手下有一帮拜把兄弟，在闽东颇有名气，福州的国民党右派当初想在闽东发展势力的时候便看上了他，给他挂上国民党宁德县临时执行委员会主任的头衔。李奋与德顺鱼行勾结，假借筹集军饷之名，向各商家摊派收捐，中饱私囊；又以民间迷信团体"乐善社"的名义向百姓敲诈勒索，搜刮钱财。李奋胆大、手狠，靠的是福州有人给他撑腰。

给李奋撑腰的是福州国民党右派林寿昌。

林寿昌，福建连江县人，早年在英华中学读书时寓居福州仓前山。"五四"运动中，福州学联开展声势浩大的抵制日货运动，林寿昌离开学校，投入抵制日货斗争，表现颇为积极。1920 年初，林寿昌同福州学联调查科成员刘友贤、林梅生、林子炎等人结拜为兄弟，组织了一个"铁血团"，致力于肃清日货运动。社会上把林寿昌为首的"铁血团"称为"寿昌帮"。

"寿昌帮"惯于搞暗杀，手段极其残忍。那一年夏天，福州学联调查科得知奸商陈鸣岐包销日货，林寿昌就带领"铁血团"人马刺杀了陈鸣岐，并以"锄奸团"的名义公布其罪状。当时，福州学联负责人谢翔皋对"铁血团"的暗杀行为很不满，认为"搞暗杀，必将损毁学联的声誉"，便向警方告了密。林寿昌得知后，于 11 月 13 日偷偷带了"铁血团"一帮兄弟，把谢翔皋也给杀了，当晚乘汽艇逃往厦门转上海。此事在福州学联内部闹得很大，学联要求惩办林寿昌。福州警方曾派人到上海拘捕林寿昌，但旅沪的福建国民党人郑祖荫、黄展云等出面营救，才使他免予起诉。为此，林寿昌感激不尽，死心塌地地追随黄展云。北伐军入闽前夕，星散在各地的国民党人返回福州，林寿昌也跟随黄展云回到福州，并以国民党代表的身份参加"马江会议"，与中共代表王荷波一道劝说闽系海军将领归顺北伐军……

李奋对林寿昌十分崇拜，常来福州向他讨教，两人臭味相投，结为把兄弟。林寿昌讲义气，擅自委任李奋为国民党宁德县临时执行委员会主任，掌控政务财务大权。宁德县知事知道李奋与林寿昌一样心狠手辣，不便得罪，只好一走了之。

李奋上任后劣迹斑斑，宁德乡绅不断向省里告状，弄得林寿昌爱莫能助。恰好此时国民党中央宣布取消设在厦门的国民党福建省临时执行委员会，重新设立国民党福建省党部筹备处，全省上下原来设立的临时执委会也同时取消，这才给李奋一个台阶下。林寿昌十分清楚国民党右派的动向，知道国共两党势必分裂，授意李奋在宁德把原来的人马拉起来，坚决清除“异党分子”。

贴在明伦堂墙上的那几张小标语就是李奋一伙所为。

对此，郑长璋、蔡泽镛并不感到意外。国民党内部分化为左、中、右派，已经不是一两个月的事了。廖仲恺遭暗杀，“中山舰事件”和“整理党务案”的出笼，种种迹象表明：国民党右派不可能容纳共产党员在国民党内，只是蒋介石正忙于收编北洋军阀，还需借助共产党人的力量动员民众支援北伐战争。福建作为北伐的后方，也还需稳固一段时间，所以国民党右派还没有完全变脸。

郑长璋、蔡泽镛把李奋等看成是联合阵线中的同盟者，却没有更多去考虑如何戒备、防范李奋这帮人。他们把精力都放在上街演讲、演街头剧、办夜校、动员妇女剪髻子、让老百姓学会讲“官话”（普通话）等活动上。

那些日子里，国民小学的学生们呼喊着口号，唱着“打倒列强，打倒列强，除军阀……”的歌曲，手举小彩旗，在大街小巷搞宣传；人们在码头、在街边围成一圈圈，听郑长璋、蔡泽镛等人慷慨激昂的街头演说。

妇女部主任章懿钦带着妹妹章奉端把妇女们召集起来，教她们识字、唱歌、放小脚、剪短发，给她们宣讲男女平等、婚姻自由的道理。她们提出的“不许养童养媳，不许虐待丫头，不许作践妇女”的口号，让许多女人感受到了做人的尊严。

蔡泽镛想得更多的是如何解除民众的疾苦。“我们要做点儿实事，让受苦的民众得一些切实的好处。”他向郑长璋建议说，“民众最痛恨的是什么？一是收‘鸦片捐’，一是鱼货不能自由买卖。收捐的事，眼下归海军支应分局管，暂时没法动他们。鱼货自由买卖，可以发动民众跟德顺鱼行讲理，让它开禁！”

郑长璋觉得蔡泽镛说得有道理，于是决定动员群众与德顺鱼行做斗争。他们以国民党宁德县党部筹备处的名义贴出告示：“本县海域归国家所有，渔民可以自由捕捞，所得水产品可以自由买卖，任何鱼行不得强行干涉，不得擅自查禁销售。”告示一出，渔民奔走相告，拍手称快。码头上、市场里，鱼货交易很快活跃了起来。

接着，筹备处又发现了德顺鱼行老板私吞军饷的恶行。原来，粤军入闽时，曾派兵驻扎在宁德，并通过县商会向商家摊派军饷总额达30万元，限定分三期缴清。粤军收去第一期7万元后就撤离了福建，余款全部被兼任商会会长的德顺鱼行老板侵吞了。

“这件事必须查清！”郑长璋态度很坚决。

蔡泽镛提议：“向商家做调查，找到确凿的证据后再行处置。”

于是，几个筹备员分头行动，对商铺逐一做了调查。果然，他们查清了两年前宁德县商会摊派军饷的具体数额，商会会计也承认了分赃事实，退回了部分赃款。

筹备处将调查的事实公之于世，引得舆论哗然，愤怒的群众冲进商会，把德顺鱼行老板拉出去游街示众。那天，宁德城万人空巷，群情激昂，乡下人也闻风而动，纷纷进城一路围观。

可以说，从戚继光收复横屿以来，这是宁德县的又一次全民参与的盛大活动。

打击了德顺鱼行，也就打击了李奋。李奋又跑去福州找林寿昌告黑状。

此时，全省最高权力机关——福建省临时政治会议在福州成立，蒋介石任主席。但实际上，蒋介石在南昌应付“迁都之争”，无暇顾及福建，指令何应钦为代主席。在省临时政治会议中，共产党员和国民党左派占了三分之一。不久，北伐战争向长江中下游推进，国民革命运动中心也由广州移到武汉。蒋介石到上海后，为巩固北伐后方，指派林寿昌等一批国民党右派为“整理福建党务特派员”，参加国民党福建省党部筹备工作，实际上取代了原来的筹备处。林寿昌又在福州成立了一个流氓帮派组织“独立厅同志会”，不惜用棍棒刀枪对中共福州地委组织的群众集会进行暴力骚扰……

1927年2月前后，福建全省的国民革命运动已经隐伏着深刻的危机。

蔡泽镛的妻子薛品瑄贤淑温存，知道丈夫做的是大事，是为穷苦百姓救苦救难的事，只是把德顺鱼行老板拉出去游街示众这件事，让她感到有点儿不留情面，便叮嘱蔡泽镛：“人心难料，你要多加小心！”

但是，对潜伏的危机有预感而没有预防的郑长璋、蔡泽镛、林国章，在“盟友”开始背叛的时候，竟没有丝毫察觉。

4 月上旬，郑长璋得到福州“中校”的警告：“局势急变，须谨慎。”

局势急变？变在哪里？如何应对？“中校”却没有具体指示。郑长璋与蔡泽镛商量，必须去福州找“中校”汇报情况，请示应对措施。宁德的群众运动正在火头上，身为负责人的郑长璋离不开，于是决定由蔡泽镛与林国章二人到福州找组织部长陈应中，接受下一步工作的指示。

这一年的清明节一过，蔡泽镛便拎着那只随身携带的赭色小皮箱，与林国章匆匆赶往福州。

4 月铁窗战友血

1927 年 4 月，在现代中国人的记忆中，是一段血腥恐怖的日子——国民党右派发动反革命政变，对共产党人和革命左派大开杀戒。

迁都武汉后，蒋介石就到上海与国民党反共将领和右派政客秘密策划暴力“清党”。4 月 2 日，国民党中央监察委员会做出决定：“将各地共产党首要危险分子，就地知照治安机关，分别看管，制止活动。”当天，蒋介石电令所辖各军“迅即令行照办”。

4 月 3 日，福州国民党右派就抢先动手了！

上午 9 时，由黄展云主持，在福州南校场召开“拥蒋护党”大会，右派军政要员一一登台谩骂共产党，向蒋介石表忠心。

大会进行中，新编师第五团第二营中共党代表方毅威等五人挺身而出，登台反驳国民党右派的言论。林寿昌当即指使军警把方毅威挟持下台，剥去军装，挂牌游街示众，之后将他枪杀于台江万寿桥头，抛入闽江。

当天下午，福州全城戒严，开始对共产党人和国民党左派人士大搜捕、大屠杀。

福州“四三事变”，是蒋介石在上海发动“四一二”反革命政变的信号！

4 月 3 日那天，福州街上到处张贴了“活捉徐琛”的标语。徐琛是北伐军东路军政治部党务科长，新任中共福州地委书记。当天中午，林寿昌指挥一帮警特包围了徐琛的住所。好在此前徐琛夫妇已由陈应中护送，秘密离开了福州。然而 4 月中旬，徐琛夫妇打算从海路返回汕头，船抵厦门时，被混在旅客中的国民党密探认出，落入敌手。

“四三事变”的第二天，中共福州地委主要领导人方尔灏、陈应中、郑尚衡、林梧凤、朱铭庄等同时被捕，地委机关遭到破坏。这些情况，福州“中校”都来不及通报，郑长璋、蔡泽镛和林国章一概不知。

当蔡泽镛穿着一身灰色长袍，拎着小皮箱，与林国章匆匆赶到福州，出现在台江货栈门口时，蔡祖煦一脸惊讶：“你们怎么来了？”

蔡泽镛没多作解释，只说了一句：“去省党部筹备处找人。”

蔡泽镛与郑长璋在家乡热火朝天地筹建国民党宁德县党部的事，蔡祖煦已有耳闻。国民党右派枪杀共产党员方毅威的地点万寿桥离蔡氏货栈只有咫尺之遥，恐怖的场景历历在目，这让蔡祖煦对侄儿的命运深感担忧。此时，福州全城戒严，国民党军警四处搜捕共产党人，蔡泽镛突然来到福州，不等于闯进了狼窝吗?!

担忧归担忧，蔡祖煦却不能阻止蔡泽镛去找要找的人，只是他的心悬着，预感到一场大祸即将降临。

刚刚 20 岁出头的蔡泽镛确实有点儿冒失。他没有仔细打听一下这几天福州发生的事，依然拎着那只装有身份证件的小皮箱，与林国章一起出了货栈。

他们在北大路“中校”联络点没有找到陈应中，便按郑长璋事前的交代，直接到国民党福建省党部筹备处找中共代表马式材。可是此时，省党部筹备处戒备森严，蔡泽镛、林国章一到门口就被持枪哨兵喝住：

“站住！干什么的？”

“找人。”

“找什么人？”

“党部筹备员马式材……”

话音刚落，哨兵的枪口就对准了二人。

中共党员马式材已被解职、通缉，一切都来得太突然了！

蔡泽镛、林国章作为“赤色”嫌疑者，被带往福州警察局审问。

“叫什么名字？”

“蔡泽镛。”

“家住哪里？”

“宁德。”

“什么职业？”

“学生。”

“来福州干什么？”

“找人，找错了地方。”蔡泽镛随机应变。

“你在福州有亲戚吗？”

蔡泽镛不知此时能不能说真话：说了，会不会牵连到叔叔？不说，又将怎样？

“你在福州必须有亲戚担保，才能放你走。”审问者把“担保”二字说得很怪异，让蔡泽镛一下子就揣摩到背后的含意。

“有，我有个亲叔叔在福州。”蔡泽镛立即回答。

“他是干什么的？”

“做生意，在台江。”

“好，好。”审问者脸上掠过一丝笑意，“那就通知你的叔叔来认保吧。”

蔡泽镛把叔叔蔡祖煦的名字和台江货栈的地址写在纸上，让审问者代为转达。蔡泽镛看出了审问者的贪婪，才决定说出叔叔的名字，让叔叔设法营救。

蔡祖煦得知侄儿被扣押，立即叫上正好来货栈的郑崇皋带上金条赶去警察局。

郑崇皋先发制人地向警官亮出了闽侯县监狱长的“派司”（通行证件），警官马上换了一副嘴脸。蔡泽镛趁机把放在角落里的那只小皮箱轻轻挪到郑崇皋脚边，用眼光示意他把皮箱带走。郑崇皋心领神会，边应酬，边拎起小皮箱。

郑崇皋知道，林寿昌在“四三事变”中因反共有功，受到蒋介石嘉奖，4月6日就被委任为福建省民众运动特派员。黄展云升任为国民党福建省党部筹备处代主席。国民党右派操纵着民众的生杀予夺大权，把共产党人视为眼中钉、肉中刺，必欲斩尽杀绝而后快，当然不会轻易放过任何一个可疑的人。

郑崇皋虽是闽侯县监狱长，但与警察局的疏通并没有立即生效，不过那张监狱长的“派司”外加蔡祖煦递上去的金条，还是让蔡泽镛少吃了不少苦头。

蔡泽镛、林国章二人被投进了监狱。

消息传到宁德，蔡、林两家人都惊呆了！蔡泽镛的母亲林莺心急如焚，一趟又一趟地打发伙计赶往福州，嘱托蔡祖煦："不论花多少钱，都要把泽镛救出来！"妻子薛品瑄从未经历过这么大的事，她没想到自己的丈夫为穷人办事竟会招来牢狱之灾。她在家里唯一能做的事就是伺候好婆婆，泪眼汪汪地跟着婆婆烧香拜佛，祈求菩萨保佑丈夫早日平安归来。

蔡泽镛、林国章被捕的消息让郑长璋感到十分意外，福州突发剧变的来龙去脉，他并不知晓。

福州到底发生了什么事？马式材、陈应中现在哪里？蔡泽镛、林国章是否有生命之虞？郑长璋彻夜思考，忧心忡忡。他决定亲自去福州找马式材，营救蔡泽镛、林国章。

4 月 22 日，郑长璋匆匆赶往福州，在嘉滨菜馆刚落座，警察就把一副冷冰冰的手铐套在了他的手上——李奋派了爪牙一路跟踪到福州，郑长璋竟毫无察觉。

郑长璋落入敌手后，李奋一伙料定国民党宁德县党部筹备处群龙无首，正好夺权，遂于次日凌晨 4 时聚集百余人包围了筹备处。一个打手企图强夺站岗卫兵的枪，被当场击毙，顿时秩序大乱。流氓打手仗着人多势众，乘机拥入筹备处，大肆打砸、抓人。至此，国民党宁德县党部筹备处成立仅仅 3 个月便落入国民党右派之手，白色恐怖笼罩了宁德县城。

蔡泽镛被囚禁在福州警察局的监狱中，没想到竟然在狱中遇见了他要找的中共福州地委组织部长陈应中。

陈应中看到蔡泽镛，一脸惊讶："你是怎么被捕的？"

"长璋让我来找你。"

陈应中很内疚："事发突然，我们来不及通知……长璋同志怎么样？"

"他还在宁德，估计没事……"

在狱中，蔡泽镛显得很镇静，虽然说话不多，但神情积极乐观，看来他已把生死置之度外了。

囚禁共产党员的监狱，往往成为宣传、捍卫马克思主义真理的战场。唱歌是坚持斗争的一种手段，革命者总是用歌声激励斗志，传递信息，表达心声！

打倒列强，打倒列强，
除军阀，除军阀。
努力国民革命，努力国民革命，
齐奋斗，齐奋斗。
……

这首在北伐战争时期唱响的歌曲，一直在革命者中流传，现在也在监狱中唱响了。

4 月 22 日这一天，监狱中多了一位共产党员，他就是郑长璋。

郑长璋被捕，蔡泽镛很感意外："你也来了？"

"你们来了，我还能不来?!"在这种地方，郑长璋仍不失幽默。

郑长璋的到来，让监狱的气氛更加热闹起来，不仅有歌声，还有郑长璋的演讲。这位北京大学政治系的毕业生，这位已经暴露身份的共产党员用他学到的理论给大家讲"共产主义的幽灵"，讲"庶民的胜利"，讲"青年的责任"，也讲未来"赤旗的世界"。他公开宣称："我是共产党员，也是国民党党员，国共合作，国民党何以不能容纳共产党员？是谁破坏孙中山先生的'三大政策'？共产党人在推动北伐战争，推动国民革命运动，有什么罪？"

或许是过于激烈的缘故，郑长璋被关进了"小号"。

听难友们在唱歌，郑长璋也唱起了《国际歌》：

起来，受污辱咒骂的！
起来，天下饥寒的奴隶！
……

蔡泽镛的身份还未暴露，但当雄浑的《国际歌》传来时，他也轻轻哼唱了起来：

旧社会破坏得彻底，
新社会创造得光华。
……

歌声是情绪的宣泄，也是意志的凝聚。年轻的共产党人用歌声告诉国民党反动势力：

莫道我们一钱不值，
从今要普有天下。
……

4月28日凌晨，方尔灏、郑长璋、郑尚衡、朱铭庄等6名已经暴露了身份的共产党员被押赴福州西门鸡角弄刑场。

郑长璋走上刑场的时候，豪情依旧，呼喊着“中国共产党万岁！”，高唱着《国际歌》慷慨就义。许多年后，一篇题为《福州“雨花台”》的文章转述了一位八旬老人亲见郑长璋临刑前高唱《国际歌》的一幕。

郑长璋牺牲后，蔡泽镛的母亲更加忧心如焚，函电交驰，嘱托在福州的蔡祖煦哪怕倾尽财力也要营救蔡泽镛出狱。据知情者说：“每次去探监，都是用箩筐挑着银元去的。”郑崇皋自然也出了大力，他藏匿了那只小皮箱，才使蔡泽镛的真实身份没有暴露。他用银元疏通了福州警察局官员，终于得到可以保释蔡泽镛的允诺。

蔡泽镛和林国章在狱中整整度过了4个月！

这4个月的铁窗生活，让蔡泽镛看到了国民党新军阀的残忍，看到了方尔灏、郑长璋以及后来被枪杀的徐琛等一批革命英烈的崇高。

真正的革命者总能在磨难中成长。8月，当蔡泽镛、林国章走出监狱的时候，他们也更加坚强、更加成熟了。

蔡泽镛在台江横街宁德会馆住了几天，就悄悄地回了一趟宁德。当他得知妻子已经怀孕，极为高兴，希望在家多住些时日陪陪妻子。然而，母亲怕他再遭李奋一帮人暗算，便要他立即去上海，在林振翰的监护下继续读书。

几天后，蔡泽镛再度回到福州，住进宁德会馆，准备乘邮轮北上。

一天傍晚，蔡泽镛偶然遇见一个装扮奇特的女学生。在场的林国章拉过他，向这位女学生介绍说：“他叫蔡泽镛，上海大学的。”

“你好！我叫潘玉珂，霍童人。”这位女学生大大方方地伸过手来握了握蔡泽镛的手。

蔡泽镛见她留着中分短发，一副女扮男装的模样，心中暗暗称奇，便问：“你在哪个学校读书？”

“乌石山女子师范学校，读二年级。”潘玉珂回答。

“我们宁德来福州读书的女生不多，你是很有勇气的啊！”蔡泽镛夸奖道。

“你在上海大学，走得更远！”潘玉珂说，“有机会，我也要去上海求学。”

初次相识，俩人说的话不多，但彼此都留下了深刻印象。

第二天，蔡泽镛与林国章一起登上了开往上海的邮轮。

蔡泽镛这一去，再未回来，成了亲人们永久的牵挂。

第五章　上海受训

在白色恐怖中，他重返上海，改名“蔡威”，回到党的怀抱。

他不忘初心，坚毅执着，用忠诚、青春、知识和才华，参与一项前所未有的伟业。

“宝剑锋从磨砺出，梅花香自苦寒来。”在周恩来的领导下，经过中共中央“特科”的磨砺、淬火，他成为一名真正的红色“捕风者”。

重返申城　化名“蔡威”

1927年8月，盛夏的上海，空气中弥漫着浓浓的血腥味。

蔡泽镛一身夏布短衫打扮，手拎赭色小皮箱，与林国章健步踏上上海十六铺码头。

码头游荡着几个国民党军警和黑色便衣，那阴鸷的目光在人群中巡视着，就像随时都会扑向猎物的鹰犬。这是蒋介石发动“四一二”反革命政变后上海各个码头常见的景象。

4个月的铁窗生活，磨炼了蔡泽镛和林国章的意志，也提高了他们的警觉性。面对鹰犬的凶光，两个人毫无畏惧之色，说说笑笑地走出码头，消失在了熙来攘往的人流中。

蔡泽镛来到北四川路39号，寻到林振翰的新寓所。这是上海许多名人聚居的法租界。不久前，林振翰的家也从辣斐德路迁到这里来了。

看见外甥到来，林振翰喜出望外，那块悬在心中的石头终于落地了。

4个月前，林振翰接到妹妹林莺发来的急电，得知外甥在福州被捕的消息，心里十分焦急。他马上写信给福州同盟会的老朋友，请他们代为斡旋、营救。作为福建省临时政治会议议员、《群报》主笔、《汉译世界语》的著名译者,林振翰在福州是很有影响力的,连国民党右派黄展云也对他敬重三分。由于林振翰的极力营救,也由于郑崇皋的斡旋和蔡家人不惜巨资的贿赂,多管齐下,蔡泽镛和林国章才得以走出监狱。

蔡泽镛把被捕和在狱中遭囚禁的情况细细叙说了一遍。林振翰并没有责备他幼稚和过激,只是严肃地告诫说:“上海还在清党,连激进的青年学生也不放过。你不能再出去参加什么集会了!”

“我想回校读书。”蔡泽镛说。

“上海大学早被警察局查封了!”林振翰说,“要读书,我再想办法联系一所大学。”

蔡泽镛想回校读书,其目的是要寻找中共上海大学独立支部书记郭伯和,向他报告回闽活动及被捕囚禁的情况。如今上海大学被查封了,郭伯和在哪里,他不知道。怎样才能联系上中共地下党组织呢?他甚感无助,但又不便对林振翰说,因为他加入中国共产党的事没有告诉大舅父。

林振翰时任淮北十二圩盐务稽核支所助理员,兼任扬州、松江两个盐务稽核所经理。他必须到各盐场巡视,一去往往十天半个月。他叮嘱蔡泽镛:“国民党军警天天抓人,外国巡捕也在抓。这段时间,你不要出门,就在家里看书,温习功课。”

蔡泽镛只好待在寓所里温习英语,同时找来许多报纸看。他急于从书报中了解上海及全国各地的军政动态。

自“四一二”反革命政变后,上海的报纸每天都登载大量“清党铲共”的消息:在蒋介石“凡共产党一经讯实,立即正法”“宁可枉杀一千,不使一人漏网”的指令下,国民党反动势力疯狂挥舞着屠刀,把中国变成了一个大屠场。从上海各种报纸的新闻报道中,蔡泽镛看到了一幅幅血淋淋的景象:

4月12日至15日,仅仅3天时间,上海的共产党人、国民党左派以及工人、学生、无辜群众被枪杀300多人,被捕500多人,还有5000多人流亡或失踪。那几天,上海尸横遍地,血流成河。

奉系军阀也在北京大肆逮捕、杀害共产党人和革命者。4月28日,北洋政府不顾社会舆论的强烈反对和谴责,将李大钊等20位革命者绞杀在西交民巷京师看守所内。

7月15日,汪精卫也撕下假面具,公然擎起“分共”旗帜,对共产党人动手了!

……

轰轰烈烈的大革命失败了!

中国向何处去?许多人在思考,蔡泽镛也在思考。

有一条新闻让蔡泽镛眼前一亮:8 月 1 日,中国共产党在江西南昌举行武装暴动。这条新闻犹如漫漫暗夜中闪现的一片火光,让蔡泽镛看到了希望,他感到异常振奋。

此时,南昌暴动已经过去半个多月了。蔡泽镛急于了解南昌暴动的详细情况,而国民党报纸不可能有真实报道,他只能从"赤匪首领"周恩来率领"残余暴徒"在江西境内"流窜"的"旧闻"中,揣摩南昌起义军的动向。

8 月底,秋季招生开始了。林振翰给蔡泽镛联系了一所新校——同济大学。这所大学原是一所私立的医工大学,这一年 8 月刚由国民政府接管,改为国立大学。

蔡泽镛对理工科电机专业本来就感兴趣,进了同济大学,便开始潜心钻研电机。也许这是一个机缘,使蔡泽镛后来成为杰出的红军无线电技术专家。

在同济,蔡泽镛依然没有忘记寻找郭伯和。一天,《申报》上一则《铲除共产巨憝》的新闻突然出现在报端——他要寻找的郭伯和被刽子手秘密杀害于枫林桥监狱!

郭伯和是因为叛徒的出卖,与陈独秀的长子陈延年等一起被杀害的。

郭伯和牺牲了,上海中共地下党组织遭到了严重摧残。蔡泽镛像断了线的风筝,失去了与党组织的一切联系,形单影只,孤立无助。

在白色恐怖笼罩的上海,蔡泽镛的行动更加谨慎了。他不敢轻易相信他人,从不轻易暴露自己的真实身份。

一天,在一家酒店门口,蔡泽镛突然听到有人喊他的小名:"景芳!"回头一看,是一个陌生人在叫他。

"景芳!你不认得我啦?"

蔡泽镛怔了一下,看了那人一眼,摇摇头 :"你认错人了吧!"

那人说:"你不是前林坪蔡家公子蔡景芳吗?我是你的宁德老乡呀!"

蔡泽镛仍然不动声色,摇摇头,不说话。如是者三,那人只好说:"景芳,尽管你不认我，但我还是要告诉你一个好消息，你的妻子生了个儿子，你当父亲了！”

蔡泽镛脸上掠过了一丝不易察觉的惊喜，但对这位“报喜”的老乡还是不肯相认。

在上海滩，那些特务、侦探、“包打听”用“报喜讯”“报丧事”“认乡亲”“认故旧”的办法套取他人身份的事经常发生，蔡泽镛早有耳闻，不能不保持高度警惕。

几天后，蔡泽镛给妻子薛品瑄写了一封信，信中字里行间流露出初为人父的由衷喜悦，也蕴含着对妻子深深的歉意。他嘱咐：为儿子取名“植生”。

这封信是托在上海跑生意的宁德老乡陈满鹏捎回家的。60年后，年逾八旬的陈满鹏回忆：“当时，我有顾虑，怕惹祸上身，不敢直接把信送到蔡家去，信放在家里好些天。后来想想，既然是受人之托，就该尽心，不送去对不起人家，便在一个清晨悄悄把信塞进了蔡家的门缝里。”

这封信是蔡泽镛寄给家人唯一的一封信。此后，虽然他还几次托人给家里带过药品和滋补品，但未再通音讯。蔡泽镛知道，在腥风血雨的上海滩，自己的处境非常危险，必须学会隐蔽斗争的生存方式。

为了自身的安全，他像所有中共秘密党员一样，给自己取了个化名：“蔡威”。

从此，“蔡泽镛”这个名字在上海消失了，另一个年轻的共产党员的名字“蔡威”，写进了中央“特科”的名册。

蔡威，这名字既蕴含着一种强烈的自勉精神，也彰显了自己经历磨难后的内心世界——威武不屈。

蔡威，开始创造自己新的生命奇迹！

寻找中共法南区委

重返上海，蔡威最感苦恼的是与中共地下党组织失去了联系，最为迫切的是找到自己的“母亲”，回到党的怀抱！

自汪精卫发动“七一五”反革命政变后，武汉也笼罩在一片白色恐怖中。中共中央决定把原在武汉的中央机关再迁回上海，并设立多处秘密联络点，派出许多干部到各地恢复、整顿党组织，努力将失散的党员重新聚拢起来。

蔡威原来所在的党组织——中共上海大学独立支部直属中共上海区委领导。“四一二”反革命政变后，上海大学被查封，其独立支部实际上不存在了。

1927 年 6 月，中共江苏省委（兼上海市委）成立，中共上海区委随之被撤销，原上海区委领导的 8 个部委改建为沪东、沪西、闸北、法南、浦东、沪中 6 个区委。

当时，中共中央把严守秘密视为生存的基本条件，对各级党组织采取极其严格的保密措施，建立秘密工作制度和秘密交通网，防止各级党组织再遭破坏。

局势的险恶，党组织的变更，党的活动转入更隐蔽的状态，使蔡威寻找中共地下党组织更加困难了。但是，尽管困难重重，蔡威依然没有放弃努力。诚如“儿子”寻找“母亲”，“母亲”也在寻找失散的“儿子”，一个偶然的机会，蔡威看到了“母亲”的身影。

1927 年年底，蔡威在法租界的书摊上看到一本《新时代国语教授书》，翻开一看，竟是中共中央新出版的《布尔塞维克》！上面有一篇署名“秋白”的文章，题为《中国革命是什么样的革命？》

“秋白”，不就是瞿秋白吗?！文章写道：

> 国民党是背叛革命，并未完成国民革命，而且还是取消国民革命已得的胜利，帮助着旧统治势力的复辟。中国革命现在已经是工农革命，他（它）的任务首先是土地革命。彻底的土地革命，铲除中国的半封建的土地关系，铲除帝国主义剥削几万万农民的一切种种走狗的革命，才是真正的国民革命……

读着瞿秋白的文章，蔡威兴奋不已，他终于又听到党的声音了！

原来，“四一二”反革命政变后，《向导》被迫停刊。“八七会议”后，中共中央曾决定恢复《向导》，但由于种种原因未能实现。中共中央机关迁来上海，即决定出版《布尔塞维克》周刊，作为中共中央的机关刊物以指引中国革命。10 月 24 日，《布尔塞维克》在上海诞生，编辑委员会由瞿秋白、罗亦农、邓中夏、王若飞、郑超麟五人组成，瞿秋白为主任。11 月 7 日，又一份名为《无产青年》的杂志在上海创刊，这是共青团中央的机关刊物。这两份刊物的出版，无疑是中国共产党“揩干净身上的血迹，掩埋好同伴的尸首”继续战斗的信号！

蔡威在法租界的书摊上看到《布尔塞维克》，欢喜异常。他相信只要有《布尔塞维克》发行，就能找到党的秘密联络人。

《布尔塞维克》编辑部设在亨昌里418号(今愚园路1376弄34号)。可惜，尚缺乏秘密工作经验的蔡威还不能由这本杂志提供的蛛丝马迹寻找到编辑部，没有碰上瞿秋白或者福建老乡郑超麟。

他还须继续等待机会。

蔡威寄居的林振翰新寓所在北四川路，属于法租界。上海有两个租界，一是公共租界，一是法租界。法租界内华洋杂处，流动人口多，交通方便，又不设户籍管理制度，不受中国政府的管束，行动相对自由，而且空余房子多，这就给党的地下活动提供了极有利的条件。

中共在法租界建立党组织始于 1923 年。1925 年上半年，法租界中共地下党小组与西门中共地下党小组合并，成立“中共沪南支部”。“五卅”运动中，法租界与南市的中共党员发展到 80 多人，党支部 4 个，遂成立了“中共南市部委”，在法租界成立了一个独立支部。“四一二”反革命政变前，法租界内的中共党员迅速发展到 450 多人，党支部 25 个，于是成立了“中共法租界部委”。

1927 年 6 月，中共江苏省委(兼上海市委)成立后，法租界独立支部和南市部委撤销，合并成立“中共法南区委”，刘平衡任区委书记。

在腥风血雨的上海滩，刘平衡眼看一个个战友被逮捕、遭屠杀，发誓要“以血还血”，向国民党刽子手和叛徒讨还血债！在他的领导下，中共法南区委成立了一个“打狗队”，负责惩恶锄奸。

蔡威时时关注着“打狗队”的动向。

10 月 25 日，《新闻夜报》刊登的一则“快讯”透露：在萨婆路党的秘密联络点，中共法南区委书记刘平衡因叛徒告密，被法租界巡捕抓获。这一则消息让蔡威震惊而悲愤，也让蔡威看到了中共法南区委的真实存在。

蔡威曾经到萨婆路寻找党的秘密联络点，但这个联络点已遭破坏，他又一次失望而归。

1927 年在腥风血雨中过去了，蔡威寻找中共党组织始终未能如愿。

转眼间，1928 年的春天来临了。

这一年 5 月 3 日，“济南惨案”发生，日军屠杀中国军民 3200 多人。蒋介石不仅不抵抗，还下令国民党军队退出济南，并且通电取缔民众的反日运动，这极大地激起全国人民的愤怒。上海各界纷纷成立“反日后援会”，群众的抗日情绪日益高涨。中共江苏省委决定以纪念“五卅惨案”3 周年为契机，举行罢工和示威游行，推动上海群众运动的发展。

5 月 30 日，15000 多名工人举行罢工和示威游行，一些学生在南京路、西门路发表演讲，散发传单。这一次示威游行，让蔡威看到了大革命失败后一度沉寂的革命浪潮正在重新涌动。此后，上海各区的示威游行不断。

一天，在法租界，蔡威在法商电车、电灯公司的游行队伍中看到一个学生模样的组织者。蔡威走进游行队伍，与这位组织者搭话，知道了他的名字叫“张哲”，是广州中山大学文学院的学生。从张哲坚定、热情而睿智的言谈中，蔡威认定他是党内可靠的同志。

第二天，蔡威与张哲再次见面，向张哲坦露了自己寻找中共党组织的急切愿望。

张哲，又名“张沈川”，湖南张家界慈利人，早年在长沙、北京、青岛就读，曾担任青岛学生联合会主席。1926 年因被反动军阀通缉，南下广州考入中山大学文学院，课余时间到广州农民运动讲习所听课、帮助校对讲稿。在讲习所，他接触了一批中国共产党的优秀领导者，接受了马克思主义理论教育，思想渐渐成熟。1926 年加入中国共产党，1928 年担任中共上海法租界地方党支部书记。

张沈川得知蔡威原是上海大学的中共地下党员，因奉命返闽参加革命活动而被捕囚禁，经营救出狱回到上海，现在尚未接上党的关系。张沈川也有类似的经历，对蔡威的苦闷急切的心情十分理解。

“同是天涯沦落人，相逢何必曾相识。”张沈川表示，“你的情况，我会尽快向法南区委汇报。蔡威同志，欢迎你回到党的怀抱！”

1928 年七八月间，中共法南区委终于接纳了这位失散了一年多的“儿子”——蔡威。

“亚美”的“火腿”

按照中共法南区委的指示，蔡威继续在同济大学学习。

20世纪二三十年代，无线电是一门刚刚兴起的先进技术，为许多优秀的工科学生所热衷。蔡威用心学习工科课程，特别热衷于钻研无线电技术。

此时，在国民党改组派控制下建立的上海学联成为当时上海最大的学生组织，复旦、暨南、大夏等30多所学校都加入了上海学联。同济大学的学生自治会也被改组派控制了，学生的集会、结社、言论等活动都被禁止了，这使许多进步学生感到思想行动不自由，情绪很低沉。

但是，蔡威并没有因此而消沉，他有自己追求的目标。4个月的铁窗生活，使他深刻认识到：党的组织和纪律是党的生命，也是他自己的生命。他严格遵照党的秘密工作要求：以在读大学生身份为掩护，不暴露自己，不对外通信，暂不公开活动。他谨记一个警示：因疏忽而引起的破坏视同告密反叛。

10月的一天，张沈川告诉蔡威：“我的工作调动了，不再担任法租界地方党支部书记。你的组织关系直属中共法南区委。”

张沈川调去搞什么工作呢？他没有告诉蔡威，蔡威也没有多问。

几十年后，张沈川这样回忆道：

> 1928年10月的一天，组织上通知我（当时任法租界地方党支部书记）到三马路惠中旅馆一楼的一个房间，说是中央组织部长伍豪（周恩来）和我谈话。去后，周恩来详细地问了我的情况：过去在什么地方念书？参加过哪些政治活动？什么时候入的党？由谁介绍的？我一一作了回答。最后，周恩来同志说：组织上决定调你去学习无线电通信技术。并说，从明天起，你就归他领导（指坐在一旁的顾顺章）。第二天，顾即派李强找到了我。以后，李强就经常帮助我学习，每月的生活费也是他带给我的。
>
> 1928年冬，我用张燕铭的化名考进了“上海无线电学校”。该校设在国民革命军总司令部第六军用电台内，门口还有士兵站岗。开学

时，发现台长兼校长是刘鹤年。刘原在青岛测候所任报务员，1925 年在青岛和我一起参加“青沪惨案后援会”，支持日本纱厂罢工工人，互相认识。我向他声称家中生活困难，无法再上大学，来上海学无线电技术，好找个生活出路。而他们之所以要办无线电学校，是为了收学费，赚钱，供挥霍……

1929 年 5 月毕业后，得到刘台长的同意，住进电台实习。刘等看我能完成收发报任务，便要我常值夜班，他们好在外面吃喝玩乐。过了一段时间，摸到了他们的生活规律，深夜我一人值班时，偷抄了两本军用密电码，交给了党组织……

就在张沈川进入电台的同时，蔡威也参加了亚美无线电训练班学习。

亚美无线电股份有限公司（简称“亚美”）是苏祖斐、苏祖圭、苏祖国、苏祖修等 7 个姐弟于 1924 年创办的。苏氏姐弟的祖籍是福建永定，与蔡威是“大同乡”。苏祖圭毕业于同济医工大学电机工程科，比蔡威大 6 岁，是蔡威的校友，也是学长。

“亚美”由苏祖圭任总经理，苏祖国任副经理兼工程师，苏祖修任厂长。苏氏兄弟在南市中华路 900 号建立家庭无线电实验室，试制无线电零件。当时正值无线电接收机开始在沪流行，“亚美”的产品远较美国舶来品便宜，所以销路甚好，一度供不应求。1929 年，“亚美”的产品参加上海市国货展览会和杭州西湖博览会，荣获嘉奖，享誉国内。为了应付咨询工作，“亚美”又创办了《无线电问答汇刊》半月刊。

苏氏兄弟痛感当时中国科学技术的落后，在研制、生产、销售无线电器材的同时，十分注意新技术的传播和普及。公司取名“亚美”，门市部大门上悬示的牌子写的英文是“AMATEURS HOME”，中文的意思是“无线电业余之家”。

蔡威经常光顾“亚美”门市部购买器材。一次，总经理苏祖圭听出这位福建老乡的口音，便问：“你是福建哪里人？”

“福宁府。”蔡威回答。

“在上海读书吗？”

“是的，在同济大学学习。”

苏祖圭一听，十分高兴："我也是同济毕业的！我们既是福建老乡，又是同济校友！"

从此，蔡威与苏氏兄弟成了好朋友，来往十分频繁。苏祖圭、苏祖国两兄弟热情指导蔡威组装矿石收音机和电子管收音机，并免费替他校验。

当时，上海滩的无线电器材商铺只有寥寥几家，而"亚美"自产的器材价格比进口货低廉，因此得到许多无线电爱好者的青睐，生意越做越大。为了学习交流无线电技术，苏氏兄弟把业余无线电爱好者聚集在一起，用自编的《无线电问答汇刊》作教材，办起了无线电训练班。蔡威则是这个训练班最热心的一位学员。

开班的时候，苏祖国第一句话就说："现在，你们都是我们'亚美'的'火腿'了！"

大家不解其意，哈哈大笑。有人问道："为什么叫'火腿'？"

苏祖国解释说：火腿的英文是"HAM"，这 3 个字母其实代表 3 个人的名字。1908 年，美国哈佛大学有一个业余无线电社团，成员 3 个人：亚伯特·海曼（Elbert.S.Hyman）、巴伯·兹美（Bob Almay）和佩姬·莫瑞（Paggy Murray）。开始，他们是用 3 个人的姓氏作为电台的呼号，也就是"Hyman-Almay-Murray"；后来，觉得名字实在太长，把呼号拍发出去，手都酸了，于是改用姓氏前面的两个字母，成为"HY-AL-MU"；再后来，又发现这个呼号竟和一艘名为"HYALMU"的墨西哥籍轮船相同，在通信中常常搞混了，只好又改取 3 个人姓氏的第一个字母作为台号，于是就叫作"HAM"，英语里恰是"火腿"。这"火腿"之后也成了业余无线电爱好者的代称，全世界都这么叫。

这么一解释，大家觉得挺有趣，高兴地叫嚷："我们都成为'亚美'的'火腿'啦！"

这个训练班由苏祖国主持，学员随时可以提问，他随时作答。他善于打比方，讲课生动有趣，大家都爱听。他向学员讲的是无线电原理、收发报机制作、"火腿"之间的通联等基本知识。比如电台，通过它的天线，将电波发射到天空，电波经过电离层的多次折射，最后被另一个电台所接收。一部电台通常既是发射机（发射信号），又是接收机（接收信号）。"火腿"可以利用电台以多种方式通联，就好像游泳者可以用蛙泳、仰泳、蝶泳等多种方式游泳一样。全球“火腿”使用最多的是语音方式(步话机通信),其次是摩尔斯电码方式。

“什么是摩尔斯电码方式呢?”有人提问。

苏祖国解释说:摩尔斯电码是发电报和收电报的一个重要技术环节。以发报为例,其程序为:文字——数字编码——摩尔斯电码(发出)。收报的程序则倒过来:(接收)摩尔斯电码——数字编码——文字。每一个汉字及标点符号都对应一组4位数字,比如:“中”是0022;“国”是 0948 ;“上海”二字是0006 3189;“逗号”是9976;“句号”是9975。这就是全国邮局一直在使用的明码电报。摩尔斯电码就是对应每一个数字的时通时断的信号,而时通时断的信号又是通过电键的续断实现的,电流接通,则信号出现。信号又有短、长之分:电键接通时间短促,音如“嘀”声;电键接通时间较长,音如“嗒”声。

苏祖国还讲授了“火腿”呼号的设置——前缀与后缀,呼号的含义与辨识,短程通联使用的波段,联络中使用的语言——Q简语和业余简语,广泛呼叫的英语格式和中文格式,等等。

“火腿”可以使用不同类型的电台在不同的地点进行通联:在室内,用的是固定电台;在野外,用的是手持电台。每一个“火腿”按理都有一个固定的呼号,就像现在网络上的“QQ”号。但当时,中国还没有建立“火腿”的申请注册制度,国民党对业余无线电台的控制又非常严格,所以,参加亚美无线电训练班的“火腿”都还没有自己的呼号。

那时,无线电新技术在上海刚刚兴起,“火腿”的人数还不多,“火腿”的成分也非常复杂,各行各业都有“火腿”。对许多“火腿”来说,除了通信联络之外,另一个乐趣是自己动手研制各种无线电设备。有些设备比较简单,比如定向天线、矿石收音机、短波电台等。

差不多有一年时间,蔡威与亚美无线电训练班结下了不解之缘,成为苏氏兄弟心目中最勤奋也最聪明的一名“火腿”。

在“亚美”,蔡威还认识了一个名叫“张振声”的“火腿”。张振声是南洋学堂的学生,学的是土木工程专业,经常到“亚美”门市部买无线电器材,故与蔡威相识。

交谈中,张振声得知蔡威曾是上海大学社会学系的学生,便问:“你认识郭伯和吗？”

蔡威很惊讶：“郭伯和？我认识呀，他是……”

蔡威没有把话说下去，只是向他点点头。两人心照不宣。

“张振声”是“李强”的化名。他听蔡威说认识郭伯和，便对蔡威的政治身份心中有数了。

后来，李强在蔡威的帮助下，曾经来亚美无线电公司偷偷地学习技术。

潘玉珂：难忘“C小姐”

1929年二三月间，蔡威收到一封上海本埠来信，信封上字迹娟秀，写着“蔡泽镛先生亲启”，拆开一看，惊喜地叫道：“是潘玉珂！”

他立刻想起一年前在福州台江横街宁德会馆与潘玉珂邂逅的情景。

潘玉珂是个奇女子。她原名“潘美政”，出身于宁德县霍童镇的一个富裕茶商之家，从小性格倔强，拒缠足，抗穿耳，从不穿红戴绿，喜欢女扮男装。她11岁开始学画，一本《芥子园画谱》成为她的启蒙老师；13岁站柜台，两只手可以左右开弓打算盘；16岁时，母亲请来媒婆给她说亲，她竟将媒婆棒打出门。1924年，她勇敢地走出乡关，只身来到省城福州乌石山女子师范学校读书，自己做主，改名“潘玉珂”。

潘玉珂在福州受“五四”新思潮的影响，读了许多进步书刊，内心更加向往自由，向往革新。她在全校女生中带头剪短发，许多同学剪了标准的“五四”短发，而潘玉珂却更进一步，剪了个“中分”发型，酷似男生，并且一剪之后就终生不变。

潘玉珂喜欢看书作画，买书买纸花了不少钱。她的父亲嘱咐她需要用钱可以到宁德会馆去取。就是那一次取钱，她与刚刚保释出狱的蔡泽镛不期而遇了。

“我也要去上海求学！”这成为潘玉珂的追求目标。

1928年秋，在福州乌石山女子师范学校毕业后，潘玉珂如愿以偿地考上了上海美术专门学校（简称“上海美专”）。

来到上海，举目无亲，她想到了那个在福州台江横街宁德会馆有过一面之缘的老乡蔡泽镛。她查清住址后，立即发去一信，告诉他自己已经考取上海美专，希望能见一面。

蔡威接到信，又惊又喜，立即按信上的地址寻到菜市街上海美专拜访潘玉珂。

60年后，已届耄耋之年的潘玉珂接受采访时，讲述了她与蔡威在上海第一次见面的情景：

那一天午后，我正斜躺在床上翻看《艺用解剖学》。我有以书催眠的习惯。正看得眼皮耷拉迷迷沉沉时，突然听到一阵敲门声，校训育处主任在门口喊："玉珂，有人找你！"

我立即起身，来到会客室，门还没进，就一眼看到了蔡威。他穿着咖啡色的长袍，手里拿着几本书。我十分惊喜地叫他："景芳！怎么是你？"

"怎么不是我？接到你的信，我就过来了。"蔡威呵呵笑道。

异地重逢，我们俩人都异常兴奋。

"快说说，你是怎么被……"我急切地想问他是怎么被捕、怎么出狱的，蔡威探头看了看隔壁的训育处，连忙向我摆摆手。我立即改口道："你怎么懂得美专的路？"

"上海美专大名鼎鼎，谁不知道呀！"蔡威故意大声说。

当时学校规定，学生来访者只能在会客室交谈，不能带进宿舍。蔡威觉得在会客室谈话不方便，便故意说："外面有几个老乡在等着我们哩！"我就说："那你还不带我出去见见他们！"

我们来到校园中，我故意四处张望："他们在哪里？"

蔡威笑了："你们会客室隔壁就是训育处，谈话不是不方便嘛！"

我们找了个僻静的地方坐下来，交谈了阔别一年多来各自生活和学习情况。

我还问了他被捕、出狱的情况，他简单地跟我说了说，还说他已改名"蔡威"了。从他的谈吐中看得出，他跟一年前在福州宁德会馆见面时相比，显得更加老练、更加成熟了。

潘玉珂清楚记得，第一次在上海美专见面，蔡威穿的还是那件咖啡色的哔叽布长衫，就问：“你怎么老穿这件长衫？”蔡威笑了笑，算是回答。

此后，每逢星期天，蔡威便会邀约两个“闽东小老乡”——吴淞大学的林国章和暨南大学的周泽万一起去美专找潘玉珂。

周泽万，福安人，早年在北京求学，并秘密加入了中国共产党。1926年冬，受国民党北京市委的派遣，回家乡参与筹建国民党福安县党部工作；1927年2月回北京；1928年夏辗转来沪，在暨南大学继续求学。

当时，在沪的闽东学生有20多人，但与蔡威经常往来的只有周泽万、林国章、潘玉珂三人。

潘玉珂回忆：

> 他们有时相约而来，有时不约而同到来。每逢我们聚会的时候，我便喜欢拿蔡威取笑：“景芳，你的名字像女孩儿，人也长得像女孩儿。哎，你要是留长发，穿裙子，一定很漂亮的。”蔡威听了便满脸通红。周泽万和林国章常常为蔡威帮腔：“玉珂，你这可是倒行逆施啊！你都短发长衫了，倒要我们男人留长发、穿裙子，这怎么行？”有一回，我看看林国章，看看周泽万，然后又看看蔡威，便取笑他：“景芳，他们两个比你大，都没结婚，你却15岁就当新郎官儿，现在还当了爸爸，你可真懂事哦！”说着，大家都哈哈大笑，而蔡威则满脸通红。

潘玉珂性格豪爽，无拘无束，说话口无遮拦。为了让潘玉珂向往革命、思想更快成熟，蔡威经常送书给她看。毫无疑问，这些进步书籍都被视为“恐怖的教资”，是学校要查禁的，若是被校训育处主任发现了，还得受处分。潘玉珂对这些书籍爱不释手，但又害怕。她觉得书中所宣扬的思想、观点都是对的，而且那些文章正气凛然，言辞铿锵，催人奋进；怕的是被校训育处主任发现，后果难以设想。为了安全，她偷偷地把这些书包上封皮，写上“讲义”“西洋画”之类的字样，看完了，就将女生厕所的木板撬开，把书藏在里面。

这些进步书籍犹如一根丝带，把潘玉珂的思想与蔡威拉得更近，她对蔡威也更加崇敬了。

蔡威很欣赏潘玉珂的才华，听说她正在学法语，便问：“你想去法国留学？”

“是呀，学油画，必须去法国。”

“为什么？”

“法国有世界最好的美术学院，有世界一流的油画教授，巴黎的卢浮宫是艺术的圣殿，学油画不去法国要抱憾终生。”

年轻的心是容易沟通的。蔡威赏识潘玉珂的才华和勇气，潘玉珂倾慕蔡威的睿智和人品，两人共同的语言越来越多了。

潘玉珂住在校内宿舍，跟同窗好友王志渊住在一起。王志渊已经结婚，她的丈夫每月都会来上海看她一次，这样，潘玉珂和王志渊都感到住在校内不方便，于是商量在校外合租一间寓所。新租的寓所在悦来坊，与蔡威寄居的林振翰别墅距离很近。迁出学校以后，潘玉珂与蔡威往来更加频繁了。

林国章和周泽万也经常来悦来坊看望潘玉珂。他们把悦来坊称作“悦来访”，尤其林国章，对悦来坊很有好感，他说：“这里是全上海最让人心情愉悦的地方！”

林国章出身于书香门第，读过不少文学作品，尤擅诗歌，对匈牙利诗人裴多菲和俄国诗人普希金十分崇拜。他有心追求潘玉珂，总在聚会时激情满怀地朗诵起诗歌。一次，他们相聚在悦来坊，林国章便吟哦起裴多菲的名作《自由与爱情》：

生命诚可贵，爱情价更高；
若为自由故，两者皆可抛！

蔡威说：“裴多菲是一个革命诗人，他以诗作号角，用满腔激情唤起匈牙利人民争取民族独立。他有一首《民族之歌》小诗，很激奋人心！”

“景芳，你来朗诵一下吧！”潘玉珂极力撺掇，似乎对蔡威的朗诵更感兴趣。

“好！我就献丑了！”蔡威便朗诵起《民族之歌》：

起来，匈牙利人，祖国正在召唤！
是时候了，现在干，还不算太晚！
愿意做自由人呢，还是做奴隶？

你们自己选择吧，就是这个问题！

……

听蔡威朗诵，几个年轻人都心潮澎湃，热血沸腾，恨不得也像匈牙利革命者那样拿起枪杆，为了自由，为了民族独立，勇敢地走上战场。

潘玉珂提议："今天我们出去走走，怎么样？"

晚年的潘玉珂回忆起当年聚会的情景，说了这样一段话：

大家聚在一起，谈笑风生，无拘无束。尤其是那个林国章，好像满腹诗书，不吐不快。他大老远地从吴淞口来到悦来坊，谈天说地，还常常吟诗，聊到吃饭时间差不多到了，就起身告辞，从不留下来吃饭。周泽万个子矮小些，大概他觉得自己是福安人，不如景芳、国章跟我是宁德同乡更为亲近些。王志渊以旁观者的眼光，观察我身边的3个老乡，觉得景芳最随和。说实话，我打心眼儿里喜欢这个与众不同的小老乡。我们既是老乡，又是兄妹；既是同志，又是朋友。跟景芳交谈，我觉得很舒畅，他胸无芥蒂，海阔天空，无拘无束。有时谈到兴处，常常忘了吃饭时间，这时，王志渊就笑着挽留他吃饭，他也不客气，拿了碗筷，坐下就吃。他们三人中景芳年龄最小，但要数他最老练。我问志渊：是不是人一结了婚，就会变得成熟老练了？志渊就骂我：你不能老这样挖苦人家！其实，我哪是挖苦他？我干吗要挖苦他？我只是觉得景芳……唉，说不清楚。不管怎么样，景芳是我们悦来坊最受欢迎的客人！

潘玉珂的这一段回忆，把60年来埋藏在心中对蔡威的深情眷恋真实地坦露出来。后来，她依然怀着深深的情义苦苦寻找蔡威的下落。

一天，蔡威行色匆匆地来到悦来坊找潘玉珂，说："糟了，我大舅父要回来了！"

潘玉珂听了，不禁笑起来："你大舅父回来不是很好吗？怎么说是糟了呢？"

"唉，你不知道，"蔡威面有难色，嗫嚅道，"我大舅父家里一些东西，被我当掉了……"

潘玉珂这才晓得，他把大舅父家值钱的东西送去当铺当了，换了一些钱拿去购买无线电器材，如果林振翰回来知道了，他不知该怎么向大舅父说明。当然，他还捐了一些钱给中共地下党组织做活动经费，这一点，他没有告诉潘玉珂。

潘玉珂深为蔡威的热情所感动，连忙替他出“点子”：“要是你大舅父追问起来，你就说有一个老乡得了急病，一时筹不到钱住院，迫不得已，你只好把家里的一些东西变卖了！”

蔡威仍感为难：“大舅父要是问起那老乡是谁，我怎么说？”

“你就说是我呀！”潘玉珂笑道，“他若不信，你就带我去见他，我来向他作说明。你大舅父不会见死不救的，对吗？”

“那倒是。我只好跟他这样说了。”

“先过了这一关再说，以后我们再慢慢筹钱还上。”

潘玉珂出的这个“点子”让蔡威稍稍安了心。

过了几天，蔡威兴冲冲地跑来悦来坊，对潘玉珂说：“没事了，没事了，我大舅父暂时不回来了！”

“那就太好了！”潘玉珂如释重负，“这两天，我还一直在想，要是你大舅父问起我得了什么病，你怎么回答呢？那天我忘了跟你约定，现在好了，用不着再编谎话，也不必急着去筹钱了。”

在这一场虚惊中，潘玉珂的随机应变和乐于助人，给蔡威留下了深刻的印象。蔡威对潘玉珂更加信任了，潘玉珂对蔡威也更加崇拜，更加心仪了。

潘玉珂也常去蔡威住处玩儿。在潘玉珂看来，林振翰在北四川路的两层别墅，房子虽不大，但布局很协调，楼房的油漆十分考究，在那一带算比较好的楼。1929 年，林振翰再次远赴四川自流井盐务稽核所任职，这一幢房子就由蔡威一个人住着，也就成了党内同志的一个秘密活动点，别墅顶上的小阁楼便是蔡威进行无线电收发报的试验区。

除了周末聚会，周泽万并不常去悦来坊。他在暨南大学学习，住在真如，党的组织关系隶属于中共闸北区委（区委书记左明）。虽然蔡威与周泽万之间思想交流较多，但两地相隔较远，多有不便。偶有急事，蔡威只好请潘玉珂当交通员代为送信。

一次，蔡威托潘玉珂送一封急信去真如，那信封上的寄信人处只写了一个英文字母“C”。潘玉珂明白，“C”是蔡威姓氏拼音的第一个字母。

“Mister C!”潘玉珂逗笑说，“你像个女孩子，干脆就把先生改为小姐吧，Miss C!”

蔡威听了，浅浅一笑，似乎默认了。于是，这“Miss C”即“C小姐”，也就成了潘玉珂对蔡威的昵称。

在潘玉珂的心目中，蔡威是最独特，也是最珍贵的。她希望身边有这样一个同伴——“C小姐”。

一天，蔡威来到悦来坊，看见潘玉珂正在用牛皮纸包书皮，便问：“这些书是昨天买的吧？你买那么多书，一个人拎着走，怎么不叫志渊姐帮帮你呢？”

潘玉珂十分诧异：“你怎么知道我昨天去买书？”

“我在四马路看见你，一个人拎着一大捆书在街上走。”

“那你怎么不来帮我提一下？”

“我不方便叫你。”

“奇怪！帮人还有方便不方便的？你说说，怎么个不方便法？”

“昨天，我在拉黄包车。”蔡威解释道，“要是被你这个调皮鬼看见了，非要坐上来让我拉一段，那我可干不成正事了。”

“你去拉黄包车挣钱？”潘玉珂瞪大了眼睛，表示不相信。

原来，这一段时间，蔡威经常参加中共上海总行动委员会组织的“飞行集会”。昨天，他就是用锅灰把自己的脸抹黑，穿上补丁衣服，戴一顶破草帽，束着布腰带，装扮成人力车夫到四马路散发传单。当他把传单抛向空中、趁着路人抢传单、拉着黄包车快步跑开时，正好看见潘玉珂拎着一捆书在路边走，他没敢上前打招呼。

潘玉珂听他这么说，先是不吭声，然后长长地吐出一口气，不无忧心地说：“景芳，你知道这样做有多危险吗？要是再被抓了，你，你……就没命了！”蔡威理解潘玉珂的心情，但他似乎并不把自己的安危放在心上。

他看潘玉珂包好了书，便说：“我今天来，是想叫你……”

“还是叫我去送信？”潘玉珂十分机敏地问。

“不，不是。”蔡威又笑了笑。

“跟你一起出去散发传单？”

“不,那不适合你做。”

“到底要我干什么事？你快说吧！”

“我想教你骑自行车！”

“骑自行车？真的是学骑自行车？”潘玉珂喜出望外,两眼闪闪发亮。每当她兴奋的时候,她的眼睛就会闪闪发亮。

“是的,我教你骑自行车。等你学会了,出去送信就方便了。”

蔡威早已准备好了车子,带着潘玉珂来到北四川路尽头一条十分幽静的小路。这里绿树成荫,没有车辆,行人也少,正是学车的好地方。

潘玉珂永远难忘“C 小姐”！半个多世纪后,潘玉珂回忆起在上海与蔡威相处的那段时光,脸上总是洋溢着甜蜜而羞涩的笑容。

租界里的神秘电波

中共六大后,中国革命从严重挫折中逐步走了出来。全国各地不断爆发农民武装暴动,苏维埃政权相继建立,革命根据地持续扩大,中共中央与各地红军间的联系也更加频繁了。

然而,设在上海的中共中央机关的生存环境更加严酷了。

上海是中外反动势力麇集的重要地区。在租界,帝国主义的军队、巡捕和侦探骄横跋扈,与国民党反动势力相互勾结,共同对付共产党人。在华界,国民党军、警、宪、特等暴戾恣睢,血腥屠杀革命志士。上海滩上的帮会及流氓团伙既是国民党反动势力的帮凶,又是外国在华势力的鹰犬,遍布社会各个角落,利令智昏,无恶不作。还有来自革命队伍内部的那些“软骨头”,在革命遭受挫折的考验面前丧失了意志,变节叛党,为虎作伥……

处在这种严峻险恶的斗争环境中,中共中央必须迅速建立起一个能够及时准确掌握敌人活动情报、有力打击叛徒和特务嚣张气焰、保障中共中央机关和领导人安全的机构,使中共中央在蛇蝎出没的上海滩站稳脚跟,有效地领导革命。

于是,中国共产党中央特别行动科(简称“中央‘特科’”)应运而生。

1927 年 11 月,中央“特科”宣告正式成立。从此,中共隐蔽战线上产生了一支别动队——在白色恐怖中崛起了“红色特工”。

中央“特科”的前身是中共中央在武汉时成立的军委特务工作处。中央机关迁至上海后，周恩来从粤东辗转来到了上海，出任临时中央政治局常务委员。

周恩来肩负重任，首先调整了中共中央的组织机构：不设部，只设一个组织局，负责中央的日常工作。组织局由罗亦农、周恩来和李维汉三人组成，周恩来代理组织局主任。

中央“特科”由组织局直接领导，中共中央赋予它的职责是：保卫中央领导机关和领导人的安全，收集情报，掌握敌人动向，营救被捕人员，惩办叛徒、特务。

中央“特科”设总务科、情报科、行动科3个科：一科为总务科，负责设立机关、布置会场及营救、安抚等工作，科长杨洪生；二科为情报科，负责收集情报，建立情报网，科长陈赓；三科为行动科，也称“红队”，负责保卫机关、惩办叛徒和特务等，科长由顾顺章兼任。后来，随着革命形势的发展，1928年10月，又增设了交通（通讯）科，也称“无线电通讯科”（四科），负责设立电台、培训报务员、开展与各地的通信联络工作，科长李强。

无线电通讯科的建立，有这样一段鲜为人知的故事：

一天深夜，刚从苏联开完中共六大回国的周恩来住到了李强家里。李强是南洋学堂的一名高才生。中共六大一做出建立秘密电台的决定，周恩来就想到了李强。

那天晚上，二人聚面在昏暗的灯光下。周恩来掀开窗帘的一角，远望万家灯火的上海滩，若有所思地说：“你看这大上海，这大街小巷，本来没有我们的立足之地，我们却在这里站稳了脚跟。但上海的空中呢？能不能也让我们畅通无阻？”

李强一时没有理解周恩来说这话的用意，半开玩笑地说：“恩来同志，你的意思是，我们‘特科’执行任务有了汽车、摩托车还不够，还要搞几架飞机？”

周恩来没有笑，摇了摇头，仍很神秘地说：“搞飞机是将来的事。不过，我们现在要搞的这个东西，速度比飞机还要快！”

李强远望窗外，微蹙眉头，琢磨着周恩来话中的奥妙。

周恩来伸手把窗帘拉上了，与李强面对面坐下，表情十分严肃地说：“为了沟通上海党中央与各根据地的通信联络，中央决定建立我党自己的无线电台。中央‘特科’增设四科，从现在起专门负责建立电台的工作。你是科长，又是工科大学生，就由你承担研制收发报机的任务！”

李强明白了，原来党中央要在上海建立秘密无线电台！这玩意儿确实比飞机还要快！他既兴奋，又有些为难：“恩来同志，你晓得，我是学土木工程的，你要让我造铁路公路、建桥梁、盖房屋，我都敢接受，可是我从来没和电信打过交道，我连收发报机是什么模样也不知道呀！”

周恩来好像早料到李强会有如此的回答，显得不以为然。他对上海第三次工人武装起义中李强研制的黄色炸药和手榴弹记忆犹新，于是便说：“我看你倒是个杂家。炸药、手榴弹也不是你的专业，你不是已经搞出来了？战争时期，哪有现成的专家？不会的都可以学会！你脑子好使，动手能力又强，你就干吧，有什么难处找我，我会帮助你的。”

李强已无二话：“好，那就干起来再说！”

李强接受了周恩来布置的任务，便开始钻研无线电技术。

当时，上海有一家专门制作霓虹灯变压器的绍敦电器公司，老板蔡叔厚是日本东京工业大学电机专业的硕士研究生。他思想进步，同情革命，学成回国后创办了这家电器公司作为中央“特科”的交通联络站。李强经常在绍敦电器公司的骑楼上加工和制作电台零件，这里似乎成了他的车间。

为了躲避国民党军、警、宪、特的监视，蔡叔厚将绍敦电器公司迁到了法租界福熙路 403 号，在这里临时辟出一个加工车间，安置了车、钳、铣、刨 4 部机床，表面上是绍敦电器公司公开做生意，实际上是为李强秘密研制无线电台零件做掩护。

李强有时连续几天把自己关在骑楼里阅读英文版《无线电基本原理》《无线电业余手册》以及美国出版的各种无线电杂志，有时又连续好几天在外面跑，同无线电行家们交朋友，切磋技术。他与苏氏兄弟认识后，也成了“亚美”的“火腿”。

蔡威在“亚美”与李强相识，成了好朋友。他经常受托到几家洋行购买电器零件送给李强。为此，他花了不少钱，不得不把大舅父林振翰家值钱的东西变卖了，这才有了潘玉珂记忆中的那一场“虚惊”。

1929 年秋末冬初，上海沪西大西路福康里 9 号一幢石库门三层楼房搬进了一家新住户。周围的邻居只知道这户人家挺富裕，但很少与人交往，谁也不知他们来自何处，从事何种职业。其实，这里是上海中共中央第一部秘密电台之所在。

这家住户的“主人”张沈川，“女主人”蒲秋潮，表面看是很亲密的一对夫妻。蒲秋潮，四川人，曾是国立北京女子师范大学学生，此时她刚从苏联学习回来，正在接受无线电培训，装扮成“女主人”协助张沈川工作。

李强常到福康里 9 号“串门”，一坐就是一整夜，看着张沈川操纵那架自制的收发报机，用业余无线电台的呼号呼叫上海其他业余电台。

他们连续试验了几个晚上，收发报机运转顺利，于是便开始做收报练习，分别用英文和俄文收抄来自美国旧金山和苏联伯力的政治经济新闻。他们每天深夜工作，凌晨就把架设在三楼晒台和屋脊上的天线撤下来，并对天线周围加以伪装。

李强制作的这台机子的功率仅 50 瓦，是中共中央在上海的第一部无线电台。

第一部电台研制成功的时候，周恩来对李强说：“光有收发报机还不行，还应当培训出一批报务员，把我们自己的无线电通信队伍建立起来！”因此，从 1929 年 10 月起，李强和张沈川就有了另一项任务：开办无线电训练班，培训“红色报务员”。

李强和张沈川，一个教机务，一个教报务。为了不引起外人注意，他们采取两三人一班、单线联系、分头上门讲课的教学方式。

第一批参加收发报业务培训的是各地中共党组织选调的 10 名年轻人——黄尚英、王子纲、伍云甫、曾三、曾华伦、王有才、刘光慧（女）、赵荫祥（女）、蒲秋潮（女）等。当时所用的教学设备非常简陋，只有一只电键、一个蜂鸣器、两支铅笔和几个白纸本，但学员们都很用功，不久就学会了操作。

1930 年，由共产国际培养的无线电通信人员毛齐华、涂作潮、宋濂、方仲如、沈侃夫、李元杰等先后从苏联莫斯科回到上海，加入秘密电台研制工作，同时充实了训练班的师资力量。

这期间，蔡威与张沈川一直保持着联系。

作为“亚美”的“火腿”，蔡威已经自制了一台收发报机，安在家里的小阁楼上。他以业余无线电爱好者的名义，经常深夜在空中搜索“火腿”们发出的呼号(当时,国民党军警还无法实行严格的空中管制)。

在空中的“交流”中,蔡威对一个短程波段的“Q 简语”呼号和发报的手法非常熟悉。他猜测,这个电台必定是“自家人”,发报人可能就是张沈川。

1930 年八九月间,蔡威突然发现,这个电台发报人的手法变了,引起了蔡威的疑虑:“莫非他出事了?”后来一问,才知道张沈川得了伤寒病,病情很重,住进了医院。

蔡威经常去医院看望张沈川。一次,在医院里,他碰见一个年轻人,张沈川向他介绍说:“他叫曾三,自己的同志。”

曾三是湖南益阳人,比蔡威大一岁,1925 年加入中国共产党。1930 年 4 月,他由汉口中共地下党组织派来上海学习无线电。训练班课程结束后,他被分配到党中央秘密电台工作。张沈川得病住院,他接替收发报,他的发报手法让蔡威感到陌生。

经张沈川介绍,曾三与蔡威的来往很快密切起来。

那时,蔡威在机务方面已是一个能手,不仅能组装晶体管收音机,还能修理和组装无线电收发报机。曾三使用的收发报机一出故障,就送到蔡威家里请他修理。此后,林振翰寓所的那间小阁楼就成了蔡威与曾三经常聚会的地方。

1930 年初冬的一天深夜,蔡威继续试验 100 瓦功率电台的收发报,按动电键时,突然“啪”的一声,电线接头处闪出一团火花,接着便燃烧起来,小阁楼冒出一股浓烟。

小阁楼突然起火,引起法租界当局的注意,巡捕房立即派出一队巡捕封锁了现场。

“怎么回事?”

“电线老化了,年久失修,接触不良……”蔡威从容地解释。

巡捕一看,这幢小别墅是大名鼎鼎的盐务稽核所经理林振翰的寓所,听说是电线短路引起的火灾,也就不再追查,不了了之了。

这场火灾虽然不大,却烧掉了一只箱子。箱子里装的是几张“当票”。蔡威把林振翰家里一部分值钱的细软典当了,原以为以后有钱了可以把那些东西赎回来,可惜这场火把他精心保存在箱子里的当票化作了灰烬。

小阁楼失火事件发生后,蔡威警惕性更高了。为了不被巡捕房追查,他躲避到真如，在闽东老乡周泽万的寓所住了两个月。

这一段时间，他与曾三的联系也就中断了。

“福利公司事件”前后

蔡威在真如避居两个月还有另外一个原因，那就是曾三告诉蔡威发生了“福利公司事件”。

“福利公司事件”是怎么回事呢？

作为中共中央组织局的实际负责人，周恩来急于建立一支红色无线电通信队伍。周恩来在苏联莫斯科出席中共六大期间，曾请求共产国际代为培养无线电人才。共产国际接受请求，从莫斯科中山大学中挑选毛齐华、方仲如、陈昌浩、李元杰、沈侃夫、程祖怡 6 人进入国际无线电训练班学习收发报。1929 年 1 月，共产国际又从莫斯科东方大学的留学生中挑选涂作潮、宋濂等 4 人到苏联列宁格勒伏龙芝军事通讯联络学校学习无线电通信技术。

与此同时，中共中央也在上海加紧培训无线电通信人才。

1930 年初夏，张沈川拟定了培训 20 名无线电技术人员的计划。他原想把训练班办在英租界，因为这里较易隐蔽，可是具体负责办训练班的顾顺章一再说，法租界的巡捕房里有他可靠的内线，一有动静，他就会提前知道。于是，由顾顺章决定在法租界巨籁达路四成里租用一幢石库门三层楼房屋，开办无线电训练班，门口挂着“上海福利电器公司”工厂招牌。训练班实际由李强负责，张沈川教报务，沈侃夫教机务。学员是各地中共党组织选派来的：广东 8 人，江苏 5 人，湖南 2 人，福建 1 人，共 16 人。

然而，这个没有隆隆机器声、没有原料产品进出、只有“嘀嘀嗒嗒”电键声和讨论问题说话声的公司很快引起了法租界密探的注意。

一天，有个穿蓝布衣的陌生人突然冲上楼来，自称是查电表的，但很快又转身走了。几天后，又突然闯进 4 个流氓模样的人，先是东张西望，接着拿出一张印有观音菩萨的纸来，说：“你们在这里办工厂发财，特来贺喜，请赏点儿酒钱。”李强懂得一点儿帮会规矩，就和他们接话。对方马上改口说：“噢，原来是自己人，但你们在这里办工厂，也该向老头子打个招呼。”李强拿出 4 块银元把他们打发走了。

连续发生的怪事让李强和张沈川都觉得蹊跷：是偶然的流氓敲竹杠，还是要出大事的预兆？可是，顾顺章一再强调，法租界巡捕房有可靠内线，如有问题，他定会知道。顾顺章拒绝采取必要的防范措施，一再要求大家“安心学习”。

1930年12月17日，也就是开课仅仅一个多月时，训练班就遭受了破坏。这一天上午，李强与毛齐华、方廷桢、沈侃夫、李元杰、曾三、宋濂等几个人在楼下讨论制作变压器问题，张沈川在楼上教报务课。11点多，到了午饭时间，李强照常叫上曾三、宋濂一起到毛齐华家吃午饭。饭后，宋濂想起要给香港写信，就对李强说：“你们先聊着，我回四成里取一些信纸。”

不一会儿，宋濂就慌慌张张地跑了回来，对大家说：“不好了！出事了！”

原来，李强他们去毛齐华家不久，五六个中外侦探和巡捕就撞开了上海福利电器公司大门。楼上张沈川的课还没结束，学员们正按着电键做发报练习，两个持枪的侦探将枪口对准了他们：“不许动！”接着开始全厂搜查。一个外国巡捕指着发报用的电键，问：“这是干什么的？”他们回答：“这些都是自学用的。”一个学员走到窗口假装吐痰，把窗子上的报警信号——一块白布扯了下来，正好被宋濂看到了。

事发前几分钟，涂作潮刚好穿了一件工作服出去买油漆。当他提着油漆桶回到四成里敲前门时，发现有法国巡捕守候在门口。巡捕开门一看，是一个油漆工人，骂了声：“滚蛋！”就把他赶走了。

张沈川、方仲如等20个人全部被抓走，学员所用的电键、干电池、耳机、蜂鸣器等“罪证”也通通被装入囚车。他们在法租界巡捕房被轮流审讯了一次，当晚即被“引渡”到国民党上海市警察局，不久被押往南京小营子陆军监狱……

这就是轰动一时的“福利公司事件”。

蔡威避居在暨南大学周泽万在真如的寓所，急于了解“福利公司事件”的具体情况，但周泽万也不知情，只好向中共闸北区委书记老王（真名“左明”）打听。老王与蔡威见面时，得知蔡威也是学无线电技术的，便把所了解的情况告诉了蔡威，要求蔡威暂时不要回家，因为法租界当局还在搜查与这个无线电训练班有关的人。

老王也是上海大学的学生，后来投身于戏剧运动。他以戏剧家的身份为掩护，担任中共闸北区委书记。他不是蔡威的直接领导，对蔡威的情况不甚了解，所以后来蔡威奉命离开上海去了鄂豫皖苏区，周泽万不明其详，询问他时，他将得到的误传“蔡威在浦东被捕牺牲了”告诉了周泽万。

“福利公司事件”无疑是对中央“特科”四科一次沉重的打击。所幸的是，李强、毛齐华、曾三、伍云甫、王子纲、涂作潮等几个人没有被捕。他们汲取了教训，决心采用更加隐蔽的方式，继续培训党所急需的无线电技术人才。

中央决定把原在中央“特科”二科工作的陈寿昌调来接替李强的工作。

陈寿昌原名“陈希堪”，别号“袖沧”。他 1906 年 10 月出生于浙江镇海的一个书香门第，16 岁到上海报名参加电报局招员考试并被录取。他学习勤奋，很快熟悉了电报业务，并能够熟练地修理收发报机，毕业后分配到郑州电报局，积极参加了“二七”京汉铁路大罢工。他于 1926 年加入中国共产党。次年冬，他摆脱国民党的追捕，从武汉辗转来到上海，路遇李立三，接上了党组织关系，此后调到中共中央机关担任秘书。1928 年，调到中央“特科”二科工作。

陈寿昌精通无线电技术，调到中央“特科”四科当领导，业务很在行，对隐蔽战线斗争的方法也很讲究。他指示毛齐华、伍云甫、王子纲等人分头培训报务员和机务人员。

这一期培训从 1931 年 4 月开始，采取的是类似“家庭补习”的方式。学员有 10 人，他们是：蔡威、宋侃夫、徐萍、周德元、朱帮英、杨兰史、刘进、胡白天、王逸群等。10 名学员分组教学，一组 2 人，最多 3 人。学机务的学员有的干脆被安排在可靠的发电机修理厂里上课，学报务的则分散居住。

蔡威参加这一期培训是曾三推荐的。

当时，党中央派涂作潮等同志进入中央苏区。涂作潮原准备和国民党军中将师长张辉瓒的家属一起进江西，因为张辉瓒在第一次“围剿”中央红军时担任前敌总指挥，被红军活捉了，他的家属愿意护送无线电器材和人员到江西中央苏区，以换取张辉瓒的性命。行至南昌，得知张辉瓒已被苏区人民处决，涂作潮等只好冒着极大的危险返回上海。不久，党中央决定派涂作潮、伍云甫和曾三再次进入江西中央苏区。

曾三临走前，向中央“特科”推荐了蔡威。

陈寿昌找蔡威谈话，了解他的技术专长，知道他是“亚美”的“火腿”，对收发报机的制作、操作已经很熟悉，重点要学的是报务，于是安排他在报务训练班学习。

这一期训练班没有集中上课，学员分散居住，教员上门教学，并且严格规定：学员不能随意外出，不能与家里通信，一个地方不能久住……

一天，陈寿昌突然来到蔡威的住处，脸色阴沉地说：“外面很紧张，除了到外面老虎灶打开水外，从现在起，你们不要往外面跑，就在小饭铺包饭吃，让店铺按时送。”说着，从衣袋里掏出一把钞票放在桌上，“估计有很长一段时间，我不可能与你们联系，你们自学吧！”

到底出了什么事？蔡威不敢问，也无法猜测。过了许久才得知，4 月下旬，顾顺章护送张国焘、陈昌浩进入鄂豫皖苏区，在汉口暴露了身份，被国民党特务逮捕，旋即叛变。

顾顺章是中央“特科”主要负责人之一，对党中央领导人的住址和活动规律以及中共在上海的各级组织情况非常熟悉。得知顾顺章叛变的消息，周恩来领导的中央“特科”立即采取断然措施，与叛徒、特务展开了一场惊心动魄的斗争。

虽然顾顺章不知道这一期无线电训练班的具体地址，但此人很精明，不得不防。于是，陈寿昌采取了应变措施：训练班立即停止活动，人员分散隐蔽。

蔡威又一次避居到真如周泽万的寓所。

9 月，叛徒的嚣张气焰遭到打击，情况略有好转，组织上便召回蔡威等继续培训。按照党组织的安排，蔡威与杨兰史一组，住在东西华德路一处民房里。他们的报务课教师是王子纲。

王子纲原在天津《庸报》做译电工作，具有超强的记忆力，不用电码本就可以翻译 4000 字的电文，所以被顾顺章看中，调来上海学习无线电通信技术。他领悟能力强，发报手法好，点急划长，间隔均匀，听起来清晰悦耳，许多报务员都认得他的“声音”，喜欢同他通报。

王子纲是协助无线电训练班工作的“小先生”。9 月初，他与蔡威等接上了头。蔡威虽然比王子纲还大两岁，但对王子纲非常尊重。在王子纲的指导下，蔡威很快掌握了收发报技术。培训期间，王子纲只教过蔡威两三次，由于保密纪律的要求，二人并无太多来往。

宋侃夫也是这一期的学员，但比蔡威略早一些接受培训。“先者为师”，宋侃夫也当过蔡威的“小先生”。

经过一段时间培训，蔡威的收发报技术大有长进，一分钟可以收发120至140个字。

不久，中央派乐少华接替陈寿昌，成了无线电训练班的负责人。

10月下旬的一天下午，乐少华找蔡威、王子纲谈话：“鄂豫皖苏区情况紧急，一再要求中央派无线电技术干部去帮助他们。伍豪（周恩来）同志决定派你们立即前往鄂豫皖苏区建立无线电台，尽快与中央取得联系。”

“什么时候走？”

“明天就走。苏区来接应你们的人已经到了。”

蔡威和王子纲早有思想准备，显得很兴奋：“好的！好的！”

乐少华掏出100块大洋，给了每人50块：“这是给你们的路费和生活费用。你们去买两件衣服，打扮成商人，由交通员送你们进苏区。交通员住在××旅馆，明天怎么走，你们去跟他联系，由他安排。”

谈话很简单。临走，乐少华叮嘱一句：“万一路上受阻，你们就返回上海。”

蔡威接受任务后，立即上街买了一套商人行头，又到真如找周泽万，想向他借点儿钱，以备路上不时之需。去那么远的地方，50块大洋似乎不够。可是周泽万不在，蔡威便留了一张字条，上写：“我将往他处。如有可能，明天再来。”

蔡威又匆匆赶到潘玉珂的住处。

进无线电训练班后，蔡威与潘玉珂就失去了联系，原因是中央“特科”要求每一个学员绝对保守秘密，不外出，不写信，断绝一切社会联系。

潘玉珂依然惦念着这位小老乡，好长一段时间，她心中总是七上八下，闷闷不乐。她很想见到蔡威。其间，潘玉珂收到蔡威请林国章转给她的一张小纸条，上面写道：“这一段时间很危险，千万别来找我。”潘玉珂的心悬在了半空里，一再默默祝愿小老乡一切平安。

这天，蔡威突然出现在潘玉珂的面前。潘玉珂惊喜万分，几乎要扑在蔡威的身上：“你，你怎么来啦？”

蔡威把她拉到一个角落，压低声音说："我现在要离开上海了。"

"去哪里？"

"暂时不能告诉你。"

潘玉珂黯然神伤，半天说不出话。

蔡威说："玉珂，我现在急用钱，能不能……"

潘玉珂二话没说，把自己身上所有的钱都掏出来放在蔡威手上，深情地说："这些钱，你都拿去路上用吧。你先走，等有了落脚的地方，再通知我。"

蔡威接过钱，久久凝视着潘玉珂，似乎有很多话要说，但几次欲言又止。沉默了好一阵，蔡威回身解开带来的一个包袱，从里面拿出一块四川出产的白色夏布递给潘玉珂，说："这是一件长衫的布料，送给你！"

潘玉珂哪里肯收这块布料："你现在正需要钱，拿去当了，作盘缠用。要不你就留着，困难时用得着的！"

蔡威情真意切地说："玉珂，请收下吧，留着作个纪念……"

"你到底要去哪里，能告诉我吗？"潘玉珂又问。

蔡威笑笑，还是没有回答。

潘玉珂顿时感到无限伤感，只觉得胸口一阵紧缩，千言万语都堵在了喉咙里。她哽咽着，轻声问了一句："以后我们怎么联系呢？"

蔡威说 ："也许连只言片语都无法传递了。"

"不会的，不会的！"潘玉珂似乎突然有了信心，"你先走，待找到落脚点，一定通知我！……"

蔡威默默地点了点头，眼里闪着泪光，紧紧攥着潘玉珂的手，说了声："谢谢你，玉珂，我会记住你的！"便毅然转身离去。

潘玉珂站在原地，茫然若失，久久地望着蔡威的背影消失在人群中……

从此，潘玉珂再也没有见过蔡威。

几十年过去了，潘玉珂的心中依然保留着这一段美好的记忆，保留着青春的真诚与挚爱……

第六章　扬眉出鞘

林振翰回到上海家中,见到外甥蔡泽镕留下的一张字条:"远行了。等到了落脚地,再详告。"可是,一个月过去了,蔡泽镕依然杳无音信。

同在上海的大姐蔡灼桃、大姐夫黄星南只见过弟弟蔡泽镕一面,也不知他的下落。

一个月后,林振翰就任福州盐务稽核所经理,回到家乡,询问妹妹林莺有关外甥的消息,得到的答复是:"不知去向。"

蔡泽镕的安危,又成了亲人们悬在心上的一块石头。

殊不知,此时,蔡泽镕的名字已经在上海滩消失了。一个经过中央"特科"磨砺的年轻共产党员——蔡威,如同一把扬眉出鞘的利剑,正在大别山区展现勃勃英姿。

智闯白区封锁线

第二天一早,蔡威在大舅父林振翰寓所留下一张字条:"远行了。等到了落脚地,再详告。"之后便按约定的时间来到上海火车站。

一列生火待发的火车停在站台上,旅客们拎着大包小包拥向检票口。

旅客中前后走着3个商人模样的年轻人:蔡威、王子纲和鄂豫皖苏区派来的交通员。他们虽是一路,却故意分开走,保持着一定距离,彼此间只用眼神相互照应。

顾顺章叛变后,国民党军警、特务在车站、码头和各大路口重重设卡,可疑者立即遭到盘问和搜查。

检票口站着几个荷枪实弹的警察,想在旅客中找出一两个可以邀功请赏的对象。王子纲和交通员顺利进站了,蔡威却被一个警察拦下:"喂!你,把箱子打开！”

蔡威穿着一件薄呢长衫，头戴礼帽，一身商人打扮。他从容地打开皮箱，双手交叉抱在胸前，若无其事地看他们检查。

箱子里装的是毛毯、衣服、洗漱用具和两本闲书，警察查不出任何可疑的物品。

“你过来，举起手！”警察又对蔡威命令。

蔡威只好平伸双手，让他们搜身。警察在他身上从头到脚摸了个遍，连长衫的衬里都仔细摸过，仍然一无所获。

王子纲走出一段路停了下来，回头看见蔡威被搜身，为他捏了一把汗。

“干什么的？”警察一声喝问。

“做生意的。”

“做生意？看你不像。”但是警察说不出“不像”的理由，又上下摸了一阵，只好悻悻地挥了挥手，放蔡威走了。

接受盘查后，蔡威依然从容地拎起皮箱，挤入人流，跟在王子纲的后面登上了列车。

由于蔡威福建口音太重，一上车，他就不说话，靠在椅背上闭目假寐，这样可以避免不必要的麻烦，还可以静静地整理一下自己的思绪。

他们的目的地是鄂豫皖苏区首府新集。为了安全护送干部前往鄂豫皖苏区，中央“特科”开辟了3条秘密交通线：一条是从上海经汉口到新集；一条是从上海经南京、蚌埠、正阳关、霍邱、金家寨到新集；一条是从上海经南京、徐州、郑州、信阳、宣化店到新集。

半年前，张国焘、陈昌浩进入鄂豫皖苏区走的是第一条线，这条线在顾顺章叛变后已经暴露。这次蔡威与王子纲走的是第二条线。稍晚启程的宋侃夫和徐以新走的则是第三条线。

从上海到鄂豫皖苏区，沿途要经过几个大城市。中央“特科”在沿线开了几家店铺作为秘密交通站。顾顺章叛变后，秘密交通站陆续遭到破坏，通往鄂豫皖苏区的路途可谓危机四伏，异常凶险。

5个多钟头后，蔡威、王子纲由交通员带路来到了南京。

南京是国民党政府的“心脏”，处处都有中统特务和叛徒顾顺章布下的眼线，尤其危险的是顾顺章还认得王子纲——当年就是他把王子纲从天津调来上海中央“特科”学习无线电通信的。一旦王子纲被发现，蔡威同样也会暴露。为避免节外生枝，他们一到南京就隐蔽在一个偏僻的小客栈里。交通员买好车票，三人连夜启程，经蚌埠到达了寿县的正阳关。

正阳关在江淮平原，地扼淮河、颍河、淠河三水咽喉，是一个历史悠久的古镇。

中央“特科”在这里设立了一个秘密交通分站，有五六个交通员。第一个交通员把他们送到正阳关交通站后，任务就完成了，后面的路程由另一个交通员负责。

一落脚，蔡威就笑着对王子纲说：“一路上不说话，可把我憋坏了！怎么样，我这身打扮还像个地道的商人吧？”蔡威这么一说，倒真让王子纲发现了问题：“头发，头发不像！生意人四处奔波，日晒雨淋，没有时间洗发，留的都是平头。”

“干脆把头发剃了！”蔡威说。

“好，剃个平头。”王子纲表示同意。

没想到这一剃，问题更大了：白生生的头皮暴露无遗，与那些常年在外奔波、头皮黝黑的“光头商人”大不相同，老到的警探肯定不会放过！

“只有一个办法，晒太阳！”

于是，二人决定在正阳关休整几天，交通员带他们到附近村子住下，让他们吃过饭后就坐在草垛上晒太阳。

晒太阳居然也不轻松。江淮平原上初冬的太阳仍然炙人，刚晒还不觉得怎么样，可一整天晒下来，头油都晒出来了，皮肤热辣辣地痛，煞是难熬。

蔡威和王子纲硬是咬着牙连续晒了4天，脸晒黑了，头皮快要晒脱了，这才有了些生意人的模样。

从正阳关往前走就到了霍邱县城，这里是鄂豫皖苏区的边缘地带。据情报员说，霍邱县长被红军俘虏了，县城里的官员、警特成了惊弓之鸟，把县城四周封锁得十分严密，城门早开晚闭，进出都要严格盘查。而蔡威、王子纲要进入苏区，必须和县城内的同志取得联系，由他们通过安插在敌营中的内线护送出白区封锁线，因此，如何进入霍邱县城与内线取得联系，就成了眼前最急迫的问题。

正在为难之时，交通员提供了一个情况：霍邱县长被抓后，县商会正设法找到“关系人”进入苏区与红军谈判。

“他们找到‘关系人’了吗？”

“还没有。”交通员回答，“县里的卫队长挺焦急的。”

“你认识卫队长吗？”蔡威问。

“认识，我们跟他打过交道，此人贪财。”

于是，三人商量决定：由交通员把县卫队长约出来，请他喝酒、抽大烟，给他送礼、套近乎，让他答应由蔡威、王子纲二人作为霍邱县商会的代表去苏区谈判。

卫队长见来客是商人，出手大方，又有老熟人介绍，也就不怀疑了：“有什么事需要帮忙的，尽管说！”

“我们想进城去做点儿小买卖，请卫队长帮帮忙。”

“好说，我这就带你们进城。”喝了酒、收了礼的卫队长拍着胸脯打了包票。

一群哨兵站在县城门口。卫队长带着蔡威和王子纲过来，对哨兵说：“这是我带来的生意人。”

哨兵不敢阻拦，让他们进去了。

进了霍邱县城，蔡威和王子纲按交通员给的地址找到了另一个交通员。此人什么身份，他们不清楚。新的交通员带他们与国民党正规军的团副接上头，就离开了。这个团副的真实身份，他们同样不知道。

离霍邱县城20里地的俞林店子是国民党军的防务线，戒备森严。第二天，那个团副派一个参谋将蔡威、王子纲二人带到了防务线的出口处。

防务线附近挖了壕沟，土往里翻，筑起了一人多高的土墙。壕沟积满了水。防务线上不到100米就搭一个棚，驻一个班兵力。出口处很窄，仅够一辆独轮车通过，两边则站着4个全副武装的士兵。

“去出公差！”参谋对哨兵说。哨兵认得这个参谋，问都不问，就让他们出去了。

走出防务线几百米，带路的参谋坐在一处坡地上不走了：“我只能送这一程了，后面的路，你们自己走吧。”

蔡威、王子纲看着前面是一片丘陵地带，怕有不测，很想让那个参谋再护送一程，可是，那个参谋说：“我还不能从原路返回，哨兵若有怀疑，问我带出去的两个人怎么不一起回来，我可就麻烦了！”听参谋这么一说，蔡威和王子纲感到这个带路的参谋确有难处，也就不再勉强，道声：“谢谢！”便与参谋告别了。

出了俞林店子，还要经过一个民团管辖的防区。据说，这些民团比国民党正规军还要啰嗦，盘查得更严。果然，来到赤白交界处时，他们被民团的团丁拦住了。

“干什么的？”

王子纲指着交界线对面插着红旗的地方，大大方方地说：“去那边！”

“你们是什么人？”

“县长的代表。”王子纲回答。蔡威站在一旁昂着头不吱声。

团丁上下打量了蔡威一眼：修长挺拔的身材，黑里透红的脸庞，不卑不亢，气宇轩昂，那架势真有点儿像县长身边的人。

团丁说：“那边是共产党活动的地方，赤卫队可厉害哩，你们要当心！”

“我们是奉卫队长的命令，去那边交涉的。”

这么一说，团丁也就不吭声了。蔡威从身上摸出一块大洋，扔给团丁：“喝酒去吧！”团丁高兴得点头哈腰，恭送他们过了民团的防区。

二人过了封锁线，进入插有红旗的地方，果然尝到了赤卫队的“厉害”——几个端着红缨枪的赤卫队员从树林中冲出来，大喝一声：“路条！”

“路条？哦，我们没有路条。”王子纲出面回答。

“从哪里来的？”

他们只好公开了身份：“上海党组织派来的。”

一听说是“上海党组织派来的”，赤卫队员先是惊诧，接着便怀疑起来：“有介绍信吗？”他们没有拿出介绍信，只说要见这里的领导。

“好，跟我们走。”三四个赤卫队员端着红缨枪，前呼后拥地将他们“押送”到乡苏维埃政府。

这一天晚上，蔡威和王子纲享受了一夜“俘虏”的待遇。

第二天，赤卫队员又把他们从乡苏维埃政府“押送”到皖西北特委所在地——麻埠。这时，他们才把藏在身上的上海中共中央的秘密介绍信交给了特委领导。

蔡威和王子纲到达麻埠的时间是 1931 年 11 月 7 日。这一天，鄂豫皖苏区军民正在热烈庆祝苏联“十月革命”胜利 14 周年。也就是这一天，中国工农红军第四方面军在湖北黄安七里坪宣告成立。

踏上苏区的土地，眼前所见尽是红旗、红袖标、红缨枪，还有写在墙上的大字标语：“坚决粉碎国民党白匪军的进攻！”“保卫苏维埃！”“红军万岁！”……蔡威的心情异常兴奋。

苏区的少先队、共青团、妇委会很活跃，站岗、放哨、查路条。妇女们看到红军战士就“同志哥”“同志弟”地招呼，总想为红军官兵做点儿什么，哪怕是指个路、缝粒扣子都十分乐意。

新集，现称“新县”，当时属湖北省，今属河南省，是鄂豫皖苏区首府。这是蔡威、王子纲的目的地。

从麻埠到新集，多是山间小路，中间还有一段国民党军控制区。

蔡威从小在城市生活，很少在山道上跋涉。来到苏区，环境不同了，条件也不同了，衣食住行都是与城市不能比的，这对他无疑是个考验。

从麻埠到金家寨，要走 90 里山路，原打算一天到达，可是，刚走出半天路程，蔡威的脚踝就磨破了。

他从上海出发时，因为要扮成“商人”，必须穿皮鞋，没带便鞋。这一路走的都是羊肠小道，还不时蹚水，皮鞋就不合适了。事先乡苏维埃政府的同志曾问他：“要不要换一双布鞋或草鞋？”他很客气地说：“不用，不用！”他没有经验，认为苏区一点一滴来之不易，不应随便要。其实，草鞋和布鞋都是苏区人民给红军战士的慰问品，行军打仗需要，领一双鞋子是常有的事。

蔡威穿着那双皮鞋一走长路，脚就发胀，脚一胀，鞋帮就更磨脚了。蔡威很无奈，一气之下把皮鞋扔了，用布把脚裹起来再走。

过独木桥也是一件难事。老乡们走惯了，来去自如，王子纲也还勉强走得过去，可蔡威不行。他近视眼，戴着眼镜，一上独木桥，脚就不听使唤，没走几步就掉下河去了。好在枯水季节，河水不深，蔡威干脆挽起裤管，涉水而过。上岸来，裹脚布湿淋淋的，他也不管了，就这么继续赶路。以后再遇独木桥，他就照此办法涉水过河。

原定一天就可以赶到金家寨，结果走到离金家寨还有 20 里的地方，天就黑得伸手不见五指，没办法，只好住店。所谓的“客店”，实是窝棚，棚里啥都没有，只有稻草。他们就睡在稻草上，铺的盖的都是稻草。吃饭倒便宜，饭钱只一个铜板，要一块豆腐再加一个铜板。

第二天，他们到了苏区的兵站，吃饭虽不用付钱，但睡觉照样没有铺盖。屋子中间生了一堆炭火，周围铺着稻草，他们就和衣与归队的战士、伤员躺在了一起。

这一路，乡、县苏维埃政府没有派人护送，只给他们开了路条。苏区的儿童、妇女都严密地组织起来站岗放哨，有路条可以自由往来，没有路条寸步难行。

11 月中旬，蔡威、王子纲到了淌家集，遇见红四方面军总经理处主任余笃三。

余笃三，又名“余笃山”，武汉人，原是产业工人，曾到苏联莫斯科中山大学学习。1930 年 12 月受中共中央派遣来到鄂豫皖苏区工作，担任中共鄂豫皖特委委员、红四军政委等职。此时，他正在淌家集一带筹集军需，碰见蔡威、王子纲二人，便问：“是上海党中央派来的吧？”

“是的。”

“是搞技术的吧？”

“搞无线电通信工作的。”

余笃三一听，便高兴起来：“太好了！我们红四方面军缺的就是无线电技术人才！”

“请问您是……”蔡威问。

站在一旁的警卫员马上介绍说：“他是我们红四军的余笃三政委！”

余笃三连忙纠正：“不不，现在不当政委了。我专门负责后勤。”

原来，张国焘进入鄂豫皖苏区后，对红四方面军的前身红四军进行了整编，陈昌浩接替了余笃三的职务，余笃三改任红十一师政委。余笃三性格耿直，敢于当面向张国焘提出不同意见，因而被调任红四方面军总经理处主任，专搞后勤。

“你们是去新集吧？”余笃三问。

蔡威、王子纲见是鄂豫皖苏区的领导，也就说了实话：“是的，上海党中央派我们来苏区筹建无线电台。”

余笃三显然很兴奋，向蔡威、王子纲谈起了红四军攻取新集的战斗。

新集素有“三省通衢”和“中原南门”之称，一直被反动地主武装盘踞，挡在鄂豫边和皖西北两块根据地之间，成了鄂豫皖苏区的心腹大患。

新集城墙高大而坚固，全部用青石条垒砌，迫击炮弹打上去，只留下一个个白印，此前，红军两次攻打都没有打下来。1930 年腊月十五早上，红军开始进攻，用的是几门迫击炮，没有其他重武器，打了几炮，只打掉城墙一层皮，奈何它不得。战士们抬着云梯，想爬上城墙冲进去，可是城墙外有几百米宽的开阔地，反动地主武装用土炮就把攻城的红军部队挡了回来，连续强攻了几次都没能突破。怎么办？红军战士想了一个办法，挖坑道！用 3 天时间，官兵们挖出了一条 100 多米长的坑道，弄来一口大棺材，装上几百斤炸药和碎铁片，外面加上几道铁箍牢牢箍死。那天傍晚，天刚擦黑，红军官兵们把棺材沿坑道悄悄移到城墙底下，然后点燃导火索。"轰！"随着惊天动地的一声响，城墙被炸开了一个大豁口，红军指战员从豁口冲进城，搏杀了 3 个小时，终于把新集从土顽的手里夺了过来。

新集的解放，标志着鄂豫皖苏区内最大的一颗"钉子"被拔掉了，大别山北部连成了一片，从此，新集成了鄂豫皖苏区首府。

余笃三说："几次战斗，我们都缴获了很多东西，也有电台，但不会用，有的战士嫌这些家伙笨重，带不走，就砸掉了。没有电台，我们没法及时和党中央联系，苏区之间的联络也很困难，所以特委几次写报告，要求中央派一批技术干部来。现在好了，你们来了，我们马上就会有电台了！"

听余笃三讲攻占新集的故事，讲建立无线电台的急切心情，蔡威和王子纲都很激动，也感到肩上担子的分量。他们充满信心，渴望早日到达新集，完成筹建电台的任务。

余笃三说："这里去新集还有一段路，要穿过敌人的一道封锁线。我明天要去余家集，我们一起走。"

第二天，蔡威、王子纲随余笃三一行由淌家集苏区政府派出的一个连战士护送，安全通过国民党军控制区，到达了余家集。

在余家集告别了余笃三，蔡威、王子纲又走了七八天路程，于 11 月 21 日到达了鄂豫皖苏区首府——新集。

军委会里的“洋参谋”

来到新集的第二天,蔡威就见到了宋侃夫和徐以新。

宋、徐二人走的是上海—南京—信阳这条秘密交通线,然后绕道进入了苏区。

宋侃夫比蔡威小两岁,在上海无线电训练班当过蔡威的“小先生”。蔡威对他十分敬重,视同良师诤友。二人相见,紧紧拥抱,亲如兄弟。

宋侃夫是江西萍乡人。他1922年随父亲去杭州读小学,不久转入杭州工业专门学校,1925年加入共青团,次年转为中共党员。

宋侃夫有一段十分传奇的经历:

“七一五”反革命政变后,原在武汉中共中央宣传部工作的宋侃夫奉命返回浙江,任中共杭州支部工作指导委员会(后为杭州县委)书记,开展秘密活动。宋侃夫的活动引起了国民党右派注意。两个月后,宪兵将他逮捕,投入了浙江陆军监狱。在狱中,宋侃夫坚持斗争,被折磨得患了重病。1930年3月,经家人努力,他获准保外就医5个月。恰在此时,萍乡的祖母发电报要他回家完婚。他想,这是一个摆脱羁押的极好机会,便与中共浙江省委联系,以“回乡完婚”的名义,离开浙江去了上海。1930年8月,宋侃夫的假释期已满,当局找到宋家要人。此时,恰巧萍乡有一帮人前往湖南南岳衡山进香,返回时在湘江翻船失事,淹死不少人,宋家的人以此向当局报了死讯,说“宋侃夫去南岳进香,已淹死湘江”。宋家买来一具与宋侃夫同龄的罗姓男子遗体收殓后,请来风水先生摆起道场,吹吹打打地从县政府门口抬棺经过,葬于野外。这样,浙江陆军监狱也就“吊销”了这个“共党嫌犯”。

宋侃夫逃离浙江来到上海,分配到中共法南区委工作,先后担任区委秘书长、组织部长。

1931年上半年,蔡威进了中央“特科”无线电训练班,与宋侃夫结识。

在新集,蔡威和宋侃夫被临时分配在鄂豫皖苏区军委会参谋部当参谋。宋侃夫负责参谋部的课报、机要两个处的工作。直接领导他们的是参谋部主任李安慈。王子纲被分配在军分区电信处当秘书。

刚来苏区,蔡威还是穿着一身西装,脸面白净,讲一口谁也听不懂的“福建官话”。李安慈向大家介绍说：“这位上海来的‘洋学生’，是我们司令部的参谋，名叫‘蔡威’，大家就称他‘蔡参谋’。”有人开玩笑说了一句：“他的话，我们听不懂，干脆就叫‘洋参谋’吧！”大家一听，都乐了。

军委会的工作人员办公与寝食均在一座庭院内，蔡威与宋侃夫同住一个寝室。

长期在上海白色恐怖下生活的蔡威与宋侃夫一到苏区，如同刚出笼的鸟儿一样，深切地感受到苏区的自由、新奇与快乐。

苏区的一切都是那样的新鲜，没有国统区的污秽、残酷、冷漠和混乱，没有上海十里洋场的灯红酒绿、纸醉金迷。在上海，中共地下党同志之间的谈话虽也很亲切，但由于环境的限制、纪律的约束和隐蔽身份的需要，谈话往往不能畅所欲言，总觉得有点儿距离。来到苏区后，党、政、军、民、学之间没有隔阂，没有拘束，每个人好像都融化在友好、诚挚的革命情谊中。

留给蔡威与宋侃夫记忆最为深刻的是新集的“红场”。这是一个大操场，每天清晨号音一响，驻在新集的部队、机关、学校的干部和战士都到“红场”参加操练；当地的赤卫队、少先队、妇委会、儿童团也来，满操场都是人，又吹号，又唱歌，人人热情奔放，个个心情开朗。晚饭后，“红场”也有活动，或打球，或游戏，或排练节目，十分活跃。节假日的“红场”更是红火，篮球赛、足球赛、田径赛、演戏等，应有尽有。

蔡威从来没有过得这么快活、这么兴奋、这么舒畅！

当时，黄安战役已经打响。为了尽快适应战争环境，还没有摸过枪的蔡威要求学习打枪。他向李安慈主任要了一把手枪，一有空就练习拆卸、组装、瞄准、射击。宋侃夫、王子纲看到蔡威练习枪法的认真劲儿，也来了兴趣，每人都去要了一把枪学了起来。

他们练了手枪，又练步枪；练了步枪，又学骑马。

蔡威学骑马比别人难，原因是眼睛近视。考虑到学骑马难免摔跤，跌破了眼镜在新集不好配，所以，他上马前总要把眼镜摘下来，但是这样一来，眼前就有点儿模糊，经常从马背上跌下来。他摔了再骑，骑了再摔，最终还是学会了骑马。

来到苏区不久，蔡威就见到了这里的最高领导人——鄂豫皖苏区中央分局书记兼军委会主席张国焘。

那是一天中午，蔡威和宋侃夫到军委会的小餐厅吃饭，看见一个 30 多岁的干部也在那儿用餐，但表情严肃，跟蔡威、宋侃夫这两个新来的年轻人也不打招呼。

吃饭间，一个警卫员进来跟那个干部说了几句话。宋侃夫一听，那个干部是江西萍乡口音，估计就是张国焘。

宋侃夫主动问道："首长，你是萍乡的吧？"

"是。"回答只有一个字。

宋侃夫说："我也是萍乡人。"

"嗯，我是萍乡北路的。"那个干部说。

"我是南路的，我姓宋。"

"南路五陂下宋家可是大户！"那个干部开始有了谈话的兴趣。

宋侃夫脱口而出："北路的张家也是望族！"

那个干部大概已猜到年轻人的来历，便问："你是从上海来的吧？几个人？同谁一路的？"

"我们一共来了 4 个人，还有王子纲、徐以新。"宋侃夫指着身旁的蔡威介绍说，"这是蔡威同志，也是一起来的。"

"首长好！"蔡威站起来，敬了一个军礼。

"听口音，是福建人吧？"

"是的，福建福宁府的。"蔡威回答。

"在哪里读书？"

"上海同济大学。"

宋侃夫说："我在浙江杭州工专。"

那个干部说了句："那可是蒋介石的老窝子哦！"

这句话让宋侃夫有些难以应对。

此时，蔡威和宋侃夫更加确定，面前的这个干部就是张国焘。

张国焘随后叫来保卫局长周纯全，吩咐道："这几个上海来的参谋要多照顾些，吃的用的都归你管，还要想办法尽快把电台建起来。他们需要什么，你让特务队到外地买，需要多少钱，就给多少钱。"

张国焘的指令很快得到了落实。周纯全不但为他们提供器材，甚至把缴获来的最好的手表也送来给了他们。

当时，苏区正在搞“肃反”，气氛很紧张，常常是上午还在一个桌子上吃饭的人，下午就不见了。被“肃反”的人有三大“罪名”：改组派、第三党、AB团。周纯全是保卫局长，当然也参与“肃反”，所以部队干部都怕他。

蔡威、宋侃夫和王子纲刚到苏区，身上还有几个钱，遇到伙食不好的时候，他们就跑到新集的小饭铺炒两个菜吃。一天，周纯全一脸严肃地对他们说：“你们要注意，现在苏区有一个‘吃喝委员会’，以吃吃喝喝为掩护，收集苏区情报。如果有人说你们是‘吃喝委员会’的，就不好办了。”从此，他们再也不敢到小饭铺吃饭了。

进入鄂豫皖苏区之前，蔡威对这块以大别山为中心的革命根据地的创建和发展情况知之甚少。在军委会当了参谋，他才对斗争形势和红四方面军的通信状况有所了解。

鄂豫皖苏区是土地革命战争中中国共产党创建的革命根据地之一。它的前身是鄂东苏区、豫南苏区和皖西苏区。蒋介石从 1930 年 11 月起调集 10 万之众对这几个苏区进行过两次“清剿”，但均告失败。后来红四军攻占了新集，才将 3 个苏区连接成鄂豫皖苏区。

1931 年 11 月 7 日，红四军在湖北省黄安县七里坪扩编，成立了中国工农红军第四方面军，徐向前任总指挥，陈昌浩任总政委，刘士奇任政治部主任，下辖红四军、红二十五军和一个独立师，兵力达 3 万人。与此同时，鄂豫皖苏区发展到黄安、黄陂、孝感、罗田、潢川、六安、霍邱、英山等 10 多个县的一部或大部，人口 170 万。

此时，蒋介石正集结 15 个师近 20 万人，准备对鄂豫皖苏区发动第三次“围剿”。由于被严密封锁，苏区外的报刊不能进来，消息隔绝，鄂豫皖苏区与其他苏区无法取得联系，与上海党中央的交通也陷于瘫痪。

张国焘在《我的回忆》一书中这样写道：

> 由于消息隔绝，江西苏区胜利的消息，我们隔了很久才知道。反之，我们的不幸又往往被敌人利用来发动宣传攻势。敌人宣扬中共中央是被摧毁了，甚至造谣说周恩来也已投降了。敌人利用白区与赤区的通商关系，派遣一些奸细到处造谣，不是夸说国民党已调集主力军携带大批飞机大炮，不久要来进攻苏区了，就是离间人民与苏维埃政

权的关系,号召军民们反正。国民党这些做法,生效虽然不大,但对这个尚未稳定的苏区,确有动摇人心的作用。

为了获得一点儿外界的消息,鄂豫皖苏区军委会也曾派人到白区收集国民党的报纸,但这往往需要很长时间,弄回来的报纸也是过时的,有时还要为此付出血的代价。

鄂豫皖苏区内部的通信状况又如何呢?军委会参谋部主任李安慈向宋侃夫、蔡威介绍说:

1930年前,鄂豫边、豫东南、皖西3个苏区都各自建立了有线通信。红四军攻克新集后,先后架设了4条长途线路,形成了整个鄂豫皖苏区的有线通信网。可是有线通信的作用很有限,随着反"围剿"规模的扩大和红军大范围的运动作战,原有的有线网络已无法适应对敌作战的急迫需要。鄂豫皖苏区也想建立无线电台,但面临的困难很大:一是无线电通信保密性极强,而苏区内还没有红军自己培养的专业人员,有几个经过教育争取过来的"解放战士",虽有这方面的知识,但苏区领导人对他们又不放心;二是苏区缺乏无线电器材。前一段时间,红军打了不少胜仗,歼灭国民党军第三十四师时缴获过不少电信器材,在洗马畈歼灭国民党军第四十八师、在香火岭打败国民党军第四十师时都曾缴获几部电台,可是由于前方红军指战员缺乏无线电知识,不知电台为何物,没注意保护,战败的国民党军通信兵故意毁坏了电台零件,以致缴获到的电台没有一部是完整的……

"有缴获来的电台器材吗?"蔡威问。

"有呀!"李安慈说,"历次战斗缴获的破破烂烂的各类器材、电线堆了一屋子,可我们就是不懂,没人去动它。"

蔡威听李安慈这么说,立即高兴起来:"李主任,能派个人带我去看看吗?"

"行,我叫电训班的学员带你去。"

李安慈当即叫来两个学员,带蔡威去看"破烂儿"。走进房间,翻了两下,蔡威像发现了金矿似的惊喜:"太好了!太好了!没想到这里还有这么多宝贝!"

蔡威如获至宝,回来向参谋部一汇报,李安慈说:"这样吧,我派几个兵跟你学。你们去拾掇拾掇，看看有哪些可用的东西，把它们用起来。”

“好！请你把王子纲同志也调过来，我们一起干！”

李安慈答应了蔡威的请求，把王子纲从军分区电信处调了过来。

蔡威和王子纲带着几个电训班的学员和新调入的战士一头扎进了这堆乱糟糟的器材里，把一件件可用的东西挑拣出来，卸啊，擦啊，洗啊，零零碎碎、污秽不堪的零部件都被拾掇得清清爽爽、干干净净。

在“破烂儿”堆中，蔡威发现了一台锈迹斑斑的收报机。这是第一次反“围剿”中从国民党军陈调元部缴获来的。一看，收报机的面板已经烂了，零件也少了几个。

蔡威在上海亚美无线电训练班已经学会了组装收报机。他把这一台破破烂烂的收报机拆开来一一清洗，另做了一块面板换上去，再找来一只可调电容器，细心地组装起来，一调试，居然能接收到一组无线电信号。

“收到了，收到了！”蔡威惊喜地叫喊起来。

王子纲很快把收到的明码翻译出来，说：“这是国民党中央通讯社发自南京的新闻！”

听说蔡威组装的收报机可以接收到国民党中央通讯社的新闻，张国焘、陈昌浩都非常兴奋。陈昌浩在苏联接受过无线电技术培训，他说：“能接收到南京电台的新闻，必定也能接收到国际电台播发的新闻。”

张国焘更高兴：“这一下，我们不再是‘聋子’了！”他指示宋侃夫、蔡威、王子纲三人：“你们每天轮流收听南京电台的新闻，从国民党播发的新闻中，了解、分析全国各革命根据地坚持斗争的情况和红军作战的态势。”

接听、抄录新闻的工作进行得非常顺利。他们先是抄录了国民党中央通讯社的新闻稿，后又抄录了国际通讯社的电讯稿。宋侃夫把抄收到的新闻整理成“参阅件”送到张国焘、陈昌浩、徐向前手里，他们大为高兴，如获至宝。

此时，中央苏区在瑞金已建立“红色中华”通讯社（简称“红中社”，即新华社的前身），以呼号CSR（Chinese Soviet Radio——“中华苏维埃无线电台”的缩写）对外播发中共中央的声音和各根据地反“围剿”斗争的胜利捷报。蔡威用收报机收听、记录下这些新闻，由王子纲编成《军事通讯》分发到各分区。

从此，国民党对鄂豫皖苏区的信息封锁被打破了！

收报机组装成功，宋侃夫、蔡威、王子纲受到鄂豫皖苏区军委会的表扬："你们抄录的新闻，为我军制定反'围剿'作战方针提供了重要依据！"

每次开大会，蔡威都会被安排坐在台上。战士们心生好奇：这个穿西装的"白面书生"到底是谁呀？

一次，陈昌浩总政委向大家介绍："这位'洋学生'名叫'蔡威'，是我们司令部的参谋！"

蔡威，留给战友们的最初印象是穿着一套沾满油污的旧西装，操一口谁也听不懂的"福建官话"的"洋参谋"！

这印象，80多年来一直铭刻在战友们的心中。

创建鄂豫皖苏区第一部电台

蔡威和他的战友们明白，鄂豫皖苏区仅靠一部收报机是无法完成与党中央的联系的。要保证一部电台完整地运行，还要有发报机、电瓶、充电机和发电机。苏区没有这些东西，只能靠缴获或者到大城市购买。

1931年12月23日，红四方面军夺取了黄安战役的胜利。此役歼国民党军15000余人，俘虏近10000人，缴获各种枪械7000余支(挺)、迫击炮10余门、电台1部。

在汇总战利品的时候，鄂豫皖苏区军委会问起缴获的电台下落，竟无人知道。徐向前急令："立即把电台找出来！"

军委会参谋部主任李安慈马上追查，得到的答复是："被战士们埋起来了。"

"埋在哪里？"蔡威问。

"黄安城外的一个山村。"

"我带人去运！"蔡威请求。

"好，你带电训班的学员去，立即动身！"

蔡威带着游正刚等一批学员赶到黄安县城的时候，负责掩埋电台的战士已经离开。蔡威向留守的部队打听，才得知电台被埋藏在来家河村。

来家河村距黄安县城有40公里路程。此时正是隆冬时节，风雪交加，雪没及膝。蔡威毫不迟疑，一声令下："赶去来家河！"

蔡威带着学员们冒着风雪急急赶往来家河村的倒水河边。这里曾经办过红军的兵工厂，红军把电台埋藏在这个村子里，自然是为了安全起见。可是，来家河周围是一片山地，莽莽荒野，皑皑白雪，电台究竟埋藏在什么地方，没有人知道。

蔡威向村里的老百姓打听。几位老人告诉他，红军在这里办过兵工厂，也埋藏过一些东西。后来，白军占领黄安，兵工厂遭到破坏，埋藏的东西也被挖走了。老人们估计，电台可能就埋在兵工厂附近。

蔡威仔细观察兵工厂周边的地形，问带路的老乡："这里有岩洞吗？"

"有！有两处不大的岩洞，我带你们去看看。"

在老乡的带领下，他们找到一个不是很大的山洞，大雪已经把洞口封住了。

"把洞口挖开！"蔡威对学员们说。

几个人一齐动手，半个时辰就扒开了洞口，往里一瞧，黑黝黝的洞里果然埋藏着一部电台。

学员们七手八脚地将电台抬了出来。蔡威一看，电台的主要零部件还是完好的，他大喜过望，一声："抬走！"几个人便把电台、电瓶和发电机抬了回来。

从来家河村回到新集，整整走了一天。

宋侃夫、王子纲看到抬回来的电台，兴奋得围着它转悠了半天。

他们立即动手，把发报机、收报机和发电机的零部件一件一件拆下来，细心擦洗，然后再一一组装起来。

蔡威虽然制作过收发报机，但这部军用电台上的一些零件，他没有见过。

国民党嫡系部队使用的电台都有统一的编号，型号一致，制作精细，而非嫡系的部队使用的电台则五花八门，什么型号都有。黄安国民党守军赵冠英第六十九师属于地方军，使用的这部电台制作粗糙，有的零件是拼凑的。尽管如此，蔡威还是很珍惜、很细心，生怕把零部件弄坏了。

装好了收发报机，再检查电瓶，又拆装发电机。大半天下来，蔡威已经满身油污，饭也忘了吃。宋侃夫几次催他去吃饭，他总是乐呵呵地说："不急，不急。有了电台,肚子不饿。”

到了傍晚,组装完成。王子纲接好电线,打开电台开始调试。他是老报务员,手法熟练。他把旋钮轻轻地转来转去,调试了半天,却接收不到一丝信号。

这一下,他们都急了!

“电台原来的机务员还在吗?”宋侃夫问参谋部主任李安慈。

“听说有一个姓钱的电报局长熟悉这部电台。”李安慈回答。

“请把他叫来。”

李安慈当即派人把年近50岁的电报局长老钱找了来。蔡威让他检查一下机器,问:“这部电台是不是好的?”

老钱忙说:“是好的,是好的!”

“你再看看电瓶。”

老钱看了看,说:“也是好的。”

“既然是好的,为什么接收不到信号?你来试试看。”

老钱上前调试了一阵,还是没有信号。他也说不出原因。

“这样吧,重新组装。”蔡威说,“我来装,你在一边看,装错了,你就指出来。”

蔡威把收发报机和发电机的零部件全部卸下来,又一件件地重新组装上去。老钱在旁边帮忙、指导。

问题出在哪里呢?他们拆拆装装,反复检查,最终发现发报机的电容器坏了,电瓶里的线圈也锈蚀了。电容器坏了,换一个就行;电瓶坏了,却没有现成的配件,须特务队到武汉才能买到。好在新集还有一部发电机,可惜没有汽油。

“能想办法弄到一些汽油吗?”蔡威向在场的鄂豫皖苏区军委会副主席蔡申熙提出请求。

蔡申熙摸了摸脑袋,说:“去飞机场拿!”

“我们还有飞机?”蔡威十分惊奇。

“对,有一架‘列宁’号飞机。”

原来,1930年初,国民党军的一架德式双座教练机因迷航、汽油烧完,被迫降落在苏区,驾驶员龙文光也一同被红军俘虏。这架飞机修复后被转移到了新集，命名为“列宁”号。为此，鄂豫皖苏区军委会专门成立了航空局，经过教育的龙文光被任命为局长。

在黄安战役中，“列宁”号发挥了很大作用。

按战前部署，红军完成“围城打援”计划后，立即转入攻城作战。黄安城高沟深，易守难攻。虽然已处于团团包围之中，但国民党守军赵冠英部还心存幻想，希望能够据守坚城继续顽抗。陈昌浩与徐向前来到前沿阵地仔细观察敌情，认为赵冠英部已成瓮中之鳖，可以立即发起总攻。为使总攻更具震撼力，陈昌浩提出派“列宁”号飞机参战，到黄安城上空投弹、撒传单。

“列宁”号飞机是双座教练机，飞行员必须驾驶飞机，投弹和撒传单要由另一个人完成。当时，红军指战员绝大多数没见过飞机，更别提到飞机上去投弹和撒传单了。陈昌浩从苏联回来，有乘坐飞机的经验，便自告奋勇：“我上去担任投弹手！”

那天，飞机从新集起飞，飞临黄安县城上空时，城内的国民党守军还以为是南京派来空投物资的，纷纷从工事和营房里跑出来。陈昌浩在空中看到洁白的雪地里，国民党守军如同蚁群般聚集在一起。飞机俯冲了，陈昌浩拿出准备好的炸弹，对准国民党守军扔了下去，几声巨响，烟雾起处，成片的守军被炸倒了。紧接着，“列宁”号上又纷纷扬扬撒下来许多劝降的传单……

“列宁”号是鄂豫皖苏区红军的第一架飞机，由一个班的战士日夜守护，每次战斗中缴获的汽油都要送到飞机场，因此，飞机场存有不少汽油。恰巧这时，鄂豫皖苏区军委会获悉飞行员龙文光有驾机逃跑的企图。为了阻止他逃跑，军委会副主席蔡申熙想了个办法：让宋侃夫带上几个战士到飞机场，把飞机上的汽油“借光”。

50多年后，宋侃夫回忆起“借汽油”的事，记忆依然清晰：

> 吃过晚饭，我带了几个战士，连夜行军50里，到达机场后，找到龙文光。我说，电台需要汽油，蔡副主席要我们到你们这里来借，他说可以。我又说：这里只有十几桶，不够用。他说：那怎么办？我说：连飞机上的汽油也要借给我们。这时，他的脸色十分难看，半天才说：你们拿吧。我说：你帮我们把汽油放出来。他说：你们自己倒吧。我一听，这不是有意为难我们吗？我的确不知道飞机上的油箱在哪里。好在

我懂得一点儿机械，大胆爬上飞机，七摸八搞，找到了油箱的出口，把飞机上所有的汽油都放出来了。这次不仅解决了汽油（的问题），连机油、润滑油都解决了。我们找了一百多个民工，挑的挑，担的担，把所有的汽油都运了回来。

有了汽油，发电机可以发电，电台就可以工作了，蔡威和战友们不知有多高兴！

他们立即架起天线，开始搜索接收江西中央苏区发出来的红色电波。

1932 年 1 月 10 日，中共鄂豫皖省委第一次党代会在新集开幕。大会进行中，电台收到了"嘟嘟嘟"的声音。一直守在电台边的蔡威快速抄下电码，站在一边的宋侃夫、王子纲凝神注视着，极为兴奋。

与中共中央联系的密码本是徐以新在上海出发前默记在脑子里，到鄂豫皖苏区后默写出来的。宋侃夫对照密码本，把刚刚接收到的密电翻译了出来，一看，是"红色中华"通讯社发给各个苏区祝贺黄安战役胜利的电文。

原来，在上海的中共中央得到鄂豫皖苏区军委会关于黄安战役胜利的报告，立即向江西中央苏区作了转达，刚刚成立不久的"红色中华"通讯社就通过电台及时播发了这条新闻及中共中央的贺电。

"收到党中央的贺电啦！"

蔡威、宋侃夫、王子纲和战友们都欢呼雀跃起来。他们立即将电文送到党代会会场。当红四方面军总政委陈昌浩在大会上宣读党中央的贺电时，全体代表都站起来热烈鼓掌、欢呼。

鄂豫皖苏区领导们都来向蔡威、宋侃夫、王子纲表示祝贺："我们终于有自己的电台了！希望你们再接再厉，把无线电技术人员大批培养出来！"

蔡威他们都很激动，深深地感受到鄂豫皖苏区领导对无线电通信工作的重视和关切，感受到电台工作对于鼓舞苏区军民战胜敌人的重要作用。然而，让他们感到遗憾的是，这依然不是一部完整的电台，还是只能接收，不能发报。

1932 年 1 月中旬，红四方面军又打了商潢战役，歼灭国民党军 4000 余人，缴枪 2000 余支。此役的胜利，把鄂豫皖苏区的北缘推进到了潢川、固始城下。

让蔡威感到格外高兴的是，红军歼灭国民党军张钫部的骑兵旅时，又缴获了一部电台和一部发电机。蔡威与宋侃夫立即奉命赶往潢川前线找红四方面军总指挥徐向前领取电台。

蔡威第一次来到前线总指挥部，一看，大房间里住着总指挥徐向前、总政委陈昌浩和前线总指挥部参谋部主任舒玉璋，只有两张小桌子，一部电话机，墙上挂着作战地图，地上是稻草打的地铺。

陈昌浩见他们来了，迫不及待地询问起电台筹建的情况。宋侃夫向几位领导作了简短汇报。之后，舒玉璋详细询问了有关电台的技术问题，蔡威一一作了回答。

徐向前言语不多，态度亲切，看得出他很喜欢这个勤奋踏实、技术精湛、一口浓重福建口音的蔡参谋。见蔡威站着回答舒玉璋的问题，徐向前便亲切地招呼道："来来来，坐下说。先喝口水，暖暖身子。"

商潢战役缴获的是一部 5 瓦的小功率电台和一部手摇发电机。即便如此，蔡威也很兴奋，说："虽然功率小，这可是一部完整的电台！"

"可以发报吗？"徐向前问。

"可以，就是接收的范围比较小。"蔡威回答。

"能跟中央苏区的电台联系上吗？"

"功率只有 5 瓦，怕不行。"蔡威说，"缴获赵冠英部的那一部电台也才 15 瓦。把两部电台的零部件重新组装一下，不知能不能联系上。"

"缺什么器材，让特务队想办法采购。"徐向前的语气很坚决，"一定要想办法跟上海党中央和江西中央苏区的电台联系上！"

"是！"

临别时，徐向前叫舒玉璋牵来两匹战马。他走到一匹高大健壮的红鬃马跟前，拍拍马背，对蔡威说："这匹给你，行军作战用得着。"

蔡威脸上洋溢着喜悦，牵过红鬃马，向徐向前敬了个军礼。

另一匹花色马送给了宋侃夫。

徐向前总指挥前线赠马，是对蔡威和宋侃夫的褒奖，表明他对创建鄂豫皖苏区电台工作人员的钟爱。

电台一运回来，蔡威和宋侃夫、王子纲立即动手改装。

蔡威把商潢战役中缴获来的发报机上的电子管拆下来，安装到黄安战役中缴获的那部电台上，再配上充电机、手摇马达，组成了一部完整的15瓦功率的电台。

王子纲开始搜寻上海党中央和中央苏区的电波。他按党中央给的呼号和波长不断地呼叫，但没有响应。

“功率还是不够。”王子纲说。

“先跟湘鄂西苏区联系看看。”蔡威建议。

王子纲调整波段，搜寻距离较近的湘鄂西苏区的电台，一会儿便惊呼起来：“叫通了！叫通了！”

于是，按照鄂豫皖苏区中央分局的命令，王子纲向湘鄂西苏区发出了红四方面军第一份密码电报——关于黄安战役和商潢战役的捷报。

接收这份密码电报的是湘鄂西苏区红三军电台报务员刘进。刘进十分兴奋，立即转发江西中央苏区。

不久，蔡威接收到由毛泽东主席签发的中华苏维埃共和国临时中央政府的贺电：

> 接湘鄂西转来捷电，欣悉你们在苏区及全国工农劳苦群众的拥护和援助之下，于皖西北以革命的英勇消灭白军数师之众，缴获枪支一万五千以上，俘虏大批白军师、旅、团长，占领了苏家埠、韩摆渡，取得了空前胜利。你们的胜利给予全国反帝国主义反国民党的革命运动以无限的兴奋，更加强了苏维埃红军对于全国革命运动的领导。临时中央政府极热烈的（地）祝贺与慰劳你们全体指挥员、战斗员之空前的胜利与杀敌的英勇和坚决，对于伤亡战士表示极大的敬意并慰问。

发报成功了，这标志着鄂豫皖苏区第一部完整的电台正式诞生！

大别山的红色电波

第一部电台诞生的喜讯传到鄂豫皖苏区军委会，军委会主席张国焘、中共鄂豫皖省委书记沈泽民和军委会参谋部主任李安慈等都来祝贺。

张国焘似乎还有顾虑，问正在机上工作的宋侃夫：“收到的情况靠得住吗？会不会是假情报？”

宋侃夫回答：“我和徐以新离开上海的时候，党中央给了我们4套密码，我熟记了与江西中央苏区、湘鄂西苏区、湘鄂赣苏区联系的3套密码，徐以新熟记了与党中央联系的一套密码。这些电台的呼号、波长和联络时间都有明确规定，我想是靠得住的。”

“我们发去的电报会不会被敌人搞去？”张国焘又问。

“我们的密码设置和编制，是周恩来同志亲自掌握的，连顾顺章都不知道。”宋侃夫说，“我们来的时候，上海党中央不让我们带密码本，就是怕路上丢失，所以全记在脑子里。”

经宋侃夫这么一解释，张国焘才放心了。

电台发报的成功，使鄂豫皖苏区军委会领导无比兴奋，对蔡威、宋侃夫、王子纲、徐以新几个技术人员大加赞赏。那天晚餐，蔡申熙叫食堂多烧了两个菜，表示祝贺。

下一步怎么办？他们商量着要做3件事：一是找个安全隐蔽的地方，把电台的天线架设起来；二是人手不够，要马上举办第二期无线电训练班，再培养一些通信兵；三是派人到武汉采购急需的电信器材，加大电台的发射功率。

从事无线电行业的人都知道，要想通联信号好，首先要有一个好台子；有一个好台子，不如有一个好天线；有一个好天线，不如有一个好位置。选择架设无线电台的位置，对于无线电波的接收和发射至关重要。

鄂豫皖苏区军委会参谋部考虑，电台需要架天线，又有“嘀嘀嗒嗒”的收发报响声，目标太大，容易引来敌人破坏，甚至引来敌军飞机轰炸，必须找一个隐蔽的地方作电台驻地，而台址距总指挥部又不能太远。

为了选择台址，蔡威和宋侃夫等花了几天时间，在新集县城周围勘察了好几个地方，最终选定新集南门外一个叫“钟家畈”的小村子。

钟家畈村的大祠堂——钟氏祠堂是一个长方形的院落，前后两排各5间，左右各3间，总共有16间房子，是典型的豫南建筑。祠堂周边林木葱郁，两侧有两个边门，右边门通往树林，左边门通往河边，一旦遇有空袭，电台人员可以立即疏散隐蔽。

台址选定后，蔡威带着电训班的学员立即搬家。他们把电台所有的器材和缴获来的“破烂儿”都搬到了钟家畈，架天线，整理环境，挖防空洞，忙了三四天才安排停当。

鄂豫皖苏区第一部电台创建初期，不分谁是台长、谁是报务、谁是机务、谁搞译电。王子纲、宋侃夫、蔡威各有特长：王子纲报务娴熟，多搞报务；宋侃夫熟悉密码，多做译电；而蔡威擅长机务，就侧重维修，但他也经常兼做报务与译电工作。

无线电台搬到钟家畈后，就成为一个比较独立完整的单位，直属鄂豫皖苏区军委会建制。工作人员 8 人，除蔡威、宋侃夫、王子纲、徐以新 4 个技术人员外，还有孙光明、游正刚、冯志陆、董德英 4 个实习人员。后来随着缴获的器材增多，加入电台实习的学员也多了，还配有几个专门管充电的机务人员。

徐以新刚来时参与了电台的创建，但不久便调任中共鄂豫皖省委常委、鄂豫皖苏区外交委员会主任，离开了电台。

当时，缴获的无线电器材多数已损坏，需要修理，所以，蔡威的任务就特别繁重。他埋头机房，日夜维修机器，坏了就修，修好了再用，用坏了再修。他默默苦干，从不向领导讲困难、提条件。

蔡威一直想装配一台大功率的电台，但所需要的电子管、电容器等元器件在新集和黄安、商城、潢川几个新打下的小县城都买不到，只有武汉才有。由于特务队的人缺乏无线电基本知识，很多器材连名称都说不上来，只能买些电线、电池、纸张、铅笔等一般用品，最急需的无线电元件反而买不回来。

为了解决器材问题，鄂豫皖苏区军委会专门从电训班抽调几个学员充实到特务队执行采购任务。耿锡祥是其中之一，他后来回忆：

5 月中旬，我们和小商贩一行四人绕开铁路，避开盘查，走小路经横店直达汉口大智门站。一路上，我负责保管一部分大洋。出站后随同商贩一起来到汉口东大街，拐进靠近江堤的小巷，住进一家小客店。这里是他们来汉口常住的小店，环境比较熟悉。住下后，我们便抓紧时间外出了解器材情况。

一路上，我们装着悠闲自在的样子，逛大街，穿小巷，内心却时时警惕地防范着。汉口的街道上，“铲除共党，消灭共军”的大字标语随处可见。

一天，在街上碰上一位陌生的人前来搭话。他说："你们的货可办好了？"我们含糊地说："差不多了。"他笑笑，点点头，就离去了。由于工作纪律，我们不能打听什么，但看起来，我们的行动是受到了地下党组织暗中保护的。

为了掩人耳目，我们还特意到江堤买了一些小条咸鱼，作为我们办的货物，有意识地让店主看在眼里。一天深夜，果然遇上了武装巡警查店。我们早有准备，便从容应对，店主也为我们说话作保，平安过了关。

经过几天的活动，我们在几个电器行看了货，仔细看了商标、型号，有15瓦、50瓦、100瓦直流电动机，6伏组酸性蓄电池，各种电子管及其他元件。我们确定了要买的东西，包括50瓦发电机、蓄电池及一部50瓦电台的全套元器件等，向同行的商贩交代清楚，并交付了银洋，商定由他们出面购物运回。而后，我们便循小路潜出汉口，顺利地返回苏区。

从汉口回到青石板，没等几天，器材便运到了。为了赶时间，保安全，我们特报告新集，请求派人来。新集派来了所谓的"劳改队"担任运输任务，我们星夜赶往新集。过去，通信器材基本上是靠战场缴获，常常残缺不全，第一次买到这么完整、崭新的器材，大家的高兴劲儿就别提了。接着，我又奉命回到特务队，通过商贩关系购买了电话、电话交换机、手摇马达（没有拿到手）、训练用的耳机、插件等几批器材。

有了这一批器材，蔡威改装电台就顺手多了。

1932年3月，鄂豫皖苏区电台就与江西中央苏区电台直接取得了联系。

鄂豫皖苏区发出的第一封电报是向中央苏区报告红四方面军的兵力及黄安大捷。中央苏区回电也比较简单，就是表示祝贺，并通报了中央红军（红一方面军）反"围剿"的胜利消息。后来往来电文多了，中央苏区还发给鄂豫皖苏区一些政策性文件，如土地政策、工商业政策、俘虏政策、对待地富政策等，都由蔡威、宋侃夫、王子纲三人接收、翻译，呈送鄂豫皖苏区军委会领导人。

在与中央苏区沟通的同时，鄂豫皖苏区与其他苏区也逐渐建立了联系。同湘鄂西苏区的来往电报中，王子纲对两份电报的印象特别深刻：一份是湘鄂西苏区请求红四方面军派飞机去轰炸；一份是请求红四方面军派部队去支援。

与此同时，他们与湘鄂赣苏区、赣东北苏区也都联系上了。

王子纲也曾尝试与上海中共中央的电台联络，但因距离较远，加之上海秘密电台的隐蔽天线大多架在屋檐下，发出的信号被遮挡，很难接收到。

不过，周恩来、博古等临时中央主要负责人此时已经撤离上海，到达江西中央苏区，中央"特科"也已改组，由陈云、潘汉年、康生等负责。这样，鄂豫皖苏区给党中央的请示报告，只要直接发给江西中央苏区就行。

由于年代久远，也由于电台工作的特殊性，目前能找到的最初的电报原文已经十分稀少，因此下面这几份电文就尤显珍贵。

1932 年 3 月 26 日，张国焘、陈昌浩、徐向前联合署名发给中共中央专电如下：

> 我红四方面军打下了黄安、商城，活捉了赵冠英，消灭了第二师及其他五六师之敌，绝大巩固与开展了鄂豫皖赤区并打成了一片。
>
> 现以独立一、二师及十二师留鄂东、豫南一带。我四方面军已率第四、第二十五军，共五师、十二团之军向六霍行动，决心拿下六霍，配合全国红军大举向下(南)进攻，积极准备同帝国主义作战，争取一省几省首先胜利。现我军已围住六安，并已在苏家埠消灭了四十六师两团以上。
>
> 此地高级军事干部较少，请设法派几个来。

1932 年 4 月 28 日，鄂豫皖苏区发给"红中社"的专电如下：

> 1 月 19 日，鄂豫皖苏区的工农红军第四军，在潢川北击溃白军第二师、第五师共 5 团，继又击溃第十二、第七十六师共 19 团，复于 3 月 20 日，在六霍击溃安徽军阀陈调元部队，计共缴获步枪 7000 余支以上，机关枪迫击炮无数，并占领河南商城及安徽六安县城，白军纷纷溃

退。我四军及二十五军打蹋安徽方面白敌(军)后,即移师西向,打击京汉路敌人,打通湘鄂西、鄂豫皖苏区之联系。

这两份专电刊登在《红色中华》第19期上。

1932年6月18日,张国焘致中央局毛(泽东)朱(德)王(稼祥)的专电如下:

我主力消灭潢川敌张钫部三师,缴械7000余后,现正向罗山进逼,以破坏京汉路,并消灭新入潢川之敌第八十师马鸿逵部、二十五路军及第二师为目的。河南敌消灭后,即沿京汉路南下,消灭宋埠、黄陂一线之敌。我七十五师及英山独立师,先后攻下罗田、蕲水。敌三十三师大部消灭,葛云龙被俘。现正威胁麻城、宋埠之背。目前已根本消灭"围剿",完成数省政权。奉(唯)此间同志以中央(红)军无积极行动为问,望即以主力向吉安、樟树进攻,意以(与)湘鄂赣打成一片。对我区必须要十六军与我英、蕲红军交相策应,赣东北军向皖南进攻,牵制进攻我皖西之敌。乞示。

大别山的红色电波像一条无形的纽带,把鄂豫皖苏区与党中央和其他革命根据地紧紧地联系在一起。诚如毛泽东所说:"由于无线电的存在,纵使我们在农村环境中,但我们在政治上却不是孤立的……纵使革命在各个农村是被分割的,而经过无线电,也能形成集中的指导了。"

开办第二期电训班

1932年3月21日至5月8日的苏家埠战役是红四方面军成立以来的空前大捷,歼灭国民党军30000余人,俘虏皖西"剿共"总指挥厉式鼎以及5个旅长、12个团长,缴获的武器弹药和军需辎重难计其数,堆积如山。

战前,徐向前即令鄂豫皖苏区各参战部队指战员务必注意搜缴和保护好无线电台和通信器材。战役结束后,宋侃夫带人急忙赶到前方收缴战利品。在麻埠,他们看到一间大房子里堆满了无线电器材,高兴得不得了,花了四五天时间，把所有的机器设备都清理了一遍。

这次战役缴获了5部电台，但因遇到大雨，电台损毁严重，能用的只有两部，其余3部都要修理。

这次战役的另一个意外收获是，国民党军安徽省主席陈调元部第一三七旅电台报务主任马文波和报务员金乃超二人参加了红军。

马文波早年曾在北伐军第四集团军总司令部交通处当过兵，学过电信设备维护技术，后辗转在白崇禧、唐生智、陈调元等部从事无线电台工作。他目睹军阀战争给老百姓带来的苦难，对国民党军队的腐败、反动、残酷和不得人心有深刻的感受，因而产生困惑、迷茫、厌恶和愤懑，不愿继续为军阀间的争斗当炮灰。

蒋阎冯大战结束后，马文波所在的陈调元部第一三七旅布防于安徽省六安县苏家埠镇。1932年3月，红四方面军发起苏家埠战役。被红军围困长达40余天的陈调元部官兵纷纷弃械投诚。马文波耳闻目睹红军纪律严明、官兵平等、上下团结、斗志旺盛，深受老百姓拥戴，识破了国民党丑化红军的欺骗宣传，从而打消了对红军的恐惧心理，萌发了参加红军的念头。

5月12日，红四方面军在前敌指挥部驻地召开战俘释放遣送大会。红十二师政治部主任吴焕先在会上宣布："愿意回家的，我们发给路费；愿意留下的，我们欢迎！特别是技术人员，我们非常需要！欢迎你们加入到红军中来！"吴焕先的话让马文波感到心里热乎乎的。他想到自己也是来自贫困的农家，而红军就是为消灭剥削、解放劳苦大众的人民军队，感觉自己终于找到了一条新的人生道路，一条光明的道路，于是，他毅然决定报名参加红军。

大会一结束，马文波便拎起行李径直走到"扩红"报名处。工作人员见是一名国民党军官前来报名，立即带他去见吴焕先。了解到马文波是做电台技术工作的，正是红四方面军急需的人才，吴焕先格外高兴，立即写了一张字条，派人带马文波去前敌指挥部见红四方面军总政委陈昌浩。

陈昌浩详细询问了马文波的年龄、家庭、经历、职务和技术专长，称赞说："不简单啊，你很有钻研精神！"

交谈中，红四方面军总指挥徐向前走进屋来。得知国民党军第一三七旅投降时，旅部电台的设备是经马文波清点封存的，送缴红军的是一部完好的50瓦大功率电台，徐向前愉快地表示："这部电台对红军无线电通信的发展会起很重要的作用！你自愿参加红军，对我们的无线电通信工作来说，可以算得上双喜临门！希望你把自己这方面的本领都发挥出来，当好师傅，带好徒弟。"

谈话后，陈昌浩留马文波一同吃饭，特地让炊事员加了个"好菜"——青菜炒肉片。饭后，陈昌浩叫来交通队长，嘱咐他派专人护送马文波去皖西北特委所在地麻埠。

几天后，总部电台负责人宋侃夫专程赶来与马文波见面，对他说："总部电台的同志比较熟悉报务，但没有人受过机务方面的专门培训。你既掌握报务技术，又熟悉机务方面的业务，我们非常需要你！"

于是，宋侃夫把马文波、金乃超和几个新参军的学生一起带回钟家畈。

蔡威见到马文波十分高兴，立即派人将红军军服送来为马文波换装，并亲切地对他说："你现在正式成为一名红军战士了！"

马文波第一次见到蔡威就留下了深刻的印象。他后来回忆：

> 到达总部电台后，蔡威同志就来看望我们。他对我们非常热情，在询问我的情况以后，他说，他到苏区的时间不长，开始也不习惯，但过一段时间就适应了。他表示非常欢迎我们到红军中工作。他说，红军现在开始建立无线电通信工作，并建立了第一部电台，最近缴获了不少电台，就是缺少通信技术人员。最后他对我们亲切地说："我希望你们安心工作，以后有什么困难，可以找我们商量。"蔡威同志性格直爽，说话总是带着笑容，他热情诚恳、平易近人的态度，初次见面就给我留下了深刻的良好印象。

器材运回以后，电台的装备得到了很大改善，而人手缺乏的问题也随之凸显出来。蔡威说："当务之急，就是开办无线电训练班，挑选一批文化水平较高的战士来培训，迅速扩大无线电通信兵的队伍。"

宋侃夫、王子纲都同意蔡威的意见。他们向鄂豫皖苏区军委会作了汇报，军委会立即批准举办第二期无线电训练班（简称"电训班"），并决定由蔡威来主持这项工作。

此前，鄂豫皖苏区军委会已经办过一期无线电训练班，但由于学员文化基础差，加上从国民党军队过来的教员授课不得法，故效果不佳，能达到要求的学员只有游正刚、冯志陆、徐定远、耿锡祥等少数几个人。

第二期电训班把新挑选来的学员与第一期学员合在一起接受培训，30多人编为一个排，冯志陆任排长。排以下分3个班：一班多为第一期学员，班长徐定远；二班为文化水平稍高的新学员，班长徐明德；三班学员文化水平较低，班长刘昆（刘忠生）。

教员的选择至关重要。蔡威考虑教员不仅要有知识、技术熟练，更要政治可靠、思想稳定、作风端正、有责任心。他安排钱教官担任英文课，马文波和金乃超担任报务课，他自己和一个姓陈的教官讲机务。

不论是新入伍的同志还是“解放战士”，蔡威都一视同仁，予以政治上的教导、思想上的帮助、人格上的尊重、生活上的关心。他态度诚恳，平易近人，说话总带着笑容，使教员和学员没有思想包袱，都心情愉快、专心致志地投入了教与学。

大多数学员文化程度不高，有的仅读过几年小学，有的刚刚扫盲。刚开始，强烈的好奇心使大家兴趣颇浓，情绪高涨，可几节课之后，内容加深，许多人就感到吃力了。电波、电阻、电容、电压这些名词，过去听都没听过，课堂上又没有可供演示的教具，这给教学增加了很大难度，学员中出现了畏难情绪。

蔡威面对现实，想出了用讲故事、看实物、做游戏的办法来提高大家学习的兴趣和战胜困难的信心。他在课堂上讲无线电通信的特殊功能，讲第一次世界大战中电子战的故事，把战争中无线电的巨大作用讲得有声有色，让学员们惊奇不已，心驰神往，恨不得马上就能成为一名合格的通信兵。

讲无线电基本原理的时候，蔡威把学员们带到一个池塘边，捡起一块石头，向池中投去，问大家：“你们看到了什么？”

学员们回答：“看到了一圈一圈的水波。”

蔡威便解释说：“对！平静的水面受到石头的冲击，就出现一圈一圈的水波，并慢慢扩散。同样，电也会在空中产生电波，电波也会扩散传播；在传播过程中，会遇到障碍，产生阻力，就形成电阻。电流大小不同，电阻就不同，产生的功率也会不同……”

蔡威讲得既形象，又通俗生动，一下就让大家加深了理解。

上机务课，蔡威不讲抽象的理论，而是把收发报机拆开来，把每个元器件的名称、作用和原理讲给大家听，让大家看得清、摸得到、记得牢，学了就会用。

在电训班，蔡威给学员留下了极深刻的印象：他戴着一副眼镜，留着大背头，穿着西装裤，大家都叫他“洋教官”。起先他的一口“福建官话”，许多学员听不懂，蔡威并不着急，用手比画着慢慢讲，反复讲，从各种不同的角度讲，做了许多形象的比喻，尽量用深入浅出的语言，把抽象的原理讲得形象直观。几堂课下来，学员们居然听懂了蔡威的“福建官话”，还印象深刻。

蔡威极其重视对学员的组织性、纪律性教育，要求每个学员都能成为政治坚定、技术精湛、体格健壮的红色无线电技术人才。他对从国民党军队过来的“解放战士”从不歧视，经常找他们谈心，教育他们真心拥护共产党，全心全意投身革命，为红军的无线电事业作出自己的贡献。

他与马文波之间的革命友谊就是这样建立起来的。

经过一段时间的较深了解，蔡威给了马文波以很大的尊重和信任，电台有什么机务上的困难，都会派人叫马文波过来帮忙解决。

50多年后，马文波深情回忆道：

> 大约在1932年6月中旬的一天，蔡威派人告诉我：电台的发动机怎么也开不转，要我去看看是什么毛病，能否修理。我很高兴地接受了任务，当即随那位同志到电台。我看到那部坏了的发动机，正是我原来使用的那架美制威斯敦豪斯柴油发动机。我将机器卸开进行检查，很快就把它修好了，在周围观看的同志都很高兴。
>
> 当天下午，蔡威同志又专程来训练班和我热烈握手，并连声道谢，然后拉我坐下，亲切地问道：“你在红军中工作，生活上适应不适应？有什么困难？”他又说，“你来工作已经快一个月了，按照我们红军中的规定，技术人员都发给零用钱，你的零用费是每月12块钱。”说完，他微笑着从军衣口袋内掏出12张鄂豫皖苏区印制的票子给我，并解释说：“这是苏维埃的票子，这种票子在苏区是当正式银元一样使用的，一块钱可以买不少东西。”我接了后，向他表示感谢。他说：“不要

客气,因为你刚从白区来,对苏区的情况可能有很多不了解,经过一段时间就会适应苏区的生活,了解各方面的情况的。”他又问我:“你想不想家?需不需和外边通信?”由于我当时考虑不方便和外边通信,他就对我说:“如果需要通信,我们有办法把你的信转寄出去,这样可以避免你的家人对你的挂念。”我当时也是含笑向他表示了谢意。我们大约谈了个把小时,从工作、生活一直谈到苏区各方面的有关情况,特别是苏区和白区的根本区别,苏区的老百姓都是在战争中生活惯了,他们觉悟高,不怕吃苦。这一次接触,使我感到他是一位社会知识非常丰富,又有很高文化水平的同志。虽然他和我这个从旧军队过来刚刚参加革命的同志谈话,但没有见外的表现。这一次谈话给了我很深刻的教育,也使我认识到共产党员、共产党的干部是真正对人平等的,是真正关心技术人员的。

处在国民党疯狂的军事“围剿”与经济封锁中,电训班的教学与生活条件是很艰苦的。没有教室,树荫下便是课堂;石头支起门板就是课桌;没有门板,席地一坐,膝盖也当课桌;每人每天只发一张纸;练习写数码和英文要用铅笔,每人只发一支。为了使每一张纸发挥出最大的效用,开始抄报时,他们尽量写轻一点儿,写满了,用橡皮擦掉再写,正面写完了,反面写,直到把纸写破、写烂为止。铅笔用到无法再用了,还是舍不得扔掉,短短的铅笔头用竹片两边夹着继续用,实在没法用了,就捡树枝在泥地上练习。每个班只有一个简单的蜂鸣器,大家轮流练习,没有轮到的便用嘴巴代替,一人模拟电码声,其他人用树枝在地上画。电键不够,就请铁匠打几把土造的电键进行练习,有的干脆就手指按在腿上,抖动手腕来练习。

尽管物质匮乏到难以想象,但是大家都怀着一个坚定的信念:克服困难,学好本领,赢得革命战争的胜利!

为了保障电台的安全,7月初,鄂豫皖苏区军委会决定把陈福初、肖全夫、徐显志、王玉华等由红四方面军总指挥部手枪队调入电台担任警卫工作。刚到电台,他们认为电台并非战场,离开枪林弹雨的前线和生死与共的战友,有些想不通。

蔡威似乎看出了他们的心思,对他们说:“无线电是当今最先进的通信手段，它能把前方与后方，甚至千里之外的两地两军随时联系在一起。革命军队要取得胜利，就不能没有无线电通信。在电台工作，虽不像前方战士那样冲锋陷阵，直接消灭敌人，但作用是不可估量的。现在，我们只有一部电台，人手很少，以后必然要大大地发展，建立很多电台，需要更多的专业技术人员。这次你们来，主要是担任警卫任务，也希望你们把无线电技术学到手。”

肖全夫等人原先担任警卫工作，还负责电台架线，后来就学习了译电。在蔡威的言传身教下，他们很快掌握了无线电技术，走上了独立工作的岗位。他们都把自己看作蔡威的学生，像对老师一样尊敬他、爱戴他，蔡威却谦逊地说：“我也要向你们学习，学习说普通话，学习行军打仗，我们互教互学吧！”

当时，受“肃反”扩大化的影响，很多战士都对知识分子敬而远之，但是学员们很喜欢亲近蔡威。这种例外，说明了蔡威的模范作用和平易作风是深入人心、得到公认的。

1932 年 7 月，国民党军队对鄂豫皖苏区发起第四次“围剿”，形势骤变，教室上空天天有敌机盘旋，寻找袭击目标。蔡威却非常沉着，任凭敌机盘旋扫射，还是坚持在隐蔽的树林中给学员上课。

7 月下旬，得到通知，部队准备撤离新集，无线电台也要随军转移。蔡威对学员进行了一次考试，冯志陆、游正刚、徐定远、徐明德、陶万荣、施兰清 6 名学员获得了好成绩，被批准到电台边工作边学习。

率领前方台转战皖西

红四方面军继黄安、商潢、苏家埠战役之后，又出色地打了潢光战役。

潢光战役的巨大胜利，引起国民党统治集团的极大震惊和不安。就在红四方面军打破国民党军第三次“围剿”计划的同时，国民党军对鄂豫皖苏区的第四次“围剿”又开始紧锣密鼓地筹划。

1932 年 5 月，蒋介石亲自出马担任鄂豫皖三省“剿匪”总司令，李济深为副总司令，确定第四次“围剿”的战略步骤是：首先集中主要力量消灭鄂豫皖、湘鄂西两区红军，然后全力进攻江西中央苏区，企图以重点进攻、分区“围剿”的办法达到各个击破红军的目的。为此，蒋介石在鄂豫皖苏区周围布置了24个师6个旅计30余万兵力，还配置了4个航空总队作为空中的支援力量。此次“围剿”与之前的“围剿”有许多不同之处：国民党军兵力庞大，且三分之一是蒋介石的嫡系精锐；准备充分，计划周密；战术有重要改变，特别讲究并行推进、稳扎稳打，力求克服以往此进彼退、易被各个击破的弱点。

面对如此严重的形势，张国焘竟得出“从武装力量对比来说，我们已占了优势”的结论，要求红四方面军主力立即南下围攻麻城，进而消灭宋埠、黄陂一线的国民党军。

就在红四方面军主力在麻城方向作战的时候，蒋介石的“围剿”大军向鄂豫皖苏区发起了总攻。黄安、新集等鄂豫皖苏区中心区域危在旦夕，张国焘这才慌忙命令红四方面军主力撤出麻城之围，赶赴黄安以西截击国民党军卫立煌纵队。

8月11日，红四方面军主力与国民党军接火；两天后，又调至七里坪地区迎击国民党军陈继承纵队。

七里坪战斗正在激烈进行时，与七里坪邻近的鄂豫皖苏区首府新集每天都遭到国民党军飞机的狂轰滥炸。无线电训练班的课再也无法进行了，只得停课，待命转移。

8月21日，蒋介石命令会攻新集，并限定25日前占领。

此时，张国焘又对国民党军调整部署做了错误的估计，他在给中共中央的电报中竟称“敌军被击溃后，已无斗志，军阀又起冲突”，提出“全国红军应趁此时机起来消灭‘围剿’，迅速完成一省数省首先胜利”，并命令红四方面军主力北出攻打国民党军张钫纵队，试图保住新集。

可是，红四方面军主力刚刚北出，国民党军陈继承部、张钫部与卫立煌部就同时向新集进逼，形成三面合围之势。

张国焘慌了，一面命令红四方面军向东转移，一面责成中共鄂东北道委留下来领导地方武装坚持斗争，自己则率领中央分局、鄂豫皖省委及省苏维埃政府等机关撤出了新集。

数万红军大规模的转移需要无线电通信联络。鄂豫皖苏区军委会决定：把电台人员一分为二，成立两个无线电台。一台称“后方台”，由宋侃夫、王子纲负责，随红四方面军总指挥部和鄂豫皖苏区军委会行动；二台称“前方台”，由蔡威负责，随红二十五军第七十三师行动。

军委会要求，蔡威领导的前方台除了与后方台通信联络外，还须承担运输所有电信器材的任务。这样，前方台的队伍就十分庞大，报务员、机务员、警卫队、运输连、炊事班等有300多人。分配在前方台工作的主要技术人员和学员有马文波、冯志陆、游正刚、徐定远、陈福初、徐明德、陶万荣、施兰清、吴寿棠、钱云等，还有警卫员王永华、肖大来、熊远绪等。

运输连的任务是随电台移动，搬运充电机、天线、蓄电池、汽油等器材物资，到达驻地后还要架设天线，启动充电机。运输连连长是李连富，指导员是卢富贵。

电台多是笨重的东西，收报机和发报机各有20公斤重，蓄电池30公斤，充电机45公斤，还有机器零件箱、汽油、机油等，所有这些都要人挑肩扛，工作相当繁重。因为缺少电池，充电机就尤显珍贵。45公斤重的充电机由8个人轮着抬，不管什么险山恶水都要保证这个大家伙安全通过。收发报机虽然不重，但是电子管又震动不得，必须十分小心，要选两个身强力壮、工作细心的运输员轮着挑。

“同志们！电台和器材都是我们的战士用鲜血和生命换来的，我们一定要十分爱护，小心搬运。损坏了一个零件，就无法工作，就会带来重大损失！”蔡威一再嘱咐大家。

不论电台技术人员、电训班的学员还是运输连人员，大家都喜欢蔡威并且尊重他，更深知保护器材的重要性，所以在转移过程中，大家都不肯丢弃器材，甚至连架设天线的毛竹竿也不愿扔掉，一律带走。

8月底，蔡威带领前方台和运输连跟随前卫部队红七十三师向皖西转移。

经过10多天行军，他们到达金家寨，遇到随总指挥部行动的宋侃夫、王子纲带领的后方台。两台会合后，准备向鄂、皖交界的西界岭进发。

红四方面军本计划挥师六安方向，打击深入叶家集、独山镇的国民党军第四十师，但由于部队隐蔽行动失当，行至东西香火岭即与迎击之敌遭遇，打了一仗，损失较大。后面国民党军卫立煌部、陈继承部两个纵队又紧追而来，与徐庭瑶部形成对红军的东、西夹击。

在国民党军重兵逼近的情势下，红四方面军决定南下英山，会合地方武装，寻机歼灭国民党军。

离开金家寨时，两个电台又分开了。蔡威率领的前方台跟随红二十五军行动。

此时，国民党军紧追不舍，飞机在天上盘旋，炸弹不时在身边爆炸，子弹“嗖嗖”从耳边飞过……蔡威带领几百号人马急行军，挑着器材大搬家，情势艰难。

庞大的运输连不利于行军和作战。到达皖西西界岭地区，蔡威果断决定：把不用的机器精简掉一部分。他们埋藏了8人轮流抬的充电机和一些不急用的器材。

蔡威最不习惯的是夜间行军。他眼睛近视，走在田埂上，一不小心就滑倒。一到夜行军，就得一个人拿着手电筒在前面照路，两个人搀扶着他，手电筒没电了就用马灯，马灯没油了就点蜡烛，这对他来说，心里真不是滋味：“我怎么能让大家为我受累呢！”只要路稍好一点儿，他就拒绝搀扶，坚持自己走，拄着一根木棍，摔倒了，爬起来再走。经过磨炼，他居然练出了一副铁脚板。

此时正值“秋老虎”时节，天气炎热干燥，许多战士得了烂脚病。电台的运输连患烂脚病的人不少，抬着沉重的器材行军吃了不少苦。为了不让这些伤病员掉队，蔡威把徐向前赠他的那匹红鬃马让给伤病员骑，或是让马驮着器材，自己坚持走路。

转移途中，蔡威白天行军，晚上还要架设电台通宵工作。但是，湘鄂西、湘鄂赣苏区此时也屡屡失利，电台被捣毁，红四方面军与其联络相继中断。好在大别山的红色电波与时在闽西的中央红军前方台还能保持畅通。

9月13日，蔡威带领的前方台向中央苏区发出密电：

> 敌分路合进，每路均三师，互相策应，我军与敌转战一月。在黄安、七里坪两次激战，敌第二、第十、第八十九师受重挫，退回黄安补充。敌第三、八十、八十三三师又取道新集西北，协同五十八师及张钫部进攻，激战三日，敌第八、十两师又受重挫。因敌人分路合进，我军尚未能消灭敌之一路，现正移师皖西，首先消灭进攻金家寨之敌，七里坪、新集已自动放弃。我军最大困难即补充人员不易，医院中现有近万的

战斗员，四分之三系烂脚病，生疮烂脚者仍在增加，缺医生缺药，又有反革命破坏医生……我军处在激烈战斗中，当(按)中央来电坚决斗争下去，请中区(即中央苏区)及中央紧急动员各区红军及工农群众急起策应我军。望经常告我们以敌军消息。

此时，在前线指挥作战的周恩来、毛泽东、朱德、王稼祥接到鄂豫皖苏区的来电，立即发出复电，对红四方面军冲破国民党军第四次“围剿”提出建议：

(一)此次敌集结兵力分进合击我鄂豫皖苏区，整个形势已不同于去年，但其战略战术颇似去年三次“围剿”对付中央区之并进长追，并兼以坚守据点稳打稳扎。

(二)因此，我们建议红四方面军目前应采取相当的诱敌深入到有群众工作基础的、地形便利于我们的地方，掩蔽我主力目标，严格的(地)执行群众的坚壁清野，运用广大的游击队，实行四面八方之扰敌、截敌、袭敌与断绝交通等等动作，以疲劳与分散敌人力量，而不宜死守某一点，以便利敌之分进合击。这样在运动中选择敌人薄弱部分，猛烈打击与消灭敌人一点后，迅速转至另一方，以迅速、果敢、秘密和机动求得各个击破敌人，以完全粉碎四次“围剿”。

(三)这三次战斗中的战略与战术的经验，你们可以根据目前形势与四方面军的优点灵活运用。

(四)红十六军在通山、咸宁的两次胜利，这次一方面军向北发展的胜利的开始，均是对鄂豫皖的配合策应行动。湘鄂西应在打击敌人一方的便利条件下，以一部分兵力向京汉路西行动。

看了这份急电，张国焘意识到战局的严重性，但他并不承认自己进攻麻城的失误，而把“败退皖西”的责任全部推到旷继勋的身上。

1932 年 9 月下旬，红四方面军主力翻山越岭，进至霍山西部的燕子河。张国焘再次召集会议，研究下一步的行动方向。

燕子河会议开了 3 天，在是否跳出外线作战的问题上争论不休。而蒋介石是不会让红四方面军在燕子河再待下去的。张国焘最后决定：红四方面军主力回师黄麻苏区。

命令既出，部队就要行动。出发前，张国焘让电台给江西中央苏区中央局发去一份密电：

> 敌以重兵分路合进，我军已安然退出汤家汇、金家寨，现集结于燕子河、西界岭一带，英山敌正向西界岭开进，我军正准备消灭之。我军现侦探工作异常困难，请经常告我敌情，并请迅速用各种方法扰敌后方，令各苏区红军配合我军行动。梁冠英部现驻霍山、流波疃一带，请对其多做工作。

9月底，红四方面军主力从燕子河出发，翻越西界岭直下英山。英山深沟高垒，国民党军早有设防。红军进抵古桥铺，张国焘让徐向前指挥部队攻取英山县城。徐向前考虑到部队的作战能力已经下降，不同意强攻。

10月初，红四方面军在古桥铺兵分两路：张国焘、蔡申熙带红二十五军及中央分局机关为一路，徐向前、陈昌浩带红四方面军总指挥部和红四军为一路，向西走罗田，过新洲，会合后折向西北，重返黄安的高桥河口地区。

蔡威带领前方台和电训班学员及运输连跟随张国焘、蔡申熙行动。

部队从7月底离开新集，到10月上旬重返黄安，两个多月时间在鄂豫皖苏区绕了一个大圈子。蔡威率领的前方台和运输连人困马乏，疲惫不堪。

处在国民党军重重包围之中的蔡威又面临着一次生死考验！

遇险之际吞食密码本

从英山到黄安，中间经过罗田、团陂、新洲、李家集，红四方面军边走边打，走了七八天。当先头部队进抵黄安的高桥河、冯寿二的时候，胡宗南、俞济时、夏斗寅带着国民党军各部人马已经在那里等候多时了。

两军相遇，战斗异常惨烈。

1932年10月8日上午，红十师、红十二师在黄安的河口与国民党军胡宗南第一师和俞济时第八十八师遭遇。徐向前别无选择，立即指挥部队以有我无敌的英雄气概杀向敌阵。下午，蔡申熙率红二十五军向国民党军夏斗寅部展开攻击。

河口之战，歼国民党军约2000人，缴枪1000余支（挺），而红四方面军的损失更大。红十师政委甘济时和红二十五军军长蔡申熙不幸牺牲。

蔡申熙在河口战斗中腹部中弹，躺在担架上仍在指挥战斗。他伤势严重，流血不止，痛得难以忍受时，嚷着要身边的人再给他补一枪。徐向前跑来安慰他："一定要忍住！到了宿营地，会有办法的！"蔡申熙忍着巨大的痛苦，对徐向前说："你快走，快去指挥部队，不要管我……"当天夜里，年仅26岁的蔡申熙终因流血过多，抢救无效而壮烈牺牲。

自前方台跟随红二十五军行动以来，蔡威一直在蔡申熙身边工作。得知军长牺牲的消息，蔡威和电台工作人员都哭了。一会儿，蔡威两眼冒火地大声对大家说："都别哭了！做好自己的工作，为蔡军长报仇！"

红四方面军这次回兵黄安，再陷重围，又损失了两员大将，危机已经显现，然而张国焘还是不能冷静地面对现实。

1932年10月9日，由张国焘口述，以张（国焘）、沈（泽民）、陈（昌浩）、徐（向前）的名义向中共中央发去一份密电：

> 我四方面军由西界岭急行西向，经英山、罗田境攻克团陂、新洲、李家集，抄敌后方，获军用品甚多，武汉震动。现决返黄安、麻城苏区。敌谣言甚多，鼓吹他们如何如何胜利，我们如何如何失败。实则我主力军从未打过败仗，而且我四方面军经过此次锻炼，战斗力更为坚强，击败帝国主义国民党四次"围剿"可以完全把握。

第二天，蔡威的前方台收到了中央苏区转来的情报：

> 陈继承纵队已从东面压来，夏斗寅十三师已位于黄柴畈东南方向；胡宗南第一师、俞济时第八十八师由河口镇星夜北上，欲与黄杰第二师合为一股；马鸿逵三纵队已向四姑墩逼近。

毫无疑问，红四方面军已到了最严峻的关头！

10月10日夜,张国焘在河口以北的黄柴畈主持召开鄂豫皖苏区中央分局紧急会议,再次讨论红四方面军的行动方向。

黄柴畈会议决定:“将七十四、七十五师和各县地方武装留下,由鄂豫皖省委和沈泽民同志统一领导,坚持斗争。分局其他领导率四方面军总部及红十、十一、十二、七十三师和少共国际团跳出敌人包围圈,到平汉路以西寻找红三军……”

黄柴畈会议后,红四方面军主力分成左、右两路,由徐向前和陈昌浩率领,开始了漫漫西征。

黄柴畈会议的决定既没有通过电台向中央报告,也没有对下传达,蔡威等人对主力将要西征的行动全然不知。

究竟是哪一天行动? 这是军事机密,因为怕泄密,一般不电告中央,也不会事先通知部队。其实在这次会议上,曾决定蔡威带领的前方台留在鄂豫皖,但最后还是决定前方台随红七十三师行动。这个决定告知蔡威的时候已是下午,离部队开拔只剩半天了。

接到出发通知,蔡威立即对大家作了动员,决定:把大部分学员编入新兵连;身体好的留在电台工作,编入警卫连;年龄小的、体弱多病的、行动有困难的动员回家。

有些从国民党军队过来的电训班教员向蔡威提出:年龄大了,家里还有老小,请求回家。蔡威都批准了,并发给了路费。

耿锡祥后来回忆认为:“蔡威这样做是对的,是符合党的政策的,但这是张国焘‘左’倾方针所不容许的。蔡威同志不管这些。”

机务人员孙光明因病被留在了后方医院。

电训班学员徐明德当时也生了重病,蔡威就像老大哥那样照顾他,亲自找中医给他看病,派人替他熬药。部队将要出发了,徐明德病情未见好转。蔡威对他说:“这一路要行军,还要打仗,你病得这么重,怕走不动。你家就在新集,离这里只有几十里地,你先回家养病,等红军打回来了,我再来接你。”说着,掏出一把银元放在徐明德的手里。

徐明德执拗地说:“我的父母都被国民党杀了,家里一个人也没有,我不回去!”

蔡威见他实在虚弱,怕他掉队遭遇不测,还是派了一名勤务员护送他回家。离开时，徐明德抱住蔡威，伤心无助地痛哭了一场。

走出几里路，徐明德碰到一群逃亡的妇女，她们说："白军占领了前面的村庄，杀人放火，你千万不要回去，还是跟着红军走吧！"

徐明德立即返回四姑墩。蔡威见他又回来了，问明原因，拍了拍他的肩膀，说："那你就快做准备吧！"就这样，徐明德又归了队。

刘忠生(刘昆)那一年才14岁，个子长得还没有步枪高，开头被分配到新兵连。徐以新看见这个小鬼长得既机灵，又勤快，对他说："忠生，你留下跟着蔡威台长吧！"

刘忠生一听，高兴得把枪往新兵连一放就往电台跑。从此，刘忠生便成了蔡威的勤务员。

电台原来没有固定的运输队，转移时间紧迫，只好临时把鄂豫皖苏区军委会的补充队组成运输队，帮助电台搬运机器设备。这补充队都是些什么人呢？

第四次反"围剿"之前，鄂豫皖苏区的"肃反"工作犯了扩大化的错误，无辜杀害了许继慎军长和周维炯师长，下面的干部也错杀了不少。红军西征的时候，还"抓"了100多名干部战士交给电台当挑夫，谓之"劳改"。这些做法，蔡威是不赞成的。他对抓到电台来的这些同志不但不歧视，还在生活上、工作上、学习上给予无微不至的关怀。蔡威总是把他们当作电台工作人员的一部分，对他们进行教育，让他们放心工作，结果这批同志很努力，工作很积极。后来一到延安，中共中央组织部就全部恢复了他们的原职，是党团员的全部恢复了组织生活。这些同志对蔡威宽以待人的作风表示钦佩，对蔡威给予的教育和帮助表示了万分感谢。后来，这些同志在抗日战争和解放战争中都表现得十分出色。

蔡威带领的前方台在右路纵队。这个纵队行进的顺序是：红十师打前卫，后面跟着红四方面军总指挥部直属部队，紧接着是红七十三师，之后是总指挥部直属部队的大行李和无线电台，少共国际团担任后卫。

10月12日拂晓，右路纵队前进到平汉路附近。蔡威带领前方台在离铁路大约30里的一个小镇子——二郎畈停下休息。总指挥部决定当天夜里在广水、卫家店车站之间越过铁路。

蔡威已经两天一夜没有合眼了，电台和运输队的许多官兵负重行军，也十分疲惫，所以一停下来，蔡威就和总指挥部后勤人员一起坐在路边休息，总指挥部派出一个营在两三里外的小山上警戒。

大约七八点钟，敌情出现了：国民党军第十师在李默庵的指挥下悄悄地向二郎畈包围了过来，情况十分危急。

"同志们！带上机器，立即撤离！"蔡威大声喊。

国民党军的进攻越来越猛烈了。由于电台的机器笨重，行动极不方便，时间也来不及，蔡威只好命令："把机器埋起来！"

在蔡威的指挥下，官兵们抬的抬，挖的挖，在小镇边的林子里把机器掩埋好。这一切做完后，蔡威还不放心，跑到一个土丘上，四处观察了一下敌情。

李默庵部迅速逼近，离电台只有一二百米远了。蔡威带领前方台人员穿过一片田地开始突围。气焰嚣张的国民党军一边追，一边喊："抓活的！抓活的！"子弹"嗖嗖嗖"地在蔡威他们身边飞过，追兵的叫嚷声也越来越近。

就在这千钧一发之际，蔡威急中生智，从口袋里掏出银元抛在路上，并对身边的战士说："莫慌，莫慌！身上有钱的用钱'打'敌人！"

蔡威边跑边抛撒随身带着的银元。这一招果然灵验：见钱眼开的国民党兵看到路边、田里白晃晃的银元，都停下脚步，低头寻找。

兜里有钱的同志也仿效蔡威的做法，掏出钱撒在田里和路边。

贪财而又愚蠢的国民党兵三五成群地低头抢钱，追击的速度明显减缓了。

此时，蔡威又从背包里掏出一个小本子，一边跑，一边撕，一边往嘴里塞。

蔡威吞食的不是一般的纸片，而是带在身上的电台密码本！

"人在，密码在；人亡，密码亡！"蔡威用实际行动证明了自己说过的话。

这一幕，让警卫员陈福初看到了。年仅 14 岁的小战士胡正先正好跑在蔡威后面，也看到了。

80 多年后，年已 95 岁的胡正先依然记得当时的情景，深情地回忆：

> 我看到他把身上带的银元一把一把地丢掉，接着从包里掏出一个小本子，一面跑、一面撕、一面放在嘴里嚼，把本子全部嚼烂吞进肚子

里。我并不清楚这是怎么一回事,心里只觉得奇怪。后来别的同志告诉我说,他是电台台长,名叫蔡威,他吞食的是电台的密码本。这件事给我的印象很深,我感到蔡威同志很不简单,在万分危急的关头,想的不是自身的安危,而是党的机密。如果不是对党的事业无限忠诚,是不会这样做的。

蔡威遇险吞食密码本这一幕,永远镌刻在了人民军队无线电侦察工作的光荣史册上!

当电台的队伍遭遇国民党军突袭的紧急关头,远处山坡上的徐向前急令救援。红七十三师第二一八团副团长徐深吉带领一个团的战士飞奔而去,打了一个反击战,顶住了国民党军。

蔡威带领的前方台脱险了!

1982年,时任北京军区副司令员的徐深吉回忆那天早晨的情景时说:

当时我在红七十三师二一八团任副团长,在我们团的后面,紧跟着红四方面军总指挥部的电台和全军行李队。

一天早晨,我们正走着,忽然听到一阵枪声。我扭头一看,发现敌人占领了我们右侧100多米远的小高地,向我们射击。糟了!弄不好,不但我们团有被截断的危险,而且后面的无线电台和行李队也会遭到敌追击部队的袭击。于是我命令重机枪掩护,带着部队夺取了小高地,保证了部队的安全。但尾随的敌人还是紧紧咬住电台队和行李队不放。可能敌人看出他们不是战斗部队,气焰很嚣张,一边追,一边喊:“抓活的!抓活的!”情况十分危险……我当即指挥部队击退了敌人,把电台队和行李队接应过来。此时,一位面孔白皙、戴着眼镜、操着浓重福建口音的同志上来和我握手,自我介绍说:“我叫蔡威,电台台长。谢谢你们的支援!要不,我们可能革命到底了!”说话时,他满面笑容,非常和蔼可亲,丝毫看不出刚刚经历过一场风险。

蔡威台长,我听说过他的名字。我赶忙握住他的手,上下打量着。看来是位知识分子,一身文气,虽然是战斗环境,虽然是穿着和我们一样的布军装,但身上却是那样整整洁洁。再加上那双大而有神、闪耀着智慧的眼睛,显得非常秀气、精神、有修养。

红七十三师与尾追的国民党军激战了3个小时,将李默庵的第十师击退,保证了全军的安全转移。

国民党军败退远去后,蔡威立即带人把埋在树林里的器材起了出来。他细细检查了一下,这次突围只丢失了两个蓄电池和少量汽油。

此后,徐向前下令,让蔡威带领的电台走在主力部队的中间,以保证电台的安全。

跟随徐向前西征3000里

10月14日,蔡威率领电台跟随红七十三师经洛阳店、新店向原红三军活动过的璩家湾一带急转。经过5个昼夜的急行军,主力部队到达璩家湾。

红四方面军领导人满怀希望能在这里找到贺龙领导的红三军,可是来到大洪山区,看到的是一片断壁残垣,没有红色政权,没有红军,没有中共地方党组织,也找不到群众,剩下的只有几张标语和一片荒凉景象。

显然,贺龙领导的红三军已经离开了大洪山根据地。

未能与红三军会合,红四方面军领导人都感到失望。下一步怎么走?这个问题又摆在张国焘、徐向前、陈昌浩等人面前。

10月19日,红四方面军总指挥部召开了师级以上干部会议,再次讨论部队去向问题。会议决定:在原红三军活动的地区休整,寻找战机杀个“回马枪”,打回鄂豫皖苏区。

然而,蒋介石发现主力红军跳出其包围圈,马上又进行了“追剿”部署:以卫立煌率李默庵第十师、蒋伏生第八十三师和罗启疆独立第三十四旅“跟踪追击”;以胡宗南第一师和肖之楚第四十四师沿公路“平行追击”;调刘茂恩第六十五师和冯鹏翥第六十七师依托沙河“拦截堵击”。蒋介石企图从东、南、北3个方向合围,将红四方面军主力聚歼于襄阳、枣阳、宜城地区。

10月19日拂晓,蔡威率领电台跟随红四方面军主力进至枣阳以南的新集村一带。天刚亮,电台炊事员搬出锅具赶紧做饭。饭还没吃上,就听炮声响起。又一场恶战开始了。

10月19日至21日，红军指战员与国民党军多次展开激战，阵地前沿，双方弃尸无数。

10月21日，国民党军又从西南和北面夹攻而来，猛扑红军指挥部。在这千钧一发之际，蔡威带领的电台、总指挥部机关和警卫人员也临时组织起来，编成战斗部队参加战斗。

这是蔡威经历的唯一一次肉搏战。

蔡威和战友们用大刀、枪托、刺刀、石头、扁担等一切能抓到手的东西与国民党军拼搏。由晨至午，由午至暮，大刀砍缺了，刺刀捅弯了，枪托砸烂了。天黑时分，国民党军终于支撑不住，退了下去。筋疲力尽、满身满脸血污的蔡威竟奇迹般安然无恙！他认为，这是战友们多方保护了他。

徐向前说："枣阳新集战斗是我军转移以来打得最凶恶的一仗。"

红四方面军本打算向西南方向渡过丰乐河，进入襄河以东地区活动，然而该方向已被国民党军堵截。为摆脱危局，当夜，总指挥部不得不决定急速向西北转移。

10月22日中午，陈昌浩率领前卫部队在土桥铺又与堵截的国民党军遭遇。枪声一响，陈昌浩身先士卒，迎着敌军拦截的火力向前冲去。看见总政委冲锋在队伍的最前面，红军官兵个个奋勇争先，呐喊着杀向敌阵，终于杀出了一条血路。当天夜里，全军通过沙河、襄(阳)花(园)公路，进入河南、湖北交界的淅川地区。

至此，红四方面军终于摆脱了国民党军，蒋介石部署的围歼鄂豫皖红军于襄阳、枣阳、宜城的"美妙计划"彻底破产。

然而，红四方面军也丧失了打回鄂豫皖苏区的条件，被迫寻求新的立足点。

枣阳新集、土桥铺战斗后，红四方面军总指挥部通知蔡威带领的前方台与宋侃夫、王子纲带领的后方台一起走，但行军建制不变。由于前方台在二郎畈受袭击后，器材丢失了一部分，再经过枣阳新集、土桥铺战斗，又丢失了一部分，总指挥部下令两支电台队伍一起行军，前方台的设备从而得到了补充。

他们日夜兼程向淅川城进发。一路走来，几十里地见不到一户人家，找不到一点儿粮食，部队只能靠野菜、山果充饥。已是深秋时节，风寒水冷，红军官兵们身上穿的还是夏装。紧张的行军作战让他们得不到休息，经常吃不上饭，队伍中病号在不断增加。

一天，他们总算走到了一个小集镇。蔡威本想在这里弄到一些物资上的补充，但当地群众因受国民党的欺骗，都不敢与红军接触。房门虽然开着，战士们在门外说破了嘴皮，老百姓却只是漠然听着，一句也不搭腔，用现大洋也没能买到一粒粮食。

失去了革命根据地，就是失去了家！丧失根据地的痛苦在很多红军战士的脸上反映出来。有的战士开始抱怨了，而抬着笨重器材行军的运输队牢骚更多。许多战士出生在大别山脚下，从未离开过家乡，如今饱受饥寒交迫的煎熬，思乡之情日甚一日。一个仅有15岁的小警卫员背着全副武装，坐在一家农户门前，盯着自己肿胀的双腿嘤嘤直哭。

看着战友们消瘦的脸庞和衣服上的斑斑血迹，蔡威心里很难过。他对战士们说："为了穷人翻身，我们必须革命。而革命就要不怕吃苦，还要准备牺牲，献出自己的生命。"

他让战士们唱起歌来。唱歌是调动情绪的一种好形式，唱一支威武雄壮的革命歌曲，抵得上一堂政治课。红军战士累了，困了，走不动了，唱一支歌就像上了发条一样，能得到新动力，顿时减去几分疲乏。

不断减员成为西征途中的难题。蔡威命令，每个班都不能走散，若有跟不上队的同志，先由班长、排长督促跟上，实在跟不上的就等收容队。蔡威指定几个身体比较强壮的战士走在最后负责收容。他的那匹红鬃马也调给收容队使用，伤病员由马匹驮着行军。

电台的炊事班极为艰苦，挑着食品、炊具行军，到了宿营地还得马上架锅做饭。到宿营地吃一顿，出发前吃一顿，还要带上一顿，炊事员得不到休息，有时甚至通宵不能睡觉。

运输员多为"肃反"中被"抓"来的干部战士，蔡威在生活上给予了他们多方照顾。他交代炊事班："让运输队的同志先吃饱。他们要保证电台设备的安全，任务重，体力消耗大，应该照顾。"他自己总是在最后吃饭，有时饭不够，他就第一个挨饿。蔡威的言语与行动激发了同志们的责任心与自豪感，使他们认识到了电台工作的重要性，认识到了爱护机器的责任重大。

部队每到宿营地，蔡威就不顾疲惫，马上找房子、摆机器、架天线，开始工作。发电机一响，他就戴上耳机搜索信号，往往工作到下半夜，有时躺下还没睡着就又要出发了。

与蔡威一起共事的宋侃夫说："像蔡威这样出身于比较富裕家庭的知识分子，参加革命后能这样吃苦耐劳、不怕牺牲，确是十分难得的。"

蔡威终于率领前方台到达了淅川县。电台向江西中央苏区党中央报告了红四方面军从新集突围西进的情况，又报告了战绩：此役缴获国民党军第八十三师等枪械千支，毙伤数千，我红军伤亡亦有千人。

随后，蔡威率前方台随红四方面军主力到达鄂豫陕交界的南化塘。

南化塘距淅川县不远，却不属于河南，而属于湖北。这里地形较好，粮米较丰，红四方面军决定在这里停留几天，并相机在此建立新的根据地。对于电台来说，这是个极好的休整机会。蔡威马上清点器材，检修电台，忙得不亦乐乎。

红四方面军总指挥部一驻下来，徐向前就急着要跟党中央取得联系，汇报在此地建立根据地的设想。他叫蔡威迅速与中央苏区电台联络。

可是，南化塘这个地方怪得很，电波收不进来，也发不出去，蔡威一连搜索了好几个小时，就是没有讯号。

究竟是什么原因呢？蔡威搞不清楚，他想，可能是天线高度不够的缘故吧。

南化塘南边有一座山，蔡威决定带电台上山，在山顶架设天线。

已是下午 4 点了，蔡威对警卫员陈福初说："走！上山去！"陈福初叫来几个工作人员，马上收拾器材，跟着蔡威出发了。

山很高，山上原来还有一条羊肠小道，因长时间没人走，这条小道已找不到了。蔡威带领工作人员披荆斩棘，寻路攀登，爬了两个多小时，天擦黑才到山顶。

由于山高，目力可及几十里外。充电机当即在山顶上开动起来，红色指示灯亮了。蔡威坐在电台前一动也不动，只顾紧张地呼叫，但始终没法与上级电台联络上，检查了好几遍，没有发现异常。忙了一个通宵，直到第二天拂晓，红七十三师师长王树声派通信员上山，说王子纲的电台在另一个地区已经与中央苏区电台联系上了，蔡威这才带着电台下山。

后来得知，南化塘那个地方是矿区，有铁矿、铜矿等，磁场很大，所以电台失灵了。

在南化塘，后方台给党中央发去一份电报：

> 此次鄂豫皖战区未能冲破包围，客观原因系革命发展不平衡，战区处交通便利、四面受敌、反动势力较雄厚之区域。在此次激烈斗争中，并未得四面工农，特别是交通界城市工人的最低赞助，最主要的是战区政治工作和政治领导之错误，对敌人估计不足，发动赤区群众反包围不够，发动白区士兵斗争的工作不够，省委之白区机关工作方式在紧急斗争时完全表明不能胜任。即中央（与）各区的红军亦未有更有力的配合行动，中央未能供给战局最低必要之政治、军事、技术的无产阶级的干部，亦是原因之一。我四方面军精锐英勇慷慨，我以孤军大战数倍之敌，转战千里未曾一挫锐气，但终被迫脱离赤区。鄂豫皖赤区尚有近三万枪之游击队，必能在困难条件下斗争而有发展。红四方面军现已到鄂豫陕边，当以联合湘鄂西、鄂豫边、陕甘边赤区和红军，形成襄江上游之巩固赤区和红军为目的。

部队在南化塘暂时休整，总指挥部下令把两个电台合并在一起，统称“红四方面军总指挥部电台”，工作人员也做了调整，成立了一个电台党支部，耿锡祥担任党支部书记。

在南化塘仅仅休整了3天，国民党军又追随而来。

此时，国民党军肖之楚第四十四师到达南化塘以北，与旷继勋的红十二师交火；国民党军刘茂恩第六十五师到达南化塘以东，与曹光南的红十师接火；国民党军胡宗南第一师到达南化塘东南，范石生第五十一师也在胡宗南之后进达南化塘东南的白桑关、黄石坪。

国民党军从南化塘的东、南、北三面进逼，红四方面军被迫放弃在南化塘建立根据地的计划，决定经漫川关进入汉中。

漫川关是湖北省和陕西省交界的一道重要关口，高山峻岭，悬崖峭壁，只有一条崎岖的小路纵贯其中，确有“一夫当关，万夫莫开”之势，因此成为兵家必争之地。

11月11日，红四方面军到达漫川关地区，发现国民党军杨虎城的3个团已卡在关口，堵住了红军前进的道路。胡宗南等部又追赶上来，将红四方面军合围在康家坪至任岭的一条10余里长的峡谷中。胡宗南疯狂叫嚣:“漫川关就是赤匪徐向前部的坟墓!”

前有阻击,后有追兵,左右还有居高临下的夹击,这是红四方面军西征以来面临的最险恶的一次处境。

看着左右两边陡峭的山崖和四面八方压来的国民党军,张国焘慌了手脚,竟要求部队分散突围。

红四方面军总指挥徐向前、总政委陈昌浩坚决反对分散突围,决定集中兵力向国民党军防守相对薄弱的北山垭口方向实施攻击,迅速突围。徐向前要求部队:“集结要隐蔽,火力要集中,动作要勇猛,一鼓作气,确保成功!”

当夜幕降临时,徐向前派一个参谋找到了蔡威,引领蔡威率电台随一支部队悄悄通过了山路崎岖的垭口。

入夜,突围开始。红三十四团团长许世友首先率领一支突击部队以密集的手榴弹开路,冲上垭口,打了国民党军一个措手不及。守敌慌忙组织反扑,在垭口以北的柳树河设置了第二道防线。

红三十四团和红二一九团在北山垭口与国民党军展开争夺战。经过三天两夜的反复冲杀,红军官兵一批一批地倒下,红三十四团第二营500多名官兵拼到最后只剩下100多人,红二一九团团长韩亮臣在战斗中壮烈牺牲。

这一仗,红四方面军牺牲了2000多人,终于突出重围,赶往陕南,脱离了险境。

漫川关突围后,红四方面军转道北向,夜走野狐岭。

野狐岭的山路一边靠峭壁,一边是深壑,只能一个一个向上爬行,又处在国民党军火力范围之内,通常的行军套路肯定不行。红四方面军总指挥部下令:凡笨重的东西通通不要,山炮炸毁,部分马匹丢下,连大行军锅也丢弃。

蔡威下令埋掉了一部笨重的充电机。出发前,徐向前亲自来电台检查,交代蔡威:“让炊事员做好饭,吃了再走,电台全体人员夹在4个主力纵队中间行军。”

野狐岭的下山路又陡又滑,人马通过时须像坐滑梯似的溜下去。人可以溜下去,牲口怎么办?如果卸掉鞍子把马一匹匹推下去,就可能把牲口的腿摔坏了,最重要的是,电台的机器经不起这样的震动。

蔡威思谋良久，想出了一个办法：用几条毯子把机器包好，由两个体格最强的运输人员用后背顶住机器，上面的战士再用绳子拉住机器，让人和机器同时慢慢往下滑。

这个办法果然奏效，电台终于排除万难通过了野狐岭。

之后，红军又抢占了竹林关，再次脱离险境，向秦岭山脉前进。

蔡威带领电台来到了商县的一个小村庄。这里山势较低，河川较宽，人烟稠密。

“火柿子！火柿子！”

长期饱受饥饿的红军战士发现路边房子的屋檐下挂了很多小柿子，眼睛都发亮了，个个直流口水。蔡威掏出几块银元，买了几十串红红的火柿子，让大家充饥。官兵们品尝着甘甜多汁的火柿子，说说笑笑又出发了。

11 月 19 日，红四方面军主力进抵商县西 50 余里的杨家斜。在这里，红四方面军领导决定：鄂豫皖苏区革命军事委员会今后改称“西北革命军事委员会”（简称“西北军委会”）。

红四方面军现在地处陕南，已远离了湖北（鄂）、河南（豫）、安徽（皖），原称已名不副实。

那么，新成立的西北革命军事委员会的落脚地在哪儿？新的根据地又会在哪儿？

红四方面军本想南下汉中，但又遇到国民党军胡宗南部的堵截，只好兵分两路，北越秦岭，向关中平原转进。

秦岭山脉高耸入云，气吞万里，山连山，水连水，小路与河水不断交叉，被当地人称为“七十二道脚不干”。

11 月中旬，寒气袭人，红军在河水中蹚来蹚去，许多官兵腿脚都出血了。电台人员跋涉在秦岭山谷中，有些战士生了病。蔡威看见小战士走不动，就将他们扶上马背，自己徒步伴行。

秦岭山高，空气稀薄，寒冷刺骨。入夜，穿着单衣的官兵们只能围在火堆边背靠着背挤在一起取暖。电训班女学员钱云发着高烧，冷得直哆嗦，在寒风中痛苦地呻吟。蔡威得知这一情况，马上叫来勤务员刘忠生：“去，把我的毛毯给钱云送去！”

这条毛毯是蔡威从上海带来的，是他的主要御寒物，他深夜发报，常把毛毯包裹在身上，拿走它，怎么御寒呀？刘忠生犹豫了，嗫嚅道："蔡台长，你，你用什么……"

蔡威急了："你赶快送去呀！"

刘忠生不得不把毛毯送去给了生病的钱云。可惜后来钱云在一次突围中被冲散，从此下落不明。

快出秦岭的时候，红四方面军4个师兵分两路，左出库峪口，右出汤峪口。蔡威率领电台随红七十三师主力到了汤峪口。

汤峪口的村子比较大，人口稠密，地里都是葱绿的麦苗。老百姓穿的也不错，深蓝色棉袄、棉裤，扎着裤腿，头上由后向前扎着白毛巾，蹬着黑布棉鞋。

当晚，蔡威带领电台全体人员在汤峪口美美地泡了个温泉澡。第二天，他们筹备好粮食，继续出发，到达了离西安50里的子午镇。天色已晚，部队均已宿营，蔡威架好天线刚刚开始联络，突然枪声大作，一股国民党军乘夜前来袭扰。原来，国民党军杨虎城部见红军突然而至，逼近西安，忙调孙蔚如第十七师在子午镇一带阻击。红四方面军后卫部队红十一师被截断，战斗中，师政委李先念负了伤。

眼看国民党军即将冲进电台所住的村子，蔡威带人不得不携带电台急忙撤离，但天线还未拆除，通路即被国民党军隔断。红四方面军总指挥部当即命令先头部队红十师折回，配合红十一师一起将国民党军击溃。事后才知道，当时国民党军离电台只有100米远。

11月27日，电台抵达周至县南40余里的新口子。

此时，蔡威接收到了党中央的一份密电，立即翻译出来呈送徐向前：

（一）略

（二）现在任务是要红四方面军在豫、鄂、陕边建立新的根据地，发动当地的群众的革命斗争，给红军主力以整理补充，并尽量扩大红军，以准备向敌人反攻，继续向西入陕与长期行动是不适当的。

（三）略

（四）略

（五）红军主力整理休息补充之后，应取向回发展的方向，造成时时威胁襄樊及武汉形势……

（六）必须克服一切困难，建立与中央的密切联系，经常的（地）经过电信交通告诉我们一切情况情报。陕豫党的关系在建立否。

党中央的这一指示不符合红四方面军当前的实际。红四方面军在国民党军紧追下，已远离鄂豫皖，深入陕南边境。鉴于此，张国焘决定再越秦岭，南进汉中。

11月29日，蔡威率前方台从新口子出发，再次翻越险峻的800里秦岭。

由于长期行军，蔡威的脚早已磨烂了，草鞋也磨得不成样子，但他还是硬撑着，前后奔走照顾电台和部队。凭着坚强的意志，经过9天艰苦行军，蔡威带领前方台人员一连翻过9座海拔2000至4000米的山峰，于12月7日抵达秦岭南麓的城固县小河口。

红四方面军继续南进。12月10日夜，蔡威率前方台全体人员随红四方面军总指挥部进抵城固以西汉水岸边，准备南渡汉水。

渡河船只极少，但经侦察，枯水季节水势不大，至多齐腰。总指挥部决定除了伤病员、妇女由船只和马匹运渡外，其余上至总指挥部领导干部，下至勤杂人员，一律徒涉。当夜，全军胜利渡过汉水，进驻城固县上元观镇，而国民党军追兵已被远远抛在了关中。

至此，红四方面军在粉碎国民党军一连串的围追堵截之后，终于摆脱了西进以来的被动局面。

10月中旬至12月中旬，蔡威率领前方台随红四方面军总指挥部西征3000里，冲破国民党军重围。原来电训班学员有40多人，到此时只剩下冯志陆、徐定远、游正刚、徐明德、刘忠生、陶万荣、施兰清等几个人。这些坚强不屈的战士后来都成为了红色无线电通信队伍中的骨干力量。

进军川东北

正当红四方面军领导人为部队何去何从发愁时，宋侃夫、王子纲带领的后方台接收到中央苏区发来的敌情通报：四川军阀田颂尧、刘文辉、邓锡侯等部正在成都混战，川东北地区比较空虚。

这个消息在报纸、广播以及中共地下党提供的情报中也得到了证实。

新成立的西北革命军事委员会在汉中钟家沟召开军事会议，史称“钟家沟会议”。会议认为，田颂尧出动30个团的主力参加成都军阀混战，站在刘湘一边，同刘文辉打得难解难分，红军若趁着川东北敌后方空虚，迅速越过大巴山，夺取通江、南江、巴中地区，立下脚跟，局面就能很快打开。于是，会议决定只留下小部分兵力在陕南建立游击根据地，主力部队立即翻越大巴山，向川北进军。

耸立在川陕边界的大巴山气势磅礴，巍峨陡峭，上山70里，山上70里，下山70里，一到冬天，冰雪覆盖，茫茫一片，没有人敢涉足。

从钟家沟出发，有两条路可供选择：一条是走小路翻过大巴山，向南直下通江县的两河口，这是入川的捷径，但路隘山险，极难通行；另一条是从北麓西乡县通往南麓镇巴县的“官道”，路程比走小路多一倍。

走哪一条路呢？徐向前提议：“时间紧迫，还是走小路，出敌不意，不等田颂尧从成都回师，我们就占领了川北的通南巴地区，站稳了脚跟。”于是，西北军委会决定，由王树声率领红七十三师第二一七团作为“开路先锋团”，首批翻越大巴山，后续部队于两天后跟进。

按照钟家沟会议的决定，蔡威要求每个战士准备好3天干粮、3双草鞋和一捆稻草，又向群众多买了些御寒的衣被，并将所有的马匹都让出来驮电台和器材……

1932年12月19日下午3时，蔡威带领前方台从驻地出发了。

刚开始，路还比较好走，可越走山势越陡峭，气候也越恶劣。冰坡一个接一个，狂风卷着雪花打在脸上，眼睛都睁不开。

山腰上的小道，老百姓叫作“裤腰路”，宽不过3个巴掌大，一边是峭壁，没有任何可攀附的藤蔓，另一边则是万丈悬崖。红四方面军先头部队在溜滑的冰道上凿出一道道阶梯，经过成千上万人马的踩踏，有的已经垮塌了，一不小心就有人马滑下去，只听一声喊叫，人马就不见了。

走在这样溜滑的“裤腰路”上，电台运输队的官兵最为辛苦。他们抬着笨重的电信器材，铆着脚尖往前挪动，生怕滑下悬崖。

蔡威拄着棍子，指挥部队排除险情，鼓励体弱、伤病的战士跟上队伍。

午夜12时，他们到达了山顶。蔡威清点了一下前方台的人员，全台官兵都上山了，他悬着的一颗心才放下。

官兵们异常疲惫，一停下来就想躺倒睡觉。蔡威再三警告大家："不能熟睡，否则会被冻僵的！"官兵们挖了雪坑，铺上稻草，几个人背靠背地坐在一起，相互依偎着唱歌、说笑，点起篝火取暖御寒。尽管这样，有的战士还是抵御不住饥饿与疲劳，睡着了，永远长眠在了风雪弥漫的大巴山上。

就在蔡威带领电台攀登大巴山的前一天，红四方面军的先头部队翻过大巴山，兵分三路，迅速夺取了通江县。

正在与刘文辉酣战的田颂尧得知自己的防区被红军占领，大惊失色，急令留守在嘉陵江沿岸的刘汉雄第二路军进据南江，李炜如第一路军和罗乃琼第三路军回师巴中。

蒋介石也害怕徐向前率领的这支红军队伍在通南巴地区立住脚，严令国民党军胡宗南第一师和刘茂恩第六十五师配合田颂尧部向红四方面军后方逼近。

刚刚到达川北的红四方面军又面临着国民党军的四面包围。

红四方面军能不能在川北建立根据地？西北军委会在通江县召集紧急会议，商议对策。

经过讨论，会议坚定了在川北建立革命根据地的决心，并决定由徐向前、陈昌浩率部破敌，张国焘和曾中生坐镇通江筹建川北根据地，旷继勋被临时任命为川北苏维埃政府主席，组织群众支援前线。

1933 年 1 月下旬至 2 月上旬，在徐向前的指挥下，红四方面军主力在南线的鹦哥嘴，西线的鹿角寨、甑子垭，东线的竹峪关连战皆捷。

入川第一战，红四方面军歼灭国民党军 3 个团，击溃 8 个团，解放了通南巴 3 个县城及周围的大部分地区，在川陕边界立住了脚，初步实现了战略预想。

张国焘、曾中生、旷继勋也在后方开始了轰轰烈烈的土地革命和苏维埃政权建设工作。1933 年 2 月，川陕省第一次工农兵代表大会在通江县召开，之后，川陕省苏维埃政府宣告正式成立。

至此，红四方面军又有了新的革命根据地。

第七章　亮剑川陕

1931年10月下旬的一天，在暨南大学读书的周泽万看到蔡威留下的字条："我将往他处。如有可能，明天再来。"第二天，蔡威没有再去找他，从此便杳无音信。

潘玉珂思念心切，数次跑去真如找周泽万查询蔡威的下落。她猜想，周泽万与蔡威必定有往来。然而，一次又一次奔波，她都失望而归。

吴淞大学的林国章周末依然常来悦来坊看望潘玉珂。潘玉珂已没有了先前的笑容。思念好友蔡威的愁绪，让林国章渐渐淡化了诗趣。

"景芳，你在哪里？"

川陕革命根据地的创建不仅为红四方面军的休养生息提供了战略后方，也为蔡威、宋侃夫、王子纲等开展无线电侦察工作提供了相对稳定的有利环境。

1933年1月26日，蔡威率领前方台入驻距通江县城12公里的毛浴镇。这一天正好是农历正月初一，镇上男女老幼用鞭炮、锣鼓和欢笑迎接这一支特殊的红军队伍。

每逢佳节倍思亲！安顿甫定，蔡威走到宕江河畔，站在一处高坡上，望着飘落的雪花，望着在山谷中蜿蜒而去的宕江，禁不住思绪奔腾。

两天前，在赶往旺苍坝的途中，他骑着红鬃马匆匆赶路，忽然，路边草丛中传来微弱的婴儿啼哭声。

他勒住缰绳，回头四望，不见村舍，不见人影，再仔细一听，仍有断断续续的婴儿哭声如游丝般飘来。

"忠生，你听听，是不是有小孩儿在哭？"蔡威问勤务员刘忠生。

刘忠生侧耳细听，果然，有婴儿的哭声从不远处的草丛中传来。

蔡威跳下马，循哭声找去。在一堆乱草丛中，他看到了一个用破棉袄包裹着的婴儿。那婴儿骨瘦如柴，已奄奄一息。

蔡威抱起婴儿，揽在怀中，站在路边四处张望。眼前的景象触目惊心：荒芜的土地上，野菜挖光了，盐井被破坏了，坡上新冢满目，说明伤寒、痢疾等传染病在疯狂地蔓延……

无疑，这是一个被断绝了生路的穷苦人家遗弃的婴儿。

蔡威把婴儿紧紧地揽在怀里，轻轻地抚摸着、端详着，想起了自己的儿子……

6年前，在上海街头，一个宁德老乡突然呼唤蔡威儿时的名字："景芳！"蔡威见是陌生人，没有回应。那人又说："尽管你不认我，但我还是要告诉你一个好消息，你的妻子生了个儿子，你当父亲了！"这一消息让蔡威心中暗喜，他立即给家里捎去一封信，写了对母亲和妻子的思念，嘱咐给儿子取名"植生"……

植生，现在该有6岁了。儿子乱世出生，父亲不在身边，祖母也已年迈，娘儿俩生活必定艰难，而他作为父亲，未能尽到一天为父的责任，感到十分愧疚。他多么希望看一眼自己的儿子植生，也像这样紧紧地抱着儿子，让儿子得到应有的父爱和温暖！然而，这一切，这一切都不可能了，他甚至都不能对妻子薛品瑄说上一句："你辛苦了！代我好好照顾儿子。等战争胜利结束的时候，我一定回去跟你们团聚，共享天伦之乐……"

军情紧急，重任在肩，他无论如何不能带着一个嗷嗷待哺的婴儿行军打仗。他能够做的就是尽快找一家老乡，托付他们抚养。

于是，蔡威抱着这个婴儿走了二三里地，找到一户农家，掏出身上仅有的10多块银元，郑重托付这家的老妇人收养了这个小生命。

后来，川陕根据地曾经流传一个美丽的传说："蔡威有个儿子，留在了通江。"

站在宕江河畔，蔡威还想起了另外一个人——那个像男生一样留着中分头发、热情奔放、在困难时刻帮助过他的才女潘玉珂。

自上海悦来坊分手后，蔡威进入鄂豫皖苏区，未曾给潘玉珂写过片言只语。不是蔡威薄情，也不是蔡威断了对她的思念，而是组织纪律不允许。特别是张国焘对从上海白区来的知识分子始终疑神疑鬼，来往信件审查极严，若被怀疑，难免生出不必要的麻烦。

自上海分手后，潘玉珂几乎天天都在盼望收到蔡威的来信。她记得分手之际曾对蔡威说："你先走，待找到落脚点，一定通知我！……"她想跟在蔡威的身后，一起走上人生之路，哪怕是异常艰辛的荆棘小路。但是，蔡威走后，杳无音信，他去了何方？在干什么？是生是死？她一点儿也不知情，留给她的只有那一块几尺长的夏布，还有比夏布更长更长的无尽思念！

"你在哪里？你怎么不给我写一封信？哪怕给我只言片语、一丁点儿消息也行呀！……"潘玉珂在心中呼唤着，苦苦地追寻蔡威的踪影。

潘玉珂对蔡威的思念之情与她对绘画艺术的追求同样强烈。她没有忘记曾经对蔡威说过的一句话："我想去法国留学。"所以，她刻苦学习法语。她的老师潘玉良是她心目中的偶像，她盼望着去法国深造，也成为世界著名的女画家。然而，命运跟她开了一个玩笑：就在她着手筹备赴法国留学资金的时候，父亲来了一封信，说宁德霍童镇遭遇了一场空前的匪患，老家一条街被烧成一片火海。接到信，她匆匆赶回家乡一看，老屋已成灰烬，家产荡然无存。她的赴法国留学的梦想从此化成了泡影。

经济拮据至极，她想到了一个人——蔡威。蔡氏家族是蕉城的首富，潘玉珂多么希望在她危难的时候，蔡威也能向她伸出援手。但蔡威在哪里呢？她不得而知。蔡威曾向他借了一笔小钱尚未归还，她想借"讨钱"的机会，打听一下蔡威的下落。

一天，潘玉珂来到蔡家，见到了蔡威的妻子薛品瑄，便问："景芳在哪儿？有来信吗？"

薛品瑄也在苦苦寻找自己的丈夫，回答说："他去了上海，只给家里写过一封信，捎回一点儿东西。此后 5 年了，没有一丝音讯。"

两个女人的脸上都写满了思念和哀怨。

蔡威母亲林莺极想从潘玉珂那里打听到儿子的消息。潘玉珂说了一些几个闽东小老乡在上海交往的情况，说了土匪火烧霍童镇的惨景，也说了借钱给蔡威的事。

林莺得知潘玉珂眼前的困境，十分同情。她不问借的数目是多少，回屋拿出一大包银元塞到潘玉珂手里:“先拿去用吧,不够再跟我说一声。”临别时,林莺紧紧拉着潘玉珂的手,千叮咛、万嘱咐:“玉珂啊,你在上海多打听打听,一有景芳的消息,就立刻写信来,千万别忘了呀……”

潘玉珂回到上海,一边继续学业,一边查阅上海滩上各种报纸登载的广告,凡有英文字母“C”字的广告,她尤其认真阅读。她想,失踪多年的“C小姐”或许也在寻找她、暗示她。

赴法国留学无望了。1932年秋,潘玉珂从上海美专西画系毕业,经庞熏琴教授的引荐,成为中国画大师潘天寿、黄宾虹的入室弟子,专攻花鸟画。她尤擅画兰花,其作品在中国画坛渐渐走红。

画坛新秀潘玉珂不知引来多少追求者,然而,她都一一婉拒了,因为她心中那一片未开垦的处女地等待着一颗最珍贵的种子的降落。

未来的路该怎么走?是继续作画,还是跟着“C小姐”走完人生路?潘玉珂有些迷茫,她多么希望有人指点,有人做伴,有人并肩前行……

据传,走红画坛的潘玉珂风闻“C小组”已随红四方面军西征川陕,驰骋于嘉陵江畔。为了继续寻觅这位闽东小老乡的行踪,她毅然辞去上海美专中国画系研究所研究员的聘约,入川执教,在重庆、涪陵、丰都等地举办个人画展,义卖书画。

潘玉珂的这一举动,显然是对蔡威的一种暗示,一种昭告,一种呼唤!

潘玉珂的心中永远保留着那一份纯洁美好的记忆,保留着青春的真诚与挚爱。

她一生坎坷,但没有放弃等待、放弃追寻……

宕江河畔读“天书”

今天的四川和重庆古称“巴蜀”,东面为“巴”,西面为“蜀”。

1927年“四一二”反革命政变后,四川境内军阀林立,各自占据一块或几块地盘,拥兵自重,基本不受蒋介石辖制。其中国民党军第二十四军军长刘文辉占有成都及川中、川南和西康省东部地区。第二十一军军长刘湘占有重庆、万县及川东一带。此外,第二十八军军长邓锡侯占有川西北一带。而川东北当时为田颂尧、刘存厚、杨森3个军阀所分割:田颂尧占有通江、南江、巴中、三台、仪陇、射洪、南部和盐亭等地，势力比较大；刘存厚占有万源、宣汉和绥定；杨森占有营山、渠县、广安和岳池。各路军阀为了扩张自己的势力，连年混战，四川人民处在水深火热之中。

号称“天府之国”的四川，其实真正富庶的是川西。位于川东北的通江、南江、巴中地区由于大山绵亘，交通不便，山高土薄，经济并不繁荣，加上军阀土匪连年混战，地主豪绅层层盘剥，关卡林立，捐税繁苛，便成为了四川最贫困落后的地区。

西北军委会根据这一情况，草拟了《红四方面军的入川纲领》，动员所有军政机关和后勤人员开展宣传，向老百姓讲明：“红军是人民的军队，纪律严明，不杀人放火。老乡们尽管安心过日子，不必逃跑。”红军下大力打土豪、分田地，开仓分粮、分农具，取消苛捐杂税，建立红色政权，成立工会、农会、妇委会，戒绝鸦片，打击瓦解土匪帮派，建立地方工农武装等，通过一系列工作，很快打开了局面。

红四方面军总指挥部入驻通江县城文庙，总政治部入驻学宫旧址，总供给部入驻南寺，随后设立在通江县城的机构还有中共川陕省委、川陕省苏维埃政府等几十个。

通江成为了川陕革命根据地的政治中心。

蔡威和宋侃夫、王子纲率领电台驻扎的毛浴镇位于宕江边，三面临水，一面靠山，是个狭长的半岛，形似龙舌入水。这里陆通秦陕，水达荆湘，历来是川北军事重镇，驻军多，建筑多，商旅也多。来往的商人或深入大巴山区采购银耳、木耳、药材等山货，或带来布匹、丝绸、贡盐、洋油、肥皂等生活用品，使得小小的毛浴镇显得十分繁忙热闹。

红四方面军夺取通江后，在毛浴镇建立了县级苏维埃政权，称“赤江县”。红四方面军总医院、川陕工农总医院、西北革命军事委员会招待所等都设于此，两年后，辖有赤北、赤江、红江、南江及红胜5个县苏维埃政府的中共川陕特委也建在这里。

此时，宋侃夫、王子纲带领的后方台和蔡威带领的前方台合二为一，选择了毛浴镇外的一个僻静的庙宇作为台址。蔡威带领战士们把这里打扫一新，架设起天线开始工作。

经过两个多月艰苦转战，终于有了落脚地，能吃饱肚子，有御寒的衣服，也能睡上安稳觉,战士们不知有多高兴!

节日里,在毛浴镇红四方面军总医院治病的西北军委会参谋长曾中生来电台看望大家。他听说电台官兵还缺少御寒的衣服,有的长了冻疮,脚烂了,走路很困难,立即对管后勤的同志说:"要爱护电台这支特殊的队伍。你们向老百姓收点儿棉花,赶制几套棉衣,先保证电台的同志穿暖和些。电台的伤病员和生冻疮的官兵一律送医院治疗。"

曾中生问:"还有什么困难?你们尽管说,能解决的,我马上帮你们解决。"

蔡威说:"电台人手不够,一些器材只好弃之不用。"

"马上给你们调几个有文化的战士来。"曾中生说,"川东北地区环境闭塞,消息不灵,你们要与中央苏区保持密切联系,接收到了党中央的指示和通报,要及时报告军委会。还要加强侦听四川军阀的电台,向总指挥部及时提供敌军的动态。"

蔡威和宋侃夫、王子纲都表示:"坚决执行参谋长的命令!"

这期间,电台作了分工,蔡威带领的前方台改称"二台",开始把主要的精力转向侦听敌军电台、研究敌人密码。宋侃夫、王子纲带领的电台改称"一台"。从此,红四方面军的无线电侦察工作翻开了新的一页。

蔡威首先要做的工作是搜集资料。他让电台的工作人员上街收集报纸、书籍和一些相关的文字材料,并日夜阅读,了解熟悉川东北的人文、地理、经济和交通情况。

他找被俘虏的川军官兵谈话,向他们了解川军各部队的番号、编制、指挥系统、主官姓名及其思想状态和活动规律。

他还访问了当地老百姓,进一步了解川陕地区的风土人情、民俗民谚、民间俚语,等等。

这一切都是无线电侦察工作所必须掌握的基本条件。不掌握这些,想进入这个神秘的领域,就找不到门儿。

人们看到,在毛浴镇宕江边的那间小屋里,蔡威时常头戴耳机,一边拧转旋钮调整波段、聚精会神地捕捉空中的电波信号,一边用铅笔在纸上快速地记下无数个英文字母和数字编码。

此时,王子纲和马文波也与蔡威在一起。他们每天下午和晚上抄收中央苏区广播电台“红色中华”通讯社和南京国民党中央通讯社播发的新闻，从中分析和收集情报。

蔡威、宋侃夫对明码译电比较熟悉了，王子纲就提出改变抄收方法，不再抄记电码，而是在听到电码的一瞬间，在头脑中直接将电码译成汉字，立即手写出来。这样抄收和译电一次性完成，速度大大加快了。

抄收的国民党军报文越来越多，但有相当部分是加密的电报。对于红四方面军无线电侦察人员而言，国民党军加密的电报如同神秘的“天书”。如何读懂“天书”，让它转变成红军的战斗力，这就成了当务之急，于是，研究国民党军密电顺理成章地提上了议事日程。

当时，国民党军队指挥官发报的报头、报尾使用的都是明码，中间才使用密码。他们的电台每到一地就开始联络，发出 QRC、QRA，询问对方在什么地方，主官叫什么名字，对方的回答用的也都是明码，这样，他们就等于公开了部队的行踪。

宋侃夫、王子纲带领的一台和蔡威带领的二台分别锁定国民党军的不同波段不间断地侦听，只要发现一点点蛛丝马迹，就打电话互通情况，详加研究。

一连几天连续侦听，他们把周围国民党军指挥机关的驻地、番号、主官姓名以及旅以上部队的分布情况、隶属关系、防区划分、调动部署等情况都搞得一清二楚。

一天，蔡威截收到一份以英语符号互相通报的电文，马上抄送给宋侃夫和王子纲。他们认真研究电文内容，从而初步掌握了国民党军的发报规律。

蔡威知道，从侦听 QRC（贵军驻何处）、QRA（贵台何名）、QRG（贵军属何部）中固然可以获取一些有用的情报，但只能了解国民党军的一般行止，还不能掌握其作战意图。要获取国民党军的核心机密，必须掌握其所用的电报密码。

研究掌握密电码绝非易事，要通过对这些电文的不断比对和分析归纳，寻找突破点，进而发现开启密码的钥匙。这要有扎实的功底，也要有灵光一现的机敏，有时还需要一点儿运气。

蔡威对此情有独钟，兴趣甚浓，并且越钻越深。

当时，国民党军队的密码虽然比较简单，但不乏保密性，各路军阀都在明码基础上自编密码。比如,田颂尧用的是“通密”,其他国民党军队用的是“统密”“智密”“苏密”,等等。军方的电报可以通过地方邮电局转发,接收后再由收报方自译,地方邮电局却并不明白报文内容。

要掌握国民党军队的密码,需要超常的智慧、坚强的毅力和足够的耐心,而这些可贵的特质在蔡威身上都具备了。

宋侃夫在《回忆我的亲密战友》一文中写道:

> 敌电台在发报中说,我这个部队现在到了哪里,长官、司令官是什么人,好,我们就抓住这一点,想尽办法弄清楚,具体的是指哪个部队的电台。但我们仅仅从敌电台用语、信号、谈话中,得到敌人的一些情况还远远不够,还不能搞清楚敌电报的内容,还必须深入地去研究……敌电台发报时,我们就收,他发一份,我们收一份,敌人另一个电台发来的回电我们也收。这些电报,都是密码,我们不懂,我们就把每份电报都拿来对照。……有时,我们猜出了几个字,就马上打电话通知蔡威。他要是搞出一点儿什么成果来,……就马上抄一份,用电话与我联系或派骑兵送信给我们,这样我们前后方都搞,互相交流,互通情报。

那时,国民党军队电台纪律不严,随便用简语通话,甚至用明码聊天,泄密现象严重,这就提醒了蔡威,必须在我军电台内部制定严格的通信制度和纪律!除了加强对报务人员的思想政治教育外,蔡威还规定:报务人员不得在机上谈话,不是联络对象,不准随便沟通;呼号分为自用和被呼,以免被敌人察觉;新手值班时,对方要求换人时,马上就换,重要电报要指定专人收发;一部电台编一个呼号,不得使用部队的番号和机关单位的名称,等等。

由于红军的无线电通信工作一开始就有严格的保密措施,因此,失密、泄密事件极少发生。

电台配合南江前线反“三路围攻”

红四方面军挺进川东北后,很快在通南巴地区建立了苏维埃政权,站稳了脚跟,极大地震惊了四川,也震惊了南京。南京国民政府行政院急忙致电四川各路军阀，要他们立即“罢战言和”，共同对付红军。

1933年1月21日，刘湘、刘文辉、邓锡侯、田颂尧等暂时停止了在川西的混战。27日，蒋介石在南昌行营委任川军第二十九军军长田颂尧为川陕边区“剿匪”督办，拨给20万元军费、100万发子弹和4架飞机，饬令其趁红四方面军初到四川，立足未稳，迅速“率部进剿，不得懈怠”。田颂尧随即将其在嘉陵江以西参加混战的部队大部调往川北。

2月中旬开始，田颂尧按照蒋介石“着重左翼，防匪西窜”的指令，以38个团分左、中、右三路纵队，以副军长孙震为前敌总指挥，向红四方面军发动“三路围攻”。

国民党军三路纵队以攻克南江、巴中为第一阶段作战任务，拟得手后略事休整，再分进合击，攻占通江，将红四方面军消灭或逐出川境，这是第二阶段的作战目标。

同时，营山、渠县的川军杨森第二十军和达县、万源的刘存厚川陕边防军也准备相机出动配合。大巴山以北的蒋介石嫡系部队胡宗南、刘茂恩部也做好了堵截红四方面军的准备。

这就是史称的对红四方面军的“三路围攻”。

当时，红四方面军与白区中共地下党尚未取得联系，这些军事情报主要靠电台从收听新闻和掌握国民党军的密电中获得，也从俘虏的口供中得到印证。

在通江县的得胜山，西北军委会召开紧急军事会议，商讨反“三路围攻”对策。红四方面军总指挥徐向前从巴中前线赶回通江。出席会议的张国焘、徐向前、陈昌浩、王树声、曾中生、周纯全、傅钟等根据电台提供的敌情，结合川东北山高路险、易守难攻的地形特点和红四方面军的实际情况，展开了热烈讨论。

西北军委会参谋长曾中生提出：“敌人来势汹汹，但真正与我交战者仍是田颂尧的三路大军。杨森、刘存厚的防地尚未被我们占领，从各路军阀一向自保实力的习惯看，他们参战的可能性不大，我军只需分一部兵力对其警戒即可。我建议，将田颂尧作为主要作战对象来制定计划。川北是田颂尧的老巢，他倾尽全力与我争夺地盘是必然之事。打垮了田颂尧，其他军阀未必还会与我争川北，那时，我们才能说在这里站住了脚跟！”

“我同意中生的意见。”徐向前说，“敌众我寡，我军必须攥成一个拳头，首先消灭田颂尧这一路。根据川北的地形条件，可以采取‘收紧阵地，积极防御’的作战方针。要求各部队和地方武装、人民群众密切配合，利用险要地形，构筑工事，在积极防御中节节抗击、消耗、迟滞敌人，诱敌深入，挫其锐气，待其力竭时回头反攻，一举破敌！”

徐向前提出“收紧阵地”，当时还只是一个大致的设想，阵地收紧到什么程度，还缺乏实际经验，需要看战况的发展而定。毛泽东在《中国革命战争的战略问题》一文中指出：“战略退却，江西叫作‘诱敌深入’，四川叫作‘收紧阵地’。从前的军事理论家和实践家也无不承认这是弱军作战时在战争开始阶段必须采取的方针。”

按照“收紧阵地，积极防御”的作战方针，总指挥徐向前做出部署：

以红七十三师主力、红十一师主力在南江抗击国民党军左路纵队。

以红十二师在巴中抗击国民党军中央纵队和右路纵队。

以红十一师第三十三团布于通江西南警戒杨森部。

以红十师布于通江东北对付刘存厚部，掩护红四方面军总指挥部侧后安全，并担任战略预备队的任务。

以红七十三师第二一八团布于南江东北地区，向汉中方向警戒。

红四方面军总指挥部设在通江。

此时，四川军阀田颂尧投入的兵力是60000人，红四方面军投入的兵力是15000人。一场兵力悬殊的围攻与反围攻的战斗打响了！

红四方面军总指挥部决定：电台再次一分为二，宋侃夫、王子纲领导的一台作为西北军委会电台，主要负责与中央苏区及蔡威领导的二台的通信联络，兼担负一些侦察工作。蔡威率二台跟随红七十三师到南江前线，侦察敌军电台，收集敌军情报，并担负与红四方面军总指挥部的通信联络。

红七十三师师长王树声热烈欢迎二台的到来。

鄂豫皖时期，一些红军将领因为对无线电技术不熟悉，还未充分认识到无线电台的重要性，在反“围剿”战斗中缴获了国民党军的电台，往往嫌其笨重，携带不方便，将其丢弃了。一次，红七十三师缴获了一部发报机和一组电池，交辎重队运输，辎重队却把它掩埋了。徐向前闻知，批评了王树声，并下令：“把电信器材全部运回来！”

吸取了那次教训，王树声对电台开始重视了。他十分关心蔡威和电台的安全，行军时都让电台走在主力部队中间。战斗越激烈，他越惦记电台的安全，在战斗最紧张的时刻，也要打电话询问一下电台的安全情况。

蔡威把截获的敌情上报到师指挥部，王树声看了非常高兴，但还不满足。他对蔡威说："蔡台长，这些情报很好！能不能搞到敌人的作战命令？如果能知道敌人什么时候进攻，在哪里进攻，是哪个部队，有多少人和武器，我们的仗就好打了！"

"能！"蔡威回答，"川敌的密码，我们已经掌握十之八九了！"

为了及时获取战场上的敌情，王树声总是靠近他的指挥部安置电台。

一天晚上，正下着大雨，王树声冒雨跑到电台，一进门就对蔡威说："老蔡，赶快把东西收拾一下，准备随时撤退！敌人打疯了，过去从来没有打过这样艰苦的战斗。你们准备好，一听到命令，马上就走！"

过了一个小时，王树声又打电话给蔡威："你们准备好没有？随时听命令，准备走！"这一晚上，王树声给电台一连打了好几次电话。

部队撤退到南江官路口，一落脚，蔡威就立即投入了紧张的工作。

初春的川东北寒风刺骨。蔡威坚守在电台边，夜以继日地侦听、抄录、研究，神情非常专注，几乎不跟任何人说话。

川军田颂尧部左路纵队有 15 个旅，加上 3 个师部和两路指挥部，配有不下 20 部电台，时时刻刻都在呼叫、通话、发报，因此蔡威的侦听工作十分繁忙，几乎一刻没有停止过。刚开始，蔡威侦听到的仅是 QRA、QRC 的呼叫，后来，他侦收到了国民党军的师、旅电台向"剿匪总司令部"发去的"当日战况报告"。几份"当日战况报告"虽然还不能全部研究出来，但从中可以大致了解国民党军的团以上部队的番号、驻地及其部署情况，这比侦听 QRA、QRC 前进了一步。

王树声不时来电台鼓励蔡威。

蔡威有个特点：别人跟他说什么，他都只是咧着嘴笑笑。对王树声师长的鼓励，他也只是笑了笑，没有说什么。实际上，他也没有时间讲客套话。

2 月 18 日，川军左、中、右三路纵队向巴河左岸红军阵地发起全线攻击，战事首先在西部展开。面对优势川军的进攻，王树声沉着冷静，指挥官兵们坚守阵地，大量消耗川军的有生力量。

红七十三师的三江坝阵地是在一处悬崖峭壁上，地势险要，颇有“一夫当关，万夫莫开”之势。这种特殊地形使川军兵力不易展开，大部队不易机动，笨重机炮不易拖曳，大大弥补了红军兵力不足的劣势。

川军士兵大多来自山村，都吃得了劳苦，耐得住饥渴，“强者为王”的生存法则又使他们生性凶猛。士兵为穷困所迫，给几块银元就能拼命，多年的战场经验又使他们枪法精准。他们每人都背一个竹篓，里面放着吸鸦片的烟枪和其他日用品，因此号称“双枪兵”。他们脚板硬，善于爬山，冲击力强，常以羊群式的队形发起集团冲锋，而且前有用钱收买的“敢死队”领头，后有荷枪实弹的督战官压阵，只要吸足了鸦片，颇有不要命的势头。

王树声已经洞察川军的特点，告诫各级指挥员：“对付‘双枪兵’多留心眼儿，绝不能小看他们！”

这一天早上，“双枪兵”又在战场上吞云吐雾过烟瘾。徐向前向红七十三师师长王树声、红十一师师长倪志亮交代：“命令部队，川军早上进攻，要坚决顶住，用密集火力杀伤他们。等他们烟劲儿过了，再组织反击。”

过足烟瘾的川军整营整营地冲上来，川军军官大声叫嚷：“杀他‘赤老二’，抓一个活的赏大洋 3 块，打死一个赏两块啊！”

“这帮龟儿子，难道老子就值 3 块大洋？”红军阵地上，战士们也骂起来。

王树声大声喊道：“咱们也有赏，打死一个敌人赏一发子弹！”

川军借着烟劲儿拼命往上爬，“咯老子”“那舅子”地乱喊乱叫，没想到几次轮番进攻，都被红军的机枪、手榴弹打了回去。大约到了 11 时，看看川军官兵烟劲儿退了，王树声这才下达命令：“各团出击！”霎时间，守卫在阵地上的红七十三师各团指战员呐喊着，声若雷鸣，跳出战壕，杀下山去。

川军一片片地倒下，没死的哭喊着：“红军爷爷饶命！红军爷爷饶命！”丢下烟枪、背篓，夺路逃命。后面的川军还未弄清是怎么回事，就被前面溃退逃跑的川军冲了个人仰马翻。

田颂尧部在三江坝主攻方向上受挫，2 月 21 日，重新调整部署，集中左路纵队全部向长池红十一师阵地猛扑。红十一师各部指战员死守制高点，频繁发动反击，一天内把 3 个团的川军全部击溃在阵地前。

一连 7 天，红七十三师和红十一师累计毙伤川军 5000 余人。川军左路纵队受到重创，后退 10 余里，被迫暂停了进攻。

王树声回到指挥部，令蔡威向总指挥部报告了战场情况。徐向前立即回电：

> 抓住战机，派出精锐小分队，对进攻之敌进行夜袭、夜摸，最大限度地消耗敌人的有生力量，扩大战果。

王树声一看电文，说声：“明白了！”便到红二一七团阵地进行部署。

2月25日，红二一七团一部埋伏于梭坡子以西的尖包梁，派出一个小分队突然出击川军的一个营部，击毙川军连长以下官兵40余人。接着，红二一七团又派出小分队，连夜从二郎包出发，攀登亮垭子绝壁到达梭坡子，向处于睡梦之中的川军突然开火，当场击毙川军50余人。待拂晓川军增援部队赶到时，红军早已撤走。

川军左路纵队的三江坝大战刚刚结束，川军中央纵队向南江、巴中的红军防线的接合部发起了全线攻击，3月7日，占领了八庙垭。

张国焘坐不住了，连夜打电话向徐向前告急。

此时，王树声正在罗家坝前线指挥部。蔡威接收到徐向前急电，立即向王树声报告：“徐总指挥电令我师反击八庙垭之敌！”

八庙垭位于南江县城以南40里的大山垭口，两侧山高路险，绝壁临河，是川中去南江和陕西的必经之地。

本来红四方面军总指挥部根据有利地形和所处的战略地位，打算在八庙垭阻击一阵儿，但由于敌我兵力悬殊，川军于3月7日下午全部控制了八庙垭一线，形势十分危急。徐向前一方面电令红七十三师驰援八庙垭，一方面连夜策马赶往红十一师指挥部，亲自指挥反击。

3月8日拂晓，红七十三师主力与红十一师一部配合，在徐向前的指挥下，采取正面攻击和两翼包抄相结合的战法，乘八庙垭守敌立足未稳，发起猛烈反击。

八庙垭反击战，红军歼灭川军一个团又一个整营，计毙、伤、俘川军团长以下1000余人，缴获机枪10余挺、迫击炮10余门、步枪1000余支。

3月18日，川军又以重兵合击南江。鉴于迟滞和消耗川军的目的已经达到，为避敌锋芒，王树声遂率部主动撤出了南江城。扼守巴中方向的红十二师也撤离巴中县城，收紧阵地至清江渡一线。

按照战役部署，红四方面军弃守了南江和巴中两个县城。

川军田颂尧部虽然进占了两城，但为此付出了伤亡近8000人的重大代价，士气受挫，攻势锐减。

毛浴镇联手解“通密”

3月中旬至4月间，战局呈对峙状态，敌我双方都在加紧备战。

蔡威率领二台从南江前线回到了毛浴镇。他抓住这一难得的战斗间隙，立即着手电台队伍的整训工作。

从三江坝激战到八庙垭反击战，蔡威总结出一条经验：电台必须扩大运输队伍，增强运输能力。他认为，在“收紧阵地”的撤退过程中给电台的准备时间极短，而川东北的山势地形与鄂豫皖苏区不同，川东北山多、河多，从这山到那山，喊话能听见，走路得半天，电台的所有器材都要靠人力运输，因此，运输队必须形成撤营拔寨、安全转移器材的快速应变能力。当撤离路程较长时，还必须采取“分段接力”的方式运输，这样才能适应战场快速转移的需要。因此，他建议扩大运输队伍。

徐向前、陈昌浩、王树声对蔡威总结的经验非常重视。由于二台担负着繁重的器材运输任务，西北军委会决定再调配一批战士扩充二台运输队。

于是，蔡威让陈福初、游正刚等对运输队进行整训。二台很快形成了一支由300多人组成的具有快速撤离能力的运输队伍。

蔡威的另一项更为重要的工作是：抓紧研究川军田颂尧部的密电。

在毛浴镇，蔡威全身心地投入了工作。

从南江前线回来，蔡威已积累了更多田颂尧部的电文资料。他把这些资料提供给宋侃夫、王子纲等共同研究。

经过研究，蔡威发现了田颂尧部密码的一些规律，这让他异常兴奋：“完全掌握田颂尧部的密码，为时不远了！”

为了攻下这一难关，蔡威废寝忘食，反复琢磨。他常常一个人坐在桌前，比对着那些密密麻麻的数字苦思冥想，有所收获便淡淡一笑。

一灯如豆，伴着他熬过了一个个漫漫长夜。

战友们心疼地看着他头发蓬乱，镜片后的眼睛充满了血丝，身体日见消瘦。

川东北山区的3月仍然寒风刺骨。勤务员刘忠生在火盆里烧了木炭，让蔡威取暖。蔡威全神贯注地工作着，靠近火盆边的鞋子烧着了都不觉得，有时裤子也烧着了，他还是全然不知，他的那条西装裤因此烧破了好几个洞。

一次，蔡威出去解手，一只脚穿着鞋子，却光着另一只脚，一边走一边琢磨问题，既不觉得疼，也不觉得冷。电台战士看见了，叫住他："蔡台长，你怎么只穿一只鞋子啊？"他低头一看，猛然醒悟过来，自己当真只穿着一只鞋！战士问："那只鞋呢？"他笑着答："在屋里，在屋里。"

为了洞穿川军密码的玄机，蔡威倾注了全部心血。

儿时从"四书""五经"中学到的文言功底，扎实的英语与数学基础，加之聪慧的头脑以及罕见的刻苦，使蔡威在密码研究方面迸发出了超常的潜能。

蔡威和他的战友宋侃夫、王子纲终于把这个神秘的迷宫攻克了！

这是他们三人到川东北后联手掌握的第一部密码，即田颂尧部的密码。这个密码叫作"通密"。

半个多世纪后，宋侃夫、王子纲等一谈起当年掌握田颂尧部的密码，还能脱口说出"通密"两个字的明码，可见它给他们留下了何等深刻的印象！

获取"通密"的电台所在地——毛浴镇，被人们称作红四方面军的"黑室"，它应当之无愧地载入史册！

1933年4月26日，川军田颂尧的三路大军经过一个月的休整补充后，全线出动，发起了第二期总攻击。川军三路纵队一齐扑向通江城，可是，田颂尧的进攻密令一下达，就被红四方面军的电台侦获了！

突破一点，便一通百通。此时的蔡威对田颂尧部的"通密"已悉数掌握，熟记于心，只要川军电台以"通密"发报，蔡威不用译电，就可以拿起电话向张国焘、徐向前直接说出川军密电的内容。

刚开始，张国焘对侦获的情报将信将疑。后来，他把前线红军部队侦察到的情况与蔡威侦听的情报相对照，两方面的情报完全一致，他才信服了。

掌握了田颂尧部的密码，对于红四方面军打破川军"三路围攻"，意义太重大了！

亮剑空山坝

川军田颂尧部的三路大军来势汹汹，占领南江和巴中两城后，企图突破红四方面军的防线，合围川陕根据地首府——通江。

1933 年 4 月 26 日至 28 日，红四方面军在通江县外围的清江渡、杀牛坪、赵公寨、大明垭与川军血战 3 天，将川军阻止在阵地前。

4 月 28 日深夜，徐向前命令秘密撤出阵地，向东北方向转移。

撤走时，徐向前让部队丢下许多破鞋烂袜，做足“败退”的假象。还故意丢下一个文件箱，内有向陕西汉中撤退的“计划”，包括路线、里程、各地有无工作人员以及各地区可能征得的粮秣数量等，此外还有攻取汉中的“作战指示”。

红四方面军总政治部还让红军官兵边撤退边喊话：“老乡们，我们要回到汉中去了，以后在陕南再会！”

川军田颂尧部占领了通江县城，看到满街丢弃的衣物，又捡到了这个文件箱，果然以为红军已经溃不成军了。

田颂尧喜不自胜，马上向蒋介石邀功：

> 我剿匪军中右两纵队，今日自鹦哥嘴、得胜山继续攻击前进，匪已不支，纷纷退却，遗弃伤匪官兵，到处皆是。昨晚全纵队之先头部队直逼通江城下。本日拂晓，我罗乃琼师谢副师长庶常指挥六十三团朱麟，十七团宋培根，率部首先占领通江城，李炜如部继至，并向毋沈镇方向追击。又元山场附近之匪，由李派队肃清，正在围剿中。匪自二旬至今伤亡过半，此乃总崩溃。

此份密电自然也在蔡威领导的二台的掌握中。

殊不知，退出通江城，正是徐向前部署西线大反击的一着妙棋！从反“三路围攻”战役打响那一天开始，徐向前就在思考战役指挥中最关键的一个问题：选择何时、何地转入反击？

退出通江后，红四方面军到了绝地反击的关头：一是红四方面军已经退出3个县城，不能再退了，如果退回陕南，就意味着失败，这不在考虑范围内。二是部队已退至大巴山南麓的深山密林峡谷断崖地带，有利于红军利用地形正面阻击和穿插迂回，而不利于川军大兵团展开。三是川军已被“胜利”冲昏头脑，“骄兵必疲，疲兵必懈，懈兵必败”，况且田颂尧部全线进攻，重心分散，补给也有困难。川军还有一个致命弱点：田颂尧部是地方军阀，与其他各部不相统属，指挥不灵。而此时的红军则退无可退，求战心切，士气高昂。

天时、地利、人和都在红军一方，红军在等待战机。

5月上旬，红四方面军各个防线的部队一再收缩，已经收缩到川北方圆不过百里、地形更为险峻的空山坝地区。

距离通江城200公里的空山坝是4座山峰之间的一个高山平坝，东西长15公里，南北宽约2公里。其主峰海拔2000余米，为通江第一高峰。空山坝南的四山三溪在鬼门关汇合，地形惊险至极。从西部高歇子“奔涌”而来的山峰，刀削斧劈，从东部小骡马“奔涌”而来的山梁也雄险异常。二山像是两头巨大的野牛抵角相斗，挤得此处只能见到一线天。空山坝的东南峭壁间只有两条羊肠小道，分别通往东南方向的两河口和西南方向的余家湾及柳林坝。

红四方面军一而再、再而三地收紧阵地，示弱于敌，就是为了创造条件，发起置敌于死地的反击。川军不懂这个道理，作了相反的估计：占领通江后，竟认为红军将“兵退汉中”。田颂尧狂妄宣称胜利“不过指顾间事”，令所部再次发起全线进攻，以“竟其全功”。

此时，川军担任主攻的左路纵队在孙震率领下，集中13个团的兵力，由西而东，向空山坝地区猛扑。而川军中路纵队、右路纵队则向通江以北推进，妄图南北夹击，围歼红军。

东面的川军刘存厚部也想趁机捞一把，派出8个团兵力抢占了竹峪关，企图威胁红军左侧。

西北军委会根据电台提供的情报，部署了反击方案：

红十一师主力东出，与东线的红十师合兵一处，给刘存厚部狠狠的打击，令其不敢贸然来犯。达到预定目标后，红十师部分兵力监视刘存厚部，主力和红十一师立即西返，与红十二师、红七十三师合兵一处，向西线川军左路纵队发起全面反击，争取一战破敌。

5月15日，东线的反击战在包台山、佛爷岭首先打响。刘存厚没想到徐向前会弃西线、南线于不顾，大举东进，先来打他。他苦心经营的竹峪关防线顿时陷入溃乱，自己也慌了手脚，于第二天傍晚带着几个随从逃进万源城，深沟高垒，不敢再战。

东线的川军全线崩溃，红军乘胜追击60余里后迅速返回，连夜撤到空山坝以北地区，准备转入西线反击战。

东线反击战展开之际，田颂尧下令南线和西线的川军加紧向红七十三师、红十二师的阵地发动猛攻。此时，东线的红十一师尚未返回，空山坝以西的红军阵地全线吃紧。

蔡威带领电台跟随红七十三师指挥部转移到小坎子前线。当川军发起猛烈进攻时，王树声几次对蔡威说："敌人很凶，进攻得很厉害。你做好准备，随时撤离！"

蔡威坚守在电台前，全神贯注侦听，捕捉阵前川军行动的命令，生怕漏掉任何一点儿敌情。

显然，川军左路纵队对红四方面军的真实意图并未掌握，前线总指挥孙震以为面对的不过是掩护主力撤退的后卫阵地，只要加以压迫，就不难一举将红军逼离川境。所以一开始，他就贪功心切，骄躁万分，竟单独向柳林溪冒险进击。川军用的是人海战术，大兵力扑向红七十三师阵地。

王树声拿起电话，想跟红四方面军总指挥部汇报，可是电线已经被川军切断了。

王树声焦急地来到电台，对蔡威说："小坎子被围，电话不通，离张(国焘)主席很远，交通员冲不出去，你想个办法吧！"

蔡威说："用无线电联系，发密码电报！"

王树声问："我们的密码电报会被敌人侦听到吗？"

蔡威回答："我们的密码，敌人无法掌握。"

王树声将信将疑，就让蔡威拍了这样一份电报："小坎子被围，怎么办？"

王子纲收到蔡威发来的密码电报，立即翻译给张国焘。一会儿，蔡威收到王子纲发来的回电："死守待援。国焘。"

于是，王树声下令红七十三师各团死守阵地，阻击川军的进攻，为总反击战的胜利赢得宝贵时间。

一连几日瓢泼大雨，山洪暴发，平常一步就能跨过去的小溪，陡然间变成了湍急的洪流。雨夜里，蔡威戴着耳机凑近微弱的小油灯，一边紧张地抄录，一边凝神思考。他坚守在电台前，已经多日没合眼了。

总指挥部的一台呼叫声响了起来，蔡威立即接听，是王子纲在发报："敌左路纵队有何动静？"

蔡威回复："敌左纵队司令王铭章正电催右、中两个纵队迅速前进。"

一台又问："敌右、中两纵队前进到何地？"

二台电复："因连日暴雨，山洪暴发，敌右、中两纵队无法前进。"

此时，川军田颂尧部三路纵队的电文往来更加密切了，而川军任何动向都在蔡威掌控之中。他连续向总指挥部的一台发去侦察报告：

> 敌粮食补给十分困难，连日杀马充饥，士气更为低落。
>
> 敌左纵队总指挥孙震与第三路司令何瞻如通电哀叹：困难万状，士兵每日苞谷稀粥一次均不可能，忍饥耐苦而战。弟戎马半生，辛苦备尝，诚未有如此剿赤匪军事之困苦也。
>
> ……

西北军委会根据电台侦获的情报，得知川军左路纵队 13 个团到空山坝西南地区，已经过分突出，与位在通江地区的中央纵队和右路纵队间空隙加大，又处于崇山峻岭、峡谷深壑中，不但步步涉险，而且不能展开，丝毫没有回旋余地。

5 月 17 日凌晨，徐向前召开军事会议，部署西线战役。徐向前面对挂在墙上的军用地图，久久地盯着红七十三师防守的小坎子一线阵地。

大、小骡马和小坎子阵地是川军左路纵队猛烈攻击的地方，能否在这里吸引并顶住川军的进攻，直接关系到这场反击战的胜败。小坎子防线如果被突破，红四方面军整个反击部署就将付诸东流，并使红军陷于极为不利的境地。

徐向前对王树声说:“你那里可是要命的地方啊！伤亡再大,也得顶住！你们顶得住,胜利就有希望！”

“为了全局的胜利,需要坚持多久,我们就坚持多久！”王树声坚定地表示。

“好！先把冒进至空山坝以南的敌左路纵队吃掉！”徐向前下了最后的决心。

5 月 20 日晚,红十一师第三十三团在团长程世才率领下,从空山坝以北的深山老林中开路,秘密插到川军侧后,后续部队陆续跟进。

适逢瓢泼大雨,山洪暴发,夹着泥沙和石块的浊流沿着山沟滚滚而下,发出震耳欲聋的轰鸣,正好掩盖了红军伐木前进的声响。官兵们人人有副铁脚码子(供下雨天爬山跑路用),这时派上了大用场。他们按计划到达指定地点后,占领要地,构筑工事,切断了川军左路纵队的退路。

5 月 21 日拂晓,西线反击战开始了。

红十一师发扬不怕疲劳、连续作战的优良作风,突然向川军左翼发起猛攻,打得川军茫然不知所措,一时阵脚大乱。王树声指挥红七十三师也乘机从正面向川军发起进攻,红十师、红十二师则向川军右翼猛攻。

红四方面军的 10000 多名指战员在这个大雨瓢泼的早上,将大梦未醒的川军左路纵队的 13 个团分割包围,霎时间,密集的枪声、手榴弹的爆炸声、骡马的嘶鸣声、红军指战员冲杀的呐喊声、“双枪兵”的哭号惊叫声响成一片。

从睡梦中惊醒的大烟鬼们乱作一团,惊慌失措,有的提着裤子乱叫,有的赤条条地乱跑,有的拿着枪不分东西南北地乱放。进攻大、小骡马和小坎子的川军此时纷纷丢弃军械、物资,夺路逃生,尽管旅长悬赏 5000 块大洋命令官兵停止退却,就地占领阵地,但无人听命。

时值倾盆大雨,山洪横流,道路阻塞。川军在退却路上争相逃命,互相践踏,被挤下悬崖者无数。川军左路纵队遭此歼灭性打击后,全线崩溃,中央纵队和右路纵队也纷纷败退。红军乘胜发起了追击。

5 月 26 日,王树声指挥红七十三师收复南江城。蔡威率电台进抵三江坝附近。

5 月 29 日,红十二师收复通江。

6 月 15 日,红十一师逼近苍溪;右路红七十三师收复南江后直逼广元城下；左路红十二师收复通江、巴中后进逼仪陇城；东线的红十师也乘胜向前推进，迫川军刘存厚部后撤。

红四方面军历时 4 个月的反“三路围攻”战役胜利结束，毙、伤、俘川军 24000 余人，缴获长短枪 8000 余支、机枪 200 余挺、迫击炮 50 余门，将田颂尧部的兵力“吃”掉了三分之一。

败将田颂尧痛心疾首，气急败坏，通电国民党中央政府及全川军阀：

> 尧奉职无状，固深内疚。唯匪为全国公敌，而专力猛攻者，谨尧之一军。……今兹之事失，固在意中，从前之胜，转为意外。岂特尧一人之罪，川中各军与有责焉。……除电呈蒋委员长，请予解除川陕边区剿匪职务，另简贤能接替，以期督率川陕各军认真兜剿外，尧仍率所部任一方进剿之责。

刘湘也致电蒋介石，哀叹：

> 川北赤祸，其势已臻燎原，苍广阆中，相继告急，全川震动。怵于湘赣豫鄂之祸，即在目前，奔走呼号，星火飞急。

1933 年 6 月底，红四方面军总指挥部在旺苍木门召开军事会议，总结粉碎川军“三路围攻”的作战经验，高度赞扬了无线电侦察工作的重大作用。升任红四方面军副总指挥的王树声说：“在数倍于我的敌军围攻下，如果没有无线电台的工作，我们的仗是很难打的。”

中共川陕省委在通江新场坝召开了第二次党代会，蔡威被特别邀请参加这次会议。

胡正先后来回忆：

> 我看见蔡威同志与张国焘、陈昌浩、徐向前及中央代表坐在一起。蔡威同志有点特殊，他在苏区的时候很少穿军装，留着一个大背头，穿着西装。没有特殊贡献是不会和首长坐在一起的，给我的印象是，蔡威同志是了不起的。

1933 年 8 月 1 日,川陕省第二次工农兵代表大会在巴中城召开,红四方面军总指挥徐向前代表总指挥部奖励了在反“三路围攻”战役中的有功人员。

蔡威在无线电侦察工作中作出了重大贡献,受到特别嘉奖。

“手中自有 10 万雄兵!”

反“三路围攻”的胜利极大地提高了红军的声望,参加红军成了人民群众心目中最大的荣耀,红四方面军和地方革命武装力量很快发展到 40000 多人。

西北军委会在木门召开会议,决定对红四方面军进行整编,原红十师、红十二师、红十一师和红七十三师扩编成红四军、红九军、红三十军和红三十一军。

蔡威带着胜利的喜悦,率领二台官兵又回到了通江县毛浴镇。

根据西北军委会的部署,电台也进行了整训。红四方面军总指挥部决定成立电务处,由宋侃夫任处长。电台也做了分工,蔡威率二台专门担负无线电侦察任务,宋侃夫、王子纲率一台主要负责保障通信联络,同时兼做无线电侦察工作。

蔡威知道,国民党军对川陕根据地新一轮的“围剿”很快就会到来,战斗将会更加激烈残酷。他担负的无线电侦察任务艰巨,责任重大,所以,他要做的一项重要工作就是迅速补充器材。

红四方面军此时仅有 3 部电台,两部 15 瓦,一部 5 瓦,另有一部收报机,器材均为 20 世纪 30 年代的外国货,除每机一份备用电子管外,没有其他元器件。一部 15 瓦的电台必备的条件是:蓄电池 2 个,加备换 4 个,有充电机、发电机,还有 3 种油料,而这些当时都缺,这是亟待解决的问题。至于那部 5 瓦的电台,由于人手少、电源难的问题未能解决,已有一段时间弃置不用了。

器材的缺乏,特别是电池严重缺乏,令蔡威伤透了脑筋。他绞尽脑汁,想到了好多办法:他把不容易烂的电瓶负极卸下来,洗一洗,然后动手把它拼装起来,这样又成了一个能用的新电瓶;电瓶的铅板坏了,他利用废铅重新制作,充电后可用 8 至 15 个小时,不亚于新电瓶;他把旧电瓶拆开,3 个拼成两个,经过充电,也能使用一段时间。收发报机要用45伏的大电池,电用完了,他就用30个1.5伏的小电池焊接起来代用。开始大家都不会焊,蔡威就手把手地教。他先将小电池的棒极擦干净,然后将烧红了的烙铁沾上锡,轻轻一点就接上了。电台有一部充电机因“胀圈”经常发生故障,那个活塞很难卸,要慢慢地拔,蔡威亲自操作。他很有耐性,一搞就是大半天;他也教大家操作或者站在旁边看同志们操作,直到搞好为止。

曾担任二台警卫员的陈福初这样回忆道:

> 那时候的工作确实是很辛苦的,他(蔡威)一天守在机器旁的时间是难以用钟点准确地来计算的,反正睡得很少。我们大家轮流着给他送饭。送饭时,我们把饭放在桌上,说:“蔡台长,饭给您送来了,趁热吃了吧!”他只是“嗯”了一声,仍在聚精会神地工作。过了一会儿,我们再来的时候,饭还是好好地放在那里,没有动。一会儿,我们又提醒道:“蔡台长,饭怎么没有吃?都凉了。”他才发觉,说:“噢,饭什么时候送来的?”或者就简单的一句话:“这一点搞完了再吃。”就这样,一顿饭常常是热了凉,凉了再热,送好几趟。蔡威同志就这样忘我工作,真正称得上是废寝忘食了。后来,我们电台里的同志慢慢地摸到了他的工作规律,就是最好什么时候送饭给蔡威同志呢?往往是在他一个人在工作时突然笑了起来,这个时候,我们就知道他的研究工作有眉目了,或者有什么新发现了。这个时候很高兴,他很快就把饭吃完了。不然,他还不马上休息。他的刻苦钻研精神,高度的责任感,实在令人敬佩。

宋侃夫也回忆:

> 在研究敌人密码的工作中,蔡威同志的贡献是重大的。有一回,他患了肺炎,几次吐血不止,但他仍然坚持工作。

在战友的印象中,蔡威是一位善于变废为宝的“发明家”:有些小零件坏了,他就亲自动手制作模坯,搞翻砂,翻出来的零件再用手工慢慢磨。有的零件无法搞翻砂，他就直接用钢管磨，一个零件往往要磨好几天。一时买不到发电机用的汽油，他就用煤油过滤几遍后替代；发动机没有润滑油，他就用过滤后的猪油来替代；后来进入藏区，连猪油也找不到了，他就试用牛油，过滤一两遍不行，就多过滤几遍，最后还是解决了。

当时，国民党的严密封锁不仅使红四方面军的电台器材无法得到及时补充，其他物资如医用器材、药品、军用地图等同样严重缺乏。打破封锁，对外建立秘密通道，成了红四方面军的当务之急。

1933 年 6 月，蒋介石命令四川军阀与陕西杨虎城的第十七路军联合向川陕根据地进攻，同时以其嫡系部队胡宗南的第一师对红军进行监视。

杨虎城是陕西地方实力派的首领，具有民主思想和爱国热忱。他的第十七路军不是蒋介石的嫡系，与蒋嫡系存在复杂的矛盾。7 个月前，当红四方面军西征至陕西时，蒋介石原以为红军会西进甘肃天水，已将杨虎城部第三十八军主力调往甘肃，而将陕南防区交给了嫡系胡宗南部。按理说，夹击巴山红军的任务应由胡宗南部承担，然而，惯于借"剿共"排除异己的蒋介石舍近求远，责令杨虎城的第三十八军与胡宗南部调防，重返陕南。杨虎城左右为难：倘若违抗军令，会被军法处治，有可能被取消番号；倘若顺从，恰好中了蒋介石的"渔翁得利"之计。

中共中央要求红四方面军利用国民党军内部的矛盾，争取中间势力，开展统战工作，尽快打通与外界的联系。

1933 年 3 月，西安中共地下党负责人向国民党军第三十八军少校参谋武志平（中共秘密党员）传达了上海中央"特科"的指示，要求他利用公开职务和社会关系为中共搜集情报，并做杨虎城的工作，不要与红四方面军正面冲突；同时还要设法建立起川陕对外秘密通道，解决根据地物资供应等问题。

武志平接受任务后，通过杨虎城的高级顾问、陕西进步人士杜斌丞做杨虎城的工作。杨虎城终于同意派武志平携带国民党军第三十八军军长孙蔚如致红四方面军领导人的密信前往川北与红军联络。

5 月 21 日，武志平抵达川北苦草坝，会见了红四方面军领导人张国焘、傅钟、曾中生、张琴秋等，并将所带军用地图及秘密情报交给了总政治部。

红四方面军领导人决定派参谋处主任徐以新与武志平同往汉中与孙蔚

如会谈，并委托武志平为川陕根据地购买急需的无线电器材、医疗器材、药材等物资。

徐以新与武志平于6月1日到汉中，就双方停战和共同抗日等问题与孙蔚如会谈。双方达成秘密协议：双方互不侵犯，只要陕军不进攻川陕根据地，红军保证不进军陕西；如果红军去甘肃打胡宗南，孙蔚如部愿给红四方面军补充一些武器弹药；红军可以在汉中设立交通站。

6月5日，徐、武二人返回通江，除了带回孙蔚如赠送的川北详细地图和药物外，还有他们自行购置的相当数量的其他物资。

至此，川陕根据地与白区的秘密交通线正式建成。这条交通线为红四方面军提供了许多军事情报，输送了大批军用物资，为根据地军民集中力量打击“围剿”的国民党军、保卫根据地创造了良好的条件。

徐以新从汉中带来的物资中有电台急需的火花塞、活塞圈、干电池等，还有一本国民党军使用过的密码底本，这让蔡威大喜过望。

蔡威、宋侃夫、王子纲等虽然已经掌握了田颂尧部的“通密”，但是四川军阀派系繁多，关系复杂，使用的密码各不相同，又经常变换。将川军各部队的密码全部掌握，成了他们的新目标。

秘密交通线的建立，给被封锁的川陕根据地打开了一扇亮窗，也给正愁无从获得消息的蔡威带来了欣喜。西安的中共地下党组织利用其成员宋绮云的职务之便，把全国各地的报刊源源不断地寄到汉中，再由武志平通过秘密交通线送到川陕根据地。

同年，红四方面军又建立了另一条由成都经三台、盐亭、南部、阆中、苍溪再渡东河到根据地的交通线。

1933年，廖承志从上海几经周折，通过秘密交通线抵达川陕根据地。他还带来一本国民党军密码本交给了蔡威。

有了两本国民党军的密码底本及各地报刊资料，就有了研究川军密码的重要参考条件。经过日日夜夜的反复琢磨，在宋侃夫、王子纲的配合下，蔡威相继掌握了刘湘、刘存厚、邓锡侯、杨森等四川各路军阀所使用的“统密”“智密”“苏密”，而且掌握了蒋介石在四川周边的嫡系部队的密码。

这无疑是一个巨大的成功！西北军委会领导称赞蔡威：“手中自有10万雄兵！”

1933年7月,蔡威率领二台全体人员从毛浴镇迁到通江县城北杜家坪的一个地主庄院里,宋侃夫、王子纲率领一台也同时入驻。

从此,蔡威告别了宕江河畔的毛浴镇,去迎接新的更大的挑战!

第八章　长空对决

当国共两军在川陕地区展开角逐的时候，曾经担任四川盐务稽核所经理并撰写了《川盐纪要》的著名学者林振翰已经意识到“夺盐之战”在所难免。

林振翰修书给四川同仁，请他们代为寻找名叫“蔡泽镛”的外甥。他因外甥“失踪”，对胞妹林莺深感愧疚。调任福州盐务稽核所经理后，他仍在千方百计寻找至爱亲人。

然而，不幸的是，这位蜚声学界的盐政专家因积劳成疾，于1932年病逝于福州。临终之时，他仍喃喃细语托付友人：“蔡泽镛，我的外甥，才华出众，大有可为。你们一定要帮我找到他！”

夺盐之战　“通密”无密

国民党军的“三路围攻”被彻底粉碎后，蒋介石于1933年7月7日任命刘湘为“四川剿匪总司令”，并向四川军阀发去一份密电：

> 现在川匪猖獗，通南告陷；亟应剿灭，以靖地方，兹特派刘湘为剿匪总司令，并饬川中各军，悉归节制……

这份电令很快被蔡威领导的二台侦悉。

从不断得到的情报分析：此时，刘湘与刘文辉自6月开始的混战还未结束，双方短期内难以执行蒋介石的“剿赤”指令。东南部实力最强的刘湘虽被蒋介石委任为“四川剿匪总司令”，但他坚持“先安川，后剿赤”，还想与刘文辉一决雌雄，暂时无意罢兵回师进攻红军。

刘湘如此，川中各军及陕南国民党军又怎样呢？

此时邓锡侯部尚远在川西，不敢贸然起兵，只能坐视观望。而与红军直接对峙的田颂尧部刚刚打了败仗，还在喘息之中。杨森和刘存厚因实力不强，正各坐巢穴，力图自保。陕南杨虎城的国民党军第三十八军则已与红四方面军签订了互不侵犯协议。

由此判断：国民党军新的围攻计划尚未准备就绪，仍处于战略守势状态。在这种情况下，西北军委会决定：集中主力部队转入外线进攻，主动发起仪（陇）南（部）、营（山）渠（县）、宣（汉）达（县）3个战役，进一步扩大革命根据地，壮大革命力量。

第一仗就是仪南战役。

所谓“仪南”，是指仪陇和南部两个县。南部县是四川著名的产盐区，盐井很多。夺取南部的盐井，是发起这次战役的原因之一。

此时，川陕根据地已发展到200多万人口，但仅有通江的几口盐井产盐，产量甚低，无法保证群众的最低需要。在国民党当局严重经济封锁下，外面的盐巴不能大宗输入，小商小贩偷运点儿进来，杯水车薪，无济于事。根据地盐巴奇缺，一块光洋买不到一两，甚至有钱都无处买。

盐，关系到群众的切身利益，关系到红军的战斗力，关系到根据地的生存和巩固。夺取盐井，具有战略性的意义。首先发起仪南战役，就是从解决吃盐问题着眼的。

蔡威从川军电台侦悉：田颂尧兵败通南巴后，士气低落，将部队大部拉回嘉陵江以西休整。嘉陵江以东的广元一带驻有6个团；苍溪一线驻有8个团；川军李炜如第一路军4个团，一部驻阆中，大部驻在仪陇和南部地区。

红四方面军总指挥部决定：多路突击，几处制敌，迫使嘉陵江西岸田颂尧部主力不敢贸然渡江援应，并集中红军主力一部迅速围歼仪陇、南部之敌。

徐向前命蔡威带领二台紧随红四方面军总指挥部行动，随时报告侦悉的敌情；同时将徐深吉从红二一八团调来总指挥部当参谋，让他负责绘制作战地图。从此，蔡威与徐深吉朝夕相处，二人不仅成为徐向前的得力助手，也成了推心置腹、相互激励的诤友。

时值8月盛夏，川北山区酷暑难当。为了侦获国民党军密电，蔡威坚守在电台旁，时刻不敢离开。徐深吉常来电台取情报，看他身体一天天消瘦下去，便关心地问：“你病了？”

蔡威笑笑：“身体好着哩！”

“可你瘦了呀！”

“这里的蚊子又大又凶，叮得我几天没睡个好觉。”蔡威乐呵呵地说。

蔡威一边侦听，一边把国民党军李炜如部的一份密电即时口述了出来。徐深吉很惊奇，说：“你的脑袋简直就是一个电码本子！”

蔡威说：“不这样不行啊，要是不记住，一个字一个字去查，就太慢了，会误大事的！”

多年后，徐深吉回忆起蔡威熟记密码本的情景，说：

> 我当参谋有深切体会，掌握敌人密电，是一场特殊的、重要的战斗，关系到一个战斗甚至一次战役的成败。蔡威同志呕心沥血，在这方面有突出建树。

蔡威对田颂尧部所用的“通密”可以说烂熟于心，对田颂尧的兵力部署情况了如指掌，只要其电台一发报，他就能将侦获的情报即时口述出来，由参谋记录后急报徐向前。

仪南战役以红九军为主力，对国民党军发起进攻。徐向前率红四方面军总指挥部随红九军行动。

蔡威率二台随之跟进至巴中以西的恩阳前线。

8 月 12 日凌晨，战役开始，红九军兵分三路直指仪陇。仪陇县位于南充市的东北部，是朱德总司令的故乡。县城外围的据点如兴隆场、黄林石、土门铺等居高临下，都筑有坚固防御工事。

“先打掉仪陇外围的据点！”徐向前对许世友说。许世友立即指挥部队从右翼进攻兴隆场据点，左、中两路也将黄林石、土门铺等据点包围。

此时，蔡威侦获一个重要情报：防守仪陇的李炜如称病离职，旅长刘鼎基也离开防区赴上海，守敌由团长汪朝濂代行指挥。

于是，徐向前抓住川军主官离职的战机，令许世友率部向仪陇县城发起总攻。

仪陇是李炜如苦心经营多年的老巢，城建在半山腰，城墙高耸，碉堡密布。城北那座高600米的金城寨是当地有名的天险。这寨堡不仅是防御上的制高点,也是川军心理上的一个支撑。只要把金城寨攻下来,守城川军就会不战自乱。许世友连夜做出攻城部署:以2个团兵力在东、南、西3个方向攻城;由一个团潜至城北面,偷偷攀上绝壁。

8月22日拂晓,进攻开始,金城寨上的川军被东、南、西方向的攻城火力吸引住,对北面的突击竟毫无察觉,等到明白过来为时已晚,只得放弃寨堡,落荒而去。

红军攻进县城,堵住逃敌,激战一天,歼灭川军2个营,俘虏300余人,缴枪400余支。

取得仪陇县城后,许世友立即挥师向南部县挺进。田颂尧部无力增援,驻守在南部县的川军便纷纷向嘉陵江以西败退。红九军追到嘉陵江边,止步回师,占领江东盐井90余口,缴获盐巴100000余斤。红九军在当地中共地下党组织的配合下,发动盐井职工继续生产,并组织大批群众将缴获的食盐向根据地腹地运输,这大大缓解了川陕根据地的"盐荒",稳定了军心民心。

夺盐之战历时半月,歼灭川军3000余人,缴枪1000余支,解放了仪陇全县,控制了广元、昭化、苍溪、阆中、南部等县之嘉陵江东岸广大地区和陕南宁羌县一部。

知己知彼　战无不胜

仪南战役胜利后,川陕根据地的范围扩展到了仪陇以南地区。

这时,川军杨森第二十军所盘踞的营山、渠县等前哨据点就突出于根据地的仪陇和江口之间,成为红四方面军继续向外发展的严重阻碍。

杨森的第二十军有6个混成旅,20000余人,在四川军阀中实力并不算大,此时又处于"四面受敌"的窘境:东面和东南面要防备刘存厚、刘湘,西面要防备田颂尧,北面还要防备红军。

红四方面军入川时,曾致信杨森,希望他保持中立,不要进犯红军,但他置之不理,反而派兵参加田颂尧的"三路围攻"。

杨森如此不自量力,必然会自食其果。

蔡威率领的二台侦悉:9月12日,刘湘电令川中各将领到成都商议"剿匪”计划，杨森将赴成都。这是一次好机会！红四方面军领导人一致认为，应乘杨森去成都的机会，发动第二次外线进攻，拔掉顶在根据地“胸口”的这把“刀子”，之后再向南发展。营（山）渠（县）战役由此开始。

9月22日夜，红九军和红四军第十一师连夜从东、西两侧向国民党军迂回。次日凌晨，突然间雷鸣电闪，大雨倾盆。担任主攻的红三十军4个团由军长余天云、政委李先念率领，从恩阳镇南下，直插玉山场。没等国民党守军清醒过来，红三十军、红九军和红四军一部就将玉山场、鼎山场的川军守军打得溃不成军，川军第二混成旅旅长带了1000多残兵向营山县城逃窜。

正在成都开会的杨森得此消息，深恐老巢有失，急电川军第三混成旅旅长杨汉城指挥第一、第三混成旅驰援营山。

杨森的密电当即被蔡威截获。徐向前根据这一情报，下令阻击杨汉城的援军，并加紧向营（山）渠（县）进攻。

9月29日至10月6日，红四方面军连连攻克鼎山场、楼佛寺、杨家寨、石河桥、周口等几个川军据点，占领了营山县城和渠县的大部地区。此役以红军大胜而告结束。

营渠战役歼灭川军杨森部第一混成旅大部，第二、第三、第五混成旅各一部；击毙川军第十四团团长程栋梁以下1000余人，俘虏第二团团长雍寿康以下2000余人，缴获长短枪2500余支。

营渠大战，杨森失利，刘湘的地盘受到了威胁。刘湘急调川军第二十一军王陵基的两个旅和范绍曾的第四师在三汇、大竹一带设防。

10月12日，蒋介石电责川中各军：

> 如有轻弃防地，自行后退者，不但取消该军防区，且必撤职查办。又他军遇匪，而邻近部队观望不援者，或剿匪不力，不服约束者，一经查明，亦严惩不贷……

尽管如此，川中各路军阀还是互相观望。刘湘的“剿赤”计划迟迟未能实施，只能指令飞机天天在川陕根据地上空盘旋，寻机袭击红军。

此时，红四方面军总指挥部和电台进驻仪陇县一个叫“团山”的小山村。徐向前和陈昌浩正在筹划如何对付刘湘的进攻，研究下一个战役部署。

突然，蔡威截获了刘湘发出的密电，吓了一跳，立即跑去总指挥部报告："总指挥，总政委，敌人已发现我指挥部和电台的方位！"

陈昌浩急问："情报可靠吗？"

"刚刚截获刘湘的空袭密令。"

徐向前果断下令："撤退！"总指挥部和电台不到半个小时就撤出了团山。

果然，没过一会儿，国民党军就出动数架飞机，对团山进行狂轰滥炸，总指挥部和电台原驻地成为一片火海！

看着远处的大火，徐向前对蔡威说："好险哪！蔡台长，要不是你及时掌握了敌军的密电，今天我们很难躲过这一劫！"

红四方面军打下营山、渠县后，川陕根据地又向南扩展了100余里，这样，新老苏区的边界与四川军阀刘存厚部防守的万源、宣汉、达县几乎拉成了一条直线。但由于刘存厚的川陕边防军堵在中间，红四方面军与活跃在川东的王维舟游击军的联系一直无法打通，川陕根据地也无法向东扩展。

发起宣（汉）达（县）战役，成了红四方面军顺理成章的选择，这也是红四方面军继仪南战役和营渠战役之后发起的第三次外线进攻。

被四川民众称作"瘟牛"的老军阀刘存厚有3个特点：一是多变，二是迷信，三是贪婪。红四方面军入川时，他的川陕边防军已扩充到20000多人。红军曾几次写信给他，要他严守中立，他却不予理睬，还派兵抢占竹峪关，配合田颂尧发动"三路围攻"，所以，红四方面军早就想收拾他了。

这个老军阀十分迷信。当副官送来"张国焘、徐向前的队伍已打下营山、渠县，准备向东线进攻"的情报时，他只"哦"了一声，便沐浴更衣，焚香扶乩："菩萨在上，弟子刘存厚跪拜叩问，张国焘、徐向前会不会打过来？祈求菩萨神示。"摆在香案上的那只乩盘动了起来，"乩师"过来一看，说："大吉大利！大吉大利！"就在这时，他的副官又来报告："徐向前的队伍正向广元、苍溪、蓬安进逼，田颂尧司令、杨森司令来电告急求援。"

刘存厚一听，高兴得仰天大笑："天意呀，天意！我刘存厚是员福将，刘湘奈何不了我，张国焘、徐向前又奈我何？"

副官提醒说："东面部队报告，红军有在东线隐蔽集结的迹象。"

刘存厚发火了："徐向前已经打到西边去了，这里哪来红军？你别乱我军心！"说罢，竟置之不理，拂袖而去。

原来，徐向前部署的宣达战役用的是"声西击东"战术，故意麻痹刘存厚，以保证战役发起的突然性。愚蠢的刘存厚果然中计。

此前，蔡威已经掌握了刘存厚部的密电码，获知刘存厚的川陕边防军有两个师加一个独立旅，共 15 个团。其防地北起万源，南至达县，长达 300 余里，兵力呈一线式配备，分兵把口，纵深薄弱，后方空虚，仅有一个旅驻于指挥部所在地达县。

徐向前根据蔡威掌握的敌情，在通江得胜山召开军以上干部会议，研究宣达战役的作战部署，决定：战役的准备阶段，以红三十一军、红九军和红三十军各一部，向嘉陵江沿线之广元、苍溪、蓬安等地积极佯动，虚张声势，造成主力红军西进攻击田颂尧的态势，主力攻击部队则保持绝对隐蔽，秘密向东线集结。刘存厚这个昏庸的家伙宁信"神示"，也不愿相信部下送来的情报，红四方面军的"声西击东"战术显然奏效了。

在西线行动的掩护下，红四方面军东线三路纵队已按指定地点集结完毕。

徐向前要求红四方面军各参战部队发扬夜战近战的特长和迅速秘密行动的战斗作风，采用奇袭手段，突破川军防线，大胆迂回包抄，猛打穷追，速战速决。徐向前和陈昌浩亲临突击部队指挥战斗。

中央突破口选在烟灯寨。据实地侦察，烟灯寨是个隘口，是川军第二师一线防御阵地的中心支撑点。只要拿下烟灯寨，红军主攻部队就可以向东南宣汉方向长驱直入。

烟灯寨地形险峻，面对红军一侧崖高 5 丈，很难攀越。川军派了一个营防守隘口，但偏偏崖顶没有驻防。

10 月 17 日拂晓，红三十军第二六八团在残留夜色的掩护下，极其隐蔽地通过了陡峭难行的山路，攀登 5 丈多高的绝壁，越上了烟灯寨。川军守军做梦也没想到红军的突破点会选在这个地方，听到枪声便乱作一团。

红三十军第二六八团突击队一举袭占烟灯寨，歼川军一个营，打开了缺口。后续部队乘势猛攻，当天即攻下了土地堡、凤凰观、邱家堡、马渡关，歼灭川军第六团，击溃第五团，川军中段防线即告瓦解。

10月18日，红九军和红三十军分头向宣汉、达县猛进。

10月19日，红九军攻占宣汉，红三十军占领达县城东北，威胁城北凤凰山上的川军守军。

达县是刘存厚的老巢，城中有两个团防守。红军先头部队向县城逼近时，刘存厚部一个团连忙出城在凤凰山要隘设置阵地，意欲阻止红军南下。

红三十军以两个营兵力佯攻凤凰山，以一个前哨营绕过凤凰山，沿宣汉大道偷袭达县县城。

此时，刘存厚还在家中饮酒扶乩。听到枪声，他问马弁："哪里的枪声？到底怎么回事？"马弁告诉他："红军打进城来了！"刘存厚吓得说不出话，慌忙带上女人和金银细软从东门出逃。慌乱中，钱箱子跌破了，银元滚落一地，他也无心捡拾，在卫队的保护下向城南逃去。

南门外的河上有一座浮桥，刘存厚一行过河后，即烧了浮桥。

刘存厚仓皇逃跑了，但他在达县经营多年的兵工厂、被服厂、造币厂以及大批军用物资都成了红军的战利品。

在攻打宣汉、达县的同时，红四军军长王宏坤率领一部进逼到万源县城。当时，蔡威截获国民党军密电，得知驻守万源的川军第一师师长不在，由旅长廖雨辰代行指挥。廖雨辰向刘存厚告急：

> 本部粮食接济不及，士兵已没有饭吃。……

蔡威立即让熊远绪把这一重要情报送给总指挥徐向前。

在宣达战役前，红四方面军总政治部曾强调加强连队战时政治工作，大力开展战场喊话，瓦解敌军。红四方面军总政治部从徐向前总指挥那里得知刘存厚粮食不济的情报后，就原原本本向部队传达了。于是，红三十团前沿阵地的战士就朝川军守军喊话："你们粮食不济了，赶快投降吧！"

听到喊话，守军军心大乱。旅长廖雨辰估计万源城守不住了，便弃城南逃。

10月21日中午，王宏坤率红四军进占了万源。

廖雨辰把红军前沿阵地喊话这件事用密电向上司报告，说刘存厚部有"共党间谍"，要求清洗。同时，他又怀疑是发出的密电被红军电台侦听掌握了才泄密的，要求尽快更换密码。

此后，川军以此为戒，经常更换密码。

蔡威将此情况报告红四方面军总指挥部，要求总政治部在部署阵地政治工作时严格注意保密。

徐向前当即指示总指挥部机关：今后起草的对敌喊话内容，都要送总指挥亲自审查。

宣达战役历时11天，获得了重大胜利，不仅解放了宣汉、达县、万源三座县城，给刘存厚以沉重打击，还缴获了许多工业设备，使川陕根据地的军工建设有了进一步发展。

战役结束，蔡威、宋侃夫、王子纲带着肖全夫等赶往达县收集电信器材，缴获了4个大型玻璃瓶酸性蓄电池、一部20瓦手摇发电机、两部"马柯尼"无线电器材、20瓦电子管及少许元件，获得的无线电器材都是进口的。这些缴获品因元件少、不配套等原因，一时都还用不上。

当时，上海《国闻周报》上发的一篇文章对刘存厚进行了"口诛笔伐"：

> 赤匪的大队接着就到了，把姓蒋的团长活捉了去还是小事，刘存厚积存下来的五六千支枪，百多万发子弹，百多万的现洋，兵工厂、造币厂的全副机器和材料，也都轻轻巧巧地送给赤匪了……我们老朽昏庸的老将军，在那"军书旁午"的紧要关头，偏偏还那样好整以暇地饮酒扶乩，连搬运要紧东西的大事都想不到，表演了那么一幕仓皇逃走，又厚赠了赤匪一笔礼物的丑剧！

蒋介石更是气急败坏，电责：

> 陆军第二十三军军长刘存厚御匪无方，轻弃防地，着即褫职听候查办。

此后，刘存厚兵权被夺，到成都做起了"寓公"。

红四方面军8月至10月连续发动三次外线进攻战役都取得了重大胜利。原来一直在川陕根据地边缘活动的王维舟领导的川东游击军终于与红四方面军合兵一处，改编为“红三十三军”。这样，红四方面军就由4个军增加为5个军，人数达8万多人，苏区面积达4万多平方公里，人口500多万。

川陕根据地和红四方面军兵强马壮，进入了鼎盛时期。

反“六路围攻”建奇功

徐向前元帅曾这样回忆：仪南、营渠、宣达三次外线进攻战役取得胜利后，红四方面军兵锋“西抵嘉陵江东岸，如跨江而进，可横扫岷嘉流域，控制川西平原，直逼成都；东至万源、两开（开县、开江）地区，进而可据下江东的万县、夔门，端掉刘湘老巢，扼住全川咽喉；沿长江而上，则涪陵、重庆亦岌岌可危”。

成都告急！重庆告急！四川的地主豪绅、达官贵人一片惊慌。有的还带上金银细软，携妻妾逃往武汉，或避居上海。

受到最大威胁的是“四川王”刘湘。

刘湘原先没把红军放在眼里，主张“先安川，后剿赤”，也就是先吞并其他军阀势力，统一四川，而后出兵抗击红军。现在情况变了，红四方面军迅猛发展，把田颂尧打垮了，把杨森打垮了，刘存厚差不多也被消灭了，再打下去就轮到自己头上了！覆巢之危就在眼前，岂能坐视不管？所以，他接受蒋介石“四川剿匪总司令”的委任，决定放弃内争，把四川军阀力量统一起来，共同对付红军。

1933年10月4日，刘湘纠集四川各路军阀在成都召开军事会议，宣布就任。蒋介石为了给刘湘打气，一面派国民党武汉行营主任何成浚参加刘湘的就职典礼，一面调嫡系胡宗南的国民党军第一师进驻川陕甘边境，阻止红军北上，同时拨给刘湘200万元军费、10000余支枪和500万发子弹，以为接济。

刘湘宣称：“3个月内肃清赤匪！”

他部署了“六路围攻”的《“剿赤”大纲》：第一路为邓锡侯部18个团，由广元、昭化向木门、南江方向进攻；第二路为田颂尧部24个团，由阆中向巴中方向进攻；第三路为李家钰部和罗泽洲部，共15个团，由南充向仪陇、巴中东南曾口场方向进攻；第四路为杨森部12个团，由蓬安向鼎山场、通江方向进攻；第五路为刘湘第二十一军，总指挥王陵基率 24 个团，由开江、开县向宣汉、达县、万源方向进攻；第六路为刘存厚的川陕边防军第二十三军，由副军长刘邦俊率 12 个团，另有土匪王三春的 6 个团，共 18 个团，由开县、城口地区向万源方向进攻。国民党军的“六路围攻”从西北广元起至城口的千里弧形线上，共投入兵力 111 个团，约 20 万之众，另有 18 架飞机助战。王陵基的第五路是其主力。

刘湘的“剿赤”军事行动分三期进行：第一期占领宣汉、达县、营山、旺苍等地；第二期进占通江、南江、巴中；第三期会攻红四方面军战略后方通江苦草坝。

刘湘命令：“以上各路统限本月 20 日以前到达指定地点，将到达情形暨部署迅即呈报，候命总攻……各路奉命总攻后，务须奋勇追剿，不得稍为观望，如违以军法从事。”

刘湘向团长们许诺：“军事平定，讨赤损失尽量补充，官兵自动员之日起一律十成发饷，伤残阵亡者从优抚恤，勇敢者一律超升师长以上，建立特勋者得为省政府委员。”

为了配合军事进攻，刘湘又组织了“剿赤后援会”“安抚委员会”，并利用反动会道门和地主武装开展“游击战争”，骚扰破坏；同时，他还加紧了对川陕根据地的经济封锁，并在其统治区内增收田赋捐税，大量搜刮民财以充军费。

当刘湘还在调兵遣将部署“六路围攻”的时候，徐向前正在东线北翼率领红四军前锋第十师向南追击逃敌廖雨辰部，准备乘胜进占开县、开江。

11 月 1 日晚，徐向前与红十师师长汪乃贵、副师长王近山在开县以西的杨柳关宿营。他们派出一个通信员给前面的部队送信。这个通信员摸黑赶路，口渴了，想喝点儿水，便走进路边一个宿营地，找到伙房，对做饭的老兵喊了一声：“老哥，给碗水喝！”

老兵从桶里舀了一碗水递给通信员。喝了水，通信员冷不丁看到老兵戴的帽子上缀着“青天白日”帽徽。“不好！”通信员放下碗，转身就走，幸好没有被那老伙头发现。

通信员信也不送了，一口气跑回红十师师部报告了刚才发现的敌情。

徐向前、汪乃贵等人都吃了一惊："敌人有多少？"

"大概有两个团吧。"

徐向前对汪乃贵、王近山说："这股敌人宿营地离我军不远，对我军的情况必定一无所知，不然不会在我军面前安营扎寨而毫无防备。敌人有两个团，我有 3 个团，趁其不备来个突袭，把它吃掉！"

"对！既然遭遇了，就狠狠打他一家伙！"汪乃贵表示同意。

"你们立即带部队，连夜把敌人的宿营地包围起来，"徐向前说，"我催促红十二师火速赶来投入战斗。"

当夜 11 时，红十师的 3 个团悄悄地将在山谷里宿营的川军团团包围。一声枪响，红军指战员同时杀进敌营。川军遭到突袭，仓促应战。红军很快掌握了战斗主动权，消灭了一部分川军。然而打到天亮，汪乃贵发现川军越来越多，差不多有 3 个旅，一个整师的兵力。

汪乃贵飞马回到杨柳关，向徐向前报告了这个情况。

徐向前问："两江地区没有这么多敌人呀，你的情报是不是有误？"

"情报绝对准确！"汪乃贵说。

徐向前突击审问俘虏，才知道对方是刘湘的第二十一军第三师师长王陵基指挥的第五路 24 个团，都在向东线聚集。

其实，川军王陵基部开始聚集的情报早为红四方面军电台一台侦获，但并没有通知前线的徐向前。徐向前后来回忆："那个时候，红四方面军的电台工作、情报工作做得比较好，能及时掌握敌军的动向。王陵基的部队出动，我们是应当知道的，不知坐镇后方的张国焘为什么没有把情报及时告诉前线。"

此时，杨柳关左、右两翼的红军也与川军两个师接火，打得很激烈。徐向前命令东线红军各部："停止进攻，收紧阵地，依托有利地形，转入防御！"

在双方都未做好开战准备的情况下，反击刘湘的"六路围攻"由这个遭遇战开始，仓促打响了。

在东线红军与川军接火的同时，西线也发现大批川军。张国焘急令徐向前、陈昌浩、王树声从前线赶回商量对策。

徐向前、陈昌浩、王树声连夜赶到通江。在当晚的西北军委会会议上，徐向前说起在杨柳关与王陵基部遭遇的情况，质问张国焘："王陵基的第三师出动两江地区，总指挥部的后方电台已经侦察到了，为什么没有把情报及时告诉前线？”张国焘无言以对。

面对川军 20 万大军的“六路围攻”，西北军委会决定：由徐向前率 20 多个团，布于万源到宣汉、达县的东线地区，对付第五、第六路川军；由王树声率 10 多个团，布于北起广元，西沿嘉陵江，南至营山、渠县的西线地区，牵制第一、第二、第三、第四路川军；另以一部兵力监视陕南国民党军。

无线电台的任务是：宋侃夫、王子纲等所在的一台跟随张国焘留在通江后方，承担与中央红军和前方二台的联系；蔡威带领二台跟随东线前敌指挥部，主要任务是侦听川军各部密电，及时向总指挥部通报敌情。

会后，徐向前和王树声立即分赴东、西两线，陈昌浩居中调度，张国焘仍然坐镇后方。

一场以 8 万多红军和地方游击队抗击 20 多万川军“六路围攻”的血战就此全面展开。

11 月 8 日清晨，徐向前赶到东线前敌指挥部。这一天，蔡威奉命带领游正刚、耿锡祥、冯志陆、徐定远、陈福初等电台工作人员及运输队也从达县来到宣汉县城。

东线前敌指挥部安排电台驻扎在城内的冉家祠堂。

徐向前见到蔡威，分外亲切：“蔡台长，这次敌我兵力悬殊很大。要想取得胜利，我们必须及时掌握敌人的作战部署。这，就要靠你们电台的侦察工作了！”

蔡威回答：“我们会全力以赴，保证完成任务！”

对蔡威来说，“保证完成任务”不是一句口号，而是一种郑重的承诺。

11 月 16 日，刘湘在下令各路川军发起第一期总攻的同时，也颁布了一个“赏罚令”。蔡威截获刘湘的密电，马上来到前敌指挥部，把电文念给徐向前听：

> 凡参加“剿赤”部队，敢有不奉命令，临阵退缩，或放弃阵地，遗失辎重者，决予从严处罚，连坐其直属长官。其情节重大者，并呈请中央核办……

蔡威还报告了一个敌情:"刘存厚已经革职离部,其所部第二十三军尚有 12 个团,由副军长刘邦俊指挥,集结在达县麻柳场及开县高陆场一带。刘邦俊向刘湘辞职未准。"

徐向前点点头,说:"看来,这刘邦俊也害怕重蹈覆辙哦!"

四川各路军阀在刘湘的"严令"之下,开始向川陕根据地步步进逼。

根据敌情,徐向前对东线的红军作了两线部署:一线部队从城口收缩至万源、宣汉、达县,构成新防线。二线部队在后方加紧构筑预设工事,准备长期坚守。

王陵基指挥的第五路川军来势凶猛,成为红四方面军的劲敌。王陵基在川军中资格很老,早年在四川陆军速成学堂当教官,刘湘、杨森都是他的学生。这次刘湘委任他当第五路川军总指挥,他想把"雄才"展示一下,所以没等刘湘下达攻击令,就急匆匆督率两军杀向宣达地区,没想到在杨柳关遭遇徐向前指挥的红军,他的第三师前锋两个团一下子就被吃掉了。一气之下,他命令全军和刘存厚的残部在东线展开全面攻击。

一连 5 天,在杨柳关前,第五路川军每天损兵 1000 多人,但王陵基并不服输,他要在东线 100 多里长的战线上再与徐向前较量一番。此时,徐向前已下令收紧阵地,后退构筑新的防御工事。王陵基认为这是红军正"全线败退",立即发电给刘湘:

本军连战皆捷,现已进至州河一线,宣汉、达县一鼓可下……

一时,王陵基第五路川军在东线"大胜"的消息成了四川和全国报纸的头条新闻。刘湘和蒋介石先后发出专电为王陵基鼓劲。王陵基喜不自胜,发电给刘湘,要求:

增派二线部队,补充兵员弹药……督促西线各军发起攻击。

蔡威不分昼夜严密监视着王陵基部的一举一动。

12 月中旬,蔡威侦听到王陵基部企图强攻宣汉西南笔架山的情报,立即报告东线前敌指挥部。徐向前得知情报,成竹在胸,指挥若定,利用笔架山险峻的地形，采取迂回包围战术，对强攻笔架山的川军实施左、右两路夹击。

此时，川军电台不断呼救："笔架山红军火力很强……左面发现红军，右面发现红军，火速派人援救！"虽然川军这次用的是英文讯号，但未逃过蔡威机灵的耳朵。

徐向前高兴地说："这次战斗打神了，时间、地点十分准确，敌人无处遁形，我们哪有不胜的道理！"

笔架山战斗后，东线的川军经过休整补充，元气有所恢复，便想利用浓雾的掩护强渡州河，向宣汉、达县红军阵地发动多路突击。

蔡威将此敌情报告东线前敌指挥部。徐向前问："敌人什么时间渡河？"

"15日凌晨。"蔡威肯定地回答。

12月15日凌晨，河面上浓雾弥漫。果然，第五路和第六路川军向州河北岸偷渡而来。

因有情报支持，徐向前早有部署：以汪乃贵红十师守州河对岸的三河场，以许世友红二十五师守宣汉东南的曾家场，以汪烈山红八十八师守达县东南的雷音铺。

徐向前亲临三河场前线指挥。他对红十师师长汪乃贵说："不着急，再让敌人靠近点儿。"当川军前锋约一个团兵力渡到河中间时，三河场阵地上一齐开火，川军被阻挡在河中间，河面上漂浮着无数尸体。

当天中午，红军发起反攻。第五路川军总指挥王陵基一面令已渡河的部队顽抗，一面令后续部队在飞机掩护下继续强渡。州河北岸，两军搏杀，喊声震天。

经两天血战，红四军一部在宣汉城东三河场、红九军主力在城西南曾家山分别给川军王陵基第三师和廖雨辰部以大量杀伤，歼3000余人。红三十军主力也在达县东南的雷音铺等地予川军范绍曾第四师以大量杀伤。

川军投入的兵力越来越多，双方打得也越来越激烈。徐向前按照原先的部署，逐步收紧阵地，于12月17日放弃宣汉，18日放弃达县，率部向西转移到通江与宣汉、达县之间的二线阵地。

蔡威率电台跟随东线前敌指挥部转移到绥城的凤凰山。

川军总是将攻城略地看得很重。进占了宣汉和达县，王陵基更是得意扬扬。他一面向成都、南京发电，吹嘘"胜利"，一面督率各部向红军的新防线发起大规模进攻，扬言：“打到通江过春节！”

为让川军进一步骄纵，造成更有利的反击态势，1934 年 1 月下旬开始，东线红军左翼阵地又收缩至沿山场、罗大湾、罗文坝、固军坝一线，右翼则继续坚守北山场、马渡关等险关要地。

红军后撤，王陵基以为是“全线崩溃”，生怕别人抢了“头功”，一面令右路川军疾进，一面亲自督阵，向马渡关发起猛攻。

马渡关是通向城口、万源的必经之地，地势十分险要，许世友率红军一部守候在这里。川军把机枪营、炮兵营都拉了上来，掩护步兵反复冲锋。王陵基带着手枪队在后面督战，发现后退者就地枪毙。交战双方为争夺一座山包，常常在密林深涧中展开肉搏。阵地前，尸横遍野。

经过 4 天激战，红军毙伤川军 2000 余人，但弹药也消耗得差不多了。徐向前下令撤出马渡关，退至大垭口。

东线呈暂时对峙状态。西线各路川军犹豫观望，徘徊不前，无明显“进展”。只有“占领”了马渡关的王陵基还陶醉在“胜利”的幻景中。

1934 年春节在战火中悄悄来临了。

此时，宋侃夫、王子纲领导的一台截获了一条重要情报，转发到蔡威领导的二台。蔡威一看，立即向徐向前报告：“王陵基小老婆催他回家过年。王陵基瞒着刘湘，偷偷离开防地，溜回万县了。第五路川军现由参谋长代行指挥。”

正在寻找反击时机的徐向前得到这一情报，心中一喜：“开战以来，总是敌人打我们，现在我们要反击了！”

徐向前把东线军以上红军干部紧急召集到前敌指挥部。他抑制不住内心的激动，说：“王陵基回万县过年了，第五路川军群龙无首，趁这个机会，我们组织反击，狠狠揍他一下！”

“太好了！打掉王陵基一部，用胜利来庆祝春节！”红军将领们精神大振。

2 月 10 日，农历腊月二十七。在漆黑的雨夜里，有着“夜老虎”之称的红二六五团的指战员都换上了软底鞋，用绳子绑上马嘴，用棉花包上马蹄，人不作声，马不嘶鸣，悄悄地向川军守军阵地摸去。红军沿着马鞍山右侧的侯家沟前行，一举袭占了楼门口，俘川军一个排，随即迂回到漏米岩，分两路竖木梯、搭人梯攀上悬崖，夺取了川军守军的一线阵地，又消灭其两个营。

随后，红二六三团、红二六八团也在马鞍山东南歼灭了川军预备队，然后乘胜直插毛坝场，在红四军一部的配合下，歼川军两个团。在胡家场，许世友率部把王陵基第三师第七旅团团围住，激战竟日，也将该旅大部歼灭。

马鞍山之役是红四方面军转入反“六路围攻”作战以来规模空前的一次反击战，以东线红军歼灭川军两个旅6000余人而告终。

第五路川军大败的消息传到成都，刘湘震怒不已：“他王陵基不要以为当过我两天的先生，就敢擅离职守。军令如山，军法难容，我非治他不可！”

本想施展“雄才”的王陵基于是被刘湘解去军职，召回成都软禁起来。第五路川军由第一师师长唐式遵接任总指挥。

马鞍山反击战缴获了大批武器弹药、物资器材，仅川军预备过年的腊肉就有30000多斤，另外还有袜子、橄榄香皂、香烟、糖果等。一个川军军需官准备趁过年发饷之机，把这些东西卖给士兵，从中发一笔横财，结果全都“慰劳”了红军。

此役，蔡威率领的二台及时准确提供情报，立下了首功。徐向前让总指挥部参谋徐深吉送一批罐头、香烟和鱼肉慰劳蔡威和电台的同志们。

当战士们扛着战利品送到电台时，全台同志都簇拥着蔡威欢呼雀跃，兴奋异常。

徐深吉对蔡威十分敬佩，称赞说：“每一次战斗，你都掌握了敌军的密码，给战斗创造了胜利机会。你手中握有10万雄兵啊！”

蔡威仍是笑笑，谦虚地说：“我只有一副耳机、一支铅笔，哪有什么10万雄兵呀！我们的胜利，靠的是徐总指挥正确指挥，靠的是英勇善战的红军官兵们！”

那几天，电台战士用橄榄香皂美美地洗了澡，吸着香烟，品尝着腊肉，欢欢喜喜地过了个春节。

血战大巴山　保卫万源城

刘湘吹嘘“3个月内肃清赤匪”的“剿赤”计划成了一枕黄粱。他在损兵折将的懊恼中过完了春节，又策划发起第二期总攻。

刘湘的目标是：用一个月时间，在西线，将红军压至通江、巴中以北；在东线，夺取万源，封锁川陕边界，截断红军退往陕南的道路。

1934 年 3 月 3 日，刘湘正式下达了第二期总攻令。

3 月 4 日，西线川军各军首先行动：第一路邓锡侯部攻击南江以西的旺苍坝，第二路田颂尧部攻击巴中西南的恩阳镇，第三路李家钰部攻击巴中东南的玉山场，第四路杨森部攻击玉山场地区的鼎山场。

3 月 5 日，川军唐式遵也到达马渡关不远的双河场，部署东线以万源为重心的攻击行动。

随着刘湘第二期总攻的发起，各路川军的无线电联络也频繁起来。每一个波段都有川军的电台在传递消息。

此时，蔡威带领二台跟随东线前敌指挥部驻在毛坝场。为了掌握川军的行动计划，蔡威让陈福初、游正刚、耿锡祥、徐定远等几个报务员架起 5 部收报机，对川军数十部师旅以上的电台进行严密侦控。各抄报员把抄收到的川军各部密电连续不断地送到蔡威手上。

蔡威突然发现，这些电文译出来的竟全是乱字！

他发报问王子纲："刘湘各部密码是否有变？"

王子纲答复："已变。"

原来，发生红军前沿阵地喊话事件后，万源川军守军廖雨辰部发现密码已被红军掌握，要求刘湘立即更换密码，于是，刘湘各部电台都更换了新密码。

这一下给蔡威他们带来了难题：必须尽快掌握刘湘的新密码，而这需要时间！战场的情况瞬息万变，如果不能及时掌握敌人的密电，总指挥部的"耳目"失灵了，红军就要付出惨重的代价！

"敌变我变！"蔡威很有信心，"川军各路军阀都是地方军，密码的编制不可能太复杂，掌握应该不会太难！"

此时，徐以新、武志平和廖承志带来的两个旧密码本发挥了作用。蔡威与宋侃夫、王子纲都对这两个旧密码本进行了认真分析研究，寻找国民党军队的编码规律。

几百份不知所云的电文此时成了蔡威手里的基本分析材料。经过反复比对和几个昼夜的苦苦思索，蔡威找到了密钥。

找到了密钥，几乎所有的门都可以打开。

蔡威很快侦获：刘湘在东线加大了兵力，除川军第三师、第四师外，第一师、第二师、独立第二旅、独立第四团以及川陕边防军第一路军司令陈兰亭等部都相继投入战斗，加上第二十三军两个师以及川陕边地方军队，国民党军全部兵力达到 17 个旅，计 60 余个团。

徐向前根据蔡威提供的准确情报，对东线红军做出了新的部署。

3 月 12 日，唐式遵以川军第四师 3 个旅和一个独立旅猛攻红灵台，企图在红军东、西两线接合部打开缺口，大纵深插入红军腹心地区，以造成东线红军的全线动摇。

针对唐式遵部的企图，徐向前在红灵台布置了重兵严守。

唐式遵命令川军整团整团地冲锋，飞机大炮都用上了，呐喊拼杀，攻势凶猛，但是，红四方面军的阵地寸土未失。3 天时间，川军在红军阵地前抛下了 1500 具尸体。

唐式遵见红灵台进攻不能得手，又集中 5 个川军主力旅改向红四方面军东线中段老鹰嘴、毛坪一线猛攻。守在这一阵地的红四方面军昼攻夜防两天两夜，歼敌 2000 余人，主阵地也屹然不动。东线川军的重点进攻遂告失败。

西线，红四方面军给予川军大量杀伤后，继续收缩阵地：3 月 10 日撤出旺苍坝；3 月 14 日撤出恩阳镇；3 月 18 日撤出巴中；4 月 7 日撤出南江、江口，退守通江附近杨柏河、得胜山一线。

此时，贺龙领导的红二军团转战到万县、奉节境内活动。刘湘认为红四方面军将会集中兵力直下川东，与贺龙的红二军团联手封锁长江，进袭川鄂边境。他一面致电蒋介石报告军情，一面特令唐式遵密切注意，拟在东线增加 20 余个团的兵力，准备发起第三期总攻。

川军的蠢蠢欲动均未能逃过蔡威的“法眼”！

徐向前看了蔡威送来的情报，决定再一次收缩阵地：西线红军从江口、长池、南江撤至贵民关、观关山、得胜山一线；东线红军撤至万源城以南、镇龙关至刘坪一线。

红四方面军各部遵照徐向前的命令，趁交战双方都在运动的机会，采用夜袭、伏击、侧击等战术，频繁袭扰，打得唐式遵进退两难。

夜袭战是红四方面军在敌情明了时惯用的拿手好戏：每当太阳落山，攻势停顿，川军便拿起烟枪，横躺竖卧，开始过烟瘾。这时红军就在全线展开袭扰，不时派遣小分队越过川军防线，袭击川军哨所，捕捉哨兵，弄得川军风声鹤唳，夜夜不安。

4月下旬，连战连败的唐式遵遭到刘湘的训斥，感到脸上无光，托病离开防地，把指挥权交给新上任的川军第三师师长许绍宗。

许绍宗踌躇满志，率部向通江方向进攻。

徐向前移兵石窝场、乌龙关，与川军第三师激战6昼夜，歼其一个旅又一个团，计4000多人。许绍宗部遭此重创，不得不后退10余里，转入防御。

作为川陕根据地首府的通江还在红军手里。至此，刘湘的第三期总攻宣告失败。

长时间夜以继日地工作，使蔡威感到极度的疲劳和困乏。他每天睡眠的时间极少，无论白天还是黑夜都守着电台边听、边抄、边译，实在疲劳了，就用冷水洗洗头，或抽支烟来提提神。他渐渐地消瘦了，两只大眼睛深深地陷了下去，并且常常咳嗽，一咳起来就满脸通红。

徐向前看着蔡威日渐消瘦的脸颊，问："是不是生病了？"

蔡威摇摇头，回答道："没病，只是有点儿累。"

徐向前心疼地说："多注意休息，别病了！"

蔡威笑了笑："战斗有间隙，而电台侦听不能间断。为了明天，我们要干啊！"

"为了明天，我们要干啊！"何等朴实的语言！这句话成了蔡威的"口头禅"，也成了他生命的动力。

徐向前怕蔡威累垮了身体，每次战役中如有缴获咖啡、可可之类的提神食品，总要叫人给他送去。

一次，蔡威正在修理一部收报机，见徐深吉来，便匆匆洗净手上的油污，冲了杯可可，递到徐深吉面前："徐参谋，来分享分享。这是徐总指挥送来的。"

徐深吉接过可可，笑着说："我听徐总指挥多次说过，一定要抽些年轻人，让你培训培训，既可为你减轻负担，又能把无线电工作做得更好。"

"对！战斗间隙，我们可以再举办一期训练班。" 蔡威说。

说干就干！第四期电训班就在隆隆炮声中开班了，地址就设在通江县城内。此期电训班思想政治工作由红四方面军总指挥部直属政工处管，行政生活归参谋部管，训练业务归一台领导，单独成立一个队的建制。戴国栋是电训班的主持人兼报务、英文教员。学员有汪德强、查茂德、胡正先、刘澄清、邓国军、唐士告、李春林、余永忠、胡对全、葛正美、刘纪强、谢西胡等，还有第三期电训班尚未毕业的杨大奎、张永孝、张达志、王秃子等，计 30 余人。学员们都是从前方部队选调来的青年，有的在部队做文书工作，相比而言，这期学员文化水平稍高些，政治素质也很好。学员汪德强和查茂德分别担任队长和政治指导员。

在残酷的战争形势下开办无线电训练班极为不易。之后，学员不得不随部队收缩阵地，从通江城转移到毛浴镇，再转移到九子坡。

电训班缺教材、少教员、缺教具，困难重重，连铅笔和纸张也是利用中共地下党的关系从敌占区（陕南）弄来的，数量不多，由领导亲自管，限量发给，不能多用。为了不影响电台工作，电训班只好利用一架旧风琴上发报课，行军时还得抬着风琴走。

可惜蔡威在前线，无法抽身为学员授课。

整个 5 月，刘湘均在调整部署，川军各路军阀都没有大的动作。蔡威趁这个机会翻阅了大量书报，整理出有用的相关资料；同时要求电台的工作人员抓紧时间多学点儿知识，缺什么，学什么，并且一定要学好、学深、学透。他认为，只有这样，才能面对瞬息万变的战场，才能运筹帷幄、敌变我变，牢牢抓住无形战场上的主动权。

四川军阀"六路围攻"前三期总攻的失败和多年川军的内争，使其第一、第二、第三、第四路将领疑虑日增，唯恐"剿匪"军事结束，刘湘便转过头吞并他们。

5 月 5 日，刘湘在成都再次召开了川军各路"剿匪"总指挥参加的军事会议。会上，由唐式遵出面，担保军事结束后各路均得"安全保障"，并拨 300 万元军饷和 300 万发子弹接济各军。

刘湘在计穷智短之下，请来了自己一向顶礼膜拜的高级顾问、江湖术士刘从云,出任“剿匪”总司令部前方军事委员会委员长,代其统一指挥。

刘从云常以卜相、算命骗取钱财,后来又组织“一贯先天大道”,自称“刘备转世”,妄图“治国平天下”。刘湘为控制军心,曾令川军第二十一军军官通通入“道”,拜“刘神仙”为师。成都军事会议期间,刘湘又亲自率领各路“剿匪”总指挥举行了拜师仪式,向刘从云顶礼膜拜,执弟子礼。

6月下旬,“六路围攻”第四期总攻开始了。这次,川军投入约140个团的兵力。刘从云上香卜卦,言之凿凿地发誓要在36天内消灭红四方面军。

6月21日,红四方面军总指挥部撤出通江县城,向城口方向移动。

这一行动使川军产生错觉,误以为红军将由城口出巫溪、奉节直至云阳、万县,急忙将第五路第一、第二、第三师由通江地区东移至万源附近。刘湘孤注一掷,不仅拿出了全部精锐,并且将其总兵力的五分之四计80余个团10多万人投入了东线战场。

蔡威侦悉:川军的企图是夺取万源,截断川陕通道,一举将红四方面军消灭在通江以北地区。

万源城地处巴山腹地,四周群山簇拥,地势极为险要,号称“秦川锁钥”,是四川东北的门户。

徐向前说:“如果万源失守,我军就有被压出川北的危险。”保卫万源,关键是要守住大面山和玄祖殿两座1000米高山。这两座山犹如两扇大门,是万源南面的屏障。徐向前决心使用全军最能打的几支部队,实施这一关系全局的防御战。具体部署是:以红九军两个师坚守大面山一线;以红十二师、红十师及红三十三军的3个团、红四军第三十四团大部坚守玄祖殿一线;以红八十八师坚守万源东侧的花萼山、甑子坪。

徐向前将前敌指挥部前移至大面山、玄祖殿之间。蔡威率二台入驻玄祖殿山的一个小庙。

红军指战员抢时间挖掘工事,各部在每一座山头、每一条山谷从下到上挖了一道道堑壕,层层配置兵力,构成了立体火力网。在重点防御地段,他们还将大树砍倒,做成一人多高、三四米厚的“木城”,又在川军必经之路设置层层鹿砦和竹签桩,令其无法通过,还在山势险峻处堆放了大量滚木、礌石作武器。

7月16日,二次就职的唐式遵亲自指挥川军8个旅的兵力,从东、南、西三面向大面山、玄祖殿、甑子坪、花萼山红军阵地发起进攻。唐式遵的战法是先以强大炮火猛轰目标,而后组织波浪式的密集冲锋。

川军数十门大炮一齐向红九军阵地开火。霎时间,大面山、孔家山、南天门一线阵地浓烟滚滚。

许世友的指挥所设在大面山 1000 米高的山顶,川军的炮火没能把它打掉。他站在茅棚里,举起望远镜往下看,只见黑压压的川军漫山遍野地向上蠕动。

"通知各部队,沉住气,放敌人靠近了再打!"许世友传下命令。

川军渐渐逼近了,50 米,40 米,30 米……许世友一声令下:"打!"守在一线的红军指战员用步枪、机枪、手榴弹一齐向川军猛烈开火,冲在前头的川军纷纷倒下。

川军的第一个冲击波刚刚被打下去,第二个冲击波又涌了上来。唐式遵使用的是"人海战术",投入的兵力是红军一线阵地兵力的十几倍。

川军攻势迅猛,一天发起五六次冲锋,红军阵地多次被其突破。红军指战员据险而守,敢死队、预备队同川军展开反复争夺,最终又把阵地夺了回来。

战斗从天亮打到天黑,阵地前,川军遗尸成堆,整个山坡都被鲜血染红了。盛夏的川北,高温酷暑,加上阴雨连绵,尸首很快腐烂了,阵地上到处弥漫着令人作呕的尸臭。

一连几天,唐式遵的"人海战术"都没能撼动红军的前沿阵地。

第二阶段进攻,川军投入的兵力更多,火力更猛,唐式遵亲临第一线督战。

不论前沿阵地的红军何等疲劳,川军的进攻何等凶猛,徐向前仍然按照战前部署,以少量兵力置于一线,凭险抗击和消耗川军,主力部队则放在二线待命,准备反攻。

红军一线阵地都在山上,居高临下,有"一夫当关,万夫莫开"之险,利于坚守,用一个营的兵力守一块阵地,川军整团整旅来攻,就是攻不下。

唐式遵急了,向刘湘发去密电:

> 进展甚微,伤亡逃散者约万人左右,遗尸触目,士气低落……

刘湘也急了，以为“重赏之下必有勇夫”，立即发布“赏罚条例”，以30000元作为夺取万源一带红军主阵地的奖金，严词电令：

擅自放弃阵地者处死，师长、旅长在所属三分之二兵力投入战斗而不亲临现地指挥者，亦处死刑。

上行下效。为鼓励川军官兵卖命，唐式遵也“特悬重赏”：

攻占万源，奖洋10000元；攻占花萼山、孔家山，各奖洋4000元；攻占大竹河、梨树溪、灯盏窝、大面山，各奖洋2000元；攻占老鹰寨、香炉山、玄祖殿、黄中堡等万源附近要隘，各奖洋1000元。

当蔡威把这些“赏罚条例”和“特悬重赏”的密电报送前敌指挥部参阅时，徐向前很重视：“唐式遵下属的王三春、王太部原来是土匪，都是‘要钱不要命’的主儿，我们得提防着点儿。”

果然，这一伙亡命之徒为了领取光洋、烟土，手持短枪、光着膀子上阵，大喊大叫，猛冲猛打。红军依靠层层构筑的竹篱、鹿砦、“木城”、滚木、礌石，又一次把他们挡在了山脚下。

这场战斗异常惨烈，红军付出了很大代价。徐深吉带着120多人的前敌指挥部教导队对付川军一个团，最后只剩下几十个人，可川军还是攻不动。

一线红军部队不仅要战胜优势川军的进攻，还要经受其他困难的考验：白天，烈日、硝烟、战火把阵地烤得像蒸笼似的；夜晚，是蚊虫的天下，这些小东西成群地围着工事飞舞，咬得人满脸满身的疙瘩，痛痒难忍。暴雨天，泥水灌满堑壕，指战员泡在齐腰深的水里坚守阵地。烂脚病像瘟疫一样蔓延，许多人的腿脚溃烂红肿，行动艰难，又缺乏药物治疗。川军的尸体横七竖八、层层叠叠地堆在阵地前沿，来不及处理，两三天就腐烂发臭，熏得人恶心呕吐。粮食供应不上，指战员靠挖洋芋和野菜充饥……但所有这一切，都吓不倒红军钢铁战士。

电台的同志同样经受着烈日、炮火、蚊虫、饥饿的考验，而且每时每刻都要戴着耳机侦听川军的前沿电台，不能漏过任何一点儿信息，他们的疲惫更甚于他人。

曾任报务员的冯志陆在《我们的好台长》一文中这样描述蔡威：

> 战斗最激烈的时候，他总是自己坚守岗位，多做工作，让别人多休息。他时时刻刻关心着同志们的生活，连吃饭、睡觉的问题每天都要过问。战士们有点儿头疼脑热的小毛病，他也要问长问短，关怀备至。他从不搞特殊化，总是与战士同甘共苦，总是把困难留给自己，把方便让给别人，给人留下了难忘的印象。

因连日高温和电台不分昼夜地侦听，机器过度发热，一天，一个蓄电池突然爆炸了！二台的陈福初、肖全夫被炸伤，鲜血淋漓地躺在地上。蔡威焦急万分，马上叫医护人员抢救。

二台人手本来就不够，病倒了几个，又有几个负了伤，人手更紧张了。在这战斗白热化的时刻，蔡威极为焦虑，只好致电红四方面军总指挥部，要求增加人员。总政委陈昌浩即令一台的耿锡祥连夜赶往二台协助工作。

8 月 6 日，川军倾尽全力发动第四次猛攻，唐式遵亲临大面山前线指挥，发誓要“日内将万源攻下”。战斗空前激烈、残酷。

徐向前回忆：

> 万源保卫战，是积极防御中的一个决战防御，打得极其艰苦。敌人精疲力竭，我们也是精疲力竭。

许世友回忆：

> 刘湘像快要输光的赌徒，拿他的士兵作孤注一掷。我从指挥所里向外看去，山坡上，山沟里，到处都是敌人，像数不清的狼群，往我们阵地上扑来。
>
> 万源保卫战，是我一生中经历过的一次规模最大、时间最长，也极为残酷激烈的坚守防御战。

傅钟回忆：

> 在万源与刘湘主力决战时，甚至苞谷、洋芋也要两三日才能吃到一餐。花萼山之战，我红军战士有饿至二三日而仍与敌厮杀者。

7月下旬至8月上旬，在将近20天的时间里，川军在万源地区共发动五次大规模的进攻，死伤10000余人，却未获进展。时值酷暑季节，天气炎热，疫病流行，川军病员大增，逃亡不断。报纸惊呼："前线士兵，形同乞丐。有开回者，令人视之，惊为僵尸。"刘湘的东线"重点进攻"已是强弩之末。

红四方面军等待的总反攻时刻悄悄到来了。

"军中活菩萨"的由来

8月上旬，蔡威连续侦获川军第五路"剿匪"总指挥唐式遵向刘湘发去的密电：

> 在万源四次猛攻中，我军已经伤亡万余人。加上天气炎热，病员大增，物资补给困难，粮弹靠人力从500里外运送，民夫或消极怠工，或聚众逃跑，且受雨季山洪影响，颇感粮弹不济。

川军第二十三军第二师师长廖雨辰也向刘湘电告：

> 崇山峻岭，溽暑炎蒸，疫病丛生，遗尸载道。伤亡既众，无法补充，勇气消沉，兵无斗志。官长恒多自戕，士兵日益逃亡。考查各连兵员情况，多者不过30名，少者仅10余名，加以千里馈粮，师不宿饱，怨气四起，哗溃堪虞。长此不固，非特无再战能力，即令防守，亦难堵住……职等处此危局，莫展一筹，唯恳总指挥唐，星夜派队前来接替防务，并恳总司令刘、军长刘，将职师残部明令解散……

这个廖师长空有一手好古文，但骨头奇软，精神更疲沓得像一摊扶不起的烂泥巴。

蔡威掌握的川军密电一份份发往万源，摆在西北军委会领导面前。

徐向前回到万源城中，与张国焘、陈昌浩商量下一步作战方案。他们分析了敌情，认为川军的困难处境日益加剧，而红军的有利因素不断增多。红军虽有损失，但士气仍极旺盛，这是总反攻的有利时机。

要反攻，就必须选择突破点。根据电台侦察的情报，青龙观上的川军守军是周绍武旅。此旅系刘存厚残部，战斗力较弱。徐向前决定以青龙观为反攻突破口。

青龙观位于万源城西南 70 里外的群山间，东北是玄祖殿，西迄老鹰嘴，横亘 20 里，山势高峻，林木茂密，北面为一壁“猴子难爬，飞鸟难过”的悬崖。红四方面军总指挥部决定采用“山顶开花”的战法突破青龙观，奇袭的任务交给了善于“夜摸夜袭”的红二七四团。

激战前夜，电台同志享用了一餐美味的蒸土豆，那可是伤病员的伙食。蔡威解释：我们电台为这次战斗提供了重要情报，这是总指挥部特地奖励大家的。他号召同志们再接再厉，把工作做得更好。

8 月 9 日夜，电闪雷鸣，天降大雨。在雷声和雨声的掩护下，红二七四团指战员在伸手不见五指的黑夜里穿越山涧，攀藤附葛，神不知、鬼不觉地爬上了数丈高的悬崖陡壁——青龙观要隘“天鹅抱蛋”的前沿阵地。

一名红军战士装作伙夫，捉住了川军哨兵，占领了哨所，当即举火为号，两侧的红军部队突击而上，迅速消灭了守军一个营，控制了制高点。

守在青龙观天险上的川军周绍武旅忽听枪声，顿时惊慌失措，一片混乱。红二七四团指战员在倾盆大雨中冲进青龙观大庙，端掉了周绍武旅部。川军的防线很快被红军撕开了一个大缺口。

随即，红军猛插猛打，席卷两翼，几天之内，攻取了川军占据的庙垭场、河口场、龙池山等地，中央突破口长达 100 里以上，第五路川军防线由此被红军劈成了两半。

这时，蔡威侦听得知：唐式遵电令左、右两翼川军守军“相向靠拢”，并调第一路军陈兰亭部及第四师第十二旅向石窝场移动，企图“缝合”被撕开的青龙观缺口。

徐向前立即命令已经占领龙池山、石窝场的红军部队堵击援敌陈兰亭部。这样,川军不仅来不及堵上青龙观缺口,而且缺口越撕越大,以至门户洞开。

至此,第五路川军的防线如同高堤溃决,一发而不可收。红九军作战科长周希汉只带通信员和号兵、伙夫等一支小队伍接二连三抓俘虏,一夜之间,竟然俘虏川军 3 个团之众,可见守敌溃逃时何等惊恐。

为消灭川军的主力,下一步须迂回包抄,寻歼刘湘的精锐。

此时,红军突击部队处于万源正面刘湘主力军的后方,已将它与西南方的川军范绍曾第四师切隔开。徐向前的想法是,以部分兵力对范绍曾部实施警戒,主力迅速插向东北,实行大迂回、深包围,截断刘湘 3 个主力师退往宣汉、开江的道路,然后分道突击分割,争取一举歼灭该敌。

但是,张国焘在关键时刻,在"左旋"还是"右旋"问题上,与徐向前、陈昌浩发生了争执。"左旋"向东,东边是刘湘的主力第一、第二、第三师。"右旋"向西,西边是范绍曾部,不是川军的主力。

徐向前想"左旋","左旋"面向的是刘湘的主力,这 3 个师是刘湘的"王牌"部队,全新装备,攻到了万源附近。万源保卫战期间,它们被消耗得筋疲力尽,战斗力已大大削弱,而且东面的阵地呈斜形,红军左插,越过一条小河,卡住山口,川军退下来,必然被堵住,想通过就得攻坚。山势那么险要,川军那么疲惫,攻坚谈何容易!如果搞掉刘湘的第一、第二、第三师,他要恢复元气是很困难的,下江东的地盘就有落入红军手中的可能,红军的武器装备也会大大改善,这是"左旋"的好处。

可是张国焘坚持"右旋"。争执再三,徐向前只得奉命"右旋"。红军 5 昼夜追敌 400 里,没有"旋"成;回头再"左旋",可惜川军已退走,追着屁股打,但没能消灭多少。

这样,东线反攻就告结束了。

此时,西线川军见东线全线崩溃,恐慌万分,赶忙重新调整防线。川军"剿匪"第四路军由通江撤至得胜山一线,第三路军由通江西北面向得胜山延伸。

川军第三路军、第四路军的新部署很快被蔡威的电台侦获,报告了徐向前："两路敌军的接合部，就在得胜山附近的冷水垭。"

"专攻敌人的连接点"是红四方面军指战员在反"围剿"中常用的战术。川军的围攻一般是分路合进，其薄弱处往往就在各路之间的连接点上，所以，徐向前得到蔡威二台提供的川军第三路军、第四路军连接点在冷水垭的情报十分兴奋，连忙召集红军各部队指挥员在通江附近开会，决定主力向西线反攻：留一部分兵力于东线，由陈昌浩指挥，牵制川军；徐向前与王树声率红三十军、红四军、红九军主力及红三十一军第九十三师迅速西转，进兵冷水垭。

8 月 28 日，李先念、程世才率红三十军夜袭得胜山的冷水垭，一举突破了川军防线。川军第三路军、第四路军急忙收缩兵力，撤至巴中以东的清江渡、右垭口、同观寨一线，凭险顽抗。

红二六五团、红二六三团又夜袭右垭口，歼灭川军一个团，再次突破守军防线。惊慌失措的川军纷纷溃逃。

徐向前令王树声率红九军一部追击川军第三路军，进逼仪陇；王宏坤率红四军追击川军第四路军，直扑营山。徐向前亲率红三十军和红三十一军第九十三师西进，于 9 月 1 日攻克了巴中县城。

此时，徐向前又在"深迂回"还是"浅迂回"的问题上，同张国焘发生了争执。

当时，北面的川军第一、第二路军虽在原防地，但已是惊弓之鸟，随时准备西逃。徐向前与李先念商量，要大纵深迂回，直插黄猫垭、旺苍坝方向，把川军堵住，免得逃掉。这时，张国焘忽然来电话，要徐向前向长池方向迂回，但这是"浅迂回"，兜不住川军，只能追着川军屁股打。

有了东线的教训，徐向前横下了一条心，不听张国焘的："那是抓兔子尾巴，抓不住的！这回就是犯错误，也不听他的！打完了仗再说，我负责！"

李先念说："对呀！将在外，君命有所不受！我们听总指挥的命令！"

徐向前说："好！我们来个机断专行，搞大纵深迂回！"

黄猫垭位于苍溪北部，是木门通往旺苍坝的咽喉，地势十分险要。徐向前、李先念率部队刚刚到达黄猫垭，即遇从长池、木门撤退下来的川军田颂尧部。红军当即将其包围于黄猫垭东南地区。激战至次日中午，川军 10000 余人全部被歼。红军缴获长短枪 7000 余支、迫击炮 40 余门，获得反攻以来歼敌最多的一次胜利。

耳机里频传红四方面军的捷报，蔡威吁了一口气，马上叫来电台工作人员耿锡祥、戴国栋等，令他们跟随反攻部队胜利的足迹收集电信器材。

川军溃逃迅速，大部分电台器材都被带走或销毁，耿锡祥、戴国栋等只带回一个蓄电池和一部丢在河里的50瓦发电机。

黄猫垭歼灭战期间，红三十一军两个师也于通江以北对川军发起反攻，于8月17日收复南江，进而直逼广元城郊；追击川军第三路军的红九军也于8月16日收复了仪陇，继而收复了阆中县嘉陵江以东除县城之外的广大地区。至此，北起广元、南至阆中的嘉陵江东岸地区全部收复。川军“剿匪”第一、第二、第三路军逃往嘉陵江以西，第四路军逃至营山、渠县一带。

徐向前后来回忆：

> 这一仗打得不错，证明深迂回是对的。迂回问题，该迂回哪部分敌人？哪个方向？迂深迂浅？看来是个战术问题，但对战斗能起决定性的作用。战绩摆在那里，张国焘自然无话可说。

反“六路围攻”，在红四方面军战史上可以说是战役规模最大、持续时间最久、打得最艰苦、战果最辉煌的一个战役。

在“六路围攻”中，川军先后投入的兵力约140个团，不下25万人。刘湘万没想到会有“耗资一千九百万元，官损五千，兵折八万”的悲惨下场：田颂尧的第二十九军几乎全军覆灭，罗泽洲部、李家钰部也被消灭大半，刘湘、杨森精锐部队损失很大，邓锡侯部和刘存厚部也元气大伤。川军前方军委会委员长、“大仙”刘从云被迫通电辞职。于是，四川各路军阀把失败的责任都归咎于刘从云，说他“扶占卜之小计，妄干戎机；张神鬼之邪说，盗窃兵符……调度乖谬，指挥无方，以致前线顿挫，功败垂成”。

在反“六路围攻”中，红四方面军电台的无线电侦察工作起了巨大作用。

宋侃夫回忆：

> 如敌人要进攻我们前沿阵地的一个山头，通过电台侦听，我们对他们具体的进攻时间、兵力配署等情况了如指掌。这样，我军就掌握

了战斗的主动权。我们都部署好了，等敌军攻到半山腰时，我山下潜伏部队分两路迂回到他们背后，配合驻守山头的部队，形成三面夹击之势。这样打，哪有不赢的！

陈福初回忆：

在反“六路围攻”期间，经常会出现这样的情况：红四方面军总指挥部下令说，敌人次日凌晨5点钟开始进攻，我们部队应于4点半进入阵地待命。果然，敌人第二天凌晨5点钟准时开始进攻了，地点、兵力都准确无误。可想而知，敌人必然一败涂地。蔡威同志在密码方面的特殊贡献，对粉碎敌人的“六路围攻”起到了很大的作用。

红军有些师长、团长不解，问总政委陈昌浩：“真神啊！哪来这么准确的情报？”

陈昌浩神秘地笑笑：“我屋里供着一位‘活菩萨’呀！敌人准备进攻时，‘活菩萨’就把敌人的出动时间和行动方向告诉我们了。”

“那‘活菩萨’是谁？”

陈昌浩笑而不答。

有些师长、团长信以为真，溜进西北军委会要找那尊“活菩萨”，可是军委会不大的屋子里，桌上只有电话机，墙上只有地图，地上只有稻草铺，哪有供什么“活菩萨”？师长、团长们百思不得其解。

1934年11月，红四方面军在毛浴镇召开空前规模的党政工作大会，表彰有功人员。大会分别授予红九军第七十三团“攻如猛虎”、第七十五团“守如泰山”，红三十军第二六三团“钢军”、第二六五团“夜老虎”，红三十一军第二七四团“夜袭常胜军”，红三十三军第二六九团“百发百中”等光荣称号。

蔡威因无线电侦察成绩卓著受到褒奖，总政委陈昌浩代表西北军委会奖赏他300块大洋。

蔡威喜滋滋地走上台领奖。他向大家鞠了一个躬，说：“事情不是我一个人做的。电台取得成绩，是大家努力的结果。”

蔡威把这300块大洋分发给了二台的所有官兵，每人一份，个个开心。

大家都夸奖:“蔡台长没有半点儿私心!”

到这时,许多师长和团长才明白陈昌浩总政委所说的“军中活菩萨”原来不是土塑木雕的,而是这位无线电二台台长蔡威!

蔡威,红军“军中活菩萨”的美誉从此传扬开来!

第九章　剑道如神

叶剑英称赞曾希圣“是个可以识‘天书’的人”。而在曾希圣的心目中，蔡威更是一位值得尊敬的同行。

徐向前说：“《长征组歌》中不是有这么一句吗，‘毛主席用兵真如神’。不错，毛主席用兵确有过人之处，但他也是以情报做基础的。”

毛泽东说：“长征有了二局，我们好像打着灯笼走夜路。”“没有二局，长征是很难想象的。”

身为红军总司令部二局局长的蔡威，犹如一柄倚天长剑，剑道如神！

冲破“川陕会剿”

刘湘对川陕根据地的“六路围攻”惨遭失败，自觉无颜，便向蒋介石发去一电，请免“四川剿匪总司令”之职：

> 奉命剿赤，十余月矣；仰托中央德威，北道失陷诸邑，以次收复；匪徒穷处万源，已到最后挣扎时期，徒以军实缺乏，各路步调不齐，致令九仞之功，亏此一篑。我五路派兵奋进，迭次冒死强袭，损折殊巨；目前择险扼制，谅无他虞，但今后如何维击，则有难乎为继者；盖川省民力已尽，罗掘俱穷，原筹四百万剿赤军费，早已用罄，额外挪垫之项，已达一千五百余万，无法弥补。而战事尚须延长，地方既搜刮尽净，中央则挹注无由；腹枵械窳，唯有坐待崩溃而已。湘素愚戆，不尚浮嚣，倘有回翔余地，莫不委曲求全。一年以来，绞脑呕血，心力交瘁，匪特无补时艰，而局外浮言，反以不肖之心相度；一隅如此，全局可知，窃料钧座主持大计，其困难必有百倍于湘者，此湘之所以欲言辄止，而不敢冒

昧直陈者也。然情势至此，何可终默？川虽辟远，关系全局甚重，绵力既尽，来日大难应请中央解除湘本兼各职，迅简大员接替，以策成功。从本日起，所有剿匪总司令，善后督办，二十一军军长各项职务，分别将由参谋长代行；立候处理，迫切陈词，伏维鉴察！

这封半文半白的电文，倒是说出了四川军阀惨败的实情。

住在庐山的蒋介石看到刘湘的辞职电，顿生惺惺相惜之情。他自己在历年“剿赤”中不也是败绩累累吗？所以，他立即给刘湘发去一封劝慰电，盼其复职：

兄为乡为国，均应负责到底，虽至一枪一弹，亦必完成任务。此实大局所关，亦即大义所在。中央眷念前功，倚界尤为殷切，讵可轻率引去，动摇军心矣。

蒋介石挽留，刘湘也即就坡下驴。9月7日，刘湘电复蒋介石：

宣达吃紧，三四路纵队复连电告急，百孔千疮，补苴无术。湘10日决驰赴前方视察整理，期能稳定，以待中央处理。

蒋介石之所以挽留刘湘，一是因为在四川军阀中，刘湘毕竟跟他走得最近，二是目前还需要让刘湘来对付红四方面军，但对其他各路军阀还是要给点儿颜色看的。9月13日，蒋介石给四川各军阀发去一份密电：

近日川中匪情，依然猖獗有加，各路部队，亦复涣散如故。除已另电刘总司令，即将捏报战情望风奔逃之新编二十三师长罗泽洲革职查办，以资儆惩，并转令知照外，目前第一切要者，即甫澄（刘湘）兄应即日遵命复职，重行区分，提挈进剿，以资振作。并遵照巧电之命令推进，毋得再有局部之撤退，致影响全线之战局。其在五路方面，应即督励反攻，以牵制匪之西犯。务希兄等分别切实遵照。关于陕西方面，业已命杨主任迅饬陕南各军袭击匪后，以资呼应。

9 月 16 日，蔡威侦知蒋介石对“川陕会剿”作出了具体部署：

> 今一、二、三、四各路阵线，已逼近嘉陵江岸，则全川存亡及诸军生死之关键实已临头，再不死拼，唯有坐待灭亡。兹规定一路扼守长池，二、三路扼守恩阳河南岸之线，以保仪陇，杨军固守佛楼寺三溪口，左连鼎山之线，以固营渠；借以稳固阵地，速图整理；务盼兄等格切遵行。如电到时，对于上列规定各要点之阵线，已有转移逾越者，应即赶紧力图恢复，嗣后拼命死守。倘若不努力夺回阵线，或再任意放弃，或不相策应援救者，不问原因如何，中央定予严惩。甫澄（刘湘）兄尤应克日复职，主持一切；要知今日，不特责无可避，更无退无可退……今匪区愈广，阵线愈长，空隙愈多；非各种上下官兵用心力撑，视人犹己，痛痒相救，则更难防范。生死存亡，争于呼吸，唯兄等惩前警后，深自猛省焉！

在蒋介石的连连催促下，刘湘通电“复职”了。

蒋介石也趁着四川军阀的这次惨败，迅速派贺国光的行营参谋团进入重庆，派康泽的别动队进入四川，并让陕西的杨虎城、甘肃的胡宗南、湖北的肖之楚与刘湘拉起手来，用几十万大军对红四方面军的几万疲惫之师进行“会剿”，以实现既“剿共”又削弱地方军阀的“一石二鸟”计划。

10 月 12 日，蒋介石飞抵西安，亲自指挥“川陕会剿”。

红四方面军下一步该如何行动？能不能打破蒋介石的“川陕会剿”？这是人人关心的问题。

11 月中旬，在巴中县清江渡的一个小学校里，徐向前主持召开红四方面军师以上干部和少数团干部的军事会议，总结反“六路围攻”的经验，研究部队整训工作，商讨如何打破蒋介石的“川陕会剿”。

会上，徐向前提出红四方面军向川陕甘发展的战略方针和作战计划。这个战略方针的主要打击目标是胡宗南。基本的指导思想是依托老区，收缩战线，发展新区，重点夺取甘南的碧口和文（县）武（都）成（县）康（县）地区，并伺机向岷州（今岷县）、天水一带发展，以打破国民党军的“川陕会剿”计划。

徐向前认为，盘踞甘南和川陕甘边的国民党军胡宗南部是蒋介石的嫡系，是“川陕会剿”的主力部队。该部虽战斗力较强，但同四川军阀和陕南的西北军均有矛盾，处境孤立。四川军阀是被红军打怕了的，西北军对红军则敬而远之。红军集中主力打击胡宗南部，四川军阀有可能按兵不动，作壁上观，而消灭胡宗南部正是粉碎蒋介石“川陕会剿”计划的重要一着棋。再则，碧口和文武成康地区位于汉水和白龙江流域，临山傍水，人口不少，利于红军解决物资和兵员补充问题，摆脱眼前的困难，而且依托老区，进取甘南，比较稳妥可靠。红军进退自如，有回旋周转余地，不致造成无后方作战的危险。

徐向前说：“从各方面条件看，这个计划是能够实现的。只要我们集中3个军以上的精锐部队突然出击，不惜花上大的代价拿下甘南的战略要地碧口，打开战局，搞掉胡宗南，我军就能缴获一批自动步枪、火炮，装备会大大加强，弹药也能得到很大补充。有了新的根据地，既能减轻老区人民的负担，又能解决粮食、兵员等困难，粉碎敌人的‘川陕会剿’，要好办得多。而且，这对正在转战中的中央红军，无疑也是一个有力的鼓舞和支援。”

清江渡军事会议通过了徐向前提出的战略方针和作战计划。会后，红四方面军主力部队开始集结于旺苍坝一带开展整训。

12月初，蔡威率二台离开毛浴镇，跟随红四方面军总指挥部迁往旺苍坝。

旺苍坝位于川北米仓山南麓，北接陕南，东邻通南巴，有崇山峻岭之天险，占据重要的地理位置。清朝宋思仁的《题百丈关》诗云：“万山通一线，百丈锁巴州。分道迎官吏，寒烟蔽戍楼。”这“百丈关”就是旺苍城的一个关隘，自古以来就是巴中地区西出的必经之道和戍卫要地。

旺苍城外有一座山叫“南峰山”，山上常年林木葱郁，翠竹婆娑，绿树掩映中有一座观音阁。站在观音阁前，旺苍风光一览无余。这里地势高，观音阁就成了无线电台的驻地。

12月下旬，川陕根据地党政军首脑机关也陆续从通江、巴中等地迁来，不到一平方公里的旺苍城成为了川陕根据地后期的首府。

在反“六路围攻”中，红四方面军减员20000多人，于是在旺苍坝进行了整编：红四军编为2个师7个团，红九军编为2个师6个团，红三十军仍为3个师9个团，红三十一军编为2个师6个团，红三十三军编为2个师4个团，总计5个军11个师32个团。

电台也进行了整训，主要是加紧培训无线电技术人才。宋侃夫、马文波继续负责办班。同时组建三台，由王子纲负责，侧重于保持与中央红军的联系。

蔡威领导的二台任务特别繁重，不仅要搜索川北国民党军的动态，而且要侦听围堵中央红军的蒋介石嫡系部队的情报，还要把缴获来的器材组装成两部20瓦的收报机。他安排勤务员刘忠生学习报务工作。

1935年1月18日，蔡威掌握了号称“天下第一师”的国民党军胡宗南部电台的一条“密报”：

> 本师主力分驻陇南及兰州，一部（丁旅）进驻碧口、姚家渡、三磊坝一带，构筑碉堡，加紧防务。自十二月十五日，奉委员长蒋南昌寒（十四）日战电令，令本师克日派队接昭化、广元之防，遵即派独立旅丁德隆部三团进驻广、昭，同时并派第一旅之第一团，及西北补充旅之第一团，进驻三磊坝、羊模坝一带，统归丁旅长指挥，以固广元侧背；第二旅之第六团，进驻阳平关，遥为策应。本日始行接替完竣，部署如次：独二团甘竞生部驻昭化；独旅部及独一团张钟麟部、独三团刘超寰部驻广元；第一旅第一团李正先部驻三磊坝；补充旅第一团罗克传部由广平河向羊模坝前进；第二旅第六团李用章部驻阳平关；游击第一支队潘名世部驻转斗铺；游击第二支队张俊耀部驻得导胜关。接防后，粮食最感困难，因广、昭半沦匪区，川军屯驻已久，益以难民数十万，筹办运输，均属不易。

同一天，蔡威又侦获一密电：国民党军上官云相第四十七、第五十四师已进抵川东奉节、万县，企图“防堵朱毛残部北渡长江”，策应“川陕会剿”。

根据胡宗南的“密报”，红四方面军总指挥部分析认为，国民党军虽已形成对川陕根据地的包围态势，但川军因“六路围攻”受创甚重，相互间矛盾重重，蒋介石又忙于尾追堵击中央红军，“川陕会剿”一时难以开展。在这种情况下，发起广（元）昭（化）战役，集中主力打击胡宗南部丁德隆的独立旅，就可以创造北上陕南的新局面。

于是，红四方面军集中了18个团的兵力，悄悄地向广元、昭化地区集结，打算先扫清两城外围国民党军，割断守城国民党军与外部的联系，然后相机转入攻城或打援。

1935年1月22日，广昭战役打响。

红四方面军先以两个师的兵力，分成南、北两路，一路沿川陕大道直扑转斗铺，一路经黄坝河迂回转斗铺左侧背断敌退路。驻守在转斗铺的国民党军潘名世部突遭南北夹击，大部被歼。

徐向前亲率红四方面军主力部队从广元城北的朝天驿架设浮桥渡过嘉陵江，包围了羊模坝。

驻守在羊模坝的是国民党军胡宗南部补充旅第一团罗克传部。该团刚成立不久，多是新兵，虽战斗力不强，但凭险而守，对红军造成很大威胁。红八十八师副师长丁纪才和红二十五师副师长潘幼卿都在战斗中牺牲。

广元、昭化的外围据点被扫清后，红四方面军主力部队即向两城发起进攻。

广元为川、陕、甘三省的要冲，枕山面水，是一座古城。城东的城隍庙群山纵列，碉堡林立，由国民党军胡宗南部补充旅第一团扼守。城西的九龙山雄峙，深沟高垒。主阵地乌龙堡筑有5大圆堡，由国民党军胡宗南部独立旅第三团防守。广元城垣坚固，堡垒密布，由国民党军胡宗南部独立旅旅部及第一团驻守。

1月27日，红三十军主力及红三十一军一部向广元城的九龙山发起进攻，经3天激战，攻占主峰外围的8个山头阵地和4道圆堡，使国民党军遭受重创。但广元、昭化两城的国民党守军粮食、弹药充足，碉堡坚固，有恃无恐，红军硬攻难克，不仅疲劳，消耗也大。

胡宗南在天水听到广元、昭化战况报告，很为震惊，但见红军攻城数日无进展，断定进攻部队没有重武器，难以攻克两城，且红军利在速战速决，不会持久攻城，不久必会撤退，因而决定不派兵增援，以免援军在路上中了埋伏。他还下令驻守阳平关的第二旅第六团撤回碧口，等待红军攻城疲惫之后，配合川军一举而歼灭之。

此时，蔡威掌握了川军邓锡侯部的一个密电：国民党军第二十八军的5

个旅已经逼近广元、昭化，威胁红军侧背安全。

徐向前得知这一情报，洞察胡宗南的企图，立即决定："撤兵！结束广昭战役！"

广昭战役未能达到预期的目的，红四方面军无法大举西进。

情报驰援四渡赤水

正在此时，红四方面军总指挥部电台一台收到中共中央政治局及中革军委给红四方面军的一封指示电。张国焘通知徐向前立即赶回旺苍坝出席西北军委会举行的紧急会议，商讨下一步行动计划。

徐向前从广元前线匆匆赶回来，一下马，张国焘就递过来一纸电文，说："你看看。"

这是一份中共中央政治局及中革军委于1935年1月22日发来的指示电：

为选择优良条件，争取更大发展前途计，决定我野战军转入川西，拟从泸州上游渡江，若无障碍，约2月中旬即可渡江北上，预计沿途将有许多激烈的战斗，这一战略方针的实现，与你们的行动有密切关系。为使四方面军与野战军乘蒋敌尚未完全入川实施"围剿"以前，密切的(地)协同作战，先击破川敌起见，我们建议：你们应以群众武装与独立师团向东线积极活动，钳制刘敌，而集中红军全力向西线进攻。因我军入川刘湘已无对你们进攻可能，你们若进攻刘敌，亦少胜利把握，与我军配合作战距离较远，苏区发展方向亦较不利；西线则田部内讧，邓(锡侯)部将南调，杨(森)、李(家钰)、罗(泽洲)兵单力弱，胜利把握较多，与我军配合较近，苏区发展亦是有利的。故你们宜迅速集结部队完成进攻准备，于最近时期，实行向嘉陵江以西进攻。至兵力部署及攻击目标，宜以一部向营山之线，为辅助方向；而以苍溪、阆中、南要方向宜集中主力，从敌之堡垒间隙部及薄弱部突入敌后，在广大无堡垒地带寻求敌人，于运动中包围消灭之。若你们依战况发展，能进入西充、南充、蓬溪地带，则与我军之配合最为有力。同时我们要估计到敌人可能以较少兵力利用堡垒钳制四方面军，而乘(趁)野战军立足未稳之际转移主力实行突击，以收各个击破之效，因此你们作战方针从速决定电复。

从发电的时间看，正是红四方面军发起广昭战役的同一天。

此时，中央红军已经离开遵义，向川黔边的赤水方向前进。徐向前感到：形势紧迫，不容我们犹豫不决，必须立即讨论这一牵动全局的作战方针问题。

3个多月来，红四方面军领导人一直怀着忐忑不安的心情注视着中央红军的动态。

1934年10月，中央红军撤离江西苏区后，有很长一段时间，党中央的电台未与红四方面军取得联系，连撤出中央苏区这样重大的事情，红四方面军领导人都不知道。当蔡威从国民党电台播报的"剿匪新闻"中得知中央红军已经撤离闽赣革命根据地，并将这一消息报告红四方面军总指挥部时，领导人都感到震惊。

徐向前得知中央红军撤离瑞金的消息，说："瑞金是党中央和中华苏维埃中央人民政府所在地，放弃红色首都而没有告知其他根据地，说明中央红军的局势万分危急。"

徐向前后来回忆：

中央红军的动向，一直是我们急切关注的问题。我记得除了由四方面军电台不断将情报向中央提供外，陈昌浩还经常想办法搜罗这方面的消息，私下里同我研究、讨论。中央的命运，谁不关心呀！因为情况不大好，也不便向下面去讲，反正大家心里都很着急就是了。遵义会议的情况，我们多少也知道一点儿，中央来过电报。会议的正式文件，在长征过草地时，我才看到。

张国焘回忆：

1934年10月16日，江西红军脱离瑞金根据地，向西行动，不到几天我们就知悉了。这是使我们十分震动的事。七八月间，当唐式遵向万源进攻的时候，中共中央从瑞金叠(迭)次来电，对我们的处境表示忧虑，却没有一字提到江西苏区的情况。到了八九月间，我们将敌军先后击溃，中央来电表示十分欣慰。从这些电报的字里行间，我们就感觉到了中央苏区处境不佳。

我们举行高级干部会议，讨论中央红军(即第一方面军)退出江西苏区所引起的问题。他们这次行动，我们事先毫无所知，根据我们直接获得的资料，认为中央红军这次行动是在敌人的压力之下，不得已的退却行为。我们不敢断定他们是否能阻止敌人的追击，是否能在西南地区立足，但确认中央红军不能在江西立足，是整个苏维埃运动受着严重打击的表现……

中央红军 (红一方面军) 主力撤出中央苏区，实行战略转移，起初的目的是到湘西同红二、红六军团会合，在那里建立新的革命根据地。蒋介石早已料到“朱毛”红军西征的意图，颁发了“剿匪计划大纲”，声言：如果在湘江以东不能全歼红军，也要在湘江以西将红军歼灭。结果，湘江一战使中央红军主力损失过半。

正当中央红军沿越城岭山区继续西进时，国民党军内部发生了桂系军阀联合广东军阀同蒋介石争夺贵州的斗争。国民党军内部的矛盾，使其在贵州不能集中全力对付红军，造成了黔东南的空虚状态，这对红军进入贵州是十分有利的。可是，中共中央负责人和共产国际军事顾问李德不考虑这种有利形势，仍顽固坚持由通道北出湘西的行军路线。

1934 年 12 月 12 日，在通道会议 (也称“飞行会议”) 上，毛泽东坚决反对李德的意见，提出了红军必须西进贵州，避实就虚，寻求机动，在川黔边创建新根据地的主张。会后，中革军委突然改变行军路线，转兵贵州，才使中央红军暂时脱离了险境。

但是，中央红军何去何从的问题并未真正解决。12 月 18 日，在贵州黎平召开的中共中央政治局会议上，毛泽东根据国民党军已在湘西布下重兵并正向黔东北集结的严重情况，坚决主张放弃同红二、红六军团会合的计划，建议中央红军继续西进，在川黔边建立新根据地。黎平会议否定了博古、李德的错误主张，接受了毛泽东的正确意见，并通过了《中共中央政治局关于战略方针之决定》。

第二天，即 12 月 19 日，红四方面军电台接收到中革军委发来的一份密电——《为执行黎平会议决议作出的行动部署》。电文中提到：

> 四方面军应重新准备进攻，以便当野战军继续向西北前进时，四方面军能钳制四川全部的军队。

当时，张国焘、徐向前、陈昌浩等正在清江渡召开军事会议，接到中共中央的来电，得知中央红军已经进入贵州，从行进的方向判断，有北上川陕根据地与红四方面军会合的可能，于是，清江渡会议制定了《川陕甘发展计划》，决定趁蒋介石的“川陕会剿”尚未形成之际，首先拿下国民党军胡宗南部接防的广元、昭化，夺取甘南，创造与中央红军会合的有利条件。

中央红军进入贵州以后的动向，一直为徐向前所关切。《徐向前传》中有一段记叙：

> 徐向前纵观全国红军的处境，感到中国革命又处在一个严重困难的关头。他期望中央红军行动顺利，也为红四方面军的前景忧虑。他亲自向电台负责人交代：要随时注意侦察掌握敌人的电讯，及时向党中央和中央红军提供情况。电台工作人员理解徐总指挥的心情，日夜守在电台旁，随时将得到的中央红军的行踪报告方面军领导人。徐向前和总部机关人员，把从空中截取的情况，经过分析筛选，用电台不断通报给中央红军。

“随时注意侦察掌握敌人的电讯，及时向党中央和中央红军提供情况。”这个重任就主要落在了二台台长蔡威的身上。

蔡威几乎彻夜不眠地坚守在电台旁，每时每刻都在捕捉、抄录各路川军电台发出的密电。尽管他已经很熟悉四川各路军阀的密码，但是繁忙密集的电文还是让他应接不暇。

时值寒冬腊月，川北山区的夜晚格外寒冷。蔡威的勤务员刘忠生已经抵抗不住疲倦，斜躺在椅子上睡着了。警卫员肖全夫守在门口瑟瑟发抖，看着已经连续几个夜晚都没有安稳睡过觉的蔡威，忍不住嘀咕了一句：“蔡台长，你该休息了！”

蔡威转过头，微微一笑：“不行啊，这么多的密电等着我研究。为了明天，我们要干啊！”

此时，国民党军的来往电文中传递着令人忧心的信息：

红二十五军徐海东部从平汉铁路向西转移；

红二军团在万县、奉节边境活动，因国民党军的堵截，正转到湘鄂川边境与国民党军苦斗，且处于缺衣少食的艰苦境地；

中央红军西进贵州后，处于湘、滇、黔、贵、川几十万国民党军的重重包围之中……

蔡威废寝忘食地抄收国民党军的密电，不分白天黑夜，随时将敌情报送红四方面军总指挥部，然后由总指挥部参谋综合筛选后，呈送张国焘审阅、签发，再由总指挥部电台一台的王子纲发往中革军委电台。

张国焘回忆：

> 我们事实上放松了对四川军阀作战。仅有的侦察电台，日夜不停地工作，只有小部分时间用在侦察四川敌情，多数时间用来侦察中央红军行进所在及其四周敌情。中央红军行进到广西贵州边境地带时，我们即开始供给中央红军情报。这是一件相当繁重的工作，侦察电台每天都译出敌军大批密码电讯，再由参谋人员扼要做成通报，经我鉴定后拍发给中央红军，我们的电台须守候中央红军电台出现，有时从晚7时余守候到翌晨3时左右。有时我自己也守候在电台旁，解答对方的疑难。
>
> 我们配合中央红军的军事行动，是1934年12月间开始的。估计中央红军将与红四方面军在川西北地区会师，我们义不容辞的(地)要策应他们。我们设想未来的根据地以川陕甘边区地带最为适宜，但驻守天水、广元线的敌军胡宗南部，却是我们实现这个计划的最大障碍。

1935年1月1日，中共中央电台发来《中央政治局关于渡江后新的行动方针的决定》，电文指示：

立刻准备在川黔边广大地区内转入反攻。主要的是和蒋介石主力部队(如薛岳的第二兵团或其他部队)作战,首先消灭他的一部,来彻底粉碎五次“围剿”,建立川黔边新苏区根据地。首先以遵义为中心的黔北地区,然后向川南发展是目前最中心的任务。……

责成书记处与军委,保持同二、六军团与四方面军的密切的通讯联络。加强对于他们在政治上与军事上的领导,使他们以积极的行动,来配合我们的反攻。

得知中央红军的战略意图,红四方面军总指挥部电台一台重在加强与中革军委电台密切联络,蔡威率领的二台则专门侦察川黔边国民党军活动的情报,经领导签发,及时转发给中革军委。

1935年1月4日,当中央红军正在强渡乌江、向遵义前进时,红四方面军电台以“国焘”署名向中革军委发去一份密电:

廖泽之援黔所谓湘模范旅第三旅及穆瀛洲旅共六团,原集中泸州拟取道南川、正安入黔,十二日已由□□□□(此处档案阙如,下同——本书作者注)。

□(原电文缺)告刘湘约五师,陈鸣谦部及田钟毅旅共九团在川南,陈之达在石砫、黔江,袁旅在涪陵、彭水,田旅在酉阳、秀山正赶筑碉堡取守势,咸丰为渝团,来凤为潘旅,古宋、叙永、赤水一带无敌。肖、贺已占慈利,徐源泉一部开往剿肖、贺讯。

吴焕先同志所率领之红二十五军约三千人,现已到商南一带。刘湘六十团在绥、宣、城口,李、罗、杨森共约三十团分布营山双河场、仪陇前方至新政坝线,田敌颂尧三十团在阆、苍、南嘉陵江西岸,邓锡侯敌十五团在昭化、广元、剑阁一线,胡宗南师之丁旅到广元,余部在碧口、略阳一带。陕南敌约十七团集中南郑六团。肖之楚部约九团在白河及郧西一带,荣景芳师在竹山、竹溪一带。上官云相之四十七、五十四两师有开安康进万源之说,敌正赶筑碉堡。东方城口一带山大,穷困,人口少,西方有嘉陵江、剑阁、碧口之险,再采纳决战防御亦非良策，如何请示。

此电文是蔡威侦获国民党军来往密电、报送红四方面军总指挥部、由参谋综合整理后、经张国焘签发、而后发往中革军委的。电文详细通报了有关川黔边的敌情及川陕根据地周围兵力部署，这对于正欲突破重围、寻求战机的中革军委无疑是“雪中送炭”。

1 月 6 日，中央红军全部突破乌江天险。

1 月 7 日，中央红军完全占领了遵义城。

1 月 9 日，红二师攻克娄山关，进占桐梓。

此后一周，战事稍缓，红军总司令部便积极开展建立以遵义为中心的川黔边根据地的各项工作。

1 月 15 日，中共中央政治局扩大会议在遵义召开，这便是具有伟大历史意义的遵义会议。

遵义会议做出一个很重要的决定，那就是放弃黎平会议确定的以黔北为中心创建根据地的计划，决定北渡长江，同红四方面军会合，在川西或川西北创建根据地。

这个决定显然与红四方面军在反“六路围攻”中取得巨大胜利并计划向甘南发展的大好形势有关，也与 1 月 4 日以后红四方面军电台不断发给中革军委的电报所提供的情报有关。

遵义会议结束后的第三天，即 1 月 20 日，红四方面军总指挥部电台一台收到中革军委发来的《关于渡江作战计划》的密电。电文提及：

四川方面，刘湘判断我军将入川，并渡江深入川中，因此，刘敌第一步正调集约三个师八个旅在彭水、重庆、綦江、合江、泸州、叙永之线，企图堵我入川南渡，并加紧对四方面军的进攻，阻其与我配合；我们判断其第二步将更调集主力阻我渡江，或在川中地域乘我立足未稳与我决战，而以次要部队扼守堡垒，牵制我四方面军。而蒋介石的嫡系部队将逐渐沿长江进入四川，实行其新的围攻部署。

我野战军目前基本方针，在由黔北地域经过川南，渡江后转入新的地域协同四方面军由四川西北方面实行总的反攻，而以二、六军团在川黔湘鄂之间活动，来牵制四川东南会剿之敌，配合此反攻，以粉碎敌人新的围攻，并争取四川赤化。

我野战军目前初步任务应是：由松坎、桐梓、遵义地域迅速转移到赤水、土城及附近地域，渡过赤水，夺取蓝田坝、大渡口、江安之线的各渡河点，以便迅速渡江。

在沿长江为川敌所阻，不能渡江时，我野战军应暂时留于上川南地域进行战斗，并准备渡过金沙江，从叙州上游渡河。

四方面军在我野战军渡江之先，应向重庆方向积极行动，吸引重庆川敌之主力于自己方面，以便我野战军顺利渡江。在我野战军渡江后，则转向苍溪及南部之嘉陵江两岸反攻，密切配合我野战军与川敌进行决战，以打通横贯川西北的连(联)系。

这份电文把中央红军渡江作战的具体部署及红四方面军如何策应等作了明确规定。

接到这个电报，红四方面军总指挥部立即开会商议如何策应问题：是否派兵南下接应中央红军北上？如果派兵，派出多少？派部队出去多了，等于大搬家，放弃川陕根据地；少了，去一个师，等于拿肉包子打狗，有去无回。四川那种地形，国民党军把山险隘路截断，红军无处可走！

此外，从无线电台侦获的情报中得知，徐海东、程子华率红二十五军已经到达陕南、豫西一带，也需要红四方面军接应。有人提出先派一个团去，有人又说红四方面军又不是三头六臂，一个团哪行啊！

讨论来讨论去，想不出好办法。最后决定，仍按清江渡会议制定的方针，向川陕甘发展，先把广元、昭化拿下来，消灭胡宗南刚刚伸进四川的一部力量。如果拿下广元、昭化，就控制了嘉陵江两岸川陕交界的咽喉要地，进而可图川西平原、甘南、陕南，伺机接应中央红军和红二十五军。

于是，1 月 22 日，就在中央红军攻占土城、准备一渡赤水的时候，红四方面军发起了广昭战役。

而这一天，中革军委又发来《关于配合野战军转入川西作战的指示电》，要求红四方面军："迅速集结部队完成进攻准备，于最近时期，实行向嘉陵江以西进攻。"这就是前面提到的那份 1 月 22 日的指示电。

徐向前回忆：

> 中央要求红四方面军集中全力西渡嘉陵江，突入敌后，运动歼敌，策应红一方面军渡江北进。这就是说，红四方面军的主力，将离开川陕根据地，向嘉陵江以西发展。大家认为，如果不是中央红军的处境相当艰难，中央不会做出这样的决定，因而西进策应中央红军作战，是头等紧要的事。会议决定：第一，暂时停止与胡宗南的角逐。第二，由三十一军和总部工兵营，火速搜集造船材料，隐蔽造船，解决渡江工具问题。第三，适当收缩东线兵力，准备放弃城口、万源一带地区。第四，即以主力一部出击陕南，调动沿江敌人北向，为在苍溪、阆中一线渡江创造战机，并接应已经进入陕南商县一带的红二十五军。

会上也讨论过是否以主力南下，直接与中央红军打通？走哪条道路？需要多少兵力？能不能打到长江边？最终因力量有限，没有把握，只好作罢。

2月初，红四方面军集结了12个团的兵力，北出陕南。

陕南国民党军孙蔚如部曾与红四方面军达成互不侵犯默契。红四方面军此次出击陕南的战略目的是为了吸引沿江国民党军向北，以便红军从嘉陵江中段突破，所以这次战役行动是有节制的。

陕南之战历时10多天，红军先后占领了宁羌、沔县两城和阳平关重镇，歼灭国民党军4个团，逼使胡宗南部调整部署，调动重兵向川陕边境增援。

徐向前见战役目的已达到，便撤出褒城之围，回师川北，准备渡江西进。

让蔡威大为高兴的是在陕南战役中，红军缴获了两部电台：在阳平关缴获了一部胡宗南部5瓦电台，在沔县缴获了陕军一部15瓦电台。这两部均是完整电台。在电台器材紧缺的时刻能缴获电台，蔡威极为兴奋，立刻电告王子纲。

3天后，王子纲兴高采烈地带着李永悌、胡正先、王清生（王华）等从旺苍坝赶来宁羌县城。

为了加强无线电通信联络工作，红四方面军总指挥部决定扩建一个新电台，称“第四台”，由游正刚负责，所用电台是阳平关缴获的那部5瓦电台。

这样，4部电台做了调整和分工：原来的“三台”改为“一台”，由王子纲负责，主要任务是建立电台联络网，不再担负侦察工作任务，跟随红四方面军总指挥部行动，有报务员李永悌、胡正先，机务员王清生（王华）等人；“二台”仍由蔡威负责，任务是侦察掌握国民党军密电，为红四方面军总指挥部提供前敌情报，不再承担通报任务，报务员有冯志陆、耿锡祥等；原来的“一台”改为“三台”，由宋侃夫负责，任务是与中央红军及红四方面军前方电台保持联系，兼任战略性的侦察工作，主要工作人员有马文波、徐明德、徐定远等；新成立的“四台”由游正刚任台长，胡立信任副台长，跟随孙玉清率领的红三十一军行动。

电台扩建后，王子纲、蔡威率领一台、二台跟随红四方面军总指挥部离开宁羌，经转头铺、朝天驿一路南下，进驻四川仪陇县境内的一个村子。

此时，蔡威从川军的电台中侦知：中央红军在土城与国民党军郭勋祺部激战数日，双方伤亡甚大。中央红军已退出土城，向扎西地区集结。

据蔡威侦察：

川敌追击部队大部集中高、珙、长宁之线及其以南地域。其达（凤冈）、袁（如骏）两旅抵高县，刘旅由珙县向筠连，范、章两旅在珙县，章旅将向安边前进，潘旅主力在长宁，一部在兴文，郭旅10号在罗表，廖旅缺一团在罗海，郭、廖均拟向王场前进，穆旅向屏山前进，蒋（尚朴）布防滩头，安边之线，另二三旅前在永宁，目前行动不明。

川敌的这一情况，由王子纲发报告知中革军委。2月11日，中革军委将它列入“综合目前敌情”向各作战部队通报。

2月14日，蔡威获悉川军南岸总指挥潘文华的“电令”：

匪在扎西附近，经滇军压迫，又侦知我郭（勋祺）、廖（泽）旅分头围攻，遂乘间于昨日午、今晨回窜叙（永）（古）蔺，现已到黄泥嘴、分水岭、海坝、树坪、营盘山一带，正分攻该一带洞岩中。

基此情况，特处置如后：

（1）郭指迅率袁（治）、廖（泽）两旅，由现地向黄泥嘴、分水岭方面横扫，期与范（子英）、潘（佐）两旅夹击，刘（兆藜）旅已经另取道镇州、建武，向叙永以南会师，并受郭指挥。

（2）潘（佐）旅星夜兼程回守叙永，范指率该部兼程由金鹅池，向两河口截击，潘（佐）旅仍受范指挥，到达指定地点后，乃督同向匪痛击，务必拒匪于叙蔺大道以南，会同郭指歼灭之。

（3）陈指率达（凤冈）旅着即向长宁（镇）、古宋转移，准备策应，袁如骏着回筠连待命。

（4）蒋（尚朴）旅仍回防横江滩头、安边一带。

已报请刘总电古蔺薛军，与我协力截堵，并会同歼灭之。

各部务须自取连（联）络，并责成郭、范两指，在叙、蔺以南地区，歼灭此匪为要。

得知川军潘文华的这一部署，中革军委立即改变了渡江计划，于2月15日东渡赤水河，迅速向桐梓地区前进。

2月16日，朱德、周恩来、王稼祥为“中央红军改变渡长江计划，争取创造川滇黔根据地”联名发电给红四方面军和红二、红六军团领导人。电文如下：

国焘徐陈项贺任肖王：

甲、我野战军原定渡过长江直接与四方面军配合作战，赤化四川，及我野战军进入川黔边继续向西北前进时，川敌以十二个旅向我追击并沿江布防，曾于1月28日在土城与川敌郭、潘两旅作战未得手。滇敌集中主力亦在川滇边境防堵，使我野战军渡江计划不能实现。因此军委决定我野战军改在川滇黔边广大地区活动，争取在这一广大地区创造新的苏维埃根据地，以与二、六军团及四方面军呼应作战。

乙、本月我野战军在向金沙江前进中已调动川敌十二个旅向兴文、长宁、高珙、筠连、横江地域集中，滇军主力亦向威信、镇雄防堵，因在该地域作战不利，现我野战军已折向赤水河乌江以北活动，并以黔西敌人为主要作战目标。

朱、周、王

2月16日12时

显然,土城受阻是中央红军临时改变渡江北上计划的主要原因。

徐向前认为:“土城战役没打好,我看主要是部队连续转战,疲劳不堪,敌人以逸待劳,火力又强,不好对付。我们从鄂豫皖向川陕边转战途中,尝过那种苦头。部队连续行军,吃不上饭,睡不好觉,疲劳得要死,仗怎么能打得好呀,不容易的。不是亲身经历的人,很难懂得这一点。”

看来,中央红军的处境越来越被动了。如何帮助中央红军摆脱这种被动局面呢?红四方面军领导人要求蔡威领导的二台严密侦察中央红军周边的敌军动态,及时为中革军委指挥作战提供准确的情报。

蔡威越来越感到肩上担子的沉重!

2月中旬至5月初,蔡威几乎把所有的精力都放在侦察以贺国光行营电台为中心的蒋介石嫡系军队的密码上。

蔡威和宋侃夫、王子纲获取的密电每天都有几十份,多则上百份,最多时一天掌握了200多份。遗憾的是,蔡威侦获的这些密电至今保存下来的不多。什么原因呢?蔡威的战友宋侃夫、王子纲的回答是:“太多了,战争环境不允许带,也带不了,一根火柴就解决了。”

如今,保存下来的仅有3月5日至3月11日的4份来往电报。

1935年3月5日,朱德致张国焘、徐向前、陈昌浩电:

张徐陈:

(甲)我四方面军自在川陕边宁强(羌)、沔县及汉中等地胜利后,目前所采取的战略方针与发展方向如何。

(乙)目前川敌及甘陕敌人对我四方面军的进攻部署如何,均望立即电告。

朱(德)

当日,红四方面军总指挥部复电:

我南路军大举攻川敌,本日完全消灭了仪陇城北七十里二龙场之罗泽洲两个团及田颂尧第三师两个团大部。

获步枪三千支,机枪二十余挺;俘团长二名,俘虏官兵二千余。正乘胜猛进中。

1935 年 3 月 8 日，红四方面军总指挥部致电中革军委：

我南路军乘胜追罗泽洲残部百余里到仪陇城南七十里之寨金义。七、八日完全将罗泽洲五团消灭，缴获步枪二千五百支。现在仪城外围打李家钰部六团，即将消灭。

1935 年 3 月 11 日，红四方面军总指挥部致电中革军委，报告国民党军胡宗南部及川军部署情况：

敌判断我主力回川，胡宗南师及第二师补充旅现在略阳、徽县、碧口一带，拟即攻取宁羌。邓拟以八团守昭、广线，另十团出击朝天驿、红土关及广元正面。田之二十余团守昭、苍、阆、南线，三、四路共十八团，守王渡场、栅鬣铺、恩阳河线。五路以三十余团固守巴州东南沿巴河、大河口、竹峪关、万源线。五路王纵队四个旅已调南，许纵队一个旅已调青、渝、渠、万、开，两团已调重庆。蒋之八十师陈沛部在陕云风县，伍诚仁师及王旅即由西安开城固、洋县，庞炳勋师到安康。目前，我军在南路大捷，拟大进，彻底灭敌，配合西方军行动。

我军正围攻仪城，并已取回苍溪。

还有许多电文尚未查到，只能从蔡威战友们的回忆中，去寻觅他在那段日子里的神秘与艰辛。

宋侃夫回忆：

1934 年，中央红军开始长征，到湖南时，我们从收到的情报中，深知他们的处境十分困难。但当时我们对中央红军的去向捉摸不定，为了给中央红军提供情报，我们以贺国光行营电台为中心，加紧研究蒋介石的密码。蒋的密码非常难猜，侦察任务主要由我和蔡威担任……然后将我们收录的大量敌报和掌握的中央红军周围的大量敌情，送给军委及总指挥部，经过分析、整理，再发给中央红军。中央红军在约定的时间内就要向我们呼叫。

肖全夫回忆：

由于中央红军白天行军打仗，夜晚也难得安生，没有固定的位置，电信联系十分困难。蔡威同志每夜都要守在电台上，等待信号，寻机呼唤，每每彻夜不眠。

这个时期，中央红军拥有十分强大的无线电侦察能力和一批技术精湛的专业人员。

长征开始前，中革军委机关和中央红军共有 17 部电台。长征开始后，留 3 部电台配备项英、陈毅所部在江西坚持游击战争，14 部电台随中央红军西征，其中 5 部电台配属中革军委总部。中革军委组建了通信团，下辖无线电营。无线电营下面有第一、第五、第六、第二十九、第三十共 5 个分队，一个分队一部电台。其中第五分队有 100 瓦的大功率电台一部，专门负责与上海中共地下党及莫斯科共产国际电台联络，但这部电台因为携带困难，在过湘江之后就地掩埋了。第一、第六分队的电台功率为 15 瓦，第二十九和第三十分队的电台功率为 5 瓦，这 4 部电台随中革军委及军委直属的两个纵队行动，其中第一、第六分队担负与红二军团、红六军团和红四方面军的联络任务。还有其他 9 部电台配属主力红军的各军团，每军团用 2 部，军团部用 1 部，机动用 1 部。

原中央红军无线电第一分队报务员黄萍回忆：

在离开遵义到四渡赤水的两个多月里，军委总部同所属各部队的联络始终畅通，来往电报现在看到的就有 280 余份。同红四方面军的联络也非常密切。为了联络的顺利，红四方面军电台多是王子纲台长亲自上机，因为他的手法好，发报点急划长，间隔均匀，听起来清晰悦耳，我们都喜欢同他通报。由于通信联络顺畅，来往电报收发及时，这对党中央、军委及时了解情况，正确制定作战计划，实施不间断的作战指挥,灵活机动地打击敌人,起了重要作用。

这期间,国民党军的密码不断变换,发报的密度更加频繁,使蔡威工作的难度越来越大。

在中央红军四渡赤水期间,为了保证中革军委能及时得到红四方面军提供的敌情通报,又不削弱在强渡嘉陵江战役中对川军密电的侦探,蔡威同王子纲商量,从一台调整一个报务员来二台工作,把一部备用的电台也启动起来,王子纲便把刚刚接受过培训的李永悌分配到了二台。

李永悌在撰写的《帷幄深处》一书中,有一段很详细的回忆:

> 在调整和分工时,领导又决定将我从一台调到二台去搞侦察。
>
> 我到达二台,首先见到的是台长蔡威同志。他给我的第一个印象就很特别,穿的不是红军服,而是灰斜纹布的西装,留的是西洋头,平时不戴帽子,腿上也没打绑带。在那时,红军中像这样装束打扮的人实属仅有。他说起话来斯文儒雅,态度和气。见了面很简单地问了几句:
>
> "你工作多久了?"
>
> "我刚从训练班出来,还没有正式工作。"我答。
>
> "今后我们一起工作……"蔡威同志讲话虽然很慢,但福建口音很重,有些话我还是未完全听懂。
>
> 那时,二台除了蔡威同志,还有报务员冯志陆、刘忠生,译电员陈福初,机务员肖大来、熊远绪等,他们都是从鄂豫皖苏区来的老同志……我们二台由仪陇县转移到苍溪县离嘉陵江边不远的山下一个村子里。这个村子只有三四家人,一家一户住得很分散,我住的一家距蔡威同志住的那家还有一里多地。刚住下,他派人把我叫去,第一句话就说:"我叫肖大来给你送一部收报机去。你把邓锡侯的电台找出来,对它进行严密控制。"
>
> 邓锡侯是四川的一个军阀,当时任国民党二十八军军长,在"六路围攻"时,曾受到红军的沉重打击。此时,他的部队正布防于嘉陵江西岸沿江一线,企图阻击红军西渡。为搞清邓锡侯部的兵力部署情况,

必须对他的电台联络进行严密控制,将来往电报全部抄下来。这对我来说,是从训练班毕业出来第一次单独接受任务。不过我没有害怕,因为当时只想着完成任务,别的什么也不去想。

蔡威同志那双和蔼的目光,始终看着我,没等我说话,又递给我一张纸条:"这是邓锡侯军部电台的呼号、波长。"

我什么也没有说,点点头就走了出来。

离开蔡威同志返回的路上,我一会儿快走,一会儿慢行,心里既紧张,又兴奋。为这第一次执行任务而紧张,更为这第一次执行任务而兴奋。

回到我住的房子不一会儿,机务员肖大来同志就把机器送来了。这部机器不知什么时候缴获来的,是一部三灯收报机,外壳有的地方已磨损,但还能用。他对屋里屋外看了看,见屋里老乡堆满了东西,屋外房檐下是空的,就找来一张桌子,把机器架在那里,插上耳机听了听,说:"机器架了,小李来听听。"

我听后说:"好。"

我坐在机器前,头戴耳机,聚精会神地按照蔡威台长抄给我的邓锡侯电台的呼号、波长来回进行搜索。

广袤的天空,也不是一个平静的地方。嘈嘈杂杂的声音,通过耳机全部进入了我的耳朵。为了尽快找到敌台,我一步也不敢离开机器,生怕错过了敌台的联络。

耐心,是做一切事情都需要的。所以我把全部的注意力都集中到了耳朵上,不急不躁,冷静耐心地在茫茫天空里搜索着我要寻找的无线电信号。

过了不长时间,一个信号突然出现了,这正是蔡威同志在纸条上写的邓锡侯军部电台的呼号,我的心也一下子紧张起来。一瞬间,我又立即控制住自己,赶忙跟了上去。

这时,我什么也顾不得了,全神贯注,紧紧地跟踪那个信号。敌台调波长,我也跟着调波长,敌台发报,我就紧跟着抄。通过敌军部电台和各师电台几次反复联络,我不仅将敌人军与师、师与师之间电台出联的时间以及他们的波长都搞到了手,而且将他们相互发的电报也全部抄了下来。此时已经是夜间了。

我让通信员把电报送走后，才感到浑身疲劳不堪。不过，心里十分高兴，望着漆黑的夜空，为自己成为一名无线电侦察兵，并且第一次单独顺利地完成任务而喜悦和自豪。直到现在，我还记得邓锡侯部的几个电台呼号叫 J1、J2、J3。

敌军与各师电台之间不停的（地）出联，弄得我睡觉、吃饭的时间都很紧张，连上厕所都得钻工作时间的空子。要想睡觉，又怕错过了时间，就告诉警卫班和哨兵帮我看着表，到时间一定要把我叫醒，拉也要拉醒，不然就会耽误了工作。

就这样，还只能趴在放机器的桌子边上睡睡。吃饭常常是公务员送来没时间吃，冷了又端去热，热了端来又没有时间吃，过一会儿又冷了，有时要如此来回二三次、三四次才吃上二顿饭。这样一天两天还可以，时间一久就不行了。公务员年纪小，瞌睡多，常常在一边睡着了。于是，警卫班长李连富同志、房东的小孩儿就常帮助打水、热饭、送饭。后来为我烧水送饭的事就全被房东一家包下了。老乡对我们实在太好了，记得当我们离开时，全村的男女老少都出来送我们好远，不少老乡看我们走了，还禁不住哭起来了。

从蔡威身边的战友回忆中，我们可以清楚地看到：在毛泽东指挥四渡赤水战役时，作为红四方面军电台二台台长的蔡威，用他卓绝超常的智慧和坚忍不拔的毅力，掌握了无数的敌军密码，及时准确地提供了敌情，配合中央红军战胜艰险，走出困境。

蔡威和战友们的独特建树，徐向前的一段谈话可以印证：

《长征组歌》中不是有这么一句吗，“毛主席用兵真如神”。不错，毛主席用兵确有过人之处，但他也是以情报做基础的。

长征结束后，毛泽东在延安曾对宋侃夫讲：“你们红四方面军电台的同志辛苦了，有功劳呀！在我们困难的时候，在四渡赤水前后，是你们提供了情报，使我们比较顺利地克服了困难。”

战略配合强渡嘉陵江

1935年春，在北起广元县、南到南部县长达400多里的嘉陵江两岸，东岸的红四方面军与西岸的川军田颂尧、邓锡侯部共53个团形成了对峙。

强渡嘉陵江战役是红四方面军与中央红军的又一次战略性配合。

此前，红四方面军有节制地打了陕南战役，歼国民党军4个团。之后挥师南进，连克仪陇、苍溪，又歼国民党军5个团。这种忽北忽南的战略战术，使国民党军摸不着红四方面军的真正意图。

就在国民党军疲于应付的时候，徐向前、陈昌浩、王树声等沿着嘉陵江东岸，从广元到阆中详细观察了一遍。选择突破口，是这次渡江战役胜败的关键。

蔡威领导的二台侦悉：川军邓锡侯部第二十八军共21个团，防守上游广元以北的朝天驿至射箭河一线，其中以15个团守备江防，6个团分置于广元西北的车家坝和昭化东南的剑门关作预备队。川军田颂尧部第二十九军共35个团防守昭化以南的射箭河至南部的新政坝一线，其中28个团守备江防，另7个团为总预备队，配置于阆中以西的衣思场地区。

从二台提供的敌情和徐向前等亲自勘察的地形、水文条件来分析，红四方面军总指挥部认为，苍溪至阆中一段，江面开阔，水流较缓，西岸滩头平坦，纵深为丘陵起伏地，利于渡江部队抢滩登陆、展开兵力和两翼迂回。东岸的塔子山直逼江边，是一个绝好的制高点。这一段是川军田颂尧部的防区，兵力配置单薄，仅3个团，前沿只有4个营，且防守松懈，红军可出其不意，实施偷渡和强渡相结合，多路突击，重点突破。一旦强渡成功，可造成十分主动的战役态势，重击西岸川军守军，乘胜占领嘉陵江、涪江之间的广大地区，为进击甘南创造条件。

这是红四方面军第一次进行大规模的渡江作战，准备工作至关重要。指战员们花了一个多月时间，在几十里外的深山密林中伐木造船，在支流河汊中苦练渡江本领，层层制定出周密的作战方案。

3月下旬，徐向前派出一部兵力向南佯动，果然迷惑了川军。

蔡威领导的二台侦察到田颂尧发给刘湘的一份密电：

赤匪希图突破二、三两路阵地，均因我军防守甚严未果。近忽改由营（山）巴（中）方向移动，有突破四路军企图。

川军田颂尧部立即调整了部署，分出一部兵力向南堵截，支援川军杨森部。这样一来，川军防守苍溪、阆中一线的兵力就有所分散了。

此时，隐蔽集结于嘉陵江东岸高山密林中的3支红军部队抓住这一机会，把秘密造好的近百只木船和3座竹扎便桥从几十里外悄悄抬到了江边。

3月28日夜，徐向前一声令下，木船搭载着红军官兵如离弦之箭，直射西岸。

夜色迷茫中，数万红军飞渡嘉陵江。架在船头的轻重机枪和塔子山上的火炮组成了一道道如织的火网，覆盖了对岸的川军阵地。

嘉陵江西岸的几个渡口很快被红军占领了。

此时，守在电台边的蔡威不断接听到川军"SOS"的求救信号。从江防前线发往潼川川军第二十九军军部的密电，几乎都是报丧的电文：

营长陈泽仁阵前战亡。

营长江文钦、贺占云不幸殉职。

凌晨3时许，团长陈崇朴阵亡。

第二十旅旅长陈继善、第二十一旅旅长杨特生相继受重伤……

田颂尧在潼川军部看到一封又一封的"密报"，捶胸顿足，破口大骂："何德隅，你个龟儿子！老子非宰了你不可！"

何德隅是川军第十二路军总指挥，这一段江防由他负责防守。

田颂尧没想到，何德隅此时擅离职守，正在休假。副军长孙震发密电向他建议：

可否令阆中的罗乃琼师侧击匪左翼，迫匪回渡？

田颂尧回电，显然很无奈：

徐匪倾巢来犯，绝非我二十九军孤军可挡……

孙震急了，回电：

匪军已楔入我纵深，若南北迂回，我江防守军必陷重围，不可再犹豫了。

“丢了地盘不要紧，丢了部队，你我都要喝西北风！剿匪又不是我田颂尧一个人的事，撤！”田颂尧干脆对着电台吼叫，“令前线部队快撤！”

于是，孙震下令前线川军各部：“迅速撤离！”

田颂尧部防线一溃百里，邓锡侯部的防线也被切成两段。正在集中精力围堵中央红军的蒋介石得知田颂尧弃守江防，一溃百里，便大发雷霆，立即向刘湘发去一纸“手令”：

盖川陕边防剿匪督办第十二路总指挥，四川剿匪军第二路总指挥，第二十九军军长田颂尧着即撤职查办；其副军长孙震，辅助不力，记大过一次。着令孙震督率二十九军，戴罪图功；此次该军失败，负责诸将领，由孙震查明呈报，以免（便）分别惩处；该军现在收容若干，着孙震速即整理改编。秉承刘总司令湘办理具报。仰即转令，一律遵照。

蔡威把这一份密电呈报红四方面军总指挥部，大家轮流“鉴赏”蒋介石的这份“杰作”，风趣地说：“田冬瓜”（田颂尧）栽了，那个“邓猴子”（邓锡侯）还能蹦跶多久呢？

此时，红军正以迅雷不及掩耳之势朝剑门关猛攻，这使邓锡侯心急如焚：剑门关决不能失！红军如若拿下剑门关，嘉陵江与涪江之间便无险可守，川西平原的门户由此洞开，成都将岌岌可危。

就在邓锡侯在绵阳军部给部下杨倬云打电话、命令他“死守剑门关”的时候，徐向前已经带着交通队来到了剑门关下与王树声会合。

“怎么样，能拿得下吗？”徐向前问。

王树声焦急地指着炮声隆隆、火光冲天的剑门关，说：“九十三师已经冲了好几次，还没有啃下来。”

徐向前抬头一望，营盘嘴主峰云海茫茫，几个碉堡若隐若现。

杨倬云是剑门关川军的一个团长。他在剑门关的主峰营盘嘴修筑了碉堡，扬言：“只要我守住营盘嘴，剑门关就算在我手里！”

徐向前遥望云海中的营盘嘴，对王树声说：“把你的‘王牌’拿出来！”

王树声手中的“王牌”就是营长陈康带领的预备队。这个营最擅长攻坚和夜袭，曾荣获“夜袭常胜军”的称号。

王树声对陈康下了命令：“上！”

在炮兵的配合下，陈康带领预备队偷偷地攀上营盘嘴，向川军碉堡群突然发起攻击，把守军打得措手不及。川军团长杨倬云逃走时掉下深渊，摔死了。

攻克剑门关，强渡嘉陵江战役的第一阶段任务已经完成。控制了剑阁、中坝等战略要地，牵制着大量川军，红四方面军处于有利态势。

4月10日，徐向前引兵南下，渡过涪江，包围江油城，战役进入了第二阶段。

蔡威率领二台随红四方面军总指挥部向江油城进发，在城东北山上一个小村子里架起了两部电台同时侦听。

江油城川军守军第六旅旅长杨晒轩身陷重围，连续不断向邓锡侯、刘湘、贺国光、蒋介石发电告急，要求增援。蒋介石没料到川北局势如此糟糕，急电邓锡侯：

> 沿涪江北上，决歼徐匪于江油、中坝一线。

蒋介石又电令胡宗南：

> 沿涪江东岸南下，与邓部配合，南北夹击。

邓锡侯奉蒋介石的命令，马上致电杨晒轩，说他将亲率 10 个团，连夜分兵北进，以解江油之围，要杨部“坚守待援”。

杨晒轩、蒋介石、邓锡侯的来往密电被蔡威领导的二台一一侦获，送到了徐向前手里。徐向前问蔡威：“胡宗南部丁德隆旅现在什么地方？”

蔡威回答：“仍在川甘交界的青川、碧口至南坪一线。”

徐向前心中有数了：他已布置红三十一军在羊模坝、三磊坝地区阻击胡宗南部南下。

川军各路军阀，实力最强的是刘湘，而最难打的是邓锡侯。这个“邓猴子”确实精明，红军跟他几次交手，他都没吃大亏。他的部队进攻从不冒进，撤退动作又迅速，想包抄也不容易，欲将其诱歼更是困难。但这一回不同了，他离开绵阳老窝，倾巢出动，正是歼灭他的好机会。

于是，徐向前果断决定放弃刚刚占领的梓潼、中坝、彰明三城，将主力集结于塔子山、鲁家梁子一线有利山地，构筑工事，准备与邓锡侯决战。

就在这时，蔡威领导的二台侦获密电：国民党军将出动飞机轰炸电台所在的小山村。

原来，二台驻地仅距江油城二三里，双方电台发生干扰。国民党军电台得知附近有红军电台，立即发报要求派飞机前来轰炸。

“马上转移！”来不及向总指挥部报告请示，蔡威就下令电台迅速撤出村子。没有多久，敌机果然来了，向电台住过的那个小山村丢下了两颗炸弹。

好险哪！蔡威和二台躲过了一劫！

电台转移到 10 多里远的一个山村，刚开机就截获了一个重要敌情：国民党军游广居指挥右翼 3 个旅将攻击塔子山一线，龚渭清旅和陶凯旅为左翼，将攻击鲁家梁子一线。另有李勋伯和任建勋两个团为预备队。邓锡侯亲率督战队进驻岩嘴头。

根据这一情报，徐向前决定用“围点打援”的战法，以红二十七师继续围困江油，集中红十师、红十一师、红二十五师、红八十八师 4 个师兵力，依托各制高点，先挫国民党军锐气，然后两翼迂回，将邓锡侯主力聚歼于中坝以北山地。

参加“六路围攻”时，邓锡侯为保存实力，“出兵不出力”。这回红军已经打到自己的地盘上来了，他不得不集中全部精锐部队，拼了老命。邓锡侯攻势凶狠，先是由胡宗南派出的8架飞机轰炸塔子山和鲁家梁子的红军阵地，而后大炮开火，接着发动了全线攻击。

两天激战，十分惨烈。徐向前以小部兵力坚守阵地，牵制国民党军，主力部队却两翼迂回，偷偷地向敌后穿插。第二天晚上，国民党军左、右两翼部队都陷入红军的重围。红军4个师四面杀出，国民党军大乱，全线溃退。

邓锡侯坐上汽车向绵阳方向逃跑，驶至漫坡渡附近，被溃退的国民党军堵住了，险些当了俘虏。

4月17日，红军占领中坝；次日，再克彰明；21日，占领北川县城。至此，嘉陵江战役落下了帷幕。

嘉陵江战役历时20多天，红四方面军共歼灭国民党军12个团，攻克阆中、南部、剑阁、昭化、梓潼、平武、彰明、北川8座县城，控制了东起嘉陵江、西至北川、南达梓潼、北到川甘边纵横300余里的广大地区。

在嘉陵江战役中，红四方面军以强大的战斗力震撼了蒋介石和四川军阀，迫使他们四处调兵，调整部署，堵截红四方面军向川中发展，这就大大减轻了正在云贵高原疾进中的中央红军的压力，很好地执行了中革军委的战略部署。

1935年3月28日发起的强渡嘉陵江战役，是红四方面军长征的开始。

策应中央红军北上

1935年4月下旬，张国焘带领红四方面军后方部队和党政机关也渡过了嘉陵江。

本来，徐向前的战略计划是“依托老区，开辟新区，向甘南发展”，但是在进兵过程中颇感兵力不足。徐向前让蔡威发电报给后方的张国焘、陈昌浩，催他们表态。没想到，张、陈在后方忙着大搬家，他们已放弃了川陕根据地。

进击甘南的战机既已丧失，《川陕甘发展计划》便难以实现，红四方面军只好撤出川陕根据地，向西进发。

蔡威带领二台过江之后，随红四方面军总指挥部进驻江油城边的苟家大院。

在江油城南的一个大院子里，红四方面军召开了高级干部会议，讨论下一步行动。会上，许多将领对张国焘擅自决定撤出川陕根据地表示不满。张国焘解释说，出川陕根据地，是为了迎接中央红军北上，但他又说："红一方面军能否渡过长江仍是一个疑问。我们只能根据我们自己的处境来决定我们的政策，不能采取一味观望态度。"于是，他提出了建立"西北联邦政府"的主张，说："红一方面军离开江西以后，中华苏维埃中央政府事实上已不能行使职权，现在我们根据实际需要所组织的西北联邦政府，将来在中华苏维埃中央政府能行使职权时，仍是它的一部分。"

会议决定：红四方面军撤出江油、中坝地区，向西进发，在岷江地区建立川西北根据地，迎接中央红军北上。

听说红军就要走了，在苟家大院里当长工的一户人家有点儿舍不得。刚满 12 岁的长工儿子是个放牛娃，他拉住了一个小战士问："你们真要走了？"

"是啊，我们就要离开这里了。"小战士说。

"你们还回来吗？"放牛娃又问。

"不回来了。"小战士问，"这家老财对你们一家好不好？"

放牛娃摇摇头。

"既然这样，那你就参加红军，跟我们一起走！"

小战士与这个放牛娃的对话引起了蔡威的注意。他走过来，问那放牛娃："你叫什么名字？"

"邓志云。"

"饭吃得饱吗？"

邓志云睁大一双眼睛看着蔡威，摇摇头："吃不饱。"

"那你就跟着我们走吧！"蔡威问，"你爹娘会同意吗？"

邓志云得到爹和娘的默许，二话不说，跟着蔡威踏上了长征之路。

邓志云是幸运的，红军队伍走后，返乡的地主武装就杀了苟家大院的人，包括邓志云一家。在此后的长征途中，邓志云就跟在蔡威身边，负责喂马。长征中的生活是艰苦的，但小小的邓志云没有叫过苦。吃饭的时候，蔡威总是想办法让他吃得饱一些。他的碗里常常有蔡威夹给他的菜，因为蔡威要兑现让邓志云"吃饱饭"的许诺。

有一天，蔡威一行遇到红九军第二十五师两个掉队的战士。坐在地上的战士一脸疲惫，浑身泥水，从虚弱的样子上看，是个病号。站着的战士见部队已经远去，心里着急，一边大声喊着："起来，快起来走！"一边用脚踢那个病号。

蔡威正好走到他们身边，看见这一幕，立即跳下马，问那个踢人的战士："他是病号吗？"

"是的。"

"那你是干什么的？"

"我是他的副班长，留下来照顾他。"

"既然知道他病了，为什么还要踢他？"蔡威气愤地质问道，"我们是红军，大家都是同志，是兄弟，你要什么军阀作风！"

这位副班长看见蔡威身着西装，身边还跟着挂手枪的警卫，猜不出他是什么身份，低声辩解道："我没有要军阀作风，是着急，怕赶不上队伍。"

蔡威火了："你用脚踢他，不是军阀作风是什么？"他转过身来，对肖大来说，"把他捆起来！"

肖大来立即用绳子把副班长的手捆了几圈，一面数落："你这个同志啊，竟然打骂战士！你想想，如果你病了，你的班长、排长、连长也这样踢你，你会怎么想？"

副班长低下头，一句话不敢说。

蔡威又命令："把这个病号的枪取下来，让副班长背着！"

肖大来又为副班长松了绑，把病号的枪挂在他身上，再搀起病号扶到马上。

队伍前进到一座小山坡前，遇到了红二十五师的队伍。蔡威叫肖大来把这支部队的领导找来。不一会儿，一个连长模样的干部来到蔡威面前，行了个军礼："报告首长……"

蔡威说："什么首长不首长！我把这两个人交给你，你要好好照顾这个病号，批评教育这个副班长。"

连长说了声："是！"把两个战士带走了。

这件事情，给蔡威身边的战友留下了很深的印象。

红军要进入岷江流域，唯一的通道是通过北川河谷。

北川河谷是绵阳地区通往阿坝、茂县的要道，河谷的南面矗立着重重高山，东西绵亘100余里，号称成都的“北边城墙”。

邓锡侯觉察到红军西进岷江流域的意图，已经集结重兵在土门垭一带，凭险筑垒，设置了三道防线。刘湘的部队也从南向北推进，企图将红四方面军堵截在北川河谷之中加以聚歼。

徐向前和陈昌浩商量，首先以一部兵力南打，夺取伏泉山、千佛山、观音梁子等制高点，控制住北川河谷，造成红军南下进军川西平原的态势，而后集中精兵突破土门要隘，乘胜西进到达岷江流域的茂县。

土门战役是西进岷江流域的一次重要战役。双方为争夺大垭口阵地展开了激烈的搏杀。川军先后投入20个旅的兵力，被红军消灭了10000余人。

土门战役的胜利，保证了红四方面军后方机关10000多人马，包括兵工厂、被服厂、医院等人员安全通过北川河谷。

土门战役的胜利，更重要的意义是对中央红军北上作战有力的战略策应。

红四方面军占领茂县后，一部分主力于4月22日渡过岷江，沿着杂谷脑河上溯，向理番（今理县）进军；另一部主力沿着岷江西岸向下游攻击，于4月27日击溃从土门战场溃逃下来的国民党军，占领了威州，兵锋直逼汶川县城——绵虒镇。

蔡威和二台的战友们携带着笨重的充电机，随主力部队通过了深沟隘道，于5月中旬抵达茂县。

在嘉陵江战役期间，红四方面军总指挥部电台与中央红军电台的联络中断了一段时间。

原中央红军无线电第一分队报务员黄萍后来回忆：

> 在中央红军四渡赤水之后，正向金沙江挺进时，不知什么原因，我们同红四方面军的联络突然中断了，这引起了中央首长的严重关注。朱总司令、刘总参谋长为此常来电话询问情况，鼓励大家千方百计地与红四方面军联络上。我们都非常着急，每天都按原定的联络时间，细心地呼叫、守听，但总是联络无效。直到抢渡金沙江的前夕，大约是

1935年4月下旬的一天下午，我刚接陈笑云的班不久，突然听到一个非常熟悉的信号，再仔细一听，正是红四方面军的电台在呼叫我们，而且又是王子纲亲自上机。他当时呼叫得特别急促，时间也较长，我多想尽快地和他沟通联络啊！在中央红军将要抢渡金沙江的关键时刻，能和红四方面军恢复联络，这该是多么令人兴奋呀！我情不自禁地喊起来："红四方面军出来了！出来了！"王诤听了马上走过来，从我头上摘下耳机戴在自己的头上，亲自抄收了对方的一份长报，接着把我们积压的电报也发出去了。据以后了解到：红四方面军的那份长报，除了通报（中央红军）当面的详细敌情外，还说明了红四方面军的行动概况。在这样的紧要关头，收到如此重要的电报，对中央红军决定而后的行动无疑是有重要意义的。

中央红军盼望红四方面军情报支持的急迫心情，溢于言表。

当时，中央红军主力已经南渡乌江，又渡过北盘江，由贵州进入云南，并以每日百里的速度行进在云南高原上。

中革军委从王子纲发来的"长报"中得知自己周围的详细敌情和红四方面军的行动概况后，便在云南寻甸县鲁口峭村召开会议，再次决定向川西北进军，与红四方面军会师。

会后，中革军委发出《关于野战军速渡金沙江转入川西建立苏区的指示》电：

甲、由于两月来的机动，我野战军已取得西向的有利条件，一般追敌已在我侧后，但敌已集中70团以上兵力向我追击，在现在地区我已不便进行较大的作战机动，另方面金沙江两岸空虚，中央过去决定野战军转入川西，创立苏维埃根据地的根本方针，现在已有实现的可能了。

乙、因此政治局决定我野战军应利用目前有利时机，争取迅速渡过金沙江，转入川西消灭敌人，建立起苏区根据地。

5月2日，蔡威截获了国民党"云南王"龙云发给蒋介石、薛岳、李韫珩的一封紧急密电，称抓获了共军参谋陈仲山，从他身上搜出一束情报，都是“国军”往来密电，皆翻译成文，现正研究其译电“系有我方电码本，抑以他种技术译出”云云。为此，龙云电询“此后宜用何法通信，方免泄漏”。

蔡威一看，糟了！中央红军的参谋被俘，获取的密电被搜出，国民党军必定要采取应对办法！

果然，第二天，蒋介石就给龙云发去一封“特急”密电：

> 我军电文被匪窃译，实属严重问题。此事只有将另行编印之密码多备，每日调换。凡每一密码，在一星期中至多只用一次，按日换用。密码每部各发十种密本，每日换一种，每十日再另发十种密码。一面如气候良佳，用飞机通信以补之。请兄就近编发密本，照此办理。

过了一天，蒋介石又发“手令”给龙云，痛心疾首地说：

> 查我军往来电文多为匪方窃译，危险堪虞，耻莫甚焉！

深感羞耻的蒋介石亲自制定了《通讯注意事项》，严格规定：电报首尾均须用代名词，对于呼号尤须用代名词，重要地名及各级主官姓名、部队番号一律用代名词；在有线地方，所有电文一律用有线电告之；各部队今后的密电，都要由其主官与参谋长检核后再发，且发电时必须有得力参谋监视，不许其各电台互相通报，擅自问话；如不遵照新定人名、地点、时日各种代名词译发，而仍照老法发电，其各主官与参谋长也不加检查审核，由其译电员任意译发，一经查出，当以其参谋长泄机通匪论罪，而其主官亦以懈怠失职论罪。

蒋介石以国民党军最高统帅身份，竟放下脸来，如此声色俱厉、耳提面命，真可谓苦心孤诣、戛戛独造也。

蒋介石的奇耻，正是蔡威和战友们的殊荣。

蒋介石的奇耻，正是他貌似强大的军队败多胜少的原因之一。

围绕密电问题，国共双方开始了又一轮激烈的较量。此后，蒋介石的中央军和川军、滇军、黔军、湘军各部的往来密电每天都在变换，有时一天中变换两三次，这就给蔡威、宋侃夫他们的工作带来了极大困难。

但魔高一尺，道高一丈。面对国民党军日益复杂多变的密码，已经掌握了蒋介石嫡系部队与川军密码编制规律的蔡威总能很快找到获取之法。况且此时，红四方面军与国民党军无线电“斗法”的已不仅仅是蔡威、宋侃夫、王子纲三人，特别是敌人的明电码，电台的许多同志都背得滚瓜烂熟了。

蔡威侦知：蒋介石的密码代号为“和”，龙云的密码代号为“谦”，薛岳的密码代号为“切”。这一段时间，蒋介石与云南的龙云、四川的刘文辉通电频繁。蔡威把跟踪刘文辉电台的任务交给了报务员李永悌。

李永悌回忆：

> 蔡威台长正在屋外踱步沉思，显然是在考虑什么问题。见我来了，他转过脸对我说：“李永悌，你放弃邓锡侯的电台，去把刘文辉的电台找出来。”
>
> “好！”我回答之后，站着没有动，想等着他还像上一次那样，把敌台的呼号和波长告诉我。可是，他却再也没说什么，仍然踱着步在想他的事。
>
> “刘文辉电台的呼号、波长呢？”我问。
>
> “都没有，你自己去找。”他说。
>
> 我明白了，他也没有掌握敌台的呼号、波长。在此之前，红四方面军没有和刘文辉的部队打过仗，因而我们没有掌握他们电台的任何资料。
>
> 我离开蔡威台长那里，一边走一边想，该到哪里去找？根据什么去找？他们有没有电台？都和谁联络？这一个个问号在我的脑海中不停地翻腾，激起层层浪花。

李永悌回到自己住的房子，很快打开机器的开关，手转旋钮，凝听从耳机里传来的每一个信号。

从上午到下午，他不顾敌机隆隆声音的干扰，俯伏在机器前，凝神静听，搜寻着他所需要的那个信号。

太阳西斜的时候，李永悌听到一个电台正在发报，声音还很大，他马上跟着抄起来。抄到电报结尾时，出现了“刘文辉”3个字的明电码，他惊喜地叫起来：“找到了！找到了！”

没想到自己原先记熟的明电码在关键时刻帮了大忙！当李永悌把刘文辉的电台找出来并将其联络情况搞清楚，让通信员送走抄下的电报时，天还没有黑，前后只用了六七个小时。

红四方面军的无线电侦察队伍在激烈的战斗中成长壮大了。

此时，中央红军各部队按照中革军委的部署，已经陆续进抵金沙江边的皎平渡渡口。国民党军侦悉了两支红军部队的战略动向：红四方面军在川北，“大部窜踞清溪河左岸，且有一部西犯土门”；中央红军在滇东，“由嵩明向武定、元谋窜走，企图渡过金沙江”。据此，蒋介石电令：

> 不顾任何牺牲，追堵兜截，限歼匪于金沙江以南地区，否则以纵匪论罪。

国民党重庆行营参谋长贺国光为防堵中央红军与红四方面军会师，向川军各部发出命令：

> 一、雅安由刘文辉负责，赶筑广大之飞机场，限月底完成……
>
> 二、松、理、茂、懋，及雅、宁—西昌—各属地区，应择战略、战术上之各线、各点，如雷波、昭觉至西昌，至会理，与沿大渡河、雅河各线，及各重要城镇、隘路口，均须赶筑碉堡工事。
>
> 三、对上列各地区之土番夷人，应速派员分往宣传其土官、土司，使其号召，为我所用，并令其派兵协助防剿及坚壁清野。
>
> 四、松、理、茂、懋地区归邓锡侯，雅、宁各属归刘文辉负责办理。
>
> 五、灌县及水闸，应赶筑碉堡，派兵驻守。
>
> 六、着别动队总队长康泽，立即派队分往上列各地区，负责指导组织民众及筑碉事宜。

贺国光的密令一下达，就被蔡威领导的二台截获了，并由王子纲发报，一一报告了中革军委。

金沙江是长江的上游，水流湍急，难以徒涉。国民党军把船只掳往对岸，控制了对岸渡口，这里成了阻止中央红军北上的一大险关，而皎平渡又是金沙江的重要渡口之一。

就在国民党军部署金沙江防线的时候，红一军团一部兵力已逼近昆明，并贴出标语：“拿下昆明，活捉龙云！”龙云慌了，急忙把滇军主力全部调回防守昆明。而红军的3个军团又突然北返，抢夺皎平渡渡口。国民党军没有估计到红军会来得这么快，当刘伯承指挥干部团第三营到达渡口时，南岸还停着两只木船。红军先遣连立即轻装前进，不惜一切代价夺得这两只木船，控制了渡口。

半夜12时，红军先遣连渡过金沙江，打垮凭险阻击的国民党守军一个营后，直趋会理城下。这样，皎平渡便为红军所控制。

5月6日至9日，红一、红三、红五军团和中革军委纵队全部从皎平渡渡过了金沙江。

从此，中央红军在红四方面军发起的广昭、陕南、嘉陵江、土门等一系列战役的有力策应下，冲出了数十万国民党军围追堵截的包围圈，粉碎了国民党军企图围歼红军于川黔滇地区的计划，实现了渡江北上、与红四方面军会合的战略预想。

这是中央红军长征中声东击西、避实击虚的一次精彩的军事行动，是一次具有重大意义的胜利！

红四方面军对中央红军的策应，显然也包括了以蔡威、宋侃夫、王子纲等为代表的红四方面军优秀的无线电侦察人员对中央红军的情报支持，这种情报支持既是及时的，也是准确的，又是大量的。

懋功会师　战友重逢

1935年5月下旬，红四方面军占领了川西北大片土地，初步实现了建立川西北根据地的战略意图。

川西北包括岷江流域的大金川、小金川、理番、茂县、汶川等广大地区，面积达90000多平方公里。

蔡威带领二台于5月中旬随红四方面军总指挥部进入茂县县城，安扎在城南靠山的几幢民房里，不久随往薛城；6月上旬，移住理番西南20多公里远的杂谷脑镇。

一天，国民党军飞机隆隆地飞临杂谷脑镇上空盘旋，电台的工作人员迅速撤离隐蔽，蔡威却留在机房中没走，警卫战士急了，大声催促："蔡台长，快隐蔽！"

"我走了，电台怎么办？"蔡威说着，回到屋里，把同志们的被子都抱来，一层一层地盖在电台上，然后坐在发报机边，大口大口地抽烟，不时仰望屋外的天空，十分镇静。敌机似乎对这尊"活菩萨"无可奈何，盘旋了一阵就飞走了。

此时，中央红军已进入川康边，经会理、冕宁向北挺进。两军会师，指日可待。

这时，红四方面军已拥有5个电台。新成立的四台台长是游正刚，五台台长是徐明德。

红四方面军领导人在茂县总指挥部开会，决定从红三十军和红九军中抽出一部兵力，由红三十军政委李先念率领，西渡岷江，南下宝兴、芦山，扫清国民党守军，迎接中央红军。

担当这一任务的还有红二十五师师长韩东山。他奉命从另一条线路挺进懋功县城，接应中央红军。红四方面军总指挥部决定派一部电台跟随韩东山，以便及时报告情况。

跟随韩东山的任务落到了五台台长徐明德身上。

徐明德回忆：

> 一天，通信员送来方面军领导的指示信，信上命令我带电台立即返回茂县方面军总部。我带电台刚到茂县，张国焘便亲自将九军二十五师师长韩东山和我找去，当面给我们交任务。这样的"架势"不多见，我猜测一定有重要任务。任务果然重要而令人兴奋：迎接中央红军！
>
> 张国焘说："你韩师长带两个团到懋功、夹金山去接中央红军，如果到那里接不到，就派小部队过夹金山到天全、芦山一带寻找，一定要找到毛、朱、周、张、博。配备无线电五台随你师行动。"由于韩师长文

化水平低，不会起草电报稿，张便明确由师部李参谋起草电报稿，送电台审查译发，不通之处由电台修改。同时，强调要保护电台安全，特别是过雪山时山高路滑，要注意人员、器材的安全。

我同韩东山师长约定第二天过岷江。可没想到翌日早饭后我派人去师部联系，发现韩师长的司令部已经转移了。我立即报告张国焘，张答复我说，徐向前总指挥也要过江，要我们随徐总过江后追赶韩师长。于是我们过江后来到一个小镇，才追上部队。事后我才知道，韩师长甩电台是有原因的。这位师长一向敢冲敢干，有一次行军因军务紧急，他骑马从电台行列中冲了过去，影响了电台安全，违反了规定，被气愤的电台同志们推搡了一番不说，还被张国焘狠剋了一顿。从这以后，他一见电台就躲，所以就来了个不辞而别。

徐明德回忆中提到韩东山骑马冲撞电台，确有其事，他冲撞的不是别的，正是蔡威领导的二台。

那是从鄂豫皖苏区西征的时候，蔡威带领电台行进在一条狭窄的山路上，突然，韩东山骑马带着部队向他们冲来，电台的队伍躲闪不及，机器差点儿被冲下沟去。蔡威很恼火，急忙上前把韩东山拉下马来，大声喝道："你是什么人?！跑到我这里乱闯！"电台的战士都很气愤，不管韩东山是什么首长，上前围住他就推搡了两下。恰好此时徐向前过来，看到这情景，便对蔡威说："他是二十五师师长韩东山同志。前方有情况，让他先过去吧！"当时部队有规定，不论遇到什么情况，都要礼让电台的队伍并保护电台的安全。事后，韩东山因此又挨了张国焘一顿训。从此以后，他一见电台的队伍避之唯恐不及。

蔡威平时很内敛，不苟言笑，对人彬彬有礼，但有时候性格也是很暴烈的：看到踢打病号，他就愤慨；看到冲撞电台，他就恼怒。这看似书生意气，但更多的是真诚和率直。

此时，蒋介石断定中央红军必过大渡河北上。他飞抵昆明亲自部署大渡河会战：命令大渡河沿线各地赶筑碉堡工事，并调集10余万兵力，企图将中央红军围歼于金沙江以北、大渡河以南、雅砻江以东地区。

5月15日，蒋介石任命杨森为大渡河守备指挥，并调拨国民党军第二十一军、川康军一部约4个旅归其调遣，借以巩固防务，保障川南，还以“清代活捉石达开之川督骆秉章相勖勉”。

当侦获蒋介石的这份密电时，蔡威的心被扰动了。他马上想起了曾伯祖蔡步钟在四川雅州知府任上曾协助骆秉章围剿过太平军，想起了石达开兵败大渡河后的悲惨结局，想起了蔡家祖传的一把石达开的佩剑……

徐向前看了电文，也感到震惊。是啊，大渡河是一道真正的天险，蒋介石妄图“把朱毛变成第二个石达开”。

形势是严峻的。蒋介石已令川军“剿匪”第五路军、第三路军主力向邛崃、懋功、宝兴一带移动，企图阻止红四方面军南下策应；同时，令杨森第二十军主力及第二十五军一部向雅安、汉源地区推进，加强大渡河以北的防御力量，又令薛岳部迅速渡过金沙江向北追击。对于中央红军来说，能否顺利渡过大渡河，又是一场决定命运的博弈！

徐向前的心始终牵挂着中央红军。

虽然中央红军也是沿着当年石达开的行军路线来到大渡河边，但历史的悲剧没有重演！

中央红军先遣队红一师第一团冒着大雨经过70多公里的急行军，于5月24日赶到安顺场，歼灭国民党守军2个连，缴获渡船1只，控制了渡口。

5月25日，由红军17名勇士组成的敢死队，在火力的掩护下，乘小船由安顺场驶向对岸，展开了一场惊心动魄的渡河战斗。

之后，红二师第四团飞夺泸定桥，袭占泸定城，掩护中央红军主力渡过了大渡河。

蒋介石“把朱毛变成第二个石达开”的梦想就此破灭了！

当中央红军渡过大渡河的消息传来时，徐向前长长地舒了一口气，压在心上的那一块石头终于落地了。蔡威也激动得热泪盈眶。

红四方面军第二十五师师长韩东山率部南下，3天时间走了300余里，沿途打了10余仗，一举攻克懋功县城后，进抵夹金山北麓的一个小镇——达维。

6月12日中午，中央红军先头部队红二师第四团与韩东山率领的先头部队红七十四团第三营，在达维镇以南一个叫“木城沟”的藏族寨子里会合了。

喜讯传来，红四方面军指战员无不兴高采烈、欢呼雀跃。

这一天，张国焘、陈昌浩、徐向前连发两封电报给中央红军。第一封电报以“张国焘”署名由红四方面军总指挥部电台发出，请求中革军委“立发整个战略，便致作战”，“今后两军行动大计，请即告知。如有必要，请指定会面地点。”第二封则是徐向前草拟的《红四方面军关于川西北敌我情况给中央的报告》，以张国焘、陈昌浩、徐向前三人联名，从理番前线指挥部由蔡威领导的二台发给朱德、毛泽东、周恩来：

一、敌情:(略)

二、我方现阵及各军位置(略)

三、目前我军之主要敌人为胡宗南及刘湘残部，我军之当前任务必先消灭其一个，战局才能顺利开展，因之或先打胡或先打刘须急（亟）待决定者。

弟等意见，西征军（即中央红军）万里长征，屡克名城，迭摧强敌，然长途跋涉，不无疲劳。休息补充亦属必要。最好西征军暂位后方固阵休息补充，把四方面军放在前面消灭敌人。究以先打胡先打刘何者为好，请兄方按各方实况商决示之为盼。

四、此方对番回夷羌少数民族工作正加紧进行中，理、懋一带大约地瘠人稀，粮食不丰，大金川之丹巴、崇化、绥靖一带或较此为好，马塘以上即为小草地，居民游牧生活者为多，然人烟亦密。

五、三十军政委李先念同志已来懋功，并带电台一架。在懋功之部队目前应如何配合兄方行动，请直接示知之。

六、以后关于党政军应如何组织行动，总方针应如何决定，兄等抽人来懋或我方抽人前来，请立即告知。电码密本请亦编好告知，以便灵通消息。最后红四方面军及川西北数千万工农群众，正准备十二万分的热忱欢迎我百战百胜的中央西征军。

这份电报不仅报告了国民党军的兵力部署与红四方面军各部所在位置，也充分表达了红四方面军与中央红军会师的急切心情。此后数日，中央红军与红四方面军领导人的电文来往十分频繁。

6月15日，在中央红军离开达维前往懋功的路上，张国焘、陈昌浩、徐向前以红四方面军全体指战员的名义发去了贺电：

懋功会合的捷电传来，全军欢跃。你们胜利的（地）转战千余里，横扫西南，为反帝的苏维埃运动与神圣的民族革命战争，历尽艰苦卓绝的长期奋斗，造成了今日主力红军的会合，定下了赤化西北的最有利的基础的条件。我们与你们今后在中国共产党统一指挥之下，共同去争取西北革命的胜利，直至苏维埃新中国胜利。

第二天，中央红军给红四方面军发来了复电：

来电欣悉。中国苏维埃运动二大主力的会合，创造中国革命史上的新纪录，展开中国革命新的阶段，使我们的敌人帝国主义、国民党惊慌战栗。我们久已耳闻你们的光荣战绩，每次得到你们的捷电，就非常欣喜。此次会合，使我们更加兴奋。今后，我们将与你们手携着手，打大胜仗，消灭蒋介石、刘湘、胡宗南、邓锡侯等军阀，赤化川西北。我们八个月的长途行军，是为苏维埃而奋斗。我们誓与你们一起，为苏维埃奋斗到底。特此电复。

同一天，张闻天、朱德、毛泽东、周恩来又向张国焘、陈昌浩、徐向前发出一封电报，明确提出两军会合后的战略总方针：

甲、为着把苏维埃运动之发展放在更巩固更有力的基础之上，今后我一、四方面军总的方针就是占领川陕甘三省，建立三省苏维埃政权，并于适当时期以一部组织远征军占领新疆。

乙、目前计划则兄方全部及我野战军主力均宜在岷江以东，对于即将到来的敌人新的大举进攻给以坚决的打破，向着岷、嘉两江之间发展。至发展受限制时，则以陕、甘各一部为战略机动地区。因此坚决的（地）巩固茂县、北川、威州在我手中，并击破胡宗南之南进是这一计划的枢纽。

丙、以懋功为中心之地区纵横千余里，均深山穷谷，人口稀少，给养困难。大渡河两岸直至峨眉山附近情形略同。至于西康情形更差。敌始封锁岷江上游(敌正进行此计划),则北出机动极感困难。因此邛崃山脉区域只能使用小部队活动,主力出此似非良策。

丁、我野战军于十二日已全部通过天全、芦山之线,十八日主力及中央机关可集中懋功、两河口之线,因粮食极少,不能休息,约月底全军可集中理番地区,并准备渡岷江。

戊、弟等意见如此,兄意如何乞复为盼!

6月17日,张国焘、陈昌浩发报给李先念,请他转达张(闻天)、朱(德)、毛(泽东)、周(恩来):

甲、北川一带地形给养均不利大部队行动;再者水深流急,敌已有准备,不易过。由岷江东打□(原电文缺)先念能详告。沿岷江北打松潘,地形粮食绝无。

乙、同时(意)向川陕甘发展,组织远征军,占领青海、新疆……

张国焘和陈昌浩在茂县发出的这一封电报,其意是岷江以东不能打,应向西占领青海、新疆。这个意见事先没有与在理番的徐向前打招呼。

第二天,张闻天、朱德、毛泽东、周恩来即联名回复张国焘:

目前形势须集中火力首先突破平武,以为向北转移枢纽。其已过理番部队,速经口塘绕攻松潘,力求得手。否则兄、我如此大部队经阿坝与草原游牧区域入甘、青,将感绝大困难,甚至不可能。向雅、名、邛、大南出,即一时得手,亦少继进前途。因此力攻平武、松潘,是此时主要一着,望即下决心为要。

从这些来往电报看,张国焘与中革军委领导人之间虽然还没有会面,但在战略行动的方向上已经有不同意见了。中革军委认为,应北上往陕甘方向突破,张国焘却主张向西,夺占青海、新疆,或往南进军西康。

意见不同本也正常,所以,中央请张国焘"再过细考虑。如尚有可能,则须力争此着(指北出甘南)”,并希望张国焘“立即赶来懋功,以便商决一切”。

徐向前对中央制定的这一战略方针是赞同的,因为这一方针与他设想的《川陕甘发展计划》有相似之处。

尽管两种战略方针存在严重分歧,但双方还是通过电讯联系,相互交换意见。作为“红军的神经和耳目”,蔡威和宋侃夫、王子纲等对这些分歧都不以为意,大家都还沉浸在两大主力红军即将会师的喜悦中。

1935 年 6 月 18 日黄昏,年仅 26 岁的红三十军政委李先念率领部队列队伫立在懋功镇外的山坡上,迎来了毛泽东、朱德、周恩来、张闻天、王稼祥等一批中央红军领导人。

这历史性的一刻,标志着中央红军与红四方面军这两大主力红军胜利会师了!

李先念回忆:

> 6 月 18 日,我们在懋功迎接了党中央和一方面军。毛泽东同志充分肯定了四方面军的战绩,给四方面军很高评价。毛主席说,过去两支红军独立作战,现在会合了。这样,我们的力量更大了。

懋功会师,不仅是中央红军和红四方面军两大主力红军的胜利会师,也为两军情报共享和无线电侦察人员面对面地交流提供了更大的平台。

懋功会师的时候,蔡威还在理番杂谷脑镇,坚守在电台旁。

6 月 28 日,蔡威收到红四方面军总指挥部电台从茂县转发的《中央关于一、四方面军会合后战略方针的决定》:

> 一、在一、四方面军会合后,我们的战略方针是集中主力向北进攻,在运动战中大量消灭敌人。首先取得甘肃南部以创造川陕甘苏区根据地。使中国苏维埃运动放在更巩固、更广大的基础上,以争取中国西北各省以至全中国的胜利。
>
> 二、为了实现这一战略方针,在战役上必须首先集中主力消灭与打击胡宗南军,夺取松潘与控制松潘以北地区,使主力能够胜利的(地)向甘南前进。

三、必须派出一个支队向洮河夏河活动，控制这一地带，使我们能够背靠于甘、青、宁、新四省的广大地区有利于向外发展。

四、大小金川流域在军事政治经济条件上均不利于大部红军的活动与发展。但必须留下部分力量发展游击战争，使这一地区变为川陕甘苏区之一部。

五、为了实现这一战略方针，必须坚决反对避免战争退却逃跑，以及保守偷安停止不动的倾向。这些右倾机会主义的动摇是目前创造新苏区的斗争中的主要危险。

看到这份语气严肃的电报，徐向前明白，这是中央红军领导人与张国焘见面后做出的决定。让徐向前感到欣慰的是，张国焘同意了中革军委提出的“北上甘南，创造川陕甘根据地”的战略方针。

中革军委的这个战略决策也使蔡威倍感兴奋。尽管蔡威没有带兵打仗的经验，但他知己知彼，红军的战略方向应放在哪里，他可能比普通的部队指挥员心中更有数。他逢人便讲：“这下好了，今后我们要在党中央直接领导下工作，太好了！”

在杂谷脑镇，已经对进军方向有了独立思考的蔡威与好友、时任红四方面军红军大学军事主任兼教育长的徐深吉谈起中革军委的决策，显得十分兴奋：“中革军委的决策无疑是正确的，红一和红四方面军一起行动，就应由中革军委统一指挥，这样有好处。”

徐深吉对他的看法深表赞同。

蔡威不随便议论领导人的是非，但对张国焘“肃反”扩大化的错误和家长式的领导作风，曾几次与徐深吉交换过看法，表现出了敏锐的政治洞察力。他盼望两支主力红军早日实现会师，不仅因为能见到神交已久的中央红军战友，更渴盼能在中革军委的统一领导下，贯彻执行正确的政治路线，赢得革命战争的胜利。

时任电台党支部书记的陈福初，对蔡威极强的组织观念尤为赞赏：

他是领导，但从不忽视组织生活。在党的组织生活会上，他与其他党员一样，把自己的思想、工作情况向党小组汇报，向党支部汇报，还经常写出书面汇报材料。他态度诚恳,汇报是掏心的……我们都是他的学生和下级,但他尊重我们……同志们对蔡威提出什么意见、看法,他总是虚心接受,作一番自我批评。同时,他也对电台工作的不足之处诚恳地提出批评……

7月3日,红四方面军迎来了中央代表团。这天上午,总指挥部机关工作人员(包括电台的官兵)及彭杨军事学校的学员三四百人,在杂谷脑镇河滩的草坪上整装列队,夹道欢迎中央代表团的到来。

快到中午的时候,中央代表团来了,队伍里长时间响起"热烈欢迎中央代表团"的口号声和兴奋而激动的鼓掌声。李富春、林伯渠等同志不时向人们挥手致意,大声说:"同志们辛苦了!"口号声、鼓掌声、问候声此起彼伏,相互交融,形成一股巨大的声浪,震动了杂谷脑镇周围的山谷,轰然向远方传去。

站在蔡威身边的红四方面军总指挥部女宣传员汪荣华扑闪着一双大眼睛,盯着中央代表团中一位身材伟岸的人,问道:"那位戴眼镜的代表是谁呀?"蔡威回答:"他呀,就是赫赫有名的红军总参谋长刘伯承!"刘伯承也许没有想到,从这一刻起,爱神便降临到他的身上。后来,汪荣华就成了刘伯承元帅的忠诚伴侣。

按照中革军委"攻占松潘,北出甘南"的作战计划,这一天下午,徐向前率红四方面军中路军10余个团离开了理番。蔡威带领二台跟随中路军总指挥部,沿着黑水河北岸斗折蛇行,向松潘地区前进。

7月下旬,他们到达了毛儿盖。在这里,蔡威见到了老战友曾三,见到了中革军委二局局长曾希圣、三局局长王诤。

同是无形战线上的同行,他们的相逢相识,在电台官兵们的记忆中,留下了深刻的印象。

陈福初回忆:

1935年7月下旬的一天,我们红四方面军无线电二台,来了三位客人,他们是军委二局局长曾希圣、三局局长王诤和曾三同志。曾三同志与蔡威台长是老相识了,见面后就道离别之情,并由他介绍其他两位，大家都很高兴。蔡台长吩咐我和刘忠生烧水泡茶，告诉司务长弄饭。曾三同志听说要弄饭吃，便对蔡威台长开玩笑地说："老蔡，做点好吃的，我们真的饿坏了。"蔡台长抿嘴笑了笑，说："管你吃得饱！"他们四个人边喝茶边谈心，有说有笑，很是融洽。司务长听说是从一方面军来的客人，他把从江油带来的腊肉，中坝带来的银耳，都拿出来了，还搞了一大盆牛肉和大米饭……

吃完饭，他们继续交谈。蔡台长介绍了四川军阀的密码编制和使用情况，谈了胡宗南密码的情况，还谈了甘肃鲁大昌的密码等。他们听得很仔细。直至下午5点左右，客人才离开。

第二天，他们三人又来了。仍是蔡台长介绍情况，谈的是红四方面军通信、电台和原川陕根据地的情况。后来，王诤、曾希圣也讲了遵义会议和长征途中的情况。在这之后，他们几乎每天都来，每次来都介绍经验，交流心得。有一次，我听他们讲到曾中生同志。曾三局长听到张国焘阴谋杀害曾中生，气愤得流下眼泪。

他们来的次数多了，大家熟悉了，也就比较随便了，联系也更加密切了。中革军委二局和四方面军二台在工作上互通有无，有了困难互相帮助，如四方面军二台没有汽油，军委二局就送来了两桶，军委二局充电机发生毛病了不能充电，二台将唯一的一台充电机借给他们使用。总之，两个单位相处得很好，这是曾局长和蔡台长共同努力的结果。

刘忠生对会晤的印象也十分深刻。他回忆：

在毛儿盖，蔡威同志与红一方面军总部三局局长王诤同志亲切地会面了。他俩一见如故，就像久别重逢的亲人似的。他们之间有说不完的话，一连畅谈了三天三夜，从红军的无线电通信工作的创建到发展，从通信人才的培养到电台设备的改进等，无所不谈。然而更多的还是交流各自侦察掌握敌军电台密码的经验，他们谈得很兴奋，很热烈。我一直守在他们身边，为他们打水、做饭。晚上，他们谈到夜深了，我将总指挥部送给蔡威的细粮为他们做了些夜点吃。常常是他们谈得太晚了，我困极了，就坐在他们身边打起瞌睡来，待我醒来时，天已快亮了。但他们俩仍躺在床上谈，我忍不住了，就劝他们休息一会儿，蔡威和王诤都讲："睡不着呀！"可惜那时我年龄太小，没能把他们谈话的内容记住。那洋溢着革命者坦诚相待、共同奋斗的情感的确感人至深，令人难忘。

对于中革军委二局局长曾希圣来说，两支通信队伍的会师，更让他喜出望外。他最想见的有两个人，一是红四方面军无线电侦察台(二台)台长蔡威，一是他一别数年、时常思念的哥哥曾中生。在中央红军中，曾希圣的声誉很高，叶剑英称他"是个可以识'天书'的人"。而在曾希圣的心目中，蔡威更是一位值得尊敬的同行。

曾希圣对蔡威的敬佩不是没有理由的：中央红军离开江西后，被几十万国民党军围追堵截，整天撵着屁股走。他带着侦察台常常是刚架起天线，国民党军就追上来了，子弹"嗖嗖嗖"地打在机器上，不得不收起电台去追赶队伍。他们一天要走 100 余里路，行踪飘忽不定。在这种情况下，红四方面军的电台给他们提供了很多有关周围国民党军的情报。特别是四渡赤水期间，中央红军的当面之敌是川军，川军的部署和行动方向，大部分的情报是依靠红四方面军侦察台及时提供的。渡过金沙江以后，他带领的电台行进在云贵川高原上，山高林密，阴雨绵绵，电波受阻，几乎接收不到无线电信号。在穷山恶水间，搞不到汽油、润滑油，连机器的用油都成大难题。参谋陈仲山掉队被俘，随身携带的情报资料被搜查，国民党军觉察到红军的侦察能力，采取了反侦察措施，这就使得曾希圣他们的工作难上加难。如果不是蔡威等人的帮助，他这个二局工作很难发挥作用。

在《曾希圣传》中有这样一段记叙：

曾希圣还是把部门之间的融洽关系、交流经验、互相学习的公务放在首位，他知道，中革军委直属的红军通信学校政委曾三，与时任红四方面军无线电二台(侦察台)台长的蔡威，同是周恩来在上海培训的无线电通信干部，老相识，便约三局(即红星三科)局长王诤，在曾三陪同下主动拜会蔡威。

曾希圣和王诤介绍了中央红军无线电侦察和通信的建立、发展情况，长征以来对敌无线电侦察的体会，特别是介绍遵义会议党中央纠正军事上“左”倾错误的情况。蔡威也介绍了红四方面军无线电通信和侦察部门建立和发展的状况，并且介绍了四川军阀各派和甘肃军阀鲁大昌密码编制和使用情况，以及对国民党中央军胡宗南部无线电侦察的体会。

蔡威与曾希圣在电波中神交已久，这次见面更是亲热得像一家人。

两支红色无线电通信队伍携手战斗在雪域高原上，大家心中都充满了无限的革命豪情。

第十章　利剑隐形

从进入鄂豫皖苏区到长征中两大主力红军胜利会师，蔡威始终未给家人和朋友写过一封信，透露自己一丁半点儿的行踪。无情乎？隐形乎？答案无疑是后者。

蔡威的隐形，让妻子薛品瑄寂寞守候、苦苦追寻、默默思念、郁郁而终。薛品瑄病逝之时，正是蔡威第三次过草地的1936年7月。此时，病危中的蔡威也在苦苦思念着他的母亲、妻子和未曾见面的儿子，思念着他的家乡和那个曾经帮助过他的才女潘玉珂……

暗流在涌动

早在中央红军与红四方面军在懋功会师前，西北军委会中就已经有一股暗流悄悄涌动。

1935年5月18日，遵义会议刚刚结束，中共中央决定迅速脱离国民党军重兵压境的遵义地区，北渡长江。此时，张国焘在茂县召开红四方面军高级干部会议，宣布了“中国共产党西北特区委员会”（简称“西北特委”）和“中华苏维埃共和国西北联邦政府”（简称“西北联邦政府”）成员名单。在西北特委和西北联邦政府中，张国焘自任书记和主席。

在张国焘看来，“苏维埃已经失败了”。中央红军离开中央苏区，被数十万国民党军围追堵截，现剩下不到3万人，中华苏维埃中央政府实际上已不复存在，党中央也是面临重重困难，已经失去了对全国红色武装力量的领导能力。他要寻找一种新的组织形式代替“苏维埃”。

张国焘讲实力，他手中握有10万大军，所以在5月30日公布的《中华苏维埃共和国西北联邦政府成立宣言》中宣称：“苏维埃西北联邦政府便是西北革命运动的大本营领导者与组织者，西北革命斗争的中心。”但是，这一切都是在“迎接中央红军”的口号下进行的。

6月8日，中革军委复电，指示两大主力红军会合后开展新局面的战略任务：

> 今后我军战略任务，是以主力乘虚迅取懋功、理番，以支队掠邛崃山脉以东，迷惑敌人。然后归入主力达到与四方面军会合，开展新局面之目的……
>
> 我军基本任务，是用一切努力，不顾一切困难，取得与四方面军直接会合，但在遇特殊情况，使我们暂时无法直达岷江上游时，则以大小金川流域为临时立足之地，争取在以后与四方面军直接会合。

这份指示电中用了两个“一切”：“用一切努力，不顾一切困难”来表达中革军委领导们“与四方面军直接会合”的急切心情。

6月12日，张国焘发电给朱(德)周(恩来)毛(泽东)：

> 今后两军行动大计，请即告知。如有必要，请指定会面地点。

6月16日，中共中央回电重申了战略方针：

> 甲、……今后我一、四方面军总的方针就是占领川陕甘三省，建立三省苏维埃政权，并于适当时期以一部组织远征军占领新疆。
>
> 乙、目前计划则兄方全部及我野战军主力均宜在岷江以东，对于即将到来的敌人新的大举进攻给以坚决的打破，向着岷、嘉两江之间发展。至发展受限制时，则以陕、甘各一部为战略机动地区。因此坚决的(地)巩固茂县、北川、威州在我手中，并击破胡宗南之南进是这一计划的枢纽。

张国焘同意中共中央建立川陕甘根据地的决定，却不同意“目前计划”。他意欲西进或向南进攻。

6月18日、19日和20日，双方又多次电文往来，而未有定论。于是，中共中央于6月20日发电，要求张国焘“立即赶来懋功，以便商决一切”。

张国焘驰马3天，由茂县赶到懋功。

6月26日，中共中央政治局在懋功两河口召开扩大会议，讨论战略方针。会上，周恩来作目前战略方针的报告，阐述了在松潘、理番、茂县一带不宜建立根据地、必须北上川陕甘的理由：一是川陕甘地域宽大，好机动；二是人口较多；三是经济条件较好。而松潘、理番、懋功地域虽大，但多是狭路，国民党军易封锁，可以在这些地方逼死红军；而且松潘、理番、懋功、温川、抚边这一带人口只20万，又是少数民族区域，不利于红军扩充；再者，这一带人烟稀少，粮食缺乏，有些地方甚至不能自给。周恩来认为：如果陷在懋功、松潘、理番就没有前途，必须迅速北进，去川陕甘一带开辟新的根据地。

张国焘一方面表示同意中共中央政治局关于在川陕甘建立根据地的北进方针，并建议“集中20个团北打松潘的胡宗南”，同时也提出了“南下”和“西进”计划。

毛泽东、朱德、博古、王稼祥、刘少奇、刘伯承、彭德怀、林彪、聂荣臻、邓发、凯丰等与会者一致同意北上方针，会议由此形成了《中央关于一、四方面军会合后战略方针的决定》。

根据这个决定，中革军委制定了《松潘战役计划》。计划规定：岷江西岸为进攻松潘的主力，由两个方面军的主力组成左、中、右三路军北进。另以12个团组成岷江支队和懋功支队，钳制国民党军，掩护主力北进，并适时北撤跟进。

会议中，中共中央政治局做出决定：增补张国焘为中革军委副主席，徐向前、陈昌浩为中革军委委员。

然而，刚刚开过两河口会议并在会上举了手的张国焘，在背地里竟筹谋着改变红军行动的战略方向，并继续向党中央要权。

7月3日，中央代表团到杂谷脑慰问红四方面军时，张国焘就对中央代表团团长李富春初步摊了牌：“两军会合，摊子大了，为了便于统一指挥，总司令部必须充实改组。”

李富春大吃一惊。7月6日凌晨1时，李富春拟了一份电报稿，从蔡威领导的二台发往中共中央：

国焘来此见徐、陈,大家意见均以总指挥迅速行动,坚决打胡为急图,尤关心统一组织问题,商说明白具体意见,则为建议充实总司令部,徐、陈参加总司令部工作,以徐为副总司令,陈为总政委。军委设常委,决定战略问题。我以此事重大,先望考虑。立复。

看了电报,周恩来说:"这是自中国共产党创建以来,第一次有人伸手向中央要权。"

7月9日,一封署名为"中共川陕省委"的电报发给了党中央:

依据目前情况,省委有下列建议:为统一指挥、迅速行动、进攻敌人起见,必须加强总司令部。向前同志任副总司令,昌浩同志任总政委,恩来同志任参谋长。军委设主席一人,仍由朱德同志兼任,下设常委,决定军事策略问题。请中央政治局速决速行。并希立复。布礼。

在中国共产党的历史上,一个省委"责成"党中央改组领导层,并指定具体人选,这是前所未有的,背后明显有张国焘的影子。

之后,张国焘给党中央发电报,直接提出:

我军宜速决统一指挥的组织问题,反对右倾。要能以坚决的意志,迅出主力于毛儿盖东北地带,消灭胡敌;特别要不参差零乱地调动部队,而给敌以先机之利,及各个击破或横截的可能。

此电的要害在于"速决统一指挥的组织问题"。中革军委已经感到张国焘在有意拖延部队北进的速度。

接到张国焘电报后,朱德、毛泽东、周恩来立即发出急电,指出:

分路迅速北上的原则,经确定后,勿延迟致无后续部队跟进,切盼如来电所指,各部真能速调速进,勿再延迟坐令敌占先机。弟等今抵上芦花,急盼兄及徐陈迅速集中指挥。

7月18日，中共中央政治局接到了陈昌浩发来的电报：

职坚决主张集中军事领导，不然无法顺利灭敌。职意仍请焘任军委主席，朱德任前敌总指挥，周副主席兼参谋长。中政局决大方针后，给军委独断决行。

这里说的才是张国焘的本意，是张国焘的彻底摊牌。

这段时间，毛泽东很少说话，分外谨慎。

当时在中央纵队担任秘书长的刘英，1986年曾这样回忆：

毛主席说："张国焘是个实力派，他有野心，我看不给他一个相当的职位，一、四方面军很难合成一股绳。"毛主席分析，张国焘想当军委主席，这个职务现在由朱总司令担任，他没法取代。但只当副主席，同恩来、稼祥平起平坐，他又不甘心。闻天跟毛主席说："我这个总书记的位子让给他好了。"毛主席说："不行。他要抓军权，你给他做总书记，他说不定还不满意，但真让他坐上这个宝座，可又麻烦了。"考虑来考虑去，毛主席说："让他当总政委吧。"毛主席的意思是尽量考虑他的要求，但军权又不能让他全抓去。同担任总政委的恩来商量，恩来一点儿也不计较个人地位，觉得这么安排好，表示赞同。

为了顾全大局，7月18日，在黑水芦花召开的中共中央政治局扩大会议上，专门解决"组织问题"。会议决定：两大主力红军会合后，一切军队均由中国工农红军总司令、总政委直接统率指挥。中革军委主席朱德兼总司令，张国焘任总政委；组成前敌总指挥部，徐向前兼总指挥，陈昌浩兼政委，叶剑英任参谋长。

"组织问题"就这样解决了，张国焘争得了"最后决定权"。

7月20日，中共中央政治局决定，红一、红四方面军进行混编，取消了军团番号：

红一军团改为红一军，军长林彪，政委聂荣臻，参谋长左权；

红三军团改为红三军，军长彭德怀，政委杨尚昆，参谋长肖劲光；

红五军团改为红五军，军长董振堂，代政委曾日三，代参谋长曹里怀；

红九军团改为红三十二军，军长罗炳辉，政委何长工，参谋长郭天民。

红四方面军5个军番号不变：

红四军军长许世友，政委王建安，参谋长张宗逊；

红九军军长孙玉清，政委陈海松，参谋长陈伯钧；

红三十军军长程世才，政委李先念，参谋长李天佑；

红三十一军军长余天云，政委詹才芳，参谋长李聚奎；

红三十三军军长罗南辉，政委张广才，参谋长李荣。

徐向前主动向中央建议，请红一方面军调几位得力干部到红四方面军各军任参谋长，红四方面军则抽调建制部队补充红一方面军。中央接受了这个建议，派陈伯钧、张宗逊、李聚奎等人担任了红四方面军各军的参谋长。红四方面军抽调给红三军的部队是红三十军第二七〇团1600人；抽调给红一军的部队是红三十三军第二九四团1100人，红四军第三十二团1200余人。这3个满员的战斗团计4000人左右，后来在红一方面军英勇作战，作风顽强，不怕牺牲，屡立战功。

两支方面军的无线电台也统一编列了序号，分别配备给机关和各战斗部队。红一方面军有13部电台，红四方面军有5部电台，统一编列成18个无线电分队。王子纲领导的一台编为“八分队”，蔡威领导的二台编为“十分队”，这两台都随红军前敌总指挥部行动。八分队的主要任务是联络通信，十分队的主要任务还是无线电侦察。

电台的人员也做了调整。红一方面军无线电台创建早，电台多，技术人员也多，决定从红一方面军抽调20多名无线电干部，带7部电台到红四方面军工作，其中包括蔡威在上海就认识的伍云甫。

与此同时，中央取消了遵义会议后确定的“三人军事指挥小组”。被张国焘视为主要对手的毛泽东，实际上退出了军事领导核心，但毛泽东还是对张国焘建议：“指挥四方面军向毛儿盖迅速集结，兵贵神速，再拖下去，后果是严重的。”对此，张国焘未置一词。

根据“一切军队均由总司令、总政委直接统率指挥”的规定，张国焘下令收缴了红一方面军各军与中革军委联络以及互相联络的电台密码本，连毛泽东与红一、红三军团之间通报的密码本也被收缴了。

这样一来，红一方面军之间不能互通情报，遇事只能与前敌总指挥部和总司令部联系。

红三军军长彭德怀心细，从张国焘派秘书私下给他送大米、牛肉，还送300块银元这件事上，感到张国焘居心叵测，已经有了提防，叫人另外编制了一本可与毛泽东及红一军军长林彪互相联络的密码本。

此时，敌情发生了变化：国民党军胡宗南部40000余人正陆续进入扼守川甘大道咽喉的松潘城。徐向前、陈昌浩闻报，急速率一部兵力离开芦花，向毛儿盖进军，为攻取松潘做准备。

松潘城在懋功东北约400公里、茂县以北约300公里处。红一、红四方面军的主力部队要进入甘肃南部建立川陕甘根据地，松潘是必经之路。如果不能占领松潘城，向北的大道被国民党军控制，红军就只能绕道穿越茫茫草原沼泽，进入甘肃岷州一带。

迅速打开北上的通道，成为党中央和红军领导人的当务之急。

蔡威带领的十分队随红军前敌总指挥部驻扎在毛儿盖、沙窝一带。

6月中旬至8月上旬，近两个月的时间里，党中央与张国焘之间在北上还是南下、西行还是东进的行动问题上反反复复地争论。尽管党中央为顾全大局，竭力忍让，一再规劝，但都未能使张国焘有所转变。由于红四方面军主力行动迟缓，6月29日前制定的《松潘战役计划》过了一个多月未能实施，松潘战役流产了。到了8月初，红军面临的形势已十分严峻：红军的四周全是国民党军——胡宗南部40000人马盘踞松潘通道，刘湘的几十个团正向北筑垒推进，西边的刘文辉15个团扼守着大渡河，东边的薛岳也准备越过岷江逼近。对红军的合围之势已经形成。

中革军委研究敌情之后，决定放弃攻打松潘的计划，改为直接穿越草地北上。

8月3日，中革军委制定的《夏洮战役计划》提出："攻占阿坝，迅速北进夏河流域，突击敌包围线之右侧背，向东压迫敌人，以期于洮河流域消灭遭遇之蒋敌主力，形成在甘南广大区域发展之局势，为这一新的战役目标。"

《夏洮战役计划》对红军的电台隶属关系及密码本也做了规定，设通用密码本和专用密码本。

1935年8月，为加强红军总司令部工作，调整了无线电台内设机构，下设5个局。朱德、张国焘、周恩来、王稼祥、刘伯承、徐向前、陈昌浩7人联名签署命令，任命红军总司令部一局局长周子昆，二局局长蔡威，三局局长宋侃夫，四局局长徐长勋，五局局长王维舟。

红军长征中有两个“二局”，一个是“中革军委二局”，简称“军委二局”，曾希圣任局长，钱壮飞任副局长。另一个即红军总司令部二局，简称“总部二局”，蔡威任局长。

宋侃夫回忆：

> 张国焘在前方会见中央领导同志回到卓克基后，曾亲自给我打来一个电话，说会师后要调整红军总司令部的机构，朱老总要过来，刘（伯承）参谋长也要过来，他当总政委。总部所属的一、二、三、四局也要调整，你们这一摊子归总部，变成总司令部三局。原总部三局局长王诤调回红一方面军司令部三局任局长，他要我做总部三局的局长，一方面军的伍云甫任副局长兼政委，王子纲先在三局一科当科长。

《夏洮战役计划》是中共中央根据各方面情报和红军自身的实际情况权衡形势之后制定的，但是，由于张国焘的拖延和反对，这个计划最后仍然没有得到完全实施。

为此，中共中央领导人十分焦急。8月4日至6日，他们又在沙窝的一幢两层木楼里召开了中共中央政治局会议。会议开了3天，也争论了3天。最后，通过了一份《中央关于一、四方面军会合后的政治形势与任务的决议》，重申了两河口会议北上路线的正确性，强调中央在红军中的威信，对红一、红四方面军做了评价。《决议》号召全体红军将士与对创造新根据地缺乏信心的“右倾机会主义”做斗争。

沙窝会议后，中革军委决定红一、红四方面军混编为左、右两路军，穿过松潘草地北上甘南。左路军以红一方面军第五、第三十二军和红四方面军第九、第三十一、第三十三军组成，由朱德总司令、张国焘总政委率领，在马塘、卓克基集结，向阿坝地区开进。右路军以红一方面军第一、第三军和红四方面军第四、第三十军组成，由红军前敌总指挥徐向前和政委陈昌浩指挥，在毛儿盖集结，向班佑、巴西地区开进；中央领导人张闻天、毛泽东、周恩来、王稼祥、博古等跟随右路军行动。彭德怀率红三军和红四军一部作总预备队，掩护中央机关前进。

8 月 20 日，中共中央政治局在毛儿盖开会，再次讨论行动方向问题。会议一致认为：左路军应迅速向右路军靠拢，左路军的行动应以右路军的进展为转移。陈昌浩强调“快速北进，集结最大兵力，向东突击，以实现中央的既定方针”。毛泽东充分肯定了陈昌浩的发言。同一天，中共中央政治局通过了毛泽东起草的《中央政治局关于目前战略方针之补充决定》。会后，徐向前、陈昌浩立即将会议决定的内容电告了朱德、张国焘。

毛儿盖会议是一次重要的会议。它改变了《夏洮战役计划》的具体部署，确定右路军为北进主力。

后来的历史发展证明这一改变是正确的。

草地迷雾

1935 年 8 月 20 日，蔡威接到了跟随右路军过草地的命令。

川西北草原，历史上为松潘所辖，故称“松潘草地”。它纵横 600 里，海拔 3500 米以上。白河和黑河由南而北纵贯其间，河道迂回曲折，水流滞缓，形成大片沼泽。沼泽里水草盘根错节，结成片片草甸。草甸之下，积水淤黑，深不可测，人畜在草地上行走，稍有不慎，就会有灭顶之灾。草地的水腐臭难闻，而且有毒，碰破了的皮肤泡水后即红肿溃烂，很难诊治。

摆在红军面前的这片草地是神秘的，也是恐怖的，然而穿越草地，现在已是北上甘南的唯一选择，这也是松潘战役流产后被迫采取的行军路线。

蔡威平时用两只皮箱子存放衣服、书籍和一些文件纸张。穿越草地前必须精简行李，他把皮箱里的东西通通倒在地上，一边清理，一边说：“不要了，不要了，这个也不要了！”

报务员李永悌过来帮忙，看到蔡威扔掉那么多东西，感到可惜，他想：在黑水、毛儿盖，当地藏族同胞全跑了，一点儿粮食都没有，吃麻皮，嘴唇都吃肿了，难道过草地会比这还困难吗？干吗要扔掉那么多东西？他捡起一张纸，见是一个登记表，上面写着蔡威的名字，年龄一栏里写着“28 岁”。

“蔡局长,这也扔掉吗?”李永悌问。

蔡威抬头看了看登记表,点点头:“把它烧了。”

李永悌这才感到,这回过草地必定非同一般。后来他说:“其实,过草地的艰险比我们所能想象的要厉害十倍、百倍啊!”

8 月 21 日,蔡威和他的战友背上青稞面和牦牛肉干,离开毛儿盖,踏进了松潘草地。

此时的草地,绿草铺陈,红花点点,犹如一幅色彩斑斓的“魔毯”,但在这美丽的“魔毯”下,处处是足以置人于死地的陷阱。

先头部队在藏族向导的指引下,从水草间找出了一条曲折的小路,但是,草地上气候变化无常,一会儿晴空万里,烈日炎炎,一会儿雷电交加,暴雨倾盆,先头部队设置的路标很快就找不到了。

路标是“生命线”。在几乎没有任何参照物的茫茫无边草地里,失去路标,就没有了方向,许多官兵因此身陷沼泽中。有战友身陷泥沼,呼喊:“快来救我!快来救我!”身旁的战友急忙伸手去拉,也一起陷了进去,再一个战友奋不顾身上去救,结果又跟着陷了进去……其他战友只能眼睁睁地看着自己的战友被沼泽吞噬。

电台过草地就更加困难了。工作人员不仅要背着干粮袋和行李,还要抬着电台、充电瓶、充电机和其他器材。身上的负重使他们脚下踩出的泥坑要深得多,危险得多。

为了电台的安全,许多运输队员宁可耐着饥饿、忍着疲劳、冒着生命的危险,也要小心翼翼地抬着电台走。他们还想出一个办法,用绑带把重要器材绑在后面队员的肩背上,前后拉着绑带,前面的队员给后面驮机器的队员探路,后面的队员紧紧拉住前面的队员,让他不至于陷入泥沼。

驮着重物的牲口更不安全。官兵们常常看到这样惊心的一幕:牲口陷入泥潭,嘶叫着拼命地挣扎,仅几分钟的工夫就深陷下去,只露出头和长长的脖子,发出绝望的哀鸣。

配给蔡威的那一匹红鬃马,他舍不得骑,用来驮机器。

他当然还有一个重要任务:侦察敌情。

一到休息地,机务员就立即架设天线,开动发电机,蔡威便戴上耳机,搜索国民党军电台。

蔡威与宋侃夫约定：为了不间断侦听，两部电台不能同时行军，必须相互配合，交叉工作，即一部电台随队行军，另一部电台就开机工作。等行军的电台停下，另一部电台再收起天线去追赶队伍。

蔡威、宋侃夫始终没有停止对国民党军电台的侦察。

8月的高原，夜间气温仅为0℃左右。在草地里跋涉了几天的红军官兵内无果腹之食，外无御寒之衣，疲病交加，饥寒交迫。

别人可以躺下睡一觉，但蔡威不行，他与大家一起行军，别人躺下了，他的工作才刚刚开始。

李永悌回忆：

一天，天气比较晴朗，我们看到徐向前总指挥和陈昌浩政委，正蹲在一个坡地上休息、说话。我们也在离他们不远的地方停下来休息。徐总指挥见到蔡威，就招呼他过去。蔡威同志走到那里也蹲下来，和他们一起说起来。说什么，我们没听清楚。

我们几个人也小声说起话来。

就在我们说话之间，从后面走过来一个人。他穿一身旧军装，高高的个头，瘦长的脸，留着很长的头发。在他身后，有一个警卫员和两个战士抬着一副空担架，还有一个人牵着一匹马。

徐向前、陈昌浩、蔡威看见那个人，都站起来迎过去。那人先伸出手打招呼，到了跟前，又是握手又是问候，然后并肩向土坡上走了几步，便蹲在那里说起话来。

看到这情景，我们就猜想这位干部肯定不是一般的人。

“他是谁呀？”我身边的一个同志问。

“不知道。”

“是朱德总司令吗？”

“他不是朱总司令。”我插话说，“从杂谷脑到毛儿盖的路上，爬打鼓山的时候，我见过朱总司令，他年龄比较大，个头高，四方脸，浓眉大眼，骑的是一匹骡子，从我身边走过。今天这个人，不像是朱总司令。”

“是不是周恩来副主席？”

大家不说话了，因为我们谁也没有见过周副主席，不认识他，难以断定面前这个人是不是。

再看那边，刚才来的那位干部，和徐向前、陈昌浩、蔡威说了一会儿话，又挥挥手，继续往前走了，警卫员、抬担架的和牵马的战士紧跟在他的后面。

过了一会儿，蔡威同志回到了我们这边。

"局长，刚才那个人是谁？"

蔡威说："那就是毛主席。"

"是他呀！"我们都很惊奇，同时又向前方看去。可他的身影很快消失在阳光照射下的草地之中了。

中共中央所在的右路军穿越草地的第三天，张国焘所在的左路军先头部队占领了阿坝，但大部队依旧滞留在卓克基一带。

8月24日，中共中央致电左路军，再次阐述北进战略，催促左路军全力开进。第二天，徐向前、陈昌浩也致电朱德、张国焘，言辞十分恳切：

(一)二十五日情报：蒋令胡照原计划向岷州移动，周师丁旅到隆德截堵我。王耀武称夏河有西藏马部，但又说确否不定。贺估我们不出西康即走阿坝，连日飞机未发现。

(二)目前箭已在弦，非进不可。西路主力端出岷、哈，抑出夏、洮。前者则主力向包座、岷州大路进，主要在洮河东打；后者则主力出郎木寺、双岔、班佑。分定或此方必在集中包座或郎木寺待命。

(三)弟意右路军单独行动不能彻底消灭已备之敌，必须左路马上向右路靠进，或速走班佑，以便两路集中向夏、洮、岷前进。主力合而后分，兵家大忌，前途所关，盼立决立复示，迟疑则误尽中国革命大事。

此时，胡宗南发现红军的先头部队已走出草地，到达松潘西北的阿坝、班佑地区，大为吃惊，立即电令国民党军第四十九师师长伍诚仁：

(一)贵师应即日由现地出发，经柏木桥、上下包座向阿西茸前进。

(二)行军计划及给养，由贵师自定，逐日宿营时，须与本师无线电联络。

蔡威立即将这一情况报告了红军前敌总指挥部。

上、下包座位于松潘西北部，离松潘约200里，是红军走出草地北上甘南的必经通道。上、下包座相距数十里，地形十分险要，国民党守军修筑了许多碉堡，并备有大量粮食，可以长期坚守。国民党军的团长康庄令其第三营驻守上包座大戒寺及其附近山头阵地，他自己率团部与第一、第二营驻守下包座求吉寺，以张孝莱支队进驻下包座附近的阿西茸。第二天，胡宗南又电令伍诚仁从漳腊向包座疾进，增援康团。

得此情报，红军前敌总指挥部认为，必须抢在胡宗南增援部队赶来之前强占包座，出师甘南，否则将陷入被动。

8月26日，徐向前、陈昌浩走出草地，抵达班佑，设前敌总指挥部于巴西。蔡威的电台也入驻附近的一座院子里。

徐向前摸清敌情后立即向毛泽东报告："主席，胡宗南部第四十九师大约12000人由漳腊向包座运动，意在扼住我军北进通道，迫我退回草地。"

毛泽东笑了笑，风趣地说："还想叫我们走回头路？我可不干哦！看来，这一仗非打不可了。"

徐向前说："过草地，红一军减员太多，红三军还没跟上来，我和昌浩决定，作战任务由红四方面军承担，以红三十军为主，红四军配合。"

毛泽东沉思片刻，点了点头，说："就按你们的意见办，红一军可作预备队随时待机。"

徐向前、陈昌浩立即做出了攻打包座的战斗部署：以红八十九师第二六四团攻击上包座南部的大戒寺；以红四军一部攻击下包座以北的求吉寺；以红八十八师两个团和红八十九师两个团隐蔽于包座西北地区设伏；红一军作预备队，并负责党中央机关的安全。

徐向前把前敌总指挥部设在上、下包座之间的一座山头上。

国民党军第四十九师师长伍诚仁与徐向前是黄埔同窗，俩人还没有交过手。他口袋里揣着蒋介石的手令："希勿瞻顾，过惜兵力失此千载难得之机！"他知道徐向前率部过草地已疲惫至极，急欲亲自擒获，向蒋介石邀功。

然而，这个有勇无谋的大胡子师长中了徐向前的埋伏，全师12000多人被切成三块，被埋伏在山林间的红八十八、红八十九师指战员一块一块地“吃”掉了。伍诚仁身负重伤，害怕成为徐向前的俘虏，羞愤之下，纵身跳进了湍急的包座河。

与此同时，红四军第十师也向求吉寺的两个营的国民党守军发起猛攻。

求吉寺的院墙又高又厚，易守难攻。国民党守军在庙后山上筑了坚固工事，控制着制高点。

红十师师长王友钧眼看久攻不克，急了，端起机枪，架在警卫员肩膀上向国民党守军碉堡猛烈扫射，掩护部队攻击。然而，这位年仅 24 岁的“夜摸将军”不幸中弹，壮烈牺牲。战后，徐向前将他的遗体安葬在求吉寺附近的山下。

包座战斗于 8 月 31 日结束。此役毙伤国民党军师长伍诚仁以下 4000 余人，俘 800 余人，缴获长短枪 1500 余支、轻机枪 50 余挺、电台一部。包座之战的胜利，为艰难走过草地的红军右路军打开了北进通道。

打下了包座，报务员李永悌因连续几天没有睡好觉，竟趴在机子上睡着了。等他醒来，发现机子停了，以为是烧坏了，吓了一跳。别的同志告诉他：“蔡局长看你太疲劳，不忍心叫醒你，就把机子关了，叫另一部电台接替你工作。”

第二天，毛泽东来到班佑寺前敌总指挥部，高兴地说：“草地的苦，我们没有白吃喽！”住在隔壁的蔡威看见毛泽东来了，便走到院子里加入了谈笑。

徐向前指着摆放在一张桌子上的战利品，对毛泽东说：“喜欢什么，你就任意挑吧！”

毛泽东对满桌子的罐头、青稞酒、牛肉干视若无睹，却单单把一包香烟抓在手上：“我只要烟，这可是我的命啊！”

机灵的警卫员连忙找来一个袋子，把桌上的香烟和辣椒通通装进袋子，想囊括而去。

陈昌浩眼疾手快，立刻抓过几包香烟塞到蔡威手里，说：“留几包给我们的‘菩萨爷’吧。”

毛泽东和徐向前都“哈哈哈”地笑了：“应该，应该！”

毛泽东一边吸烟，一边兴奋地说：“北上之门已朝我敞开，我军若以一部佯攻文县，钳制胡宗南，主力从武都、西固、岷州间打出，必能获重大胜利。”

毛泽东问陈昌浩:“左路军怎么不见动静?是不是催一下,向右路军靠拢?机不可失啊!”

徐向前说:“如果他们过草地有困难,我们可以派出一个团,带上马匹、牦牛、粮食去接应他们。”

“这个办法好。”毛泽东说,“一发电报催,二派部队接,就这么办。”

当天晚上,一份以徐向前、陈昌浩、毛泽东联名签署的电报,交由蔡威领导的二局发给朱德和张国焘:

> 目前情况极有利于向前发展。
>
> 一、甲、二、六军团在伟大胜利后,蒋不得不增调十个师去,吴纵队全部正抽调中;乙、川敌除孙震外,似均不受蒋令;丙、胡、薛二部弱极,薛尤甚。截至30日中,薛部主力尚在平武、广元、昭化线。蒋令胡部绕道文县开西固,计程近千里。胡请蒋令薛部开南坪、漳腊、松潘接防,才能集中开进。目前文县、武都、西固、岷州线,一般空隙无多敌,仅十二师及鲁大昌部在此,但碉堡未成。丁、于学忠仅一部在两当、徽县设防;戊、消灭了四十九师后,胡宗南更须绕道才敢前进;已、下包座地区去西固五天左右,去岷州六天,路大、房多、粮足。罗达以东,即完全汉人区域。
>
> 二、依上情况,右路军须以主力向前推进。以不突出西固、岷州线为度。第一步以一、三两军控制罗达地区,四军、三十军主力控制白骨寺地区,其一部控制包座。这样控制了两条平行东向路,并随时可与胡敌五个旅有把握的(地)作战,决不会被敌截断,更不是从间隙偷出封锁线。候左路到达,即以一支队向南坪方向,又一支队向文县方向佯攻胁敌,集中主力从武都、西固、岷州间打出,必能争取伟大胜利。
>
> 三、目前蒋胡注意力集中西固以东方向。毛儿盖通班佑,路短棚多。提议以三至四个团掩护能行之伤病员及资材,从卓克基经毛儿盖缓缓前进,免致抛弃,乞考虑。

如此精准的敌情通报,足见红军右路军以蔡威为代表的无线电侦察工作效率之高,成绩之大。

电报发出后，徐向前还下令红四军第三十一团准备好马匹、粮食，待命出动接应左路军。

可是，让徐向前没想到的是，张国焘离开阿坝，一进入草地就变卦了。

张国焘看到以“向前、昌浩、泽东”的名义发来的电报，一夜未眠。

深夜，忽然下起了倾盆大雨。哗啦啦的雨水，让他终于找到了拒绝北上的理由。

9 月 3 日，他拟好了一份给徐向前、陈昌浩并转呈中共中央的复电，让宋侃夫领导的三局电台发出：

> （甲）上游侦察七十里，亦不能徒涉和架桥，各部粮只能吃三天，二十五师只二天，电台已绝粮，茫茫草地，前进不能，坐待自毙，无向导，结果痛苦如此，决于明晨分三天全部赶回阿坝。
>
> （乙）如此已影响整个战局，上次毛儿盖绝粮，部队受大损；这次又强向班佑进，结果如此。再北进，不但时机已失，恐亦多阻碍。
>
> （丙）拟乘势诱敌北进，右路军即乘胜回击松潘敌，左路军备粮后亦向松潘进。时机迫切，须即决即行。

也就是说，张国焘决意要向阿坝开拔了。

这份电报由二局接收。蔡威一看，感到问题严重，立即呈送徐向前、陈昌浩。

北上与南下之争，再次成为牵动全局和红军前途的焦点。

病榻上的周恩来听了情况介绍，摇了摇头，叹息道：“大家愁的是左、右两路合不拢，再斗争下去就真分开啦！我建议以昌浩、向前的名义发电给国焘同志，告诉他北进是上策，南进是下策。措辞要策略一些，使他易于接受。”

毛泽东在一旁闷闷地抽烟，冷静地说：“昌浩、向前跟国焘同志长期共事，你们要多做他的工作。”

经过深思熟虑，9 月 8 日上午 9 时，徐向前、陈昌浩奉命给张国焘发去一份电报：

> （一）林、聂电：一师昨已到韦藏寺、狼牙寺，沿途隘路，深河，桥多，

粮富，蛮子稍有截击，狼牙可驻一军人。我处到救济(寺)二十里，到狼牙寺二百二十五里。狼牙到罗达一天，到岷州三天，到西固两天。(二)救济寺、脚仗寺仍续围中，由上包座向南坪、黄胜关各搜索百里无敌情，通南坪路上有粮、房。(三)胡不开岷，目前突击南、岷时间甚易。总的行动究竟如何？一军是否速占罗达？三军是否跟进？敌人是否快打？飞示，再延实令人痛心。(四)川、陕、甘三省各十万分之一军用图已全有，青、宁五十万分之一图只有一部分。(五)中政局正考虑是否南进。毛、张皆言只有南进便有利，可以交换意见；周意北进便有出路；我们意以不分散主力为原则，左路速来北进为上策，右路南去南进为下策，万一左路若无法北进，只有实行下策。如能乘敌北调时取松潘、南坪仍为上策。请即明电中央局商议，我们决执行。

看了“向、浩”这份提议进一步“交换意见”的电报，张国焘仍不为所动，他已经开始调动部队向阿坝转移，当日电令左路军红三十一军政委詹才芳：

飞令军委纵队蔡树藩将所率人员移到马尔康待命，如其(不)听则将其扣留，电复处置。

当晚，他又给徐向前、陈昌浩下达命令：

一、三军暂停留向罗达进，右路军即准备南下，立即设法解(决)南下的问题……

事情越来越严重了，分裂已在面前。徐向前对陈昌浩说：“这样重大的问题，不向中央报告不行。你还是跑一趟吧！”于是，陈昌浩带着张国焘的电报马上找张闻天、博古、毛泽东汇报。

毛泽东看了电文，问陈昌浩：“你的意见呢？”

“国焘同志是总政委，他有权决定左、右路军的行动方向。中央既然无法说服他北上，我们总不能眼看着左、右路军分裂吧？”陈昌浩说，“因此，我决定右路军南下，去与左路军会合。”

"既然要南下，中央书记处得开个会吧。"毛泽东说。

当天晚上，毛泽东、张闻天、博古、王稼祥、徐向前、陈昌浩等聚集在红三军军部驻地周恩来的病床前进行了紧张的讨论。讨论的结果，决定以七人名义再次致电张国焘。

朱、张、刘（伯承）三同志：

目前红军行动是处在最严重关头，须要我们慎重而又迅速地考虑与决定这个问题。弟等仔细考虑的结果认为：

（一）左路军如果向南行动，则前途将极端不利，因为：

（甲）地形利于敌封锁，而不利于我攻击。丹巴南千余里，懋功南七百余里均雪山，老林，隘路。康（康定）□（原电文缺）泸（泸定）天（天全）芦（芦山）雅（雅安）名（名山）邛（邛崃）大（大邑），直至懋抚一带，敌垒已成，我军绝无攻取可能。

（乙）经济条件，绝对不能供养大军，大渡河流域千余里间，亦如毛儿盖者，仅一磨西面而已，绥（绥靖）崇（崇化）人口八千余，粮本极少，懋抚粮已尽，大军处此有绝食之虞。

（丙）阿坝南至冕宁，均少数民族，我军处此区域，有消耗无补充，此事目前已极端严重，决难继续下去。

（丁）北面被敌封锁，无战略退路。

（二）因此务望兄等熟思深虑，立下决心，在阿坝、卓克基补充粮食后，改道北进。行军中即有较大之减员，然甘南富庶之区，补充有望。在地形上、经济上、居民上、战略退路上，均有胜利前途。即以往青宁新说，亦远胜西康地区。

（三）目前胡敌不敢动，周（周浑元）、王（王钧）两部到达需时，北面仍空虚，弟等并拟于右路军抽出一部，先行出动，与二十五、（二十）六军配合行动，吸引敌人追随他们，以利我左路军进入甘肃，开展新局面。

以上所陈，纯从大局前途及利害关系上着想，万望兄等当机立断，则革命之福。

恩来　洛甫　博古　向前

昌浩　泽东　稼祥

对于中共中央语重心长的一再电示和劝告，张国焘竟置若罔闻，一意孤行。9月9日深夜，张国焘给徐向前、陈昌浩并中共中央发出一份急电，再次明确表达了反对北进、坚持南下的主张。

然而，当蔡威把这封电报翻译出来的时候，中革军委带着红一军、红三军和军委纵队等人马已经悄然离开了班佑、巴西地区，转向俄界进发。临走前，张闻天代表中共中央致电张国焘：

> 陈谈右路军南下电令，中央认为是完全不适宜的。中央现恳切的(地)指出，目前方针只有向北才是出路，向南则敌情、地形、居民、给养都对我极端不利，将要使红军受空前未有之困难环境。中央认为：北上方针绝对不应改变，左路军应速即北上，在东出不利时，可以西渡黄河占领甘、青交通新地区，再行向东发展。如何速复。

这封电报并未明言中共中央将先行北上。

对中革军委"悄然离开"的情景，二局报务员李永悌有着清晰的记忆。他在《帷幄深处》一书中这样写道：

> 天快亮的时候，值了一夜班的我，感到特别疲劳，上下眼皮老是往一块儿粘，如果能睡上一会儿，将会比什么都美。可是却不能，我在心里不断提醒自己：千万别睡着了。
>
> 我们住的院子很小，屋内也十分狭窄。即使这样的房子，在巴西这个地方也算是好的了，我们二局就住在这个院子里。后面靠山不远的一个院子便是前敌总指挥部，徐向前总指挥、陈昌浩政委住在那里。和我们二局一墙之隔的另一个院子里，住着中革军委二局的电台。
>
> 巴西的气候，比起草地来暖和多了。但毕竟已经立秋。黎明之前，带着寒意的秋风，吹来还是使人感到凉凉的。蔡威同志住在屋里，我就在他的屋外阶檐下架机工作，两眼注视着机器，耳朵凝神静听。
>
> 突然，一串急促的脚步声传来，接着，我们二局的两个警卫员喘着粗气跑来问："局长呢？"

“局长在屋里，他工作了一夜，才睡下。”我抬手指给那两个警卫员看。

一个警卫员不管不顾地转过身去叫醒蔡威，说：“局长，隔壁院里一方面军的同志都走了。”

另一个警卫员说：“他们人走了，借我们的充电机还丢在院子里。”

他们说话的声音很大，我全都听见了。

“谁说的？”蔡威猛地一下坐起来，边穿衣服边站起来，脸上的神情很紧张。

警卫员又说：“我们起来时，看到他们已经走了，借我们的充电机还丢在院子里。”

蔡威可能知道一些情况，我看到他连衣服的扣子也没扣，趿着鞋，就急急忙忙向前敌总指挥部那个院子跑去了。

这个突然出现的情况和蔡威同志的紧张情绪，使我的睡意完全没有了。

天亮后，我去隔壁院子里一看，紧靠墙根儿的充电机一动也没动，院内到处静悄悄、空荡荡的，屋里还有乱草，说明一方面军电台同志走得很匆忙。

我心情沉重地回到屋里，看见蔡威同志已从前敌总指挥部那里回来，坐在桌边久久出神，一句话也不说。当问他怎么回事时，他才说：“中央、毛主席和一方面军的同志单独走了。”

他们为什么单独走了呢？我想问，但看到蔡威的脸色，就没有问出口。

整个上午，前敌总指挥部院里人来人往，进进出出，神情都很紧张，谁也不愿多说话。一定是出了什么大事。

到了下午，蔡威同志又把我叫去，让我帮助他译电报。以往，内部来往电报都是他亲自译，这几天可能是实在忙不开，才让我帮助译的。我很快将电报译了出来，记得那份电报是左路军张国焘发来的，至今我还记得电报中有这样一句话：“愿意北上的北上，愿意南下的南下。”

译完这份电报，我似乎明白了一些。

毛泽东走了，周恩来走了，红一方面军的同志走了，中革军委二局电台的战友们也走了，只有那部充电机静静地躺在空荡荡的院子里……

蔡威的心情很沉重，也很迷茫。

9月10日，留在巴西的徐向前、陈昌浩收到了北上途中的中共中央政治局发来的电令：

(一)目前战略方针之唯一正确的决定，为向北急(疾)进，其多方考虑之理由，已详屡次决定及电文。

(二)八日朱张电令你们南下，显系违背中央累次之决定及电文，中央已另电朱张取消该电。

(三)为不失时机的(地)实现自己的战略计划，中央已令一方面军向罗达拉界前进，四、三十军归你们指挥，应于日内尾一、三军后前进，有策应一、三军之任务。以后右路军统归军委副主席周恩来同志指挥之。

(四)本指令因张总政治委员不能实行政治委员之责任，违背中央战略方针，中央为贯彻自己之决定，特直接指令前敌指挥员(党员)及其政委并责成实现之。

这份电报是由蔡威翻译后送交徐向前、陈昌浩的。

陈昌浩跟随张国焘南下态度是明确的。他没有执行中央北上的指令，但他也没有下令“武力拦截”不告而别的中央领导人。

徐向前后来回忆：

前面有人不明真相，打电话来请示：中央红军走了，还对我们警戒，打不打？陈昌浩拿着电话筒，问我怎么办？我说：哪有红军打红军的道理！叫他们听指挥，无论如何不能打！陈昌浩不错，当时完全同意我的意见，作了答复，避免了事态的进一步恶化。他是政治委员，有最后决定权，假如他感情用事，下决心打，我是很难阻止的。在这点上，不能否认陈昌浩同志维护团结的作用。

当时，徐向前的处境极其为难。他赞同中共中央北上的战略方针，但作为红四方面军前敌总指挥，又不能只身离开他历尽艰辛带出来的这支队伍。

9月中旬，蔡威带着电台和战友，也带着不解和困惑，跟随前敌总指挥部折返毛儿盖，第二次踏进了茫茫草地。

所不同的是前一次是北上，这一次是南下。

毛泽东称赞："好的二局。"

右路军中的红四方面军部队折返草地，是以"打回通南巴"的口号来动员的。但是，由于天气转凉，寒风扑面，冷水刺骨，第二次过草地比第一次更为艰险。

踏进草地，指战员们看到的是一个月前留下的一堆堆篝火灰烬，是一个个被剥了皮、吃了肉的骡马骨头架子，还有一具具战友的遗体。他们忍受着内心的剧痛，泪水长流，却哭不出声来。

"揩干身上的血迹，掩埋好同伴的尸体，他们又继续战斗了。"这是毛泽东的经典语言。然而在翻雪山、过草地的日子里，红军连掩埋同伴遗体的工作也难以完成。应当说，草地上这悲情的一幕是极具象征意义的：无数先烈用生命乃至躯体在托举着战友，托举着革命走向胜利！

有一天下半夜，刘忠生的腹部剧烈疼痛起来，先是大汗淋漓，继而满地打滚，蔡威喂他药仍不管用，最后只好扭开一粒七九步枪子弹，倒出火药，加上缴获来的一点儿大烟土，一起让他服下，才止住了疼痛。第二天凌晨，队伍要开拔了，蔡威让刘忠生骑上马，亲自牵着缰绳往前走。走着走着，突然马一颠，把刘忠生颠到了河里，全身湿透了。蔡威把刘忠生扶起来，帮他换了衣服，然后又扶他上马，一路扶着前行……

9月14日，蔡威接收到中共中央致张国焘、徐向前和陈昌浩的来电：

> (一)一、四方面军目前行动不一致，而发生分离行动的危险的原因，是由于总政委拒绝执行中央的战略方针，违抗中央的屡次调令与电令。总政委对自己行为所产生的一切恶果，应该负绝对的责任。只有总政委放弃自己的错误立场，坚决执行中央的路线时，才说得上内

部团结与一致。一切外交的辞句,决不能掩饰这一真理,更欺骗不了全党与共产国际。

(二)中央率领一、三军北上,只是为了实现自己的战略方针,并企图以自己的艰苦斗争,为左路军及右路军五(军)、四军、三十军开辟道路,以便利于他们的北上。一、三军的首长与全体指战员不顾一切困难,坚决负担起实现中央的战略方针的先锋队的严重任务,是中国工农红军的模范。

(三)张总政委不得中央的同意,私自把部队向对于红军极端危险的方向(阿坝及大小金川)调走,是逃跑主义最实际的表现,是使红军陷于日益削弱,而没有战略出路的罪恶行动。

(四)中央为了中国苏维埃革命的利益,再一次的(地)要求张总政委立即取消南下的决心及命令,服从中央电令,具体部署左路军与四军、三十军之继续北进。

(五)此电必须转达朱、刘。立复。

看到这封前所未有的措辞极为严厉的电文,谁都明白:中国共产党及其领导的军队走到了最重要也是最危险的关口。

经过5天行军,蔡威和他的战友到达了毛儿盖,只停留一天,又继续向南跋涉。队伍翻过打鼓山,又走了六七天,来到了马尔康县的马塘。

从马塘西行途中,年仅18岁的报务员李永悌的右脚趾被划破,感染化脓,每走一步都钻心地痛,几乎走不动了。眼看队伍走远了,收容队也过去了,他急得哭起来。他趴在空旷的草沼中,想了很多,想蔡威和电台的战友们,想家里的父母双亲和哥哥、姐姐,想未来……他的眼泪不停地流,几乎要绝望了。就在这时,突然,不远处有人呼唤他的名字:“永悌!永悌!”他挣扎着爬起来,一看,是蔡威牵着马,在前面等着他。当李永悌被扶上马时,他的泪水还在不停地流,但这次流的是热泪,是对生死与共战友的感激之泪!

李永悌感慨万端:“要不是蔡威局长,我早就死在茫茫的草地上了!”

南下的队伍又回到了卓克基。当地的房屋大都是藏式的木结构楼房,两层或者三层,有着宽大的阳台和狭小的楼梯。蔡威带领的二局人马就住在这样的楼房里。

在卓克基发生了一件事：电台机务员肖大来在驻地的机房阳台上修理充电机，突然，充电机燃烧爆炸，汽油飞溅到他身上，顿时，火焰熊熊，他成了一团火球。

蔡威和战士们赶来，要帮肖大来扑灭身上的火，肖大来却大声喊："不要靠近我！不要靠近我！"边喊边顺着楼梯滚了下去。正是因为他忍受烧灼的剧痛从楼梯上滚了下来，才保住了这幢藏族同胞的房子，保住了其他同志的安全，也保住了电台和许多机器。蔡威立刻把他送去救治。然而烧伤太重，两天后，肖大来同志牺牲了！

肖大来从鄂豫皖苏区创建无线电台起就一直跟着蔡威一起工作。他先是担任电台警卫员，后来和熊远绪一起学技术，成了机务员。队伍行军时，一到宿营地，他就忙着开机器、架天线，为蔡威创造工作条件；队伍开拔后，他还要收拾整理机器设备，总是比别人推迟出发，要追赶着队伍走，所以，他的工作比别人累得多。4年的相处，蔡威和肖大来情同手足。肖大来的牺牲，使蔡威的心情十分沉重："多好的一个战友啊！为保护电台，他倒在了雪山下！"

红军总司令部设在卓木碉的一座喇嘛寺里。从卓克基到卓木碉还有六七十里路。10月初，红军左路军与右路军一部在卓克基一带会合，电台的工作人员也都会聚在一起。

10月5日，在卓木碉白赊喇嘛寺内，张国焘召集了高级干部会议。会上，他作了极具煽动性的长篇报告后突然宣布："我们应该仿效列宁与第二国际决裂、成立第三国际的办法，组成新的临时中央！"

张国焘打出成立"临时中央"的旗帜，出乎人们的意料，许多人都怔住了。陈昌浩缺乏思想准备，没有表态。

于是，张国焘要朱德表态。朱德心平气和、语重心长地说："大敌当前，要讲团结嘛！天下红军是一家。中国工农红军在党中央统一领导下，是个整体。大家都知道，我们这个'朱毛'在一起好多年，全国和全世界都闻名。要我这个'朱'去反'毛'，我可做不到呀！不论发生多大的事，都是红军内部的问题，大家要冷静，要找出解决办法来，可不能叫蒋介石看我们的热闹！"

张国焘又让刘伯承表态。刘伯承讲了一句："眼下革命形势十分困难噢！"弦外之音是"大家要讲团结，不能搞分裂"。

张国焘拿出一份事先准备好的“决议”宣读起来:“一、毛泽东、周恩来、博古、洛甫应撤销工作,开除中央委员及党籍,并下令通缉……”

“决议”尚未读完,乱哄哄的会场更加火上浇油,已经失去了慎重讨论的表决的氛围。在一片吵闹声中,张国焘宣布成立“临时中央的决议获得通过”。

卓木碉白赊喇嘛寺的这一幕,蔡威看在眼里,忧心忡忡。

50年后,宋侃夫回忆:

> 蔡威同志对张国焘的分裂行为,虽没有公开地表示反对,但在心里是不服的,是有意见的。我们互相谈过此事,从谈话中看,他是很不赞成张国焘那一套做法的。在那种情况下,他没有明白地表态,当时也不宜明显表态。

张国焘宣布另立“临时中央”的闹剧,使刘伯承彻夜难眠。

难眠的另一个原因是,作为红军总司令部总参谋长,他手里还掌握一本与共产国际电台通信的密码本。如果这个密码本被张国焘搜走,那么,张国焘把他对中共中央的诽谤和自己那一套做法报告共产国际,并取得共产国际总部支持,那不知要给中国共产党造成多大的麻烦。

这个密码本由红军总司令部秘书刘少文保管。刘伯承必须尽早通知刘少文把密码本销毁,以免落入张国焘之手。

然而,刘伯承已经被张国焘派人监视跟踪,他若深更半夜去找刘少文,肯定要引起怀疑。

熟谙兵法的刘伯承知道,越是办机密的事,越不能搞得神神秘秘。

刘伯承熬过了一夜,第二天一大早,他以借书看的名义来到刘少文的住处,偷偷告诉刘少文:“把密码本烧了!”

这个密码本就是一本英文的《鲁宾逊漂流记》。

刘伯承后来说:“这件事除我们二人外,谁也不知道。当时如果被张国焘知道了,那我们也就完蛋了。”

不久,刘伯承的职务被撤销,张国焘让他到红军大学教书。

就在宣布另立“临时中央”的这一天,张国焘找宋侃夫、蔡威、王子纲、伍云甫谈话，说要将电台的分队名称改为“台”，分别配属红军总司令部、前敌总指挥部和各支战斗部队。

蔡威依然被任命为红军总司令部二局局长，承担敌情侦察、研究和通报任务。

总司令部二局下设4个科：一科负责侦收，科长马文波；二科负责研究，科长罗舜初；三科负责译电，科长陈福初；另设四科，负责行政管理工作。马文波、游正刚、肖森、高吉明、何文、罗应清、肖全夫、张天华等20多人先后由其他电台调到红军总司令部二局工作。这样，一部电台就有2人或3人值班。

在红军长征中，无线电侦察工作功勋卓著，作出了历史性的重大贡献。张震上将曾说过这样一段话：

> 密码技术的掌握，使红军的无线电侦察能力发生了革命性的飞跃，成为无线电侦察情报工作的独特优势，在我党我军的情报工作史上具有划时代的意义。特别是在配合红军反“围剿”和长征作战中，红一、红二和红四方面军的无线电侦察情报部门相互支持，密切配合，充分发挥了知己知彼、克敌制胜的关键作用。依靠及时、准确的情报，党中央、毛主席英明决策，正确指挥，使数量和装备都处于劣势的红军，一次次脱离险境，转危为安，创造了世界军事史上以少胜多、以弱胜强的奇迹。

在红四方面军无线电侦察工作中，蔡威是获情最多、贡献最大、荣誉最卓著的一位功臣。

长征胜利后，红军总司令部总参谋长刘伯承曾形象地说：“有了二局，我们和蒋介石打仗，好像玻璃杯里押宝，看得准，赢得了。”

毛泽东曾深情地赞誉：“好的二局。”

毛泽东说：“长征有了二局，我们好像打着灯笼走夜路。”他还说，“没有二局，长征是很难想象的。”

毛泽东把二局喻为照亮红军漫漫征途的“灯笼”，是对以蔡威等为代表的红军无线电侦察情报人员的崇高褒奖。

百丈关悲歌

朱德是坚决反对张国焘的分裂行为的，但作为红军总司令，他心中明白：大敌当前，内斗是一条死路！只有维护红军的团结才是上策。既然不能北上，就须团结起来，战胜敌人，立住脚跟，保存红军，所以他对张国焘既有斗争，又讲团结。

大渡河上游的阿坝、马尔康、金川这一带是汉藏两个民族人民杂居的农牧业区，人口只有二三十万，数万红军一下子挤进来，吃饭成了大问题。10月以后，高原上严酷的冬季正步步逼近，部队御寒的问题也越来越突出。

此时，蒋介石刚从峨眉山避暑下来，西北"剿共"军第一路军总指挥朱绍良向他发电报告：

> 共军内部分裂。毛已带一、三两军团北窜入甘。而徐、朱两股会合，希图先窜康北，再转康南与西昌、会理一带，冀图苟延残喘。

得此消息，蒋介石亦忧亦喜：忧的是毛泽东、彭德怀等人居然闯过"生命禁区"，进入甘南，极有可能到陕北寻求发展，这是一个大麻烦；喜的是朱德、张国焘、徐向前、陈昌浩已踏进了川西蛮荒之地，想必很快将难以为继。蒋介石遂令顾祝同具体实施对红军的南北围追堵截。

10月7日，蒋介石又给国民党重庆行营参谋长贺国光发出"围剿"南下红军的手令。贺国光立即把蒋介石的手令用密电转发给了川军各部：

> 一、杨（森）军主力限期占领卓克基，须跟追至大金川以西地区至西康区内绰思（斯）甲一带停止候令。
>
> 二、邓（锡侯）军先占领阿坝候令。
>
> 三、刘自乾军除留小（少）数部队约两团于雅安附近维持后方交通外，其余全部移驻康北道孚、炉霍、怀柔、甘孜一带堵剿。对于里（理）塘与巴塘，须增兵各两团防守堵截，勿使匪向南窜。
>
> 四、李抱冰部专防泸定、康定与雅江一线。其驻丹巴部队应由刘（文辉）部派队接防为要。

五、二十一军应抽调15团以上兵力进驻雅安附近。

六、李其相(李家钰)驻岷江部队应定期移驻西昌各县。限本月底由王(缵绪)师派队接其岷江防地,限本月20日接防完毕。限李部于11月底集中西昌为要。

这是一个密不透风的包围圈。

朱德得知国民党军的部署后,对徐向前说:"先打绥(靖)、崇(化)、丹(巴)、懋(功)之敌。不打,活不下去了!"

于是,刘伯承制定了《绥崇丹懋战役计划》,张国焘签上了名字。

张国焘提出的"打到成都吃大米"的口号颇有鼓动力,饥肠辘辘的红军战士的混乱思想被"统一"在这一口号下,很快恢复了英勇善战、服从命令听指挥的本色。

10月8日,集结在马尔康藏族地区的数万红军分成两路纵队开始行动。

红九军第二十七师疾进500余里,连续作战,打得十分出色。红军部队夜袭达维,行动神速,摸进街巷时,国民党军还在睡大觉。第四旅旅长高德州惊醒后,顾不上穿衣服,仓皇逃走。

3天时间,红四方面军打下绥靖、丹巴、崇化、达维、抚边等几个城镇,击溃杨森、刘文辉部6个旅,歼灭国民党军3000余人。

10多天行军战斗,红四方面军表现出的绝地求生的灵活机动性和高山隘路的进攻作战能力,得到了朱德的肯定和赞扬,认为"这是一支过得硬的红军队伍"。

部队在绥靖就地休整了3天。马文波、肖全夫、游正刚等几个二局的骨干经常接替蔡威侦听国民党军电台,让蔡威多休息休息。

马文波与蔡威工作上配合十分默契,蔡威对马文波的才智和人品赞赏有加,俩人的战友情谊特别深厚。

一天傍晚,蔡威与马文波来到河边散步。蔡威问:"这河叫什么名字?"

"听说叫金川河,是大渡河的上游。"

"大渡河?"蔡威似乎惊愕了一下,"雅安就在这附近?"

"不错,翻过夹金山就是雅安了。"

蔡威的神情突然凝重起来。他在河滩上坐下来,对马文波说:"你知道吗,我的曾伯祖蔡步钟曾经当过雅州知府。"

"这是哪一年的事?"马文波问。

"哪一年,我说不清,只晓得是石达开兵败大渡河的时候。"

马文波也只知道"翼王石达开"这名字,至于石达开哪一年兵败大渡河,一时也说不上来,便问:"你曾伯祖与石达开有什么干系?"

"我们蔡家藏有一把石达开的佩剑。"蔡威回答。

晚霞即将消失在群山之巅,金川河水面上闪烁着金色的波光。就在大渡河上游金川河边,蔡威向马文波披露了一段家世:

当年,翼王石达开率部渡过金沙江后,被四川总督骆秉章组织川军防堵于大渡河边的紫打地。太平军赶造船筏,选拔五千精锐强渡大渡河时,遭到对岸清军炮火猛烈轰击。此时,正好河水陡涨,洪峰到达,船筏全部被毁,人员无一幸免于难,致使五千精锐损失殆尽。太平军战守俱穷,进退失据,弹尽粮绝,兼之病痢流行,死亡枕藉。为了保住三军将士的性命,陷入绝境的石达开只好束手就擒,被解往成都凌迟而死。

当时,蔡威的曾伯祖蔡步钟正在雅州知府任上。当骆秉章押解石达开去成都时,蔡步钟把石达开的两件东西留了下来:一是石达开的一把佩剑——青钢宝剑,一是石达开的一份"口供"。卸任雅州知府后,蔡步钟把这两件石达开的遗物带回宁德,收藏于家中。蔡威小时候见过这把青钢宝剑,还耍过它,因此对这把剑留下了深刻印象。

蔡威对马文波说:"我祖上做了一件对不起这位农民英雄的事,我感到抱愧!"

金川河边的这一次谈话,马文波终生难忘。

50年后,马文波将军就是凭着这一次谈话,追寻那把青钢宝剑的踪影,坚持取证,苦苦寻觅,才找到蔡威的家乡和亲人。

另立"临时中央"4天之后,张国焘以"中革军委主席"的名义下达了作战规模更大的《天(全)芦(山)名(山)雅(安)邛(崃)大(邑)战役计划》。

天全、芦山、名山、雅安、邛崃、大邑等地如同一个屏障,呈弧形围绕在川西平原的西缘,红军如果攻占了这些地方,便可俯瞰整个川西平原。"打到成都吃大米”的目标就有可能实现。

这个战役设想目标惊人，朱德却担心，部队一旦走出山区，战斗就由山地战、隘路战变成了平地战和城市战，由运动战变成了阵地战和堡垒战，而后者恰恰是红军所不擅长的。

但是，张国焘信心满怀：南下已经首战告捷，红军士气正旺，这一战役也必定胜券在握。他要用这一仗来证明自己“南下路线”的正确。

1935 年 10 月 24 日，红军分成数路从丹巴、达维等地出发，昼夜不停地向南突进。这次突进，必须翻越几个月前中央红军曾经翻越的那座终年积雪的夹金山。

翻越大雪山，作战部队没有太多损失，但是妇女团、医院和运输队出现了严重伤亡。许多体弱的战士趴在雪堆里昏迷后就牺牲了；有的晚上躺下睡觉，第二天就没有起来；有的累了，站着休息，再也抬不起腿来，成了永远的“雪人”……

凭着信念、精神和不屈的意志，蔡威和他的战友们战胜了茫茫雪山，来到了夹金山下宝兴县的盐井坪。蔡威立即架起天线，跟踪侦听四川剿匪总司令刘湘的电台。

“QST 在呼叫！”报务员李永悌感到惊奇，“QST 在不间断地呼叫！”

“锁定它！”蔡威命令。

李永悌报告：“刘湘电台连续发出‘十万火急’的 4 组明码！”

“必有重大军情！”蔡威紧盯着李永悌。

由于天气恶劣，雷电交加，电波受到干扰，讯号辨别不清。蔡威要求李永悌集中注意力，不漏过一个讯号。

李永悌后来回忆：

> 这个信号立刻引起了我的高度注意和警惕，它说明敌人有重要电文要发给敌各军、师。
>
> 不断呼叫之后，接着就是发报。我紧跟着抄起来，疲劳困倦顿时消失得无影无踪。
>
> 由于天气不好，干扰太大，把耳朵贴到机器上听，也无法抄全，心里十分着急。我总是提醒自己：这样重要的电报，一定不能漏掉！

不过，我很快就发现这种恶劣的天气干扰了我，也干扰了敌人。我抄不下来的电报，敌人的报务员也一定抄不下来。果然，敌人所属各军电台都出来一次又一次要求重复，这也就给了我机会。趁着敌台要求重复的机会，我很快就补齐了漏掉的、不清楚的电码。

由于敌台是一个军一个军地重复，还没有等到敌方重复完，我早就将报文补齐送给蔡威局长了。

我摘下耳机，一看时间，已过了0点。也就是说，为了抄好这份电报，整整用了18个小时。在这18个小时里，我几乎连身子也没有站起来过，至今我都还没有忘记刘湘的电台呼号为“kw”。

后来知道，那是刘湘兵力部署的一份密电，所有敌人的部署、任务全都在上面。这对当时领导的决策和我军的行动，起到了极为重要的作用。

朱德总司令和徐向前总指挥急于了解当前的敌情，一早就来到二局侦察台。蔡威就像是刘湘司令部的参谋长一样，把川军各路军阀的调动部署情况报告了一遍：

“范绍曾第四师共3个旅，由灌县星夜驰援邛崃；第五路总指挥唐式遵部调遣第一旅昼夜兼程驰赴邛崃；第一、第二师向邛崃以西兼程前进；川陕边防军第二十一军陈兰亭部到洪雅集结待命；第二十三师第一旅熊玉璋部到丹棱集结待命。其他各路川军也调集大军前来参战：第二路总指挥孙震部5个旅由绵阳出发，向洪雅开进；第一路总指挥杨秀春率6个旅向雅安以南集结；第三路总指挥李家钰率4个混成旅留守名山县境。”

徐向前问：“总兵力有多少？”

蔡威答：“川军大约有80个团，20余万人。”

朱德问：“国民党中央军有什么动静？”

蔡威答：“蒋介石电令薛岳部立即北上，火速向百丈关开进。”

听了蔡威的敌情报告，朱德总司令和徐向前总指挥凝重地对看了一眼。

徐向前说：“川军各部开始向百丈关集结，规模之大前所未有。”

朱德点点头：“这是一场恶战啊！”

11月12日，红军占领芦山县城这一天，张国焘致电陕北林彪、聂荣臻、彭德怀等并转毛泽东、周恩来、张闻天、王稼祥、博古：

(甲)我军于占领天全后，又于本月12日攻占芦山，是役击(溃)刘湘之教导师、模范师、新编二师之第□(原电文缺)旅、刘文辉之第五旅，并将刘湘独二旅全部缴械。敌仓皇溃退，我军正跟踪追击乘胜夺取名、雅，俘获在五千以上。

(乙)这一胜利打开了川西门户，奠定了建立川康苏区胜利的基础，证明了向南不利的胡说，达到了配合长江一带的苏区红军发展的战略任务，这是进攻路线的胜利。甚望你们在现地区坚决灭敌，立即巩固扩大苏区和红军。并将详情电告。

当天，中共中央复电张国焘：

(甲)我一、三军团已同二十五、二十六、二十七军在陕北会合，现缩编进行粉碎敌人围攻的战斗。

(乙)中央及中央政府、红军陕北间工作，槎正与白区党及国际取(得)联系。

(丙)对时局中央已发表宣言，检查政府及中革军委工作，将来再发宣言号召抗日反蒋战争重申诸协定。

(丁)你们总司令及四方面军名义，在中央历次对蒙古的范围内发表主张外，不得用此名义作任何表示。

(戊)关于方针，你们目前应坚决向天全、芦山、邛崃、大邑、雅安发展，消灭刘、邓、杨部队，求得四方面军的壮大，钳制川敌主力残部……

(己)你们战况及工作情形，应随时电告党中央。

从这两份电文看，张国焘俨然以“中共中央”自居，但还不敢亮出“中共中央”的旗号。“证明了向南不利的胡说”和“并将详情电告”两句，显示出他的“霸气”。

中共中央领导人对张国焘的野心是很警惕的，虽然还不知道张国焘已经另立“临时中央”，至少公开电文未曾看到，但已经有所察觉，所以对他迭有警告，并且明确要求“战况及工作情形，应随时电告党中央”。

中共中央与张国焘之间的斗争是微妙的：一方是尽力“团结争取”，一方却执意“分道扬镳”。深知内情的蔡威与宋侃夫、王子纲等人在痛苦之余，心中又多了几分担忧。

11月13日，红四方面军集中了15个团的兵力，先是向朱家场、太和场一线展开进攻，击溃了川军两个团的阻击。接着，红军又向百丈关的川军阵地发动攻击。战斗持续了一整天，川军第一〇四师师长李家钰只得下令退出阵地。

对于川军来讲，百丈关是川西平原的最后一道屏障，一旦失守，就将失去川西平原，失去成都盆地。刘湘严令川军“剿匪”南路军总指挥潘文华紧急调动所有兵力到百丈关与红军决战。刘湘发布了战场“奖惩令”：凡有临阵退缩、畏敌不前或谎报军情、作战不力者，一律军前正法。上一级有权枪毙下一级，总指挥可以枪毙师长，师长可以枪毙旅长……连长可以枪毙排长。同时，一筐一筐银元被抬到了阵地上，愿加入敢死队的可以当场拿走20块银元。

枪口和银元，把川军变成了不要命的魔鬼军队。

11月17日，红四方面军再次向百丈关发动攻击。刘湘出动飞机对红军阵地进行持续不断的轮番轰炸。炸弹像冰雹一样在红军官兵的头顶上砸下来。

朱德担心的情况发生了：天上的敌机一次又一次地俯冲投弹，处在开阔地带的红军无法隐蔽，部队又没有对付敌机的有效武器，大批大批的红军官兵倒在火海里，躺在血泊中。

前后7天，交战双方伤亡竟达20000之众。

此时，国民党中央军薛岳部的6个师已经突破红军的南线阵地，刘湘的主力也从东面压过来，西边的刘文辉和李抱冰部还在猛烈进攻。红四方面军三面受敌，朱德、徐向前、陈昌浩毅然决定：放弃预定计划，撤离百丈关。

百丈关之战失败了。

进入冬天，一场罕见的大雪瓦解了国民党军的攻势。红四方面军在天全、芦花一线构筑防御工事，国民党军也在周围布下重兵，构筑碉堡，双方形成了对峙态势。

然而，被困在川西大山里的红四方面军得不到任何补充，指战员没有御寒的衣服，只得上山割棕做成蓑衣穿在身上。筹粮人员四处跋涉，收效甚微，且大多得了雪盲症。饥饿和寒冷使部队天天在减员。更为可怕的是，藏族的反动土司纠集 20000 余武装，乘虚袭扰红四方面军的后方，工作人员和伤病员死伤数以万计。

此时，从陕北传来了一条振奋人心的消息——直罗镇大捷，歼灭国民党军一个师！

徐向前手持电报兴冲冲地找到张国焘："张主席，中央红军打了大胜仗！咱们出个捷报，发给部队，鼓舞鼓舞士气吧！"

张国焘冷冷地说："消灭敌人一个师有什么了不起？用得着那样大张旗鼓地宣传吗？"

毕竟是红军的胜利！直罗镇大捷的消息还是在《红色战场》上登出来了，让处在困境中的红四方面军指战员精神一振。

直罗镇大捷刺激了张国焘，他要向中央摊牌了。

12 月 5 日，张国焘叫红军总司令部电台以"党团中央"的名义给陕北彭德怀、毛泽东发去一份电报：

> 甲、此间已用党中央、少共中央、中央政府、中革军委、总司令部等名义对外发表文件，并和你发生关系。
>
> 乙、你们应以党北方局、陕甘政府和北路军，不得再冒用党中央名义。
>
> 丙、一、四两方面军名义已取消。
>
> 丁、你们应将北方局、北路军的政权组织状况报告前来，以便批准。

张国焘胆大妄为地公开向党中央亮出了"党团中央"的名称，并以最高领导者自居，这让蔡威、宋侃夫、王子纲等人都大吃了一惊。

朱德知道了此事，却很冷静。他一再规劝张国焘：你这个"中央"不是中央，你要服从党中央的领导，不能另起炉灶，闹独立性。但张国焘就是不听，反而要朱德出面做陕北的工作，承认他这个“中央”。

朱德没有理这个茬儿，他懂得，只要军心不乱，问题总是可以解决的，而做“军心”工作，比做张国焘的工作要容易。于是，朱德常来电台驻地，看望蔡威，询问敌情，有时也跟电台的官兵们聊天，启发他们的思想觉悟。

李永悌回忆：

> 有一天，总司令来到二局，见到我们有几个人在一块儿玩儿，他就走过来和我们聊天。
>
> 总司令问：“你们都多大了？”
>
> 这个说我十八，那个说我十九，大家都分别说出了自己的年龄。
>
> “你们都还年轻嘛！”总司令又问，“你们都是哪里人？”
>
> 同志们一个一个都笑着回答了。
>
> 有人说：“总司令，我到过你的家乡。”
>
> “我们渡嘉陵江前到仪陇县附近，大家都知道你是那里人。”
>
> “我的家可不在县城里，离县城还有好远哩，是个叫马鞍场的地方……我的母亲还在家里。”总司令沉默了一下，又说，“我已经好多年没有回家，不知她老人家现在怎么样了。”
>
> 总司令把话题一转，问道：“你们除了值班，剩下的时间都干什么呀？”
>
> “不工作的时候，我们就到田边地头去追打着玩儿，有的摔跤，有的坐在那里摆龙门阵，有的到河边去打水仗……”
>
> “耍呗。”有人不好意思地回答。
>
> 总司令那和蔼的目光把我们扫视一遍，又说：“你们都还小嘛，有了时间要抓紧学习。咱们都是穷人家的孩子，在家时想读书没有钱，现在有了机会，可不能把时间白白浪费掉啊。”
>
> 我们都点点头。总司令笑了。

在长征途中，有很长一段时间，蔡威跟随红军总司令部共进退。朱德非常关心情报工作，与电台往来密切，对蔡威关怀备至。

迎接红二、红六军团

百丈关战斗的失利，表明依据目前的局势和现有的力量，红军没有力量“赤化全川”，同时证明南下的路线走不通。越来越多的人认识到中共中央的北上方针是正确的。

1936 年 1 月，到达陕北的中共中央与川西“第二中央”的电文往来，传递着许多极为重要的信息：

1 月 13 日，中共中央电令张国焘取消“第二中央”。

1 月 16 日，张浩（林育英）以共产国际代表的身份电告张国焘，他受共产国际委派，回来解决红一、红四方面军问题。张浩原是中国共产党驻共产国际代表团的成员，1935 年年底回到陕北。

1 月 22 日，中共中央公布了 4 个月前中央政治局在俄界会议上做出的《关于张国焘同志的错误的决定》。

1 月 24 日，张浩再次电告张国焘，共产国际完全同意中共中央路线，认为中央红军长征已取得伟大胜利，要求张国焘取消“第二中央”，成立“西南局”，直属于中共中央驻共产国际代表团。

1 月 27 日，张国焘致电中共中央，言不由衷地提出“应急谋党内统一”。

2 月 14 日，中共中央向南下的红军提出 3 个方案，其中第一方案是北上陕甘，与中共中央会合。

南下的张国焘等面临着重大的抉择。

半个多月后，中共中央政治局瓦窑堡会议决议要点发到红四方面军：中共中央根据共产国际第七次代表大会制定的新统战政策，提出了政治路线的重大转变，即建立抗日民族统一战线。

张国焘得知，中共中央不但与共产国际有了直接联络，还得到了苏联的支持。

凡此种种都开阔了红四方面军领导人的视野，更使他们认识到中共中央北上方针的深远意义。

在朱德等人的努力下，张国焘被迫同意取消了“第二中央”，组成“西南局”，直属于中共中央驻共产国际代表团，暂与陕北中共中央发生横的关系。

张国焘终于找到一个台阶下，勉强同意北上了。

1936年2月，蒋介石集中薛岳等部六七个师及川军主力，向南下的红军大举进犯。经一周激战，只剩下40000多兵力的红四方面军被迫撤离已占据两三个月的天全、芦山、宝兴等地。

蔡威与红军总司令部二局的战友们时隔4个多月重新翻越了夹金山，之后又翻越了更大的雪山——党岭山。

红军过党岭雪山正值寒冬季节，海拔5000多米的雪山积雪深厚，覆盖着六七十里的路程。这是一次极为艰苦的进军。二局的指战员表现十分顽强，抬着充电机和蓄电池，挑着收发报机，一步一步艰难跋涉，在深夜里翻越了山顶，天明时到达雪线之下的灌木丛中。

3月7日，红四方面军攻取炉霍县；3月30日，攻下甘孜；4月4日，占领瞻化。至此，红四方面军才有了一个休养生息的地盘。

这一片地区称为“西康”，是民国时期在西藏东部和四川西部设立的一个省，地理上是青藏高原向成都平原过渡的数万平方公里的地带。

从天全一带北上的红四方面军大部队原来准备在西康地区稍加休整补充就北上陕甘。当时还组成了“粮食委员会”，准备筹足全军半个月需用的粮食，以备穿越茫茫草地。这时，贺龙、任弼时等率领的红二、红六军团已转战到川黔滇边，准备与红四方面军会合。朱德总司令决定，全军就地休补，待接应红二、红六军团后一道北上。

西康是藏汉两个民族杂居的山区，也是内地与西藏交往的重要通道。道孚、炉霍、甘孜均在康定城以北。

道孚虽然称为县城，却只有几十幢房子。城中黄教喇嘛寺有800多喇嘛，狭小的街上到处可见喇嘛。这里经济落后，生产的粮食仅够当地人半年之需，其余要以牛羊肉补充。

红军来到道孚，首要问题就是粮食供应的困难。

红军总司令部二局的队伍才落脚，机器还没有打开，有的战士就出去找吃的，因为他们已经饿好几天了。红四方面军参谋长李特来到二局，见机器还没有打开，就严厉地批评起来：“耽误了事情是要杀头的！”

大家都不敢出声。蔡威对李特说：“大家确实饿坏了，不少人爬山时就饿着肚子。”

李特听了，语气缓和下来：“没有吃的来找我嘛。没有情报，误了大事，怎么得了？”

不久，李特叫人送来半头牦牛和一袋青稞。炊事员煮了一大锅，大家才饱餐了一顿。

3月，张国焘到达西康，却打着“北上创造西北抗日根据地”的旗号，强令部队向青海、新疆地区进发。

恰在此时，蔡威领导的二局侦获一份密报，得知马步芳、马步青为了阻止红军进入青海，派出“马家军”一个骑兵团约1500人，每人两匹马，自带粮草，每日行程100余里赶往西宁。通过草地后，这支骑兵已被拖垮，减员很多，3000匹马也损失过半。

本来对张国焘南下路线就有抵触情绪的红军指挥员们得知这一情况，纷纷议论：“马家军”有粮有马尚且如此，我们既无马匹，又无粮草，只靠双脚走这条路，岂不是死路一条！

指挥员们的反对声和朱德、刘伯承的劝告，迫使张国焘打消了由甘孜去青海的计划。

这次又是蔡威领导的二局电台获取了这一条密电，使红四方面军再一次脱离了险境。

此时，数万红军面临的最大的任务仍然是要解决粮食和衣物的问题。牧民多以糌粑、酥油、牛奶、酸奶、牛肉、奶清等为主食，而红军战士多来自农耕地区，惯吃大米、苞谷、番薯。红军总司令部因此建立了“饲养科”，负责饲养牲畜，并研究如何吃牛羊肉。战斗部队里也成立了“给养连”，负责放牛放羊。由于肉食太多，红军还成立了以朱德总司令为成员的“野菜委员会”，在当地找出了22种可吃的野菜。

刚刚进入西康时，天寒地冻，红军官兵们有什么穿什么，有的甚至将被子包裹在身上。后来，他们发现，这里有大量羊毛堆积在寺庙和牧民屋子里，又脏又臭，多年无人问津。红军领导人于是动员所有的红军官兵，自己动手纺毛线、织毛衣。

红军总司令部二局也分到了一些羊毛。蔡威和战友们都穿上了自己制作的虽然粗糙却十分结实保暖的毛衣和背心。他们还用羊毛制作了绑带、毛毯等。

在西康，红军帮助建立藏族自治政权，团结一批上层人物和许多藏族群众。甘孜、道孚、丹巴等县均成立了“波巴依得瓦”政府(藏族人民政府)。

在此期间,红军总司令部还成立了“通信训练大队”,后改名“红军通信学校”,培训通信骨干。学校下辖无线电、有线电、旗语各一队,司号兵两个连,学员有300多人。蔡威、宋侃夫、王子纲、伍云甫、刘光甫、马文波、徐明德、游正刚等人都参加了教学工作。

地处边远的农牧区西康远离内地,没有任何工业,无线电台所需要的器材物资严重匮乏,电台几乎无法运转。面对困难,蔡威积极想办法:利用当地河流落差,带动充电机为蓄电池充电;把牛油多次过滤后充作发电机的润滑油……

在西康驻扎半年之久,电台所有的器材物资都无从补充。

晚上值班没有煤油灯,蔡威让官兵们用酥油灯来代替。酥油灯光线弱,电台工作时间长,一些官兵在酥油灯下熬夜,熬红了眼睛,甚至用坏了眼睛。报务员游正刚因为用眼过度,一度双目失明,经过救治,还是失去了一只眼睛的视力。蔡威的眼睛也经常熬得通红。

抄电文的铅笔极为稀缺,蔡威自己制作了一个小铁皮套子,延长了铅笔头的使用寿命。

抄写电文没有纸张,蔡威和战友们想尽了办法,旧书、废账本、老皇历,不论宽窄厚薄,能用的都用上了。有的战士到当地的喇嘛寺里找来了经文纸,但是这些纸十分粗糙,一面写着红色或黑色的经文。这些经文,在官兵们看来就是“天书”。他们用经文纸的背面抄报,这样,玄奥的经文与神秘的电码这两部“天书”就真正互为表里了,这也堪称中国无线电发展史上的一个奇观。

陈福初回忆:

> 蔡威同志很有创造精神,他用自己的聪明、实干,克服了一个又一个困难。当时哪一个困难解决不了,我们就要停止工作。可以说,在当时,又是在那种环境里,他的创造是了不起的。

6月中旬,蔡威带领二局随红军总司令部来到了西康重镇甘孜。这时,红二、红六军团已经从云贵高原一步一步向这里靠拢了。

1935年11月，红二、红六军团由贺龙、任弼时等人率领，在湘西一带打破国民党军130个团的“围剿”，踏上了漫漫长征路。1936年初，他们进入黔东无法立足，又转到了黔西，原打算在安顺地区建立根据地，但在强大国民党军的包围下，只得又转移到盘县一带。尾随他们的国民党军早已精疲力竭，只得放弃追击。

1936年4月，红二、红六军团发起攻势，横扫滇西，日行百里，顺利渡过了金沙江。6月3日，红二、红六军团的先头部队与红四方面军派出接应的部队在甘孜以南200多公里的理化县甲洼会师。

得到红二、红六军团将要到来的消息，红四方面军的官兵们十分高兴。他们奉红军总司令部的命令，每人准备一件毛衣送给红二、红六军团的官兵，作为献给远道而来的战友的礼物。

早在会师前半年多，两军之间就有了电讯往来。1935年七八月间，中央红军与红四方面军的电台进行重新编制，红二、红六军团在这时却与中革军委失去了联系。红二、红六军团的电台坚持用原频率、原呼号收听与呼叫中革军委电台。到了9月底，他们终于和红军总司令部取得了联系，以为联系上的就是中革军委，并不知道党中央已经带领部分红军分兵北上了，直到1936年1月27日夜，他们才在偶然间与远在陕西保安的中革军委电台取得了联系。任弼时、贺龙由此知道了中央红军与红四方面军分手的情况，但是此后由于密码不通，红二、红六军团未能再保持与党中央的联络，直到与红四方面军会师并改编为“红二方面军”之后，才从红军总司令部取得密码本，实现了与党中央的直接沟通。

1936年春，红二、红六军团转战于滇黔边界时，收到了红军总司令部发来的几封电报，其中3月23日的电报十分详细。

这封以朱德、张国焘名义发出的电报，首先告知红四方面军目前离开了天全、芦山，已进占道孚、炉霍，即将攻取甘孜、瞻化、雅江，而懋功、丹巴、崇化、绥靖仍控制在红军手中；同时告知中央红军主力“近过黄河，在汾水黄河间活动，二十六军仍在陕北苏区”。电文最后建议红二、红六军团在农历三月水涨前设法渡过金沙江。

由于这封电文对红二、红六军团是否北上说得并不明确，3月29日，红二、红六军团指挥部又发电询问：

> 我军究应以此时北进与主力会合抑或应留在滇黔川边活动之问题,请军委决定,并望在一二天内电告。

次日,朱德、张国焘给贺龙、任弼时、关向应回电:

> ……最好你军在第三渡河点或最后处北进,与我们汇(会)合一同北进,亦可先以到达滇西为目的,我们当尽力策应。在困难条件下可在滇黔川广大地区活动,但须准备较长期的运动战。究应如何,请按实况决定,不可受拘束。

后来,红二、红六军团就是取道被后人称为"香格里拉"的中甸北上,前往甘孜。

在红二、红六军团领导决定行止的关键时刻,又是蔡威和他的战友们通过电台为他们及时提供了敌情动态。

红二、红六军团经一个月的行军,于 7 月 2 日全部集结于甘孜,两支主力红军在川西高原上实现了胜利会师!

7 月 5 日,中革军委电令:红二、红六军团改称"中国工农红军第二方面军",并将原为中央红军的红三十二军归其建制。这样,红二方面军的队伍就达到了 17000 人。

蔡威、宋侃夫等随之协助红二方面军整建电台,编制新密码,实现了两支主力红军之间通畅的电文往来。

7 月上旬,红二方面军与红四方面军并肩战斗,携手北上。

第三次过草地

7 月的川西高原,草绿天蓝,雪峰耀眼。集结在川西高原上的两支红军部队踏上了新的征程,北上甘南。

蔡威和他的战友是第三次过草地了。

一年前,他带着红一、红四方面军懋功会师后的喜悦,走进了松潘草原,从东缘而过，直线距离不到100公里，五六天就走了出来。第二次是折返南下，带着不解，带着困惑，含着眼泪，看着战友的遗体艰难走完的。如今，他与战友们抱定北上抗日的决心，怀着对红一方面军战友的思念，也怀着对陕北根据地的向往，踏进了草地。这一次，他要从西南向东北，横贯整个草地，直线距离将近200公里。

高海拔，低气压，变化无常的狂风暴雪，深不可测的沼泽泥淖，时时在威胁着红军指战员的生命。在这样的草地中跋涉，一天走不出三四十里。

走进草地三四天后，许多红军指战员就断粮了，体力明显下降，行军的速度也减慢了。饥饿是最大的威胁。所带的干粮吃完了，吃野草，吃身上的皮带、皮鞋，吃马鞍子，只要能吃的都往嘴里塞。

红军总司令部照顾蔡威，出发时多给了他一些青稞。可是他走进草地后，看到运输队的战友饿得抬不动电台机器，就一把一把地将青稞抓出来，分给了他们。蔡威肠胃不好，朱德还特地交代分一些大米、白面给他。有一次，勤务员刘忠生给他送来一些米饭，他端着碗，说道："大伙儿都在吃野菜，叫我吃米饭，我怎么咽得下呢？"他吩咐炊事班，把送来的细粮掺到野菜里煮了，和大家一起吃。

蔡威的那一匹红鬃马通常不是由他骑，而是让警卫员牵着驮机器。有时，他发现有的战士掉队了，就叫警卫员把马让给掉队的战士骑。有的官兵鞋穿破了，脚走烂了，他就把自己的箱子打开，取出衣服，撕成一条条，分给官兵裹脚。每天下午三四点钟，他就故意走在队伍的后面，有谁掉队了，就收容起来，一起追赶队伍。

肖全夫回忆：

> 茫茫无际的水草沼泽地，连连绵绵的风雨交加天！我们的电台，白天和部队一起行军作战，夜晚就撑起一块布篷子，任风吹雨打，也要坚持工作。饥饿、寒冷、疲劳、疾病，无情地摧残着红军战士的肌体，消磨着革命部队的斗志。有多少战友倒下去，就再也站立不起。有多少年轻的生命，无声无息地丢在了草地。我们的局长蔡威同志，身负重任，过度疲惫，又患了胃病、肠炎、伤寒，多种疾病折磨得他吃不下饭，睡不着觉，但他仍然坚持不坐担架，和大家一起行军，坚持夜晚电台操

作不下岗位。

李永悌在《帷幄深处》中有这样的描述：

> 1936年7月初，开始第三次过草地。我们二局跟随总司令部离开甘孜东进，经东谷进入一望无际的绿色大草原。过阿坝、嘎曲河，整整走了28天……三次过草地，三次翻越雪山，敌人前后堵截我们，饥饿、严寒威逼我们，有多少同志年轻宝贵的生命留在了雪山和草地上。回头眺望茫茫草地，我的心里有自豪，但更多的是难过和心酸。

来到班佑的前一天，正值“八一”南昌起义9周年。红军总司令部机关在草地上开了一个庆祝会。

蔡威和大家在一起，围成一个大圈。朱德总司令来到官兵们中间，向大家说起了南昌起义的往事：“9年前的今天，我们在南昌举行暴动，3天后就南下，在广东潮汕被敌人打散了。但是我们没有被消灭，后来又发展起来了。今天我们还在草地，明天我们就走出了草地，也决不会被敌人消灭！”

这时，蔡威的脸色显得很苍白。将近一个月的草地跋涉，饥饿、疲劳和那泥淖中的毒水，使他经常发热、寒战、腹部痛，有时还恶心呕吐。

朱德讲完话，便在蔡威身边坐下来，问：“你的脸色这么难看，病得不轻啊。明天就到班佑了，熬得住吗？”

蔡威点点头，习惯性地抿着嘴笑了笑。

蔡威咬着牙终于走过了草地，带领二局全体人员来到了班佑。电台安扎在一座牧民用树枝和牛粪搭起来的简陋房子里。第二天，朱德就带着红军总司令部医院院长傅连暲过来了。

傅连暲是闽西长汀人。这个虔诚的基督教徒经毛泽东指点走上了革命道路，成为著名的“红色医生”。长征中，他一路跟随中央红军，救死扶伤，拯救过众多红军指战员的生命。

朱德带傅连暲走进电台驻地，蔡威正戴着耳机趴在机器上侦听。那病弱的身躯让朱德十分怜惜。

“傅连暲同志，你赶快给他看看，得的是什么病？”

傅连暲让蔡威躺下，细细地做了检查。

“伤寒。”傅连暲很快做出了诊断。他对朱德说：“最近不少人都得了伤寒。虽然条件限制，不能做血液培养，也不能对粪便和尿进行化验，但蔡局长的症状很典型，可以确认。”

傅连暲转而又对蔡威说：“老蔡，你不能再劳累了，吃点儿药，好好躺着休息，会好起来的。”

蔡威坐起来，轻声说：“躺不住，电台的事一分钟也不能耽搁。为了明天，我们要干啊！”

“傅院长，你想想办法，无论如何要把蔡局长的病治好！”

傅连暲意味深长地看着朱德，说：“我会尽力的！”

临走，朱德握住蔡威的手，叮嘱道：“听傅院长的话，好好休息。”

然而，在闭塞的川北山区，在国民党军重重封锁的战争环境中，红军根本得不到必需的药品补充，总司令部医院的药品在长征中几乎用完了。三过草地，患伤寒病的人很多，许多人都因无药救治而倒在了长征路上。

傅连暲想了很多办法，试用其他药品来代替，都未能使蔡威的病情好转。

此时，蔡威的皮肤已经出现了玫瑰疹，肝与脾都肿大了。傅连暲明白：蔡威发病大约已有两三周了。只要有药，伤寒病是可以治愈的；即使没有药，只要患者体质好，营养和休息都跟得上，大约一个月左右也会自愈。可是，具体到蔡威身上就难说了。二局那么多人和事，他都得操心，更主要的是他病得这样重，还要坚持侦听国民党军的电台，而且即便其他同志可以上台侦听，遇有重要情报，还是要他亲自处理，休息时间之少是不言而喻的。至于说营养，那简直想都不敢想。

红军总司令部二局一刻也不能离开蔡威呀！同志们个个心急如焚。

不几天，蔡威就出现了休克状况，腹泻时已经排出血了。傅连暲又来看过几次，电台的同志们都眼巴巴地望着，希望傅连暲有灵丹妙药可以救治蔡威。可是傅连暲心里有数，伤寒杆菌侵入蔡威的血液，已经引起全身中毒，肠子也开始坏死穿孔了，连连休克和连连便血说明他已病入膏肓了。

蔡威知道伤寒是会传染的，他再三交代刘忠生，把他的粪尿埋得深一点儿，千万不要传染其他同志。

刘忠生说:"蔡局长,你都病成这样了,还想着这些!"他转过身哭了起来,但又不敢哭出声……

蔡威的两位亲密战友宋侃夫和王子纲也从各自的驻地匆匆赶来看望他。

宋侃夫后来回忆:

> 1936年9月,红四方面军第三次过草地行至甘肃岷州附近时,电台有人来驻地(三十里铺)告诉我,说蔡威同志病得很重,要我马上去看一看。我们相隔几十里,不到个把钟头,我就赶到了。当时他患伤寒病十分严重了,躺在担架上已经不会讲话,只是用眼睛望了我几眼,看来治疗已有困难。我在担架边上心如刀剜,一句话也说不出来。我就问医生怎么个治法?医生说药吃了没有效果。当时伤寒病是不大好治的,我是含着泪离开蔡威同志的。

王子纲赶来时,看到蔡威正发着高烧,瘦弱的躯体蜷缩成了一团,寒战不止。当时王子纲自己也患了伤寒,但病情稍轻,他多么希望蔡威和他都能挺过这一关,去拥抱即将到来的长征胜利啊!

红四方面军的"情报三杰"任何时候都是休戚与共,心心相印。

此时,甘南的国民党嫡系部队王钧、毛炳文部和甘肃军阀鲁大昌部已在岷州、洮州、西固分别设防,企图构成两道封锁线,阻止红二、红四方面军北上。

8月5日,红军电台截获了国民党军新编第十四师的一份密电,抄报员立即将密电送到了蔡威的病床前。

时而醒来、时而昏迷的蔡威此刻正好神志清醒,他马上接过报文。

通常,蔡威一看那写满密密麻麻数字的抄报纸,就能大体判别出这是哪一支国民党军的密码,可这一份密电没有用明码标明部队长官的姓名,密码的编制也是新的。

蔡威从对国民党重庆行营中心密码的研究中知道,占据甘肃南部14个县的原甘肃自治军总司令鲁大昌已被蒋介石收编为中央军新编第十四师。鲁大昌部的密码,蔡威原来已经掌握了的,这一份密电如果出自鲁大昌部,那么一定是在蒋介石严令加强电台保密措施后做过了新的加密处理。

这是不是鲁大昌部的密电呢？蔡威支撑着十分虚弱的病体，立即寻觅解锁的密钥。电台同志想劝阻他，他还是那句话："为了明天，我们要干啊！"

鲁大昌部的新密码像一道封锁线挡在蔡威前面，如果不能及时获取，已经走出草地的红军又将再次退回到"死亡的魔沼"中。倚在病床上的蔡威忍受着巨大的痛苦，用颤抖的手拿着写有密密麻麻数字的抄报纸，反反复复地比对着，苦苦地思索着……

时间在一分钟一分钟飞快地过去，从上午到傍晚，从傍晚到深夜，蔡威反复思索。天将破晓的时候，国民党军鲁大昌部关于坚守岷州的军力部署密电终于清晰地展现在一身冷汗的蔡威面前：

> （1）委员长蒋艳电节开，消灭赤匪之计划第一项云，凭藉（借）天然险要及原有碉堡，采取攻势防御；第二项云，参照过去教训，利用碉堡线处处设防，原期封锁严密，但因兵力分散，反使处处薄弱，仍难堵匪窜围，前之毛匪窜甘可为殷鉴。今后除严密封锁，坚壁清野外，尤须集结兵力于重点；第三项云，沿黄河、洮河经岷州，西至临潭南至踏藏为第一线，以兰州、临潭、岷州、西固为重点。以任务上言之，本师应缩短防区，固守岷城为目的。
>
> （2）岷州为甘肃西南之咽喉。如岷州失陷，则东可窥取临、陇胁迫兰州，并可袭取西、礼进攻天水，于剿匪大计实有绝大影响。况本师官兵均系西北土著，为国为家亦应坚决死守，抱与城共存亡之决心。
>
> （3）以兵力言之，匪虽众多，然远道跋涉，饥寒交迫，且攻坚武器不多；我兵虽寡，物质（资）虽缺，但城碉相依，以逸待劳，况有自造之十万炸弹，必能达固守之目的。
>
> 处置之概要：
>
> （1）集中兵力于岷城二十里以内戒备。
>
> （2）副官及协同城防司令赶办城防设备。
>
> （3）军需处会同县政府积极办理屯粮事务。
>
> （4）参、械两处速于城碉架设电话，装置地雷，运输炸弹，准备一切。

（5）本师长率同团、旅长、参谋处长，往大小卧龙沟、自家湾、小西路、中堡各处侦察地形。

蔡威获取的这一份情报来得正是时候！敌情一明了，决心便好下了。徐向前立即制定了《岷（州）洮（州）西（固）战役计划》，并立即付诸实施。

8月5日，红四方面军主力从包座地区出发，向甘南挺进。

8月9日，红八十八师抢占天险腊子口。

8月10日，红八十九师攻占大草滩、哈达铺，歼国民党军1000余人。

之后，徐向前率领红三十军一部攻克漳县。陈昌浩指挥红九军、红五军围攻岷州。红军如同下山猛虎，攻城略地，向临洮方向迅速发展。

朱德、张国焘、刘伯承、李卓然、傅钟等随红军总司令部机关进驻岷州三十里铺一带。

此时，蔡威的病情越来越重了。红军总司令部命令电台运输队用担架抬着蔡威向甘南前进。

8月7日至26日，躺在担架上的蔡威还不断掌握了马步芳、鲁大昌、朱绍良、蒋介石以及国民党重庆行营的来往密电，为红军前敌总指挥部提供了许多重要情报。

8月底，红军总司令部电台跟随战斗部队一路前进，电台的战士们也把蔡威抬过了天险腊子口，抬过了高耸入云的二郎山，抬进了洮河边上的岷州。

红军总司令部三局电台驻在三十里铺，二局电台安排在岷州县城西北的一个小村子——朱尔坪村（今卓坪村）。这个小村子在洮河的大拐弯处，只有几十户人家。

时任蔡威勤务员的刘忠生后来回忆：

蔡威同志由于长期行军作战，露天宿营，特别是三次过草地，天上下雨，地下水淤泥泞，经常衣服潮湿地贴在脊背上，有时多少天也吃不到一粒粮食，靠吃青稞、野菜度日。这样的生活，再好的身体也是吃不消的，何况蔡威同志常常工作到深夜，睡眠时间极少，根本谈不上好好休息，身体早已虚弱不堪。结果，在第三次刚过完草地时，他染上了严重的伤寒病，卧床不起了。这时，主要是我照顾他，为他端水送饭，时刻守候在他身边。总指挥部对他的病十分重视，在那种缺医少药、物质极端匮乏的情况下，仍然千方百计地为他寻医采药加以治疗。当时主要是药品太缺乏了，加上他的体质十分虚弱，红四方面军最好的医生都为他医治过，病情仍不见好转。部队继续行军，同志们只得用担架抬着他走，可蔡局长的病情一天天恶化。就在他生命垂危的时刻，仍在惦记着他热爱的工作。

电台机务员熊远绪回忆：

部队过完草地到达岷州，生活条件开始好转，可以吃到馍馍了，可蔡威同志却病倒了。这时领导上很关心他，派了有名的傅连暲医生给他看病。也就是在这个时候，我患了“紧口病”，嘴巴老张不开，肚子饿得咕咕叫，就是没有法子张口吃饭。这事蔡威同志知道后，每当傅医生来给他看病时，他总是叫傅医生给我先看。他还说：“快给‘大肚皮’先看，要不然饿坏了。”由于我平时饭量大，大伙儿都叫我“大肚皮”，所以蔡威同志跟着大伙儿叫。谁能料到一位红军的高级领导，于自己的病体不顾，让有名的医生给一名普通战士看病呢？没有蔡局长，我可能早不在人世了。

肖全夫回忆：

1936年秋，红二、红四方面军先后通过草地，进军到甘肃南部的岷州地区，举世闻名的长征壮举至此即将结束。这时，蔡威同志已经被病魔纠缠得全无气力了，躺在担架上，许久不能说话。

陈福初回忆：

1936年9月底，红军长征到甘肃省岷州北面30里的地方，蔡威同志病情日渐严重，这才停止工作几天。要是现在，蔡威同志的病是完全可以治好的，当时确实是困难的。蔡威同志病重期间，中央和红四方面军总指挥部都十分重视，中央派来了最好的军医傅连暲同志给蔡威治疗，但是缺乏有效的药物，而且天天还要行军，这时蔡威同志已经不能走路，马也不能骑了，只能用担架抬着走。他好多天滴水不进，粒米不沾，身体十分虚弱，再加上行军跋涉，担架颠簸得厉害，最后他的肠子都震断了……

蔡威的病情，牵动着朱德、徐向前等许多红军高层领导人的心！

一场特殊的葬礼

1936年9月22日，在红军总司令部里，是剑拔弩张、党性原则和独断专行激烈较量的日子。

凌晨，在岷州三十里铺红军总司令部驻地，朱德总司令回肠九转，心急如焚。

一个多月前，张国焘被迫取消“第二中央”，接受党中央“迅出甘南”的决定，率军北上。作为红军总司令，看到这一支由50000多英勇善战的官兵组成的红色铁流即将浩浩荡荡地向北挺进，再度与红一方面军会合，心情是欣慰而振奋的。

此时，蒋介石急调国民党军胡宗南部由湖南兼程北进，先头部队已开往兰州，企图占领西兰大道，阻隔三大主力红军会合。党中央和毛泽东根据敌情变化，迭电红四方面军迅速北上，占领隆德、静宁、会宁、通渭地区，控制西兰大道，阻止胡宗南部前进，并相机打击之。

毛泽东、周恩来一再强调：“机不可失，千祈留意！”

9月16日至18日，在岷州三十里铺，红军总司令部召开中共西北局会议（史称“岷州会议”）讨论战局。朱德力主按照中共中央的要求，迅速北上至隆（德）静（宁）一线。然而，张国焘突然故态复萌，坚决反对北上，而主张西渡黄河进入青海，绕道甘肃去新疆。与会的任弼时、傅钟、李卓然、肖克等都赞同朱德的意见。

陈昌浩也站在朱德一边反对“西进”主张。他对张国焘说：“北上是中央定了的意见，阻击胡宗南是全局计划，不能因为你个人与党中央有不同意见就不考虑全局。”

在“北上”与“西进”问题上，双方争论不休。会议开到第三天，张国焘突然宣布辞职，带着警卫员和骑兵连住到河对岸的红军总司令部供给部去了。

“他不干，我们来干！中央的部署不可耽误！”朱德、陈昌浩找来参谋，挂起地图，开始制定《静（宁）会（宁）战役计划》。

但是，到了傍晚，张国焘又派人通知所有西北局成员到他的住处开会。张国焘是西北局书记、红军总政委，有最后决定权。然而，与会者还是一致赞同朱德的意见，张国焘成了孤家寡人，他不得不表示：“党的组织原则是民主集中制，少数服从多数。既然你们大家都赞同北上，那我就放弃我的意见嘛。”

于是，中共西北局会议做出决议：“四方面军先机占领静（宁）、会（宁）及通定西大道，配合一方面军在运动战中夹击该大道上之胡敌与静宁之骑七师，相机占领静宁，争取与一方面军会合为目的。”

然而，就在朱德把岷州会议的决议电告中共中央并部署《静会战役计划》作战方案、各部队已开始移师北上的时候，事情又发生了剧变：张国焘不经朱德总司令同意，给各部队发出了命令：“停止北上，掉头西进！”

9月21日晚，张国焘从漳县前线给朱德发来急电：

> 坚决反对静会战役计划……请你负责本夜令军委纵队电告停止待命……即来漳县面商。

面临危害全局的突变，朱德一夜无眠。他深知，此刻如果不阻止张国焘的行径，后果将不堪设想：首先，红四方面军西移，已经东出的红二方面军翼侧完全暴露，若国民党军胡宗南部兜击包围，红二方面军就可能全军覆灭。其次，红四方面军一旦全部西渡，国民党军只需留下少部兵力沿河警戒，而集结起其主力扑向红一方面军，那么，孤军迎战的红一方面军也将面临险境，前途难料，中共中央制定的“共取宁夏”的计划也将化为泡影。同时，红四方面军孤军西进也险象重重，结果堪虞。

显然，已经到达陕北、甘南的红军三大主力由于张国焘的独断专行和反复无常，正面临被国民党军分割、堵截和围歼的危险。

这是千钧一发、生死存亡的关头！

朱德明白，此时以他个人的权力是难以力挽狂澜的，他只能向党中央报告，请党中央制止张国焘的胡作非为。朱德当即亲拟 3 份电文，征求傅钟的意见后，叫参谋送去发报。

没有料到的是，电文送去红军总司令部三局，电台竟拒绝发出！

参谋回来报告："电台的同志说，张主席有指示，没有他签名的电报一律不能发。"

朱德强压住怒火，说："你再去跟他们说，这 3 份电报关系重大，不容拖延！"

参谋把朱德的话再次向电台转达，并反复做工作，结果还是那句话："我们不能违抗张主席的命令，请总司令谅解。"

显然，张国焘已经控制了无线电台，他要切断朱德与党中央的联系。

电报不能发出去，朱德焦急万分！他反剪双手在屋里来回踱步。此时，他想起了总司令部二局，想起了一年来跟随在自己身边工作的那个密电高手、那个党性很强的二局局长蔡威。

"蔡威！蔡威在哪里？蔡威在哪里？……"

此时，红军总司令朱德多么需要蔡威在身边啊！

然而，蔡威病了。蔡威正在 30 里外一个叫"朱尔坪村"的小山村里治病。

朱德很无奈。他对傅钟说："你是四方面军的，又是西北局的组织部长，你出面吧，给他们讲讲组织原则。"

傅钟来到三局，看到满屋子的人个个神色紧张，知道他们的难处：一边是总司令要发报，一边是总政委有禁令。听谁的？不执行哪一边的命令都是要被问责的。

傅钟兼任红四方面军政治部副主任，朝夕相处，跟电台的同志已经很熟悉了。为了缓和紧张气氛，傅钟先说了几句闲话，然后转入正题："有人要推翻岷州会议决议，总司令不赞成，要向党中央报告。这是关系红军前途的大事，也是关系全党命运的大事！"他停了一会儿，接着说，"给不给总司令发报，事关党的组织原则。每一个共产党员都要遵守党的纪律，维护党的决议，下级服从上级。总司令的命令必须坚决执行！现在我代表西北局组织部问问大家，怎么办？”

这几句话看似平常，却字字砸在电台工作人员的心上，力重千钧！

一阵沉默后，三局局长王子纲首先表态：“给朱总司令发报！”

“对，给总司令发报！”其他同志跟着一致响应。

朱德总司令的3封电报这才发了出去。光明磊落的总司令的3封电报，一封发给党中央和红二方面军的负责人，一封发给在漳县前线的徐向前、周纯全并转张国焘，一封发给在外地筹粮的曾日三。

在给党中央的电报中，朱德郑重汇报：

> （甲）西北局决议通过之静、会战役计划，正在执行，现又发生少数同志不同意见，拟根本推翻这一原案。（乙）现在将西北局同志集漳县续行讨论，结果再告。（丙）我坚决遵守这原案，如将此一原案推翻，我不能负此责任。

电报发出的时间是1936年9月22日凌晨3时。

这时，有人向朱德报告：“蔡威同志病得很重，快要不行了！”

朱德黯然神伤，半日无语……

在岷州西北部离漳县三岔乡大约30里的朱尔坪村有一个白马寺。寺里住着已经20多天无法进食、气息奄奄的蔡威。

他时而昏迷，时而清醒。清醒时，他脸上泛起一阵红晕，轻声地断断续续地呼唤着：“植生……植生……”勤务员刘忠生以为台长在呼唤他，连忙跑进来，走到床边，握住蔡威冰凉的手，问道：“蔡台长，啥事？你说……”蔡威看了一眼刘忠生，摇了摇头，眼角边挂着晶莹的泪珠。

蔡威呼唤的“植生”，是他未曾见面的儿子的名字。植生，今年该有9岁了，上学了吗？书读得怎么样？……唉，这些年征战不息，戎马倥偬，未能回家看一眼儿子，也没有给母亲、妻子写过一封信，捎过半句话，蔡威感到深深的遗憾和愧疚。如今，不知母亲林莺还健在否？妻子薛品瑄母子二人日子过得怎么样？还有，那个在上海美专学习的潘玉珂也该毕业了，去法国留学了吗？好友周泽万、林国章都在哪里？……恍惚中，蔡威想了很多，内心牵挂着家乡的亲人和朋友，思念的泪水禁不住溢出了眼眶……

1936年9月22日，对蔡威的战友们而言，是最为悲痛的一天。

肖全夫回忆：

> 领导上虽然多方设法营救，由于缺医少药，治疗无效，蔡威终于在一个叫作朱尔坪的小镇上和我们永别了。

张国焘在《我的回忆》一书中写道：

> 那次伤寒病牺牲了我们成百战士，其中有好几个师团长级的干部，还有一位无线电侦察专家蔡同志。他是福建省籍的知识青年，聪敏而有毅力，自鄂豫皖起他就担任对敌的密电侦察工作，建树极多。他与我不仅是同事，而且是好友，他的死亡，在友情上我固然十分伤感，而且使我军少了一双千里眼，尤为令人痛惜。

9月22日上午，蔡威偏过头来，轻轻地对勤务员刘忠生说："忠生，你，你看我的病……是不是好多了？再过几天，我，我能工作了吧……"刘忠生紧紧握着蔡威的手，眼含泪水，点点头，不忍心哭出声来。他附在蔡威的耳边安慰说："你的病是好些了。傅连暲院长叫你好好休息。你就安心休息吧，过些日子，你，你的病就会好的……"

蔡威翕动了一下嘴唇，目光落在他常用的一面小镜子上。刘忠生立即把镜子拿过来。蔡威又微微睁开眼睛，对着镜子看了看，轻声说："忠生，你看，我，我这不是好多了吗？"

刘忠生又点点头："是，是好多了……"

"为了明天，我们要干啊！"蔡威说着，极度瘦削的脸上漾起了一阵红晕。

刘忠生知道，病情已恶化到极点的蔡威一直在发烧，脸上浮现的一阵红晕绝不是好征兆……他守护在蔡威身边，瞪大了双眼，寸步不离。

这一天午后，蔡威永远闭上了眼睛……

这位建树极多的中国工农红军总司令部二局局长，终年才29岁。

……

当天下午，蔡威逝世的噩耗传到漳县红军前敌总指挥部，正在参加西北局会议的朱德、张国焘、徐向前、陈昌浩、傅钟、周纯全、李先念、肖克及许世友等都十分悲痛。他们痛惜地说：

“红军失去了一个好干部！指挥部失去了一双宝贵的眼睛！”

“找一副最好的棺材给蔡威同志收殓！”

“要给蔡威同志举行一个隆重的葬礼！”

陈昌浩走到廊前，抬头望着茫茫苍穹，心情格外沉重。他在反“六路围攻”取得胜利时，诙谐地称赞蔡威是“军中活菩萨”。如今，这尊“活菩萨”已离红军而去……面对瞬息万变的敌情，心有疑难可问谁？他扼腕悲叹，忧心忡忡……

蔡威的逝世，在朱尔坪村群众中引起了很大震动。人们虽不知逝者是什么身份，也不知他叫什么名字，但从部队操办后事的规格来判断，那肯定是一位“红军大官”。

26岁的李俊明是朱尔坪村的甲长，接到了红军派给他的一个任务：“买口上好棺材，按当地的风俗入殓下葬。”他立即赶到邻村卢家山村，从一个地主家里买来一口黑漆描金的柏木大棺材，为蔡威收殓。

按当地的风俗，逝者是不能穿着动物皮毛入殓的，而李俊明不忍心把逝者身上的羊皮袄脱下来。他想，陇南高原多风雪，寒气重，这位“红军大官”走了，应当让他穿得暖和些……

傍晚，雨歇云开，夕阳透过二郎山，把最后一抹余晖洒在岷州朱尔坪村外的河滩上。晚风残阳中，一行大雁缓缓展翅南飞，飞过巍巍秦岭，飞过500里岷山，身后留下一阵阵让人揪心的哀鸣……

村外阿婆湾河滩两边山峁上，早已肃立着1000多名红军官兵和男女村民，他们神情肃穆，望着从村里缓缓抬出的那口大棺材。

灵柩由8名红军战士抬着走向阿婆湾。扶柩送葬的队伍缓缓相随。队伍中走着从漳县前线匆匆赶来的红军总司令朱德，红四方面军总指挥徐向前、政委陈昌浩、政治部主任周纯全、副主任李卓然，中共西北局组织部长傅钟，红三十军军长程世才、政委李先念，骑兵师师长许世友等，红军总司令部医院院长傅连暲也在送葬队伍中。

所有的人都怀着沉痛的心情，为这位作出特殊贡献的英年早逝的好战友送别。

灵柩在山坡前停了下来。

从村里传来了勤务员刘忠生撕心裂肺的哭喊声。刘忠生 14 岁那一年抽调到鄂豫皖苏区电训班学习，蔡威手把手地教他学文化、学报务技术，后来当了蔡威的勤务员。4 年中，他和蔡威朝夕相处，把蔡威看作情同骨肉的兄长、义重如山的恩师，无论多么艰难的日子，他都与蔡威在一起，一步也没有离开过。蔡威的病逝使他悲伤欲绝，痛哭不止。领导怕他伤心过度，出现意外，派两名战士硬是把他劝在村里，没让他参加这场葬礼。

葬礼开始了。没有低回的哀乐，没有悲壮的唢呐，也没有排空的枪声，只有高原上秋风的悲鸣、洮河水如泣如诉的呜咽和远处刘忠生悲痛欲绝的哭喊……

"敬礼！"

全体官兵齐刷刷地举起右手，向蔡威的遗体致以最后的军礼！

礼毕，默然肃立在灵柩前的朱德、徐向前、陈昌浩、傅钟等领导和其他人员脱下军帽，低头默哀……

一身灰色土布戎装的徐向前总指挥缓步走到山坡上致悼词：

"蔡威同志是一名优秀的红军干部。从红四方面军成立那一天起，他就在参谋部工作，创建了第一部无线电台……蔡威同志的逝世，是我们红四方面军无线电通信和侦察工作的巨大损失！蔡威同志是一位无名英雄，他的功业永远记载在中国工农红军的光荣史册上！"

徐向前的声音在陇南高原的上空久久回荡……

当蔡威的灵柩缓缓入土的时候，许多官兵禁不住啜泣起来……朱德总司令走上前，弯腰捧起一把土撒进墓穴。其他领导以及二局的战友也都向蔡威的墓穴里撒下了一把把陇南高原黄土……

寒风中，甘肃岷州的洮河流过阿婆湾，在呜咽，在悲鸣……

第三辑

第十一章　剑魂永驻

1986年，在蕉城人民的记忆中，是如诗如歌的一年，记忆永存的一年！

这一年，中共宁德地委、宁德县委在蕉城隆重举行纪念红军长征胜利暨蔡威烈士牺牲50周年大会。宁德县广播站对大会全程做了实况转播。

已是80高龄带病参会的宋侃夫说出了一句感天动地的话："今天，我就是替蔡威同志回来看望父老乡亲的！"

在南漈山下的一座极普通的民房里，一位年过古稀的老妇人一大早就坐在一张竹椅上，静静地收听大会实况广播。

"哦，'C小姐'回来了！'C小姐'回来了！"老妇人情思绵绵，细语释怀，泪如雨下，湿透衣襟。

这位古稀老人便是潘玉珂。

漫漫寻亲路

长征路上，蔡威没有来得及看到三大主力红军的胜利会师。他离开了战友，离开了亲人，没有遗言，也没有托孤，把一切秘密都带进了陇南高原上那一方孤坟。

自1931年10月受中共中央派遣，离开上海奔赴鄂豫皖苏区，他与家人就断绝了联系。

妻子薛品瑄生下一个儿子，按他来信所嘱取名"植生"，后又按家族辈分取名"作祥"。

日盼夜盼，望眼欲穿。薛品瑄盼望丈夫回来看一眼还没有见过面的儿子，然而，丈夫一直没有出现在眼前。儿子蔡作祥9岁那一年，薛品瑄在孤独无助、哀怨思念中撒手人寰。

母亡父不见，无以为家，年幼的蔡作祥只好随外婆生活。他只在私塾里读过 10 年“子曰诗云”，没有像他的上一辈人那样接受过新学教育。

蔡作祥是棵独苗苗，17 岁那一年便从命结了婚。婚后，蔡作祥共生养了四女两男，两个女儿早夭，其余两女两男都命运坎坷。

20世纪30年代，蔡威即蔡泽镛的大姐灼桃和大姐夫黄星南在上海谋生，隐约知道弟弟参加了共产党，但具体情况并不了解。后来，风闻蔡泽镛被上海闸北警察局抓走并杀害了，从此，家人就没有了蔡泽镛的任何消息。

活要见人，死要见尸。对于传言，蔡家人无论如何也不肯轻易相信。查明蔡泽镛的下落成了蔡家人的最大心愿！

新中国成立前，由于蔡泽镛有共产党背景，十几年里，家人都不敢声张，不敢公开寻找。新中国成立后，共产党领导人民当家做主，蔡家人打心眼儿里高兴。他们坚信蔡泽镛是革命者，如果还活着，他一定会回家来，即使再忙，也会跟家人通信联系。可是，到了 1950 年下半年土改运动开始，蔡泽镛依然杳无音讯。

他还活在世上吗？茫茫人海，到哪里查寻呢？

蔡家人首先想到的是上海。他们向上海有关部门发去信函，盼望着能得到哪怕是片言只字的回音，然而一封信、两封信、三封信……都犹如石沉大海，一丁点儿回声都听不到，蔡家人失望了！

土改时，蔡作祥因祖上留有田产和房屋，本人成分被划为“地主”。于是，户主蔡泽镛名下的田地被充公，房产被没收，只留下 4 间偏厦让蔡作祥一家栖身。虽然土改后那几年，蔡泽镛仍被视为“革命烈士”，名字进了《烈士名录》，逢年过节，蔡家也得到一些优抚，但“宁德县军事管制委员会”那块大牌子依然悬挂在蔡家老宅外，而另一块书写“光荣烈属”的小牌牌钉在他的后代逼仄住房的门楣上，没有引起人们的注意。

那时，蔡作祥毕竟年轻，才 23 岁，又读过 10 年私塾，写得一手好字，算盘也拨得珍珠落玉盘一般，对自己的未来仍然充满了美好憧憬。那一年，新生的人民共和国开始进入国民经济恢复时期，各行各业都需要一批有文化的人才。有关部门规定，烈属子女可以报考，并优先录用。蔡作祥以烈士子女的身份考进了霞浦县人民银行，成了一名国家工作人员。

有了一份体面的工作，蔡作祥举家迁往霞浦。可以说，蔡作祥的一生中，在霞浦的这一段是最惬意的。他工作兢兢业业，身边有妻子儿女相随，收入虽不丰厚，日子却过得有滋有味。

然而，造化弄人。1955年，民政部门做了一次烈士抚恤情况调查，对生死不明的失踪人员一概不以革命烈士认定。蔡泽镛因下落不明被取消了烈士资格，挂在小屋门楣上的那块"光荣烈属"的光荣匾被摘了下来。从此，逢年过节的嘘寒问暖再也见不到了……

厄运并没有终结。1957年，在开展大规模"反右"运动的同时，福建别出心裁，独创了一个"清理不纯分子"的政治运动：凡是来自剥削家庭的党员和干部都被划作"不纯分子"，大多遭到了"清洗"。闽东清理"不纯分子"最为卖力，当年处理的"不纯干部"占干部总数的10.7%。至1960年，全区认定"不纯分子"计1800余人。一大批有为的青年干部因此被革职开除，棒打出门了。

蔡作祥被戴上"不纯分子"的帽子，赶出了革命队伍。

失去了工作和固定的工资收入，失去了烈属待遇，失去了国家干部的身份，失去了社会地位……蔡作祥只好拖儿带女回到宁德老家。

当蔡作祥推开自家4间小屋的门的时候，惊呆了：屋里的桌椅板凳、锅碗瓢盆，连床铺都被洗劫一空了……那情景可以用4个字来形容：家徒四壁。

为了生存，蔡作祥只好让一家人寄居在亲戚家里，自己到城关一个夜校教书挣钱养家。

有人说，蔡作祥命途多舛，是祖坟的风水不好。他想，父亲生死不明，母亲死后停棺山楼尚未入葬，难道真是风水问题？

闽东民间葬俗一是先殁先入葬，二是大户人家都造坟于先，生前就把庐墓提前修好。1936年农历六月，薛品瑄离开人世时，蔡家也为蔡泽镛、薛品瑄夫妇在县城附近的蓝田山上修了一座合葬墓，但蔡泽镛于1931年"失踪"后就不知生死，谁先殁、谁后殁更说不上，薛品瑄的灵柩因此不能下葬，蔡家人只能在空墓旁搭个四面通风的草寮，当地叫"山楼"，把薛品瑄的棺木停放其中，使其在山楼里苦苦等待蔡泽镛的归来。

一晃10年过去了，蔡泽镛杳无音讯。

一晃又一个10年过去了，蔡泽镛仍然音讯全无。

山楼几乎倒塌了，蔡泽镛亡妻薛品瑄在风雨中等了20年！

20年荒郊，20年山楼，20年风雨等候！

直到1956年，眼看停棺的山楼要坍塌了，蔡家的亲戚才将薛品瑄的棺木匆匆移葬入坟。事后，蔡作祥心里很不安，四处求卜算命。听说泉州有个"继灵堂"算卦很灵，他便写信到泉州求卦。"继灵堂"寄来的卦辞只有5个字：父死母先亡。他心中不禁生疑：不对呀，父亲"失踪"5年后母亲才去世，怎么能说"母先亡"呢？如果父亲已去世，那么又逝于何年，葬在何处呢？

母亲虽然入土为安了，蔡作祥依然没有忘记寻找父亲的下落。

有一天，他在街头碰见父亲生前好友潘玉珂。他原先并不认识潘玉珂，但看见了她一头独特的中分短发，立即从茫茫人海中认出了她。小时候听母亲说，潘玉珂在上海读过书，与父亲交往颇多，父亲曾托她给家里带过东西，父亲"失踪"前还向她借过钱。看见潘玉珂，蔡作祥自然喜出望外，壮着胆子上前叫了声："潘先生！"

潘玉珂惊讶地停住了脚步，望着面前这个有些冒失的年轻人。蔡作祥便自报家门："我是蔡泽镛的儿子，我叫蔡作祥。"接着便向她打听父亲的事。没想到，潘玉珂不肯多谈，只说了一句："你去找福安的周泽万吧，他比我知道得多。"

此时的画家潘玉珂正处在社会最底层，头顶着"地主分子"的帽子在县雨伞厂被监督劳动，每天用那双训练有素的纤手涂抹着粗糙的油纸伞，充其量只是个工匠，生活得很屈辱。她把自己青春岁月的种种欢乐与痛苦深藏心底，从不向人诉说。她知道，像她这样身份的人说得再多也没有用，有谁会认真对待她的"政治证词"呢？说不定还会适得其反，害了别人。所以，蔡作祥向她打听父亲的事，她不肯谈，而指点他去福安县找周泽万。

"周泽万"这个名字，蔡作祥是第一次听说，他决定去福安拜访周泽万。

这一年，周泽万已经50多岁了，见到来访者竟是蔡泽镛的儿子，便惊讶地问："你怎么知道我和你爸爸相识？"

"听潘玉珂说的。"

"潘玉珂？她还好吗？"周泽万与潘玉珂有很长时间没有联系了，知道她境遇不佳，但究竟如何，从来不敢打听。

蔡作祥也不知其详，只回答一句："她在县雨伞厂工作。"

周泽万向蔡作祥谈起了他与蔡泽镛在上海的情况："你父亲当时叫蔡

威，是中共地下党员……”

“蔡威？”蔡作祥感到吃惊。

“是呀！他那时已经改名了，叫蔡威！”周泽万肯定地说，“他在哪里入的党，我不太清楚。我们不在同一个党组织，彼此间的情况没有多谈。蔡威两次遇险，都隐藏在我的寓所……”

这次拜访周泽万，得到的确凿信息是：蔡泽镛在上海加入了中国共产党，并且已改名“蔡威”。“蔡威”这个名字就连在上海工作过的蔡泽镛的大姐和大姐夫都不知道。于是，在蔡作祥的请求下，周泽万把他所知道的有关蔡威的情况写了个证明材料。

有了“蔡威”这个名字，蔡作祥又给中共上海市委写信，请求帮助寻找早年在上海从事中共地下党工作的父亲蔡泽镛。过了许久，上海市委办公厅秘书室终于转来了上海市公安局的复信：

> ……经我们查阅有关档案资料，均未掌握蔡景芳（蔡泽镛、蔡威）等资料……

刚刚有了点儿新的线索，瞬间又断了！

“均未掌握”云云，使上海市公安局郑重其事的答复成了一张废纸，本可随手扔掉了，但有如鬼使神差，蔡作祥父子竟把这封信完整保存了下来，多年后成了一件最有力的书证。

周泽万的证明材料并没有改变蔡作祥的命运轨迹，而上海市公安局的复函更加使他心灰意冷了。

1961 年，蔡作祥在洋尾村谋到一个代课教师的职位。他把一家人都带到这个离宁德县城不远的小村子安顿下来。

蔡作祥为人谦和耐心，教书育人尽心尽责。他还能写一手好字，又熟知阴阳地理、世风民俗，村里有什么红白喜丧事都请他张罗，为人写个家信、拟个请帖，他更是有求必应，所以，不但孩子们喜欢他，洋尾村的乡亲们也十分敬重他。村里划了一块地给他种蔬菜、种烟叶，解决日常生活之需。他种出的烟叶特别好，晒干切丝卷成纸烟，还能卖点儿钱贴补家用。左邻右舍也乐于帮助他，平时不是送捆柴草，就是送点儿时鲜果蔬。一到年节，家里就更热闹了，张家请，李家邀，几串粽子，半笼年糕，热络得不行……

蔡作祥除了教书，还希望学点儿别的本事。他想，母亲娘家是中医，在宁德县有点儿名气，学中医既可助人，又可谋生，便又学起了中医。

开始，他跟着小舅学抓药，熟悉药名、药性，后来又拜宁德著名中医陈新斋为师临床学诊。经年累月，医道日深，他终于可以为人看病了，就在县城的南门街租了一个小铺面，不卖药，专门看病开处方，开一张处方收 1 角钱，有时要出诊，路途再远也只收 2 角钱。沿海渔民的生活比一般人艰难，他常常连诊费都不收。

作为“土医生”，蔡作祥积累了许多民间的偏方和单方，尤其擅长对伤寒和麻疹的诊治。当年坊间流传着这样一句话：有病到桥头下找蔡植生。

这是很值得玩味的：蔡作祥的父亲蔡威长征路上逝于伤寒是儿子所不知道的，而蔡威从未见过面的儿子成年后却专攻伤寒。这种巧合，堪称天意！同时值得玩味的是看命先生“父死母先亡”的卦辞。蔡作祥的父母均于 1936 年逝世，母亲薛品瑄卒于农历六月，父亲蔡威卒于 9 月 22 日，亦即农历八月初七，可不就是“父死母先亡”！

蔡作祥的医道远近闻名，不但城区群众找他看病，连南埕、漳湾、廉坑几个城郊村的许多百姓也前来求医。他看病认真，收费低廉，处处为患者省钱。小儿子蔡述波天天来送午饭，常常看见父亲刚端起饭碗，又放下，有时候一顿饭要分几次才吃完。

过度的劳作、沉重的家庭负担、无法接受的政治包袱以及父亲生死不明、年复一年的牵挂，使蔡作祥的体力和精力都严重透支。1972 年，他的胃下垂越来越严重，发展到胃溃疡。他无力购买胃膜素，只好用乌贼骨和甘草粉来调治。1974 年，他被确诊为胃癌，不得已把碧山街的半爿破房子卖掉做了胃切除手术，余下的钱贴补了家用。

在病中，他一再扪心自问：我的先人做错了什么，要让我得这样的报应？似乎有另一种声音在耳边对他大喊：错了，弄错了！事情本不该是这样的！他预感自己的生命之火即将熄灭，勉力做了最后一件事：让家人用板车推着他去蓝田的山上收敛母亲和先祖的遗骸。

祖墓已经坍塌。他把全家仅有的一点儿钱用来重修了父母的合葬墓，那墓穴中依然留着一个空位，等待父亲蔡泽镛的归来！

临终之前，他叮嘱儿女：“你们不要忘记祖父，要继续寻找，找到祖父，一定要把他跟祖母葬在一起……”

那一年，蔡作祥刚47岁。

他一生从未见过父亲，至死仍不知道父亲的下落，不知道父亲从事的职业，但又似与父亲心有灵犀，息息相通。他始终坚信：父亲走的是正道！

其实，早在蔡作祥病重之时，他的儿女们已接过了继续追寻祖父蔡威的接力棒。

1973年10月，蔡述波就循着父亲的足迹，去福安找过周泽万。周泽万跟他谈了大革命时期闽东地区的革命斗争历史，并说到了蔡泽镛在上海活动的情况。

这次走访，周泽万给蔡述波也写了一份证明材料。但这份由一个普通人出具的材料既不能解决蔡泽镛的烈士身份问题，更无法帮蔡述波寻找到祖父。

一晃又是好几年，寻找祖父的事情再无进展。

然而，与其相关的另一件事情在悄无声息地进行：1981年，上海某中学校长郑启如找到宁德县委党史资料征编委，要求为她的父亲郑长璋落实烈士身份。

当时在宁德县委党史资料征编委工作的叶明祥从一份题为《谈闽东革命开始时间问题》的资料中得知了郑长璋烈士的牺牲情况。这份资料是曾任中共福州地委组织部长（后任广东省计划委员会副主任）的陈应中在1959年8月写的。叶明祥就把相关情况对来访的郑启如说了。

郑启如在上海和宁德之间来回跑了几趟，终于把郑长璋烈士牺牲的情况调查清楚了。她的调查也给宁德县委党史资料征编委带来了一条重要线索，那就是大革命时期，宁德县早期的共产党员除了郑长璋外，还有一个蔡泽镛。据郑启如说，提供这一线索的是陈应中。

为了进一步弄清中共宁德地方党组织的情况，宁德县委党史资料征编委给陈应中写了一封调查函，恳请他介绍一些闽东建党的情况。陈应中很快复了函：

> 我在1959年8月21日《谈闽东革命开始时间问题》一文中提及

“肯定1925年时闽东是没有党组织的……”我指的是组织，只有个别人，如建瓯的葛月溪、宁德的蔡泽镛、莆田仙游的陈国柱，都是党员，但都未发展成组织。组织起码三人才成立支部的。可能那时讲得不够具体，用语不够切当，别无他意。

这是宁德县委党史研究部门得到的蔡泽镛系中共党员的第一份证明材料。而在这之前，宁德地区党史研究部门一直把郑长璋视为大革命时期宁德县唯一的中共党员。

郑长璋的烈士身份得以确认，蔡泽镛的烈士身份也顺理成章提上了议事日程。1982年7月13日，宁德县信访办给县委书记杨家盛和县长郭世英写了专题报告：

本县城关红旗街（原崇文街）蔡作祥同志生前于1950年初及1967年3月6日，曾向当地政府报告，反映其父蔡泽镛（又名蔡景芳、蔡威），国共合作时于1926年年底参加中国共产党地下组织，并与郑长璋（国民党县党部负责人，共产党员）、林国章等发动进步青年开展反帝反封建斗争，批斗渔霸、清算反动商会酒捐局黑账、铲除反动乐善社等一系列革命活动。土豪劣绅对其痛恨入骨，于1927年初，宁德县以李奋为首组织拥蒋护党大会，告发郑长璋、蔡泽镛、林国章为共产党赤化分子而被省党部捕押，郑长璋同志牺牲，而其父与林国章被捕入狱后获保出狱，并在上海法南区找到地下党组织，经常与上海地下党员周泽万、左明等联系参加革命活动，后被捕牺牲。

1951年在他离开宁德去霞浦工作前，其家曾授有革命烈军属牌和享受节日优抚，后因长期不在宁德工作而遗漏（实为取消烈属资格——本书作者注）。

省人民政府批复郑长璋同志为革命烈士后，蔡泽镛同志长孙蔡述道同志又多次来信来访，要求落实其祖父蔡泽镛的烈士问题。

我办认为其反映的问题不单是蔡泽镛本人问题，而且是涉及闽东、宁德县革命历史问题。在既尊重历史事实，又要满足群众提出的正当要求的前提下，查阅了郑长璋烈士调查材料和省、县党史有关资料，发现蔡泽镛确是我革命同志。

报告接着列举了福建省、宁德市党史研究部门的有关资料和陈应中、林国章、周泽万等人的证明材料，最后说：

只要上海再有一点线索就完全可以证实蔡泽镛的革命烈士身份。

接到这份专题报告，宁德县委认真做了研究。

这件事当时最终没能解决，主要原因还是上海市有关部门对蔡泽镛（蔡景芳、蔡威）是否"被捕牺牲"缺乏真凭实据。

尤其让人感到遗憾的是，发表在这一年2月24日《福建日报》上的徐深吉将军的回忆文章，宁德县信访办、民政局以及蔡威的亲属竟没有一个人注意到。

叶明祥看到了这篇文章。他十分吃惊：闽东还出了这样一位军功赫赫的无名英雄！可惜他不知道蔡威就是蔡泽镛。因为身在县委党史资料征编委的叶明祥没有看到县信访办写给中共宁德县委的专题报告，没有看到周泽万提供的证明材料，走访蔡家人时也没有听他们说起蔡泽镛又名"蔡威"，尤其是因为《福建日报》那篇文章说蔡威"出生于福建省福鼎县"，他也就没有再深究。

于是，才有了差一点儿将福鼎张白弟误认为蔡威的一段离奇故事。

事情到了1984年的春天才出现了转机。

这一年春天似乎来得特别早，春节还没过完，依山面海的宁德县已经满眼葱绿了。

正月初四这一天，从广西回宁德探亲的阮芳谷与妻子蔡荔儿走在街上。突然，他听到高中老同学黄垂超在喊他。两个老同学多年未见，今日邂逅，分外亲热。匆匆交谈中，阮芳谷知道黄垂超在中共宁德地委党史资料征编委担任副主任。

黄垂超指着不远处的一幢地委办公大楼，客气地说："有空来坐坐吧。"

"好，我会上门拜访的。"阮芳谷灵光一现，认真地回答。

阮芳谷是蔡泽镛的孙女婿。蔡泽镛已经"失踪"50多年了，蔡家三代人苦苦追寻，一直没有结果，已知蔡泽镛有中共党员的背景。既然老同学黄垂超在党史部门任职，兴许可以托他查一查。

回到家里，阮芳谷把自己的想法跟妻子蔡荔儿和妻兄蔡述道、妻弟蔡述波商量。36 岁的蔡述道是个乡村小学教师，刚满 30 岁的蔡述波是地区冷冻厂工人。听阮芳谷说要找老同学黄垂超查询祖父的事，兄弟俩都非常赞同。

第二天，阮芳谷带蔡荔儿、蔡述道、蔡述波来到宁德地委大院找黄垂超。因为事先没有约定，又因为春节后第一天上班，黄垂超正忙着开会，他们只好在办公楼外的空地上沐浴着节后的阳光，耐心等待。蔡述波后来回忆："因为有了新的希望，所以那天的心情特别好，看天天蓝，看草草绿。"

10 点钟，黄垂超开完会出来，见老同学阮芳谷带家人前来，连忙把他们让进办公室。一阵寒暄之后，阮芳谷便道出来意："有件事想请你帮帮忙。"他递上一份用五六张方格稿纸复写的材料，说："你先看看。"

黄垂超接过一看，标题是《关于寻找祖父蔡泽镛下落的报告》，他一激灵，马上就和宋侃夫寻找战友蔡威的事情联系了起来。他边看边自言自语："姓蔡，对上号了！名'泽镛'，又不对！北京首长找的是长征途中牺牲的'蔡威'。"

原来半年前，黄垂超接到中共福建省委党史资料征编委征集处干部杨的莺的电话，说是中央整党工作联络员宋侃夫要查找一位牺牲在长征路上的闽东籍的烈士，名叫"蔡威"。黄垂超查阅了大量资料，翻阅了许多老同志的回忆录，都没有发现"蔡威"这个人，也没有听说过这个名字。他在编写《闽东革命大事记》的时候，曾写到宁德的蔡泽镛、郑长璋在宁德筹建国民党县党部的事，但没有把"蔡泽镛"与"蔡威"这两个名字联系在一起想过。

这时，坐在一旁的蔡述波连忙插话："材料上有，'蔡泽镛又名蔡威'！"

黄垂超翻到第 3 页，看到一份周泽万写的证明材料，上面明明白白写着"蔡泽镛又名蔡威"。

黄垂超心里一惊，情不自禁地读出声来："蔡泽镛又名蔡威！"

他的眼睛放光了，手也有些颤抖，迅速翻看这份材料的落款，白纸黑字写的是"周泽万　1956 年 × 月 × 日"。

熟悉闽东革命史的黄垂超对"周泽万"这个名字并不陌生。周泽万是闽东早期中共党员，曾在北平、上海从事地下革命活动，又受中共地下党的派遣回福安开展革命斗争，之后到上海读书，新中国成立前后曾在福安师范学校任教……

周泽万的证明材料上还写道："我与蔡泽镛同在上海从事地下革命活动，虽然不在同一个党组织，但彼此情况颇有了解。蔡泽镛两次遇险都隐蔽到我在暨南大学的真如寓所。"

黄垂超的第一反应是，这份材料是真实、可信的！

材料上的"蔡威"这个名字，虽然比起中共福建省委党史资料征编委提供的"蔡威"二字出现在黄垂超面前晚了半年，但这份证明材料制作的时间是20世纪50年代，比发表在《福建日报》上的徐深吉将军的回忆文章早了20多年！

这就从根本上排除了作假和攀附的可能。

蔡述波又拿出了一份材料，说："这是上海市公安局给我父亲的复函。"

黄垂超拿起一张发黄的盖有红色公章的复函看了起来：

蔡作祥：

你来信要求查找父亲下落问题，经我们查阅有关档案资料，均未掌握蔡景芳（蔡泽镛、蔡威）等资料，特复。

上海市公安局处理人民来信来访专用章

1966年9月30日

这一刻，黄垂超真有石破天惊的感觉，急切地问："有没有你祖父的照片？"

"有一张照片，是我祖父19岁时照的。"蔡述波回答。

黄垂超沉吟了好一会儿，还是觉得没有把握。他随手拿起电话，向福建省委党史资料征编委的杨的莺报告了这一消息。电话那头，杨的莺既高兴，又遗憾："北京来的首长春节前已经回去了。"

怎么办？黄垂超想了想，对阮芳谷说："这样吧，你们把所有的材料，包括照片都整理一下，由我们上报。"

"好，好，好！"阮芳谷一连说出3个"好"，握住老同学的手连连表示感谢。

走出黄垂超的办公室，日已中天，一家人脸上漾起了笑容——没想到，只半天工夫，他们就看到了希望，蔡家三代人几十年的心结或许就要解开了！

回到家里，蔡家兄弟姐妹便聚在一起商量：既然中央整党工作联络员宋侃夫来福建寻找老战友蔡威的祖籍地和亲属，不管他要找的人跟我们爷爷是不是同名同姓，我们都得和宋老联系上，把爷爷"失踪"的情况告诉他。如果两个"蔡威"是同一人，那三代人几十年的追寻就算有了结果。

那天晚上，他们做出一个重大决定：上北京！找宋侃夫爷爷！

决心定了，问题是谁去北京？

"我去！"蔡述波自告奋勇。

于是，蔡述波找到在宁德县委党史办工作的陈国秋，请他开了一张介绍信，立即赶往省城福州。

福建省委党史资料征编委的杨的莺看了证明材料和照片，打量着蔡述波，问："宋老春节前刚回北京。你现在打算怎么办？"

"我去北京！"蔡述波说，态度很坚决。

"从福州到北京要坐两天两夜火车，路那么远，你不一定急着去，先把材料寄去，然后看情况再定，行吗？"杨的莺想把事情办得稳妥一些。

"我已经买好了今晚去北京的火车票。"

蔡述波自有他的道理：几十年的寻找，好不容易有了这条重要线索，心急火燎的他岂能再等！不管北京能给他什么，这一趟是非去不可的。况且大姑婆的家就在北京，也可以顺便去看看她老人家。

事已至此，杨的莺不再说什么了，她把宋侃夫在北京的住址和电话号码告诉了蔡述波。临别时，她握住蔡述波的手，说："祝你一切顺利！如愿！"

第二次被评为"革命烈士"

1985年夏，马文波将军追踪青钢宝剑的闽东之行，解开了"石达开佩剑遗落闽东"这道历史谜题。他兴奋至极，回到北京就冒着酷暑，日夜伏案，很快写出了《关于蔡威同志籍贯的调查报告》：

蔡威同志1931年10月根据在上海的党中央的指示,和王子纲同志一道到达鄂豫皖苏区,是鄂豫皖苏区和红四方面军无线电通信及侦察工作创始人之一,为党为人民立下过卓越的功勋,1936年9月在长征行至甘肃岷县朱尔坪时因病逝世。

多年来,宋侃夫、王子纲和总参谋部某部原在红四方面军工作的老同志一直在打听他的籍贯和遗属情况,奈因只知其为福建福宁府人,具体情况不详,故无法落实。今年5月30日至6月9日,我受宋侃夫、王子纲和总参谋部某部党委的委托,带领该部党史办公室的同志,根据若干线索,到上海和福建宁德做了具体调查了解,并在省、地、县党史部门的大力协助下,经过查阅17份有关资料和找了7位与蔡威同志熟悉的老同学、老人等进行调查了解,已证实蔡威同志为福建宁德县城关人,主要依据如下:

(一)蔡威家乡情况查证属实

与蔡威同志一起工作过的老同志,曾听他讲过:他是福建福宁府人,家里是大地主、大官僚,已婚并生有一子,祖上在四川做过官,家里藏有一把"石达开佩剑",有一亲戚在四川当过"盐务督办"等。这些情况,经过调查都从宁德蔡家得到证实。

1. 宁德县,现属福建宁德地区,旧属福宁府。

2. 蔡家过去确为大地主、大官僚,除每年收租谷很多外,蔡威父亲蔡祖熙是清末举人,据说做过"京官",民国时期当选过福建省参议员。其曾伯祖蔡步钟曾在四川雅州(今雅安)当过知府,后封为云南按察使。蔡家从前的宅第,在宁德城关占了很大一片,从其房宅建设的规格、质地都可以证明确为富家。

3. 蔡家确有一把宝剑。这把宝剑即蔡步钟任雅州知府参与围剿石达开时所得。据传人蔡作柯(蔡威堂侄)讲,剑名"青钢宝剑",是为"石达开佩剑"。其高祖蔡步钟得此剑后非常珍爱,即作为传家宝留给长子长孙。此剑于1956年由蔡作柯的母亲交给福安专署(现宁德地区前身为福安专署)。现在此剑已在福建省博物馆查到,并写有证明。

4. 关于蔡威一亲戚为四川"盐务督办"事。据查,此人名林振翰,又名林尉文。乃蔡威之舅父。林亦为宁德人,曾在四川盐务"经理兼代办盐运使”，并在浙江、安徽等地当过“盐官”。是我国第一个把波兰柴门霍夫博士《世界语》翻译成中文的人，留下有关“世界语”和盐务著作，达百余万言，是闽东近代史上的著名人物。

5. 蔡威同志16岁时即在家乡结婚。夫人薛品瑄亦宁德富豪之女。生有一子蔡作祥。薛氏在蔡威离家去沪后，即不知丈夫下落，1936年因病去世。其子蔡作祥主要靠外祖母抚养长大，解放（新中国成立）后曾在福建霞浦县银行当过职员，1974年去世。遗有爱人及两男、两女和孙子、孙女等多人。

（二）蔡威原名叫蔡泽镛，号景芳

1. 据蔡威同志的同乡好友和同时在上海读书的潘玉珂（女，现年76岁，从未嫁）说：蔡威当时在上海“同济大学”读书时即搞革命工作，她当时在“上海美术专科（门）学校”学习，二人关系密切，来往很多，“我称他景芳，他告诉我他还叫蔡威。”“他于1930年或1931年夏秋之间，曾经找我，让我提供路费，说他要到那边去。我当时把所有的钱都给了他。”“以后他又来看我，并给我一卷夏布，说他到那边去后，这些东西就用不着了。以后再无消息。”

2. 蔡威之子蔡作祥，解放（新中国成立）后曾多次致函上海市委，寻找其父下落。蔡作祥因从其父同学周泽万（已故）处得知他父亲“在上海做过地下工作，改名为蔡威”和在“短期无线电学校”学习过，并“牺牲了”，因而多次给上海市委写信，要求查找其父下落，但无结果。现蔡家尚保存着上海市公安局1966年给蔡作祥的回信。其中就提到“蔡景芳（蔡泽镛、蔡威）”。

（三）蔡泽镛（蔡威）曾学过无线电

1. 据周泽万（已故）解放（新中国成立）初期的证明材料：蔡泽镛曾在上海“短期无线电补习学校学习”，“曾参加党的活动”，“1930年秋于我真如寓所两个月，1931年春又在我处住20余日。同年11月间，他来访我未遇，留条说是‘我将往他处。如有可能，明天再来’。此后杳无音讯。后（1931年年底）中共上海闸北区委书记老王告诉我，蔡泽镛（又名蔡威）担任技术工作（指无线电发报）。”

2. 林国章（已故）在1959年的一份材料中说，在上海，“蔡泽镛同志在法南区找到地下党组织,进行革命活动,经常和我联系。他在法租界无线电学校学习,是组织上分配去参加学习的。目的是他在无线电学校毕业后分配在电台负责党的通信工作”。

(四)蔡威于1926年即参加党的工作

1. 原中共福州特委党团(应为中共福州地委,下同——本书作者注)组织部长陈应中同志1982年6月21日证明材料中说:“蔡泽镛于1926年中共福州特委成立后回福州,经特委派回宁德开展党的工作,1927年‘四一二’政变后,离宁德往上海。”

2. 林国章生前在证明材料中说:“1926年12月郑长璋由‘北大’回福州,通过党组织……回宁德以筹备国民党宁德县党部的名义,暗中发展共产党地下组织,我与蔡泽镛同志参加了中国共产党地下组织……1927年4月之后,反动势力猖狂,我与郑长璋、蔡泽镛三人暂避到福州时被捕。1927年4月,郑长璋同志被杀害,我与蔡泽镛脱险后到上海……”

(五)蔡家存有蔡泽镛的照片也像蔡威

目前蔡家尚有保存蔡泽镛1925年(19岁)时的一寸照片一张,经翻拍放大,凡与蔡威同志一起工作过的老同志看后,都认为很像蔡威。

另据潘玉珂和蔡家老人在讲到蔡泽镛的出生时间、脸型特征、性格特点也都像蔡威。

综上所述,我们认为,从这次调查中所了解到的情况,无论是蔡的家庭出身,出生地域、时间,祖上及亲戚的为官情况,家中所藏宝剑,在家已婚,并有一子,还是从蔡的年龄、面貌特征、照片、学习过无线电以及在宁德、上海的活动情况和离开上海进入苏区的时间等,都可说明:蔡威是福建宁德城关镇人,蔡泽镛(景芳)即蔡威,而现居宁德等地的石雪英、蔡述道、蔡述波、蔡婉儿、蔡荔儿等即蔡威之儿媳、嫡孙和孙女。

此报告

马文波(盖章)

1985年8月15日于北京

马文波将军的调查报告，呈送中国人民解放军总参谋部某部党委并抄送给宋侃夫、王子纲、肖全夫等同志。

1985年8月20日，宋侃夫、王子纲等六位老同志又联名致信国家主席李先念并徐向前元帅：

李主席并徐帅：

现将红四方面军总部第二局局长、红军总部二局局长蔡威同志的有关情况报告于下：

蔡威原名蔡泽镛，又名蔡景芳，福建宁德城关人，1907年出生，1926年加入中国共产党，并在宁德开展党的工作，是该县党组织的创建人之一。1927年，蔡威同志被当地反动组织"拥蒋护国会"密告，于福州被捕，后经营救出狱，随后即到上海和党接上关系，并以上学为掩护，在党的领导下从事地下工作。之后，根据党组织的安排，在党的秘密无线电训练班学习。

1931年10月，蔡威同志遵照党的指示，同王子纲同志一道，从上海赴鄂豫皖苏区，是鄂豫皖苏区和红四方面军无线电通信及侦察工作创始人之一。后随军转战川陕和参加长征，于1935年被任命为红四方面军总部二局局长、红军总部二局局长。

蔡威同志忠于党的革命事业，关心群众生活，勤奋刻苦，鞠躬尽瘁。在侦察敌台、为配合我军粉碎敌人"三路围攻""六路围攻"以及长征途中，为党为人民建立了卓越功勋。

1936年9月22日，蔡威同志在第三次过草地后，行至甘肃岷州之朱尔坪途中，身患重伤寒症，不幸逝世。时年仅29岁。

现据调查，蔡威同志于进入苏区前，在家乡宁德成婚，并遗有一子名蔡作祥。其子于解放(新中国成立)后曾多方寻找其父未得，于1974年病故。现福建宁德、三明等地尚有其儿媳、孙子、孙女等人，全家老幼皆深切盼望政府对他们为蔡威烈士遗属，能有个明确认定。若如此，则其后裔不仅会深感宽慰和永铭党恩，蔡威同志有知，亦当含笑九泉。

为此我们建议：

1. 为蔡威同志在《中国名人辞典》立传。

2. 请政府有关部门为其后裔发送烈属证明和按规定予以抚恤。

当否

请批示

宋侃夫　王子纲　马文波

肖全夫　陈福初　李永悌

1985年8月20日

看到这封非同寻常的来信，徐向前元帅感慨万千，于9月12日作出了重要批示：

蔡威是一位优秀的红军干部，在无线电侦察工作方面是有独特建树的。他的遗属理应享受烈属待遇，请中办告福建阅办。

李先念主席透过老花眼镜，认真地阅读着宋侃夫等六位老战友的来信和调查报告。

作为红四方面军的一名将领，李先念对蔡威的印象太深刻了！无论是在鄂豫皖苏区，还是在川陕革命根据地、长征途中，那个被誉为“军中活菩萨”的蔡威总是在最艰难的时刻，为红军前线总指挥部提供准确的情报，成为红军指挥员赖以克敌制胜的“眼睛”和“耳朵”。他对蔡威的特殊功勋讲了自己的看法，做了高度评价。

9月14日，国家主席李先念办公室对马文波等六人的报告作出了如下批示：

先念同志说，他熟悉蔡威同志。蔡和宋侃夫、王子纲等同志对四方面军无线电通信和侦察工作，作出过重要贡献。以往，他在许多场合都讲过蔡威同志的事情。

根据李先念主席和徐向前元帅的批示，时任中共中央书记处书记、中央办公厅主任王兆国批示国家民政部致函福建省民政厅，提出了处理意见：

一、蔡威同志在长征途中因患重病以身殉职，可视为对敌作战牺牲，由你厅报省人民政府追认其为革命烈士。

二、蔡威同志被批准为烈士后，编入《革命烈士英名录》，并告知其亲属。

随后，福建省民政厅致函宁德县民政局："请你县根据民政部的处理意见，办理革命烈士审批手续，报省人民政府批准。"

10 月 17 日，宁德县人民政府以《关于追认蔡威同志为革命烈士的报告》呈报福建省人民政府。11 月 4 日，福建省人民政府闽政 [1985] 综 518 号文正式追认蔡威为革命烈士。

此前，蔡泽镛（蔡威）早已在家乡宁德被认定过革命烈士，并在其住家挂过"光荣烈属"光荣匾。1955 年，有关部门又规定"失踪"和"生死不明"都不能作为认定烈士的依据，因而蔡泽镛被取消了烈士资格，家属的抚恤待遇也被取消。这一次再被评为"革命烈士"，两次评定相隔的时间竟是 35 年！

徐向前元帅题词

1986 年 7 月，夏风习习，吹皱北京城大小海子的晶莹绿水，也掀动了中共中央军委副主席徐向前元帅书房里那洁白的窗帷。

在宽大的办公桌前，已是 85 岁高龄的徐帅，面对一张铺开的宣纸，把笔凝思。

苍苍的白发，浓密的剑眉，深邃的目光，高挺的鼻梁，透露出元帅 80 多年历史的沧桑和晚年的风采。

此刻，元帅在思考、在追忆、在搜寻烽火岁月中与他一起餐风宿露、驰骋疆场的战友，跟随他跨越千山万水、捐躯赴国难的兄弟姐妹……

穿越时空阻隔的历史记忆，在元帅心中激起了一阵又一阵的波澜。

当年，他参加广州起义失败后，辗转粤东、武汉、上海，在白色恐怖中毅然接受党中央的派遣，进入大别山，高举"工农武装割据"的旗帜，创建了鄂豫皖苏区和中国工农红军第四方面军。

雄才大略，韬钤独筹；身经百战，威震中原！

战争的历史，是千千万万烈士用鲜血和生命写成的！

千千万万英烈的鲜血和生命，铸就了人民军队的灵魂，筑起了中华民族的丰碑，谱写了人民共和国的辉煌！

作为人民共和国的一名元帅，他没有忘记，也不会忘记，为人民的解放、国家的独立、民族的振兴而在华夏大地上洒下殷殷热血的先烈们！

元帅的桌前放着两份文件：一份是红四方面军无线电侦察工作老同志座谈会《纪要》；一份是宋侃夫、王子纲、马文波、肖全夫、陈福初、李永悌六位部长、将军联名写给他和李先念主席的信。

《纪要》上有一段话映入了元帅的眼帘：

> 当时，我们对国民党军的密码侦察工作搞得好，提供总指挥部的情报源源不断，对敌情了如指掌。在红四方面军所发动的反“三路围攻”、反“六路围攻”以及长征过程中，每一个重大行动的决定都有无线电侦察情报做依据，每一个重大胜利的取得都有无线电通信工作人员的一份功劳。没有无线电台提供准确可靠的情报，在敌强我弱、力量悬殊的形势下，取得胜利是很困难的。
>
> 在掌握国民党军密码方面，出力最大、获情最多的是蔡威同志。

宋侃夫、王子纲等六人的联名信，是关于蔡威祖籍问题及其遗属情况的调查报告。

哦！蔡威！蔡威！元帅没有忘记蔡威！

1931年冬，红四方面军刚刚在湖北七里坪成立时，鄂豫皖苏区军委会新来了一个年轻的“洋参谋”，他的名字叫“蔡威”。

黄安战役后，1932年初，蔡威和宋侃夫、王子纲、徐以新等用缴获来的无线电器材，创建了鄂豫皖苏区第一部电台。从此，红色电波在大别山区飞扬，打破了几十万国民党军对鄂豫皖苏区的信息封锁。

这一年的8月至11月，蔡威带领红四方面军前方台日夜侦察敌情，提供准确的情报，让红四方面军总指挥部果断做出决策，挥师3000里，冲出重围，血战七里坪，突破漫川关，粉碎了蒋介石30万军队对鄂豫皖苏区的第四次“围剿”。

在开辟川陕革命根据地的日日夜夜，蔡威用超人的才智，掌握了四川军阀的密电，把川军各部的兵力部署展露无遗，让红四方面军指挥员运筹帷幄，决战千里，赢得了反“三路围攻”、反“六路围攻”的决定性胜利。

当中央红军主力离开闽西、赣南，开始长征后，远在千里之外的红四方面军电台，尤其是蔡威率领的二台，日夜寻觅敌踪，掌握敌军密码，源源不断地将敌情通报给中革军委。在红军长征的艰苦岁月里，蔡威和他的战友们以数百次的敌情通报，使毛泽东在四渡赤水和巧渡金沙江的战役中，用兵如神，巧破敌阵，写出了世界战争史上的光辉战例。

1936 年 9 月 22 日，当三大主力红军即将在甘肃会宁胜利会师的时候，蔡威，这位忠诚的共产主义战士、优秀的红军干部、研究密码的奇才，却因劳累过度，染上伤寒病，在陇南高原上躺下了……

那一天，元帅含着热泪亲自致悼词，为他举行了隆重的葬礼。

那一天，山悲鸣，水无声，霜野茫茫，千里悼精忠！

……

饱蘸浓墨的“狼毫”握在手中，元帅思接云天，心潮澎湃。

他要给这位建树独特、英年早逝的英雄做出怎样的评价呢？似乎所有的溢美之词都难以表达此时元帅心中的思念和赞美。

战斗在隐蔽战线上的战士，最可宝贵的品格和最神圣的职责是：无限忠诚、无私奉献、无名英雄、无上光荣！

元帅戴上眼镜，慢慢地展平宣纸，提起饱蘸浓墨的“狼毫”，屏息静气，写下了力透纸背的几个字：

无名英雄蔡威

徐向前题

一九八六年七月

元帅放下笔，摘下眼镜，缓缓地舒了一口气——整整 50 年了，对这个年轻英雄的牵挂今天终于有了一个着落，他的眼睛湿润了。

元帅对站在一旁的秘书吩咐道:"此件立即寄往福建宁德!"

8月初的一天下午,年仅24岁的中共宁德县委党史资料征编委干部陈国秋按照惯例,准时到县委收发室收取信件和报纸。在一沓信件中,他突然发现了一封特大挂号信,上写"陈国秋同志收"。

此件发自北京,落款是"中共中央军委徐办"。

惊喜,激动,自豪,也犹疑……中央军委有谁会给他直接写信呢?偌大的信封中装的是什么?

从收发室到办公室的路一下子缩短了。回到办公室,陈国秋急忙剪开信封,抽出一张浅黄色的宣纸,展开来一看,竟是一帧徐向前元帅的亲笔题词!

在两尺见方的宣纸上,"无名英雄蔡威　徐向前题　一九八六年七月"这17个字大小有致,排列有序,字体刚劲,笔力浑厚,熠熠生辉!

徐向前元帅题词的消息传开,宁德县委大院轰动了!蕉城全城轰动了!闽东地区轰动了!

这一帧题词,承载了一段宁德人民革命斗争的光荣历史!

这一帧题词,见证了一个优秀共产党人的光辉人生!

这一帧题词,揭开了闽东人民走上新的长征的序幕!

中共宁德地委做出决定:开好蔡威牺牲50周年纪念大会,用革命先烈的精神,推进闽东地区的改革开放。

于是,这一年10月,便有了一场让蕉城人民铭记在心的"纪念红军长征胜利暨蔡威烈士牺牲50周年大会",由此奏响了一曲"改革开放,振兴闽东"的浩歌。

"无名英雄蔡威",是徐向前元帅生前唯一对一位隐姓埋名几十年的英烈的命名题词,也是元帅对蔡威独特建树的崇高褒奖!

人们向往英雄,但未必向往"无名"。

人们崇拜英雄,也许更加崇拜"无名英雄"。

西方一位哲人曾经这样说:"默默无闻的'无名英雄',他的功业和品格,连马其顿的亚历山大大帝在他面前也将显得黯然失色。"

诚然,英年早逝的"无名英雄"蔡威的一生虽短暂,但他的传奇人生、独特建树和崇高品格极富光彩，留给后人无尽的思考和启迪！

也许，这就是徐向前元帅题词的全部意义。

“蔡威回来了！”

1986 年，在蕉城人民的记忆中，是如诗如歌的一年，记忆永存的一年。

这一年是红军长征胜利 50 周年，也是蔡威烈士牺牲 50 周年，中共宁德地委、宁德县委在蕉城隆重举行“纪念红军长征胜利暨蔡威烈士牺牲 50 周年大会”。

活动筹办期间，宁德方面与北京的相关老同志一一联系，邀请他们参会。老同志都在七八十岁高龄，年老体弱，多数人还疾病缠身，困难是显而易见的。况且当时高速公路未建，从福州到宁德，坐小轿车也要 3 个多小时，还要翻越北峰和飞鸾岭两座大山，路况又不好，一路颠簸，老同志能否吃得消，谁也拿不准。但蔡威的老战友都非常踊跃，纷纷表示一定克服困难前来参加。他们是：

宋侃夫，中共中央顾问委员会委员，80 岁。

肖全夫，中共中央顾问委员会委员，81 岁。

李永悌，原中国人民解放军总参谋部某部副部长，79 岁。

胡正先，原中国人民解放军总参谋部某部副部长，78 岁。

还有一位特殊的嘉宾，她是马文波将军的夫人、总参谋部某部处长金瑞英。马文波将军因病卧床不起，特委托他的夫人前来宁德参加纪念大会。

中顾委委员王子纲、原总参谋部某部政委陈福初因故不能到会，也特地来信说明原委，深表歉意。

10 月 5 日，宋老等同志一行到达福州时，中共福建省委、宁德地委领导和蔡威的孙子都到机场迎接。

当天，中共福建省委书记陈光毅、省委秘书长张渝民来到宾馆看望了几位前辈。宋老躺在沙发上难以起身，抱歉地说：“对不起了，我站立有困难……”张渝民与宋老较熟，整党期间有过较多接触。他对宋老说：“这次看您的身体好像不如一年前了！”宋老回答：“但是无论如何，蔡威纪念大会，我是一定要参加的！”

10月6日，秋高气爽，美丽的海滨城市宁德迎来了北京、福州的嘉宾。宁德人民会场座无虚席，纪念大会就在这里举行。

大会隆重宣读并展示了徐向前元帅的题词：无名英雄蔡威。徐帅的题词无疑是对蔡威英雄事迹的崇高褒奖，一时间，把大会气氛推向了高潮，人们报以雷鸣般的掌声。

宋老拿出事先准备好的讲话稿，刚开了个头，就激动得不能自已。他轻轻推开讲话稿，一句深藏了50年的话从心底迸发出来：

"蔡威同志不能回来看望大家了……"

会场里静极了，有的人眼泪夺眶而出。

宋老平抑了一下情绪，接着说出了一句感天动地的话：

"今天，我就是替蔡威同志回来看望父老乡亲的！"

一语刚落，掌声雷动，掌声里还伴着许多人的哭声。

蔡威回来了！老战友们替蔡威回家了！雷动的掌声中包含了太多的感动和感慨。

有这样一个细节感人至深：

当时，宋老身体不好，经常小便失禁，出行极为不便。这次是由他儿子带着搪瓷便盆陪着来的。宁德方面已经按宋老的请求，在主席台的幕布后面临时围了一个小便处。在纪念大会上，宋老频频到幕布后面解决"问题"。纪念大会之后，劳累过度的宋老在福州休息了一个月才启程回京。

中顾委委员、原乌鲁木齐军区司令员肖全夫在纪念大会上感慨地说："如果没有蔡威，如果没有他带领的这支特殊队伍的特殊贡献，我们今天能不能坐在这里开会还很难说！"他还告诉与会者，"蔡威的贡献在当时仅限于总部首长知道，即使是今天，也不能全部公之于众。"这句话语出惊人，引起了与会者的许多联想，也让与会者更深切地感受到了无名英雄蔡威的特殊功绩。

摄像机镜头对准了坐在主席台上的金瑞英处长。她泪流满面，非常激动。这是她第二次来宁德了，前一年夏天，她陪同马文波将军闽东之行，解开石达开佩剑遗落闽东之谜后回到北京，马文波将军突然病倒了。在病重期间，马文波将军还写出了回忆蔡威的文章。得知纪念会召开在即，马文波将军特地委托妻子金瑞英赴宁德参会，以表达对蔡威的敬仰之情。金瑞英处长向大会报告了马文波将军卧床不起的病情，与会者感动不已，许多人再一次流下了眼泪。

原总参谋部某部副部长李永悌将军是蔡威的学生，工农子弟，新中国成立后在速成中学写的第一篇作文就是怀念蔡威的文章。李永悌将军晚年师从启功先生，写得一手好字。到宁德参加纪念会时，他作了一首怀念蔡威的诗，并书写成了条幅。大会工作人员在大会上声情并茂地朗诵了这首诗：

万贯家业不思承，投身革命为人民。
繁华上海君勿念，一片丹心对党诚。
川陕反围建奇功，枪林弹雨是英雄。
雪山草地练壮志，一颗忠心映日红。
长征胜利君先逝，而今长留思君梦。
在世为人作豪杰，在天当是神中雄。

与会同志对李将军报以热烈掌声，李将军也频频起身向大家致意。

原总参谋部某部副部长胡正先比蔡威小10岁，是当年红军队伍里的“红小鬼”，蔡威的学生。他来到老师的家乡，一切都感到亲切。仲夏之日，胡老执意要到宁德街上走一走，漫步在以宁德解放日命名的815大街，尽情呼吸着这块红土地上的温润气息，想多多倾听这座城市关于英雄的热情诉说。

纪念大会开得隆重、热烈而又感人，福建省出版局原副局长孙子清感慨地说：“这几年，参加了几十场纪念会，今天是最感人的，我流了好多眼泪。”

纪念大会之后，回忆和介绍蔡威的一系列文章在各种报刊上发表，无名英雄蔡威事迹传遍了城乡，影响逐渐扩大。

迟浩田副主席题写馆名

1992年年底，在中央档案馆工作的乡贤石维行研究员回到宁德，认识了在宁德县档案馆任办公室主任的薛赞平。得知石维行是负责解放军将帅资料的，薛赞平就向他介绍了徐向前元帅为蔡威烈士题词的情况。石维行看了徐帅的亲笔题词大为惊喜，马上问：“能不能让我带回中央档案馆收藏？”

薛赞平说:“那怎么行！这是我们的镇馆之宝！您如果想要,我可以复印一份给您。”

回到北京后,石维行马上查阅了红军时期的有关档案,才知道无线电侦察方面的资料留下的历史原件几乎没有。石维行并不灰心,继续大海捞针,经过两个月的努力,终于寻找到一份蔡威的个人档案。这份档案只有两页纸,第一页记录的内容是:

> 蔡威　福建　男　总司令部二局局长　1935年在甘肃病故
> 曾在上海工作,到鄂豫皖四方面军任二局局长,后调总部。

第二页是一张油印后手填的表格,内容如下:

> **姓名**　蔡威
> **别名**　(空白)
> **籍贯**　福建
> **过去做过些什么工作?** 在上海做过工作,后即到鄂豫皖,担任四方面军二局局长,后任总司令部二局局长。
> **牺牲情形**　在战斗紧张时,每天日夜工作二十小时,因劳致病身死。
> **牺牲时间地点**　1935年在甘肃某县病死
> **牺牲后家庭状况如何　有无家庭通讯处**　不清楚
> **有无遗嘱　内容如何**　无遗嘱
> **备考**　(空白)

可以肯定,这份档案是蔡威牺牲后形成的。唯一的差错是:蔡威牺牲于1936年,这里写的却是1935年。

同时也可以肯定,这份档案又是十分熟悉蔡威的同志参与制作的。因为一般人不可能知道“在战斗紧张时,(蔡威)每天日夜工作二十小时”这样的细节,也无法做出“因劳致病身死”的结论。

档案填表人对蔡威的敬慕之情溢于言表。可以看出:蔡威是无线电侦察工作的杰出代表,是战友心目中公认的英雄。

这份档案的发现，这个死因的揭秘，撼人心魄！

由于蔡威的特殊贡献，2005年，蔡威在蕉城的故居被列入“福建省四大红色名人旧居”之一，获得了与毛泽东、朱德、张鼎丞在福建的旧居同为重点保护与推介的“革命传统教育基地”和“红色旅游点”的殊荣。

经批准，蔡威事迹展陈馆设在蔡威故居内，馆名是迟浩田上将亲笔题写的。关于这个馆名的题写还有一个故事：

2007年，中共宁德市委、市政府召开蔡威烈士百年诞辰座谈会。座谈会上，中共宁德市委、市政府向到会的总参谋部某部代表提出由军委领导为蔡威事迹展陈馆题名的请求。会后，总参谋部某部立即呈文中央军委副主席迟浩田上将：

> ……长期以来，福建宁德市人民以蔡威烈士为光荣和骄傲，当地政府报请福建省委、省政府批准，决定将蔡威烈士的故居建设成福建省爱国主义教育基地和共产党员先进性教育基地。目前，各项建设项目已基本完成，展出内容也已制作、布置完成……为扩大该教育基地的影响、充分发挥其作用，当地政府多次致函我部，请求帮助联系一名德高望重的老首长为蔡威事迹展陈馆题写馆名。您是我军身经百战、功勋卓著的高级将领，同时又是军内外知名的“将军书法家”，恳请您于百忙之中，为蔡威事迹展陈馆题写馆名。为使首长能了解蔡威同志的生平事迹，随函呈上蔡威同志的有关资料供参阅。

2008年1月20日，宁德方面收到了来自北京的快件，快件中除了迟浩田上将的亲笔题词外，还附有一信：

> ……迟副主席在百忙中欣然命笔题写了馆名，充分表达了他对蔡威烈士的敬重和对地方政府工作的支持。按照军队文献档案管理的有关规定，待馆名牌匾制作完成后，请你们将手稿原件寄回我部，我部将送其入档案馆予以珍藏。

宁德方面将迟浩田上将的题词“蔡威事迹展陈馆”加工成一块黑底金字

的精致横匾，悬挂在蔡威故居的门楼上。不久，蔡威故居（蔡威事迹展陈馆）被授予福建省“革命传统教育示范基地”的荣誉。

之后，总参谋部某部又授予蔡威故居（蔡威事迹展陈馆）以“技侦光荣传统教育基地”的荣誉。这是继作为我军技侦工作创建地的江西省宁都县小布镇龚氏家庙之后第二个得到这一殊荣的地方。2017 年 3 月 29 日，蔡威故居（蔡威事迹展陈馆）被中宣部授予“全国爱国主义教育示范基地”的荣誉。

蔡威事迹展陈馆开馆后，前来参观者络绎不绝。成群结队的军人、干部、职工、学生，上至中央领导干部，下至普通百姓，都在蔡威生前住过的前庭后院、起居室细细地观察、细细地琢磨，也在蔡威的塑像前默默地瞻仰、默默地沉思。

蔡威的生命虽然只有短短 29 年，但在他的身上有着极为成熟和强大的精神内核，那就是他的英勇奋斗，那就是他的自我牺牲。

蔡威生活在中国内忧外患的动荡年代。为了人民解放和民族尊严，在厮杀最惨烈的时刻，他投笔从戎，奔向九死一生的战场，这种义无反顾的生命选择，堪比盗火的普罗米修斯。

蔡威严守党的纪律，用生命保卫红军秘密；他刻苦钻研业务、殚精竭虑、攻难克坚，在隐蔽战线上作出了杰出贡献；他“在战斗紧张时，每天日夜工作二十小时，因劳致病身死”在工作岗位上，是精忠报国的楷模。

蔡威精神的核心价值，就是无限忠诚，无私奉献，无惧牺牲，甘当无名英雄。

蔡威没有给家人留下遗言和遗产，然而，他给我们这个时代留下了最激越高亢的召唤：“为了明天，我们要干啊！”

最后的军礼

历史，是流淌的岁月写在人们记忆中的一部长诗。

1985 年，无名英雄蔡威及其故乡和亲人被追寻、被确认、被定位、被褒扬，蔡威的故乡——福建省宁德市蕉城区一批有见识的党史工作者，怀着极大的政治热情和历史使命感投入了对蔡威史迹的搜集和整理工作，于 2006 年编辑出版了《无名英雄蔡威》一书。

此项工作始于1985年，止于2006年，前后历时21年。

在这21年里，该书主编叶明祥、陈国秋两人持之以恒，付出了艰辛劳动。他们采访了许多知情人，搜集并抢救了大量珍贵的资料，深入研究，潜心写作，可谓功不可没！

《无名英雄蔡威》即将付梓的时候，编者想请一位领导同志写一篇“序言”。请谁来作序呢？颇费思量。想来想去，他们想到了蔡威的老战友陈福初将军。

陈福初将军曾任红四方面军电台译电员、二局三科科长，离休前任总参谋部某部政委。老将军已届93岁高龄了，他愿意与闻其事吗？两位编者心里没有底。

老将军正在北京一家医院住院治疗，当接到请求作序的信函及《无名英雄蔡威》书稿时，老将军欣然答应，并很快回了信。信中写道：

> 寄来的《无名英雄蔡威》书稿我仔细看了多遍。我们这些与蔡威一起战斗过并参加撰写回忆文章的老同志现在已大多辞世，还健在的老同志除了我，还有李永悌、胡正先、徐明德、王新生同志。我与他们交换了意见，我们共同感觉，书稿编纂得很好，真实地记录了蔡威同志光辉壮丽的战斗人生，对后人缅怀蔡威同志所做的工作进行了详细叙述，是一本生动的爱国主义教育材料，对加强新时期思想政治工作、教育广大青少年、弘扬爱国主义精神具有重大意义。你们做了一件很好、很有意义的工作。我代表这些老同志向宁德市委、市政府有关单位以及叶明祥、陈国秋同志表示衷心感谢……按照你们的要求，我写好了序言并提出一些修改意见，请你们再行修改完善，尽快出版发行。我在这里预祝你们成功！

陈福初将军长期卧床不起。当委托总参谋部某部编研室主任张东征起草的“序言”草稿送来病榻前请他审阅时，人们看到了这样感人的一幕：老将军在家人的搀扶下，从病榻上缓缓起身，在张东征大校面前立正，然后举手行了一个军礼。

这是老将军的最后一个军礼！这庄严的军礼，表达了老将军对蔡威光辉的一生最诚挚、最崇高的敬意！

两个月后，陈福初将军在北京溘然长逝，享年 93 岁。

魂归故里

1997 年 10 月，中共宁德市蕉城区委召开纪念蔡威烈士诞辰 90 周年座谈会。会上，蔡威烈士亲属提出一个要求："到甘肃岷县找回蔡威烈士遗骸。"

主持会议的蕉城区委领导当即表态同意，并指定区委党史研究室和民政局向甘肃省岷县相关部门发函，请求协助调查。

千里飞鸿，传书有声。半年后，甘肃岷县民政局复函："经多方查询，我们已找到蔡威烈士的埋葬地点，当年的见证人李俊明老人还健在。"

得到这个消息，蔡家亲属彻夜难眠。蔡威长孙蔡述道提出，甘肃之行由他去，其他人在家里做好迎葬灵骸的各项工作。

1998 年 5 月，一个由中共蕉城区委党史研究室主任焦宁华、区民政局干部黄光凑和蔡威烈士长孙蔡述道三人组成的寻找蔡威烈士遗骸工作小组迅即成立。他们从福州飞往西安，当晚就乘上到陇西的火车，第二天拂晓时分又匆匆跳上开往岷县的早班汽车。

5 月 10 日下午，工作小组一到达，岷县民政局副局长罗育乾就介绍说："1936 年秋，红四方面军过腊子口来到二郎山下的岷县，在县城周边的农村进行休整，时间长达 57 天。这期间没有发生大的战斗，红军在当地牺牲的不多。根据你们提供的资料，已经确认蔡威烈士病逝的地点在维新乡卓坪村。"

卓坪村就是多位老首长回忆中提到的"朱尔坪村"。第二天上午 8 点，在岷县民政局同志的陪同下，工作小组专车前往目的地。

出了岷县城关，沿着洮河向西北方向行驶。天空下起了小雨，原本坑坑洼洼的简易公路更加泥泞难行，唯有车窗之外的洮河水还是清澈怡人的。不到 40 公里路程，行驶了两个小时，10 点多到达维新乡政府。据维新乡石乡长介绍，乡政府所在地的许多老百姓都知晓卓坪村埋葬一个"红军大官"的事。

卓坪村距乡政府不到 10 公里，是一个较大的行政村，有 1000 多人口。

这座位于陇南高原盆地中央的村庄远离喧嚣，显得异常宁静。

中午时分，雨过天晴。在村支书景明强家里，石乡长主持召开座谈会。工作小组说明来意后，在场的10多位老村民都说知道这件事。

说话的工夫，村支书带着一位老人进来了。

老人名叫“李俊明”，戴着一顶布帽，皮肤黝黑，留着花白的山羊胡子，鼻梁上架着一副老花镜，从步履看已是八九十岁高龄了，但精神矍铄，说起话来思维清晰、声音洪亮。

座谈会上，李俊明老人用浓重的陇南方言介绍说：“1936年，我20多岁，是村里的甲长。红军在村里住了一个多月，我为红军筹集过面粉、猪、羊等物资。红军指挥部驻在卓坪村外的白马寺中。一天，说是一位红军大官去世了，我协助部队从沟里（卢家山村）买来了一口柏木棺材。下葬场面好大，村外河滩边的坡地上站满了红军官兵。我们也没去打听死者姓甚名谁，但看阵势知道是个大官。”

李俊明老人接着说：“因为是柏木大棺材，很漂亮，红军走后，这棺材就被人偷盗了。村民心里不忍，便重新买了口棺材将红军大官的遗体入殓，在原地安葬。”

烈士安葬地现在的承包人后隆基说：“埋葬红军大官的那地方人称‘阿婆湾’，是村里的一块风水地。很早以前，河滩边还有一片树林。1971年农业学大寨时，将河边的小山坡整为麦地。当年参加平整土地的村民们，包括我本人，都亲眼见到土堆下有一具棺材，那时棺材还没有完全腐烂。我们早已知道那是红军的坟堆，因此又把它深埋了。”

根据李俊明老人和在场10多位村民的记忆，工作小组一行三人深信那就是蔡威烈士的埋葬地，于是决定开挖墓穴。

在李俊明老人、村民后隆基及众多村干部的引导下，大家步行不足一公里，来到了阿婆湾。只见几近干涸的河滩边有一座小山包，依地势已被村民开垦出一畦畦麦地。在一块略显宽阔、长着几十厘米高的麦苗地上，村民们不约而同地手指地下说：“就在这里！”

挖掘前，工作小组按规定向麦地承包人付了青苗赔偿费，蔡威烈士长孙蔡述道又敬奉给李俊明老人一个红包，感谢当地农民的善良和恩惠。之后，按当地习俗燃放了鞭炮。蔡述道长跪在麦地上：“爷爷，我们来接您回家了！”

一声泣拜，已是泪流满面，泣不成声。在场的百余群众也肃然伫立，唏嘘不已。

村干部扶起了蔡述道。雇请的帮工拿起 4 把铁锹，在墓穴的位置上慢慢地开挖，大约挖至 1.6 米深时，就看到了一具周边木质已腐、顶盖塌陷的棺材。

作业暂停了，蔡述道走上前，用双手轻轻拨开土层，一把一把地将泥土捧出。不一会儿，棺材内现出一具完整的骸骨。骸骨头朝西，脚朝东，骨架约长 1.7 米，颅骨上附着很长的头发，牙齿完整，下颌骨骼略宽。遗骸呈向左偏斜卧姿，周边散落着缕缕羊皮袄碎片。

蔡述道戴上老花镜，小心翼翼地开始从跗骨部位向上捧拾。在两个村民的帮助下，骸骨一捧捧放进红缎子里，在仔细检查确认没有遗留物后，蔡述道才爬出墓穴，用事先准备好的刷子将颅骨及其他沾有浮泥的骸骨仔细清刷，再用红缎包妥，外面又用一层塑料布裹严，用细绳缚紧。做完这些事，蔡述道对着墓穴和裹好放在墓穴边的骸骨又行了跪拜大礼。整个起灵过程约一个半小时。当天下午 3 点左右，蔡述道怀抱放置灵骸的盒子，告别村民，离开了卓坪村。善良的村民在村口燃放了鞭炮，敬送这位红军英烈返回故里。

为了表达后人对先辈的敬仰和尊重，从 5 月 12 日踏上归程到 20 日辗转抵达家乡，无论用餐还是安寝，无论坐车还是乘船，无论在空中乘机飞行还是在地上乘车疾驰，三人工作小组始终将放置烈士灵骸的箱子随身携抱，妥加保护。每当遇到台阶、门槛或上车、登机，蔡述道都会对身边的烈士灵骸轻轻呼唤："爷爷，小心！"每晚睡觉前都会说："爷爷，睡觉了。"用餐前也对着箱子轻声招呼："爷爷，吃饭了。"每到一个新地方，他们都会向蔡威的灵骸报告地名，介绍风光，让烈士的英灵一一"阅览"他为之献身的祖国大好河山。

在西安和武汉机场过安检时，他们两次被安检人员拦下，要求开箱检查。工作小组一面出示福建省民政厅的证明，一面向安检人员简介烈士特殊身份。安检人员轮流看过介绍信后均同意不开箱检查，恭恭敬敬地礼让工作小组一行通过了安检线。

飞机抵达福州长乐机场时，在福州工作的许多宁德籍乡亲到机场迎接。

福建省武警总队潘政委和政治处林处长派专车护送一行人到金鸡山疗养院住下。

5月20日下午，阳光明媚。工作小组乘坐宁德市委、市政府派来的专车返回宁德。当专车进入宁德地界、开出飞鸾岭隧道时，早已迎候在此的宁德市委、市政府领导和众多蔡氏族人拥上前来，将一幅蔡威烈士肖像恭恭敬敬安放在专车之上。

此时，朗朗晴空忽然飘起了细雨，好似天公也为之动容，洒泪哭迎蔡威烈士英灵回乡。

车队缓缓行驶了一会儿，天又渐渐放晴了。工作小组三人联想到在岷县寻找遗骸那天，早晨发车时下着雨，发愁黄土泥泞不便开挖，但还没到卓坪村，天就转晴了，这两日的情景如此相似，好像冥冥之中真有一双天眼在全程关注并辅助这次行动。

宁德104国道人头攒动，县城815中路观者肃立，蔡威故居的前林路水泄不通，万千百姓拥上街头迎接他们久久等待的英雄。

蔡威回来了！在一幅“长征破敌立殊功　英烈业绩昭万代”横幅的引导下，在沿途成千上万群众崇敬的目光中，蔡威烈士的遗骸倚在亲人怀抱里，终于踏上了故土。

在亲人们的簇拥下，蔡威又一次经过了泮池和半月桥，迈上了高高的台阶，走进了故居。

在踏进故居的那一刻，蔡家兄弟姐妹朗声对祖父齐喊：“爷爷，爷爷，到家了！我们到家了！”

蔡威烈士终于魂归故里！

3年后，蔡威和他的夫人薛品瑄合葬于蕉城郊外麒麟山公墓。

后记

福建省宁德蔡威研究会会长　陈国秋

近年来，蔡威，这位在我党我军隐蔽战线上有着"军中活菩萨""军中千里眼""无名英雄"殊荣的红军总司令部二局局长，受到了社会各界的广泛关注。

蔡威烈士的一生虽然短暂，却又极富传奇色彩。他的理想、信念、才智和功勋铸就了极其鲜明的宏大精神——崇尚信仰，魂铸利剑，智掌风云，甘居无名。作为蔡威的故乡人，有责任将烈士一生的传奇经历和独特贡献介绍给广大读者，让更多的人认识蔡威，崇尚英雄，坚定信仰，拥抱新时代。

1985年至今，蔡威被发现、被追寻、被确认、被颂扬，历时30多年。期间，先是出版了《无名英雄蔡威》资料汇编本。福建省宁德蔡威研究会成立后，我们对蔡威的传奇一生及英雄所彰显的精神进行了广泛而深入的调查与研究，内部出版了《蔡威传》，为军史某一领域的研究提供了可靠的依据。这之后，经过两年，又创作了《寻剑——无名英雄蔡威传奇》。

当今中国，改革开放是最显著的特征和最壮丽的景象。中国人民正勇立潮头，搏击风浪，一往无前。在这场伟大的进军中，人们越加怀念那些用鲜血和生命为新中国的成立与建设铺路的革命先辈。追寻英雄，缅怀烈士，早已成为饮水思源、汲取力量的新风尚，广大群众特别是青少年都希望更多地走向革命圣地和英雄摇篮，去体验先烈们平凡中的伟大，探索那偶然中的必然。

已被评为“全国爱国主义教育示范基地”的蔡威事迹展陈馆坐落在“清新福建”宁德市区中心。展陈馆里有徐向前元帅“无名英雄蔡威”的亲笔题词，有战争年代的珍贵文物，特别值得一提的是还珍藏着蔡家祖传的太平天国翼王石达开的佩剑——青钢宝剑和另一晶莹剔透的以钢与水晶制作的“隐形利剑”，这两个看似不相干的物件同处一室，寓意深长。本书名曰“寻剑”，盖源于此。

《寻剑——无名英雄蔡威》从收集资料、调查研究、写作到出版，件件往事历历在目。感谢为本书的出版给予大力支持的军地各级党委和单位部门，感谢一路同行的叶明祥同志，感谢不遗余力参与写作的邱文生老师和程沛森老师，感谢蔡威烈士嫡孙蔡述波同志，感谢研究会的罗宾、郑承东、林旭东、林兆良、黄冰琪等同仁，特别要感谢解放军出版社刘燕红同志为本书的策划、编辑和出版所付出的艰辛努力。

“为了明天，我们要干啊！”是蔡威烈士留存人间的铮铮誓言，也是新时代鼓舞人们继续奋进的响亮号令。在烈士的精神感召下，我们一定加倍努力，让烈士的家乡变得更加美丽、更加富饶、更加祥和！

2018 年 12 月 20 日

附 录

主要参考书目

1. 叶明祥，陈国秋主编．无名英雄蔡威．福州：福建人民出版社，2006．

2. 宁德市地方志编纂委员会编．宁德市志．北京：中华书局，1995．

3. 中共福建省委党史研究室编著，林强主编．中共福建地方史．北京：中央文献出版社，1993．

4. 中共福建省委党史资料征委会，福建省民政厅编．福建革命烈士传(二)．福州：福建人民出版社，1987．

5. 林祥瑞，刘祖陛编著．福建简史．北京：国际华文出版社，2004．

6. 杨凤城主编．中国共产党历史(上卷)．北京：中国人民大学出版社，2009．

7. 程思远主编．中国国民党百年风云录．延吉：延边大学出版社，1994．

8. 中共上海市委党史研究室著，邵有民主编．中国共产党上海史．上海：上海人民出版社，1999．

9. 中共上海市委党史研究室著．1921—1933：中共中央在上海．北京：中共党史出版社，2006．

10. 中国工农红军第四方面军战史资料编辑委员会编．中国工农红军第四方面军战史资料选编(鄂豫皖时期)．北京：解放军出版社，1993．

11. 中国工农红军第四方面军战史资料编辑委员会编．中国工农红军第四方面军战史资料选编(川陕时期)．北京：解放军出版社，1993．

12. 中国工农红军第四方面军战史资料编辑委员会编．中国工农红军第四方面军战史资料选编(长征时期)．北京：解放军出版社，1993．

13. 中国工农红军第四方面军战史资料编辑委员会编．中国工农红军第四方面军战史资料选编（附卷）. 北京：解放军出版社，1993.

14. 中国人民解放军总参谋部通信部编研室编. 红军的耳目与神经. 北京：中共党史出版社，1991.

15. 中国工农红军第四方面军战史资料编辑委员会编. 中国工农红军第四方面军战史. 北京：解放军出版社，1989.

16. 徐向前著. 徐向前回忆录. 北京：解放军出版社，2007.

17. 张麟主编. 徐向前传. 北京：当代中国出版社，1991.

18. 王树声传编写组编. 王树声传. 北京：当代中国出版社，2007.

19. 中共中央文献研究室编，金冲及主编. 朱德传. 北京：人民出版社，中央文献出版社，1993.

20. 张国焘著. 我的回忆. 北京：东方出版社，1998.

21. 李先念传编写组编，朱玉主编. 李先念传. 北京：中央文献出版社，1999.

22. 川陕革命根据地历史文献选编编委会编. 川陕革命根据地历史文献选编. 成都：四川人民出版社，1979.

23. 中共达县地委党史工作委员会编. 川陕革命根据地斗争史. 北京：华夏出版社，1989.

24. 朱秀海著. 红四方面军征战纪实. 北京：解放军文艺出版社，1996.

25. 谢远学，郭山文主编. 红四方面军征战纪实. 武汉：湖北人民出版社，2007.

26. 紫丁著. 李强传. 北京：人民出版社，2004.

27. 曾希圣传编纂委员会著. 曾希圣传. 北京：中共党史出版社，2004.

28. 中共河南省委党史研究室，中共安徽省委党史研究室编. 鄂豫皖革命根据地史. 合肥：安徽人民出版社，1998.

29. 中国人民解放军历史资料丛书编审委员会编. 红军长征参考资料. 北京：解放军出版社，1992.

30. 中共中央党史研究室第一研究部编. 红军长征史. 北京：中共党史出版社，2006.

31. 金一南著. 苦难辉煌. 北京：华艺出版社，2009.

32. 郭德宏主编. 长征档案. 北京：中共党史出版社，2006.

33．徐深吉著．烽火年代．北京：蓝天出版社，1993.

34．王树增著．长征．北京：人民文学出版社，2006.

35．胥佩兰著．肖全夫征程记．北京：中国戏剧出版社，1996.

36．中共武汉市委党史办公室编．风范昭后人——宋侃夫纪念集．武汉：武汉出版社，1993.

37．周朝举主编．红军黔滇驰骋史料总汇(中集)．北京：军事科学出版社，1990.

38．新县县志编纂委员会编纂．新县县志．郑州：河南人民出版社，1990.

39．四川省通江县志编纂委员会编纂．通江县志．成都：四川人民出版社，1998.

40．四川省万源县志编纂委员会编纂．万源县志．成都：四川人民出版社，1996.

41．赖玲珠著．画与未画的日子——潘玉珂风雨人生（电视脚本）.